Sebastian Thieme
Wohlstand zwischen Wachstum und Ungleichheit

Sebastian Thieme

Wohlstand zwischen Wachstum und Ungleichheit

Ethische Perspektiven auf Wirtschaft und Gesellschaft

Verlag Barbara Budrich
Opladen • Berlin • Toronto 2026

Bibliografische Information der Deutschen Nationalbibliothek
Die Deutsche Nationalbibliothek verzeichnet diese Publikation in der Deutschen Nationalbibliografie; detaillierte bibliografische Daten sind im Internet über https://portal.dnb.de abrufbar.

Gedruckt auf FSC®-zertifiziertem Papier, CO_2-kompensierte Produktion. Mehr Informationen unter https://budrich.de/nachhaltigkeit/. Printed in Europe.

Stauffenbergstr. 7 | D-51379 Leverkusen | info@budrich.de | www.budrich.de

ISBN 978-3-8474-3181-7 (Paperback)
eISBN 978-3-8474-3320-0 (PDF)
DOI 10.3224/84743181

Umschlaggestaltung: Chris Langohr Design, March – chrislangohr-design.de
Titelbildnachweis: Édouard Manet, Familie Monet in ihrem Garten in Argenteuil, 1874, Metropolitan Museum of Art
Typographisches Lektorat: Angelika Schulz, Zülpich
Druck: Libri Plureos, Hamburg

Vorwort

Wer wissen möchte, was hinter dem Begriff „Wohlstand" steckt, ist zunächst damit konfrontiert, dass dieser rege gebrauchte Begriff selbst in akademischen Disziplinen wie ‚der' Ökonomik kaum eigenständig definiert wird und sich mit ihm unterschiedliche Vorstellungen verbinden. Im Forschungsschwerpunkt „Wohlstand neu definieren" der Katholischen Sozialakademie Österreichs (ksœ) wurde das Anfang Februar 2023 zum Anlass genommen, um sich mit den unterschiedlichen Verständnissen von Wohlstand auseinanderzusetzen, wie sie sich in den öffentlichen Debatten, vor allem aber auch in ‚der' Ökonomik zeigen (Thieme 2024c). Diese Erörterung ließ nicht nur Entwicklungslinien und unterschiedliche Verständnisse von Wohlstand deutlich werden. Nein, sie führte auch vor Augen, dass das Verständnis von Wohlstand unvollständig bleibt, wenn die mit ihm verbundenen ethischen Fragestellungen ausgeblendet sind. Aber was bedeutet es dann, Wohlstand konsequent auch als ethische Fragestellung zu begreifen?

An diese Themenstellung soll im vorliegenden Buch angeknüpft werden. Wohlstand ist dazu in verschiedene – ausgewählte – Kontexte zu stellen (z. B. Wachstum und Ungleichheit), in denen dann teils spezifische ethische Fragen herausgearbeitet werden. Dabei geht es ausdrücklich *nicht* um eine umfassende ethische Detailabwägung – um die Beantwortung großer Wohlstandsfragen. Wer mit dieser Erwartung an das vorliegende Buch herangeht, möge es bitte schnell wieder zur Seite legen! Die Anliegen des vorliegenden Buches bestehen vielmehr darin: für die ethischen Momente im Zusammenhang mit Wohlstand zu *sensibilisieren*; dabei aufzuzeigen, wie unterschiedlich diese ethischen Momente sowie Konflikte sind und wo sie liegen können; zu *skizzieren*, dass es ethische Referenz- und Orientierungspunkte gibt, auf die es sich in der ethischen Abwägung zurückgreifen lässt; und eine Vorstellung zu vermitteln, was eine ethische Reflexion bzw. Abwägung beinhalten kann. Nun mag sich fragen lassen, ob das überhaupt notwendig ist. Ich denke ja. Denn die öffentlichen Debatten zum Wohlstand hinterlassen bei mir häufig den Eindruck, dass ethische Fragestellungen vermieden werden. Dort, wo ethische Momente tatsächlich einmal zur Sprache kommen, ist eine ethische Fundierung selten erkennbar. In den öffentlichen Diskussionen mag moralisiert werden. Doch sich einen moralischen Standpunkt zu eigen zu machen, das bedeutet nicht, ihn auch ethisch reflektiert zu haben! Außerdem hat die Beschäftigung mit ethischen Fragen vor allem in ‚der' Ökonomik einen schlechten Stand: Selbst wenn es um solch einen zentralen Begriff wie „Wohlstand" geht, herrscht eine gewisse Sprachlosigkeit und bestenfalls Desinteresse gegenüber den damit verbundenen ethischen Aspekten vor. Im schlimmsten Falle wird die Beschäftigung mit ethischen Fragen als ‚nicht wissenschaftlich‘ diskreditiert. Insofern besteht das Anliegen des vorliegenden Buches auch ein Stück weit darin, über ethische Fragestellungen aufzuklären und Vorbehalte gegenüber der Beschäftigung mit ethischen Fragen abzubauen.

Der Inhalt des vorliegenden Buches richtet sich damit vor allem an jene, die mehr über ethische Momente von Wohlstand erfahren möchten. Darüber hinaus wird dieses Buch Studierenden zum Beispiel aus der Ökonomik oder anderen Sozial- und Geisteswissenschaften Einblicke in verschiedene Wohlstandsthemen geben. Das gilt selbstverständlich auch für Fachleute aus NGOs und ‚der‘ Politik oder einfach politisch interessierte Menschen, die sich mit Wohlstand auseinandersetzen möchten. Letztlich ist dieses Buch auch ein ‚wirtschaftsethisches‘ Buch geworden, das für Fachleute und Studierende im Bereich Wirtschaftsethik interessant sein kann. Das mag aber auch jene interessieren, die sich mit den hier angerissenen Themen wie Wachstum und Ungleichheit befassen. Denn ein Nebeneffekt der Erörterung von Wohlstand in diesen ausgewählten *Kontexten* ist, dass damit auch ethische Aspekte etwa zum Postwachstum und zur Ungleichheit thematisiert und vertieft werden.

Das vorliegende Buch dokumentiert den zweiten Teil der Forschungsarbeit im Schwerpunkt „Wohlstand neu definieren“ und schließt ihn damit auch ab. Das heißt nicht, dass das Thema „Wohlstand“ an der ksœ zu den Akten gelegt sei. Nein, es werden sicher weiter Wohlstandsthemen bearbeitet. Das lässt sich auch gar nicht vermeiden. „Schlusspunkt“ bedeutet nur, sich nun anderen Themen zuzuwenden (ab 2025 ist das der Schwerpunkt „Sozialer Friede“). Diesen Abschluss möchte ich gerne zum Anlass nehmen, um darauf hinzuweisen, dass es keine Selbstverständlichkeit darstellt, aus einer ethischen Perspektive zu solchen Themen wie Wohlstand forschen zu können. Sowohl die kritische Auseinandersetzung mit den unterschiedlichen Verständnissen von Wohlstand als auch die hier angestrebte ethische Reflexion ist heute etwa im Fach ‚Ökonomik‘, in dem der Begriff eine rege Verwendung findet, eher nicht üblich – und es ist auch nicht zu erwarten, dass solche Vorhaben besonders große Aussichten auf eine Drittmittelförderung gehabt hätten. Deshalb stellt die ksœ als außeruniversitäre Forschungseinrichtung ein echtes Kleinod dar: Sie bietet den Raum für solche Grundlagenforschung und schließt damit eine wichtige Lücke in der Forschung und Wissensvermittlung. Dafür und für das außerordentlich angenehme, allseits unterstützende sowie anregende Arbeitsumfeld habe ich der ksœ zu danken, allen voran Direktor Dr. Markus Schlagnitweit, aber ebenso dem restlichen ksœ-Team (vor allem Christina Diewok, Juliane Fink, Emma Jelenz und Johannes Webhofer). Überaus dankbar bin ich erneut Franziska Deller vom Budrich Verlag für das mir entgegengebrachte Vertrauen und die wunderbare, professionelle und unkomplizierte Betreuung; ohne sie und den Budrich Verlag würde es dieses Buch so nicht geben.

Wien, im September 2025 Sebastian Thieme

Inhalt

Abbildungen

Tabellen

Abkürzungen

AK ... Arbeiterkammer (in Österreich)
BIP ... Bruttoinlandsprodukt
GG ... Grundgesetz
HDI ... Human Development Index
HFCS ... Eurosystem Household Finance and Consumption Survey
KdU ... Kosten für Unterkunft und Heizung
KSL ... Katholische Soziallehre
NGO ... Nichtregierungsorganisation
OECD ... Organisation for Economic Co-operation and Development
SDG ... Sustainable Development Goals (der UN)
SVR ... Sachverständigenrat zur Begutachtung der gesamtwirtschaftlichen Entwicklung in Deutschland (umgangssprachlich auch: die Wirtschaftsweisen)
UN ... United Nations (→VN)
VGR ... Volkswirtschaftliche Gesamtrechnung
VN ... Vereinte Nationen

Erste Annäherung: Wohlstand und Ethik

Der Begriff „Wohlstand" ist fester Bestandteil tagtäglicher Debatten in den Medien, der Politik und in der Forschung. Für gewöhnlich geht es dann darum, dass Wohlstand gesichert, gesteigert oder vermehrt werden müsse, er zu erhalten oder nicht anstrengungslos zu haben sei, Chancen für mehr Wohlstand zu ergreifen sind oder aber Wohlstand in Gefahr zu sein scheint. Zugespitzt formuliert spiegeln sich dann die Weltfragen unserer Zeit (z. B. zu Klima, Krieg und Frieden, Ungleichheit und Bildung) als Wohlstandsfragen oder lassen sich als solche darstellen. Damit sind auf verschiedenen Ebenen *ethische Fragen* verbunden wie etwa zur Gerechtigkeit, die sich um Verteilung (Einkommen, Vermögen), Besteuerung, soziale Gerechtigkeit oder Armut drehen können. Wohlstand steht aber auch im Zusammenhang mit Fragen nach der Verantwortung: etwa im Sinne verantwortlichen Handelns gegenüber dem Wohlstand zukünftiger Generationen oder des Einstehens für Wohlstandsverluste, die auf Klima- und Umweltschäden zurückgehen und mit denen Menschen andernorts konfrontiert sind. Die Liste an solchen unterschiedlichen Frage- und Problemstellungen kann beliebig fortgesetzt werden. Wer sich mit Wohlstand auseinandersetzen möchte, wird also unweigerlich auf *ethische Fragen* stoßen.

Wohlstand als ethische Fragestellung zu begreifen, das mag im ersten Moment an Gerechtigkeit, Verteilungsfragen oder die Frage nach einem guten Leben denken lassen. Das ist auch nicht grundsätzlich falsch und wird deshalb hier auch noch Thema sein. Doch die ethischen Problemlagen, die sich mit dem Thema „Wohlstand" verbinden, sind vielschichtig und können deutlich über die eben skizzierten Themenkreise hinausgehen. Damit sind Fragen gemeint, die zum Beispiel das Wertgefüge adressieren, in die das Denken über und die Vorstellung von Wohlstand eingebettet ist (Ideologien und Narrative) oder die die grundlegenden normativen (ethischen) Konflikte in der Vermessung von Wohlstand betreffen. Dabei handelt es sich um Fragestellungen, die dann eher auf einer *Meta-Ebene* angesiedelt sind.

Um sich dem Wohlstand als ethische Fragestellung zu nähern, kann es hilfreich sein, zunächst daran zu erinnern, dass die Frage *Was soll ich tun?* seit Immanuel Kant (1724–1804) als *Kernfrage ‚der' Ethik* gilt. Normativität ist nachfolgend in diesem Sinne als der handlungsorientierende – ethische – Charakter zu verstehen, der sich mit dieser Kernfrage der Ethik verbindet. Geht es aber nicht einfach um die blinde Befolgung von handlungsleitenden Normen, sondern um ein Handeln aus *Einsicht* und *vernünftigen Gründen,* so erfordert Ethik auch eine Rechtfertigung dafür, warum so oder anders gehandelt werden *soll.* Ethik steht also nicht nur für Handlungsorientierung, sondern umfasst auch die *Rechtfertigung* dafür. Nun sind viele Situationen im Alltag und Beruf mit Entscheidungen verbunden, die die Frage „Was soll ich tun?" aufwerfen und dazu einer Rechtfertigung bedürfen – die somit also einen ethischen Kern besitzen. Das gilt auch für die Forschung, wo auf verschiedenen Ebenen rechtfertigungs- und erklärungsbedürftige Entscheidungen zu treffen sind. Die Arbeit in akademischen Disziplinen, allen voran in ‚der' Ökonomik – als Wissenschaft von ‚der' Wirtschaft (Ökonomie) –, findet nicht im luftleeren Raum statt, sondern ist *normativ* geprägt.

Normativität kann auf verschiedenen Ebenen einer Argumentation, Theorie oder eines Forschungsdesigns liegen und *unterschiedliche Qualitäten* aufweisen. Mit den unterschiedlichen Qualitäten ist gemeint, dass es zum Beispiel einen Unterschied darstellt, ob eine bestimmte politische Maßnahme im ethischen Sinne als ‚gut' oder ‚schlecht' zu beurteilen sei, oder ob es um die forschungsethisch zu rechtfertigende Entscheidung geht, welche Annahme, Variable, Modellierung usw. in einem Forschungsdesign berücksichtigt werden soll. Letzteres ist deshalb von Bedeutung, weil auch eine wissenschaftlich abgesicherte Einschätzung auf Basis einer Forschungsarbeit durch die Entscheidungen im Forschungsprozess *normativ vorstrukturiert* wird.

Ein typisches Beispiel dafür bietet der neoklassische Arbeitsmarkt, der von den Annahmen her – wie etwa vollständige Transparenz, Rationalität und Konkurrenz – so konstruiert ist, dass zum Beispiel ein Mindestlohn entweder ökonomisch überflüssig oder negativ wirkt. Die als ‚neutral' wirkende ökonomische Empfehlung *gegen* einen Mindestlohn wird so durch die Annahmen auf tieferen Ebenen des Forschungsprozesses normativ vorstrukturiert. Insofern ist es sinnvoll, von einer *Struktur der Normativität* und von einer *normativen Tiefenstruktur* (Annahmen, Setzungen am Anfang des Forschungsprozesses) zu sprechen (siehe Thieme 2017a: 328–331). Was hier als normative Struktur und Tiefenstruktur bezeichnet wird, das charakterisieren andere als eine dem Forschungsprozess vorgelagerte *preanalytische Vision*:

> „Jede Wirtschaftswissenschaftlerin, jeder Wirtschaftswissenschaftler geht mit einem spezifischen Vorverständnis an die wissenschaftliche Analyse heran und trifft dieser eigentlichen Analyse vorgelagerte vor-analytische Annahmen. Dieses Vorverständnis prägt sowohl den Gegenstandsbereich als auch die für die eigentliche Forschung entwickelten Fragestellungen." (Biesecker & Kesting 2003: 2)

Wohlstand als ethische Fragestellung zu begreifen, das beinhaltet damit letztlich auch die Dekonstruktion der normativen Momente, die auf den verschiedenen Ebenen oder Stufen der Argumentation und Forschung zum Wohlstand liegen können. Es geht dann darum, den unterschiedlichen Gründen, Rechtfertigungen, Wertungen und Wertungskonzepten nachzuspüren, die sich teils weniger offensichtlich mit Fragen des Wohlstands verbinden. Wohlstand als ethische Fragestellung umfasst also ein sehr breites Themenfeld, aus dem nachfolgend ausgewählte Schwerpunkte erörtert werden sollen.

Die Auseinandersetzung mit diesen und anderen normativen Fragen im Wohlstandskontext steht aber vor der erwähnten Herausforderung, dass die ethische Perspektive in den öffentlichen, politischen und auch fachlichen Diskussionen um Wohlstand wenig bis gar keine ernsthafte Aufmerksamkeit erfährt. Die ethischen Aspekte scheinen dort eine allenfalls untergeordnete Rolle zu spielen. Das heißt nicht, dass sich nicht auch einmal eine ethische Kategorie wie ‚Gerechtigkeit' oder ‚Verantwortung' in die Debatte verirren kann. Doch wenn das der Fall ist, dann wirkt das in der Tendenz doch eher wie eine oberflächliche Bezugnahme, der eine ernsthafte ethische Erörterung nicht unbedingt anzusehen ist. Der Bezug auf eine ethische Kategorie oder die Erwähnung solcher ändern wenig an dem Eindruck, dass Wohlstandsfragen tendenziell eben *nicht* als ethische Fragen behandelt werden und die damit verbundenen normativen Grundlagen gar kein Thema zu sein scheinen. Mehr noch, oft scheint es, dass die Beteiligten in den Debatten ganz bewusst einen Bogen um ethische Fragestellungen zu schlagen versuchen. Das kann sich darin äußern, dass eigentlich ethisch zu erwägenden Fragen in eine Abwägung von Kennzahlen transformiert werden: Die ethische Erörterung wird dann ersetzt durch eine Diskussion von Kennzahlen und Regeln.[1] Diese Fixierung auf Kennzahlen und Regeln schafft eine Distanz zum eigentlichen ethischen Kern, womit der politische und gesellschaftliche Diskurs an Substanz verliert, wenn diese nicht sogar völlig aus dem Blick gerät. *Unter diesem Vorzeichen* wird die Beschäftigung mit Wohlstand keine oder lediglich unzureichende Antworten auf Wohlstandsfragen liefern.

Hinzu kommt die Situation ‚der' Ökonomik: Zwar wird dort der Begriff „Wohlstand" häufig gebraucht, doch es gibt in ‚der' Ökonomik bekanntlich kein Interesse an der Beschäftigung mit den ethischen Fragen des Wirtschaftens und damit auch denen des Wohlstands. Teils ist es aber nicht einfach nur mangelndes Interesse, das von an der Beschäftigung mit ethischen Fragen in ‚der' Ökonomik abhält. Nein, ethische Expertise wird dort mitunter sogar als ‚unwissenschaftlich' angesehen, abgewertet und ausgegrenzt. Die belgisch-niederländische Wirtschaftswissenschaftlerin und Philosophin Ingrid Robeyns (2024: 75–76) betont jedenfalls, dass Fachleute der Ökonomik die Fragen der Gerechtigkeit und Verteilung als „ärgerliche Ablenkung" verstehen. Die damit verbundene Ignoranz gegenüber ethischen Fragen wird auch in der jüngeren Debatte um die *Pluralisierung* ‚der' Ökonomik kritisch aufgegriffen (z. B. Piétron, Porak & Thieme 2022) und ist Gegenstand von vielen kritischen Beiträgen aus dem Bereich *Wirtschaftsethik* (z. B. prominent Ulrich 2008, 2024).[2]

1 Das ist prominent am Beispiel der Debatte um den deutschen Mindestlohn abzulesen, die schwerpunktmäßig um die konkrete, betragsmäßige Höhe des deutschen Mindestlohns kreist, während der eigentliche Sinn und Zweck (Existenzsicherung) allenfalls vom Hintergrund aus winkt. Das Thema „Mindestlohn" wird später noch einmal aufgegriffen (Abschnitt 5.4).

2 Der Hinweis auf die jüngere Debatte soll nicht darüber hinwegtäuschen, dass es sich dabei um eine sehr alte Auseinandersetzung handelt, die als *Werturteilsstreit* bekannt ist. Zur ideen-

Dieser Zustand ‚der' Ökonomik ist deshalb von gesellschaftlicher Relevanz, weil ‚der' Ökonomik die Bedeutung einer gesellschaftlichen Leitdisziplin beigemessen wird: Das dort vorherrschende Denken über ‚Wirtschaft' und ‚Wohlstand' prägt auch, wie in anderen akademischen Disziplinen, in ‚den' Medien und ‚der' Politik über ‚Wirtschaft' und ‚Wohlstand' gedacht wird. Damit besteht die Gefahr, die ohnehin schon geringe Aufmerksamkeit gegenüber der ethischen Perspektive auf den Wohlstand auch noch zu verstärken.

Die dadurch bedingte Leerstelle soll mit der vorliegenden Publikation aufgegriffen werden. Im Kern geht es darum,

- für grundlegende ethische Aspekte und Konflikte in der Auseinandersetzung von Wohlstand zu sensibilisieren
- zu skizzieren, welche ethischen Referenzpunkte und Orientierungspunkte dazu herangezogen werden können, und
- eine Vorstellung zu vermitteln, wie eine ethische Beschäftigung mit Fragen des Wohlstands aussehen kann.

Um erfahrbar werden zu lassen, wie breit das Feld ethischer Fragen zum Wohlstand ist, wird Wohlstand nachfolgend in ausgewählte Kontexte gestellt. Die ersten drei Kontexte adressieren eine theoretische und methologische Ebene und drehen sich um die Klärung normativer Grundlagen: Dort geht es zunächst um den Umgang mit unterschiedlichen Vorstellungen von Wohlstand (Kapitel 1), seine Vermessung (Kapitel 2) sowie die Bedeutung von Ideologien und Narrativen (Kapitel 3). In den darauf folgenden Schwerpunkten wird Wohlstand in den Kontext aktueller Debatten gestellt, die eine gewisse Popularität besitzen: nämlich Wohlstand im Kontext von Wachstum (Kapitel 4), im Kontext wohlfahrtsstaatlicher Existenzsicherung (Kapitel 5) und im Kontext der Ungleichheit in der Verteilung von Einkommen und Vermögen (Kapitel 6). Die jeweiligen Kapitel können separat gelesen werden. Aber um Wiederholungen zu vermeiden, finden sich vereinzelt Verweise auf Abschnitte, in denen bestimmte Sachverhalte ausführlicher erörtert werden. Das Buch endet mit einem kleinen Ausblick auf die unterschiedlichen Konzepte, die in besonderer Weise einen Beitrag zu einem ethisch aufgeklärten Umgang mit Wohlstand leisten können.

---

geschichtlichen Vertiefung und zur Einordnung des Werturteilsstreits in der deutschen Volkswirtschaftslehre siehe die ausführliche Darstellung bei Glaeser (2014).

1 Wohlstand verstehen: Was ist Wohlstand? Wohlstand im Plural?

Die Beschäftigung mit „Wohlstand" wird sicherlich zunächst auf den allgemeinen Sprachgebrauch stoßen lassen, der sich mit der Vorstellung ökonomischer Sicherheit, einem hohen Lebensstandard und Synonymen wie z. B. „Goldregen", „Kapital", „Reichtum" und „Vermögen" verbindet (Duden online 2024b). Dabei handelt es sich um eine wirtschaftstheoretisch und durch ökonomische Kategorien geprägte, materialistische Vorstellung, die bereits an dieser Stelle den Einwand provozieren mag, dass auch *immaterielle Dinge* wie Gesundheit, Bildung usw. zum individuellen Wohlstand gehören. In ökonomischen Lehrbüchern und in der öffentlichen Debatte zu Wohlstandsthemen finden sich über das hier eben präsentierte Verständnis hinaus mehrere Vorstellungen, die aber teils unvermittelt nebeneinanderstehen (siehe dazu und nachfolgend ausführlich Thieme 2024c).

Mit *quantitativem Wohlstand* verbindet sich die Vorstellung, Wohlstand an den von einer Gesellschaft – oder einem Haushalt – in einem bestimmten Zeitraum produzierten Gütern und Dienstleistungen zu messen, wobei diese dazu üblicherweise zu Marktpreisen bewertet werden. Teils ist dann auch vom *Güterwohlstand* die Rede. Das Bruttoinlandsprodukt (BIP) – auch als BIP pro Kopf – gilt nach wie vor als *das* prominente quantitative Maß für Wohlstand.

Die *neoquantitativen* Vorstellungen über Wohlstand sind aus der Kritik am BIP als Maß für Wohlstand entstanden. Sie beinhalten Wohlstandsaspekte, die in der BIP-Berechnung üblicherweise nicht berücksichtigt werden, so etwa Freizeit oder Gesundheit. Zu diesem Zwecke werden diese Aspekte *quantifiziert*. Das heißt, dass z. B. für den Aspekt ‚Gesundheit' geeignete Maß- bzw. Kennzahlen zu suchen sind, mit denen sich dieser Aspekt empirisch fassen lässt (zu erwartende gesunde Lebensjahre bei Geburt usw.). Teils werden solche alternativen Wohlstandsmaße durch qualitative Elemente, etwa Befragungen zur Lebenszufriedenheit, ergänzt. Diese neoquantitativen Vorstellungen von Wohlstand können dann

- als Ergänzung oder Korrektur der BIP-Rechnung konzipiert sein (Genuine Progress Indicator/GPI, Measure of Economic Welfare etc.),
- in einem Einzelindikator zusammengeführt werden (zum Beispiel der Human-Development-Index) oder
- als statistisches Satellitensystem neben dem BIP existieren (z.B. als Multi-Indikatoren-System wie die Sustainable Development Goals der UN).[3]

3 Diese neoquantitativen Vorstellungen werden im Kapitel 2 ausführlich behandelt.

Daneben existiert auch die *Glücksforschung*, die insofern ebenfalls als neoquantitativ zu verstehen ist, als dort Glück in Schlüsselfaktoren aufgegliedert wird und diese dann als Variablen in einer Glücksformel arrangiert werden. Diese neoquantitativen Vorstellungen zeichnen sich dadurch aus, dass Wohlstand nach wie vor schwerpunktmäßig in Quantitäten betrachtet wird und damit nur das unter Wohlstand gefasst werden kann, was sich quantifizieren lässt. Elemente des individuellen Wohlstands, die nicht quantifiziert werden können, sind diesem Verständnis nicht zugänglich.

Insbesondere in ökonomischen Lehrbüchern wird Wohlstand *abstrakt* und unter Bezugnahme auf die mathematische Modellierung einer Marktwirtschaft als *Nutzen* verstanden. Dazu existieren zwei Konzepte, die bisweilen auch in Kombination (als Hybrid) auftauchen können.

Erstens: In der *neoklassischen Wohlstandskonzeption* verbindet sich die Vorstellung von Wohlstand mit dem als zählbar angesehenen individuellen Nutzen (*kardinales Nutzenkonzept*), der auf Gütern und ihren Preisen basiert.[4] Im Gleichgewicht des Marktmodells, in dem jede Nachfrage ein Angebot trifft und ‚der Markt' zum entsprechenden Gleichgewichtspreis geräumt ist, wird der individuelle Nutzen als maximal bzw. optimal angenommen. Dort gilt auch die gesellschaftliche Wohlfahrt als maximal bzw. optimal. In dieser neoklassischen Perspektive werden dann vor allem Nutzenverluste bzw. Wohlfahrtsverluste thematisiert. Diese treten ein, wenn die tatsächliche Situation vom abstrakten Marktgleichgewicht abweicht. Führen politische Maßnahmen wie eine Preisuntergrenze dazu, dass der tatsächliche Preis für ein Gut *über* dem Gleichgewichtspreis liegt, dann wird zu diesem höheren Preis im Vergleich zum ideellen Marktgleichgewicht (ohne die politische Maßnahme) zu wenig nachgefragt, ein Teil der Modellmenschen kauft einfach nicht und erfährt dadurch *keinen* Nutzen (bzw. einen Null-Nutzen). Fachlich gesprochen wird die Zahlungsbereitschaft, die zum Gleichgewichtspreis existieren würde, bei dem hohen Preis nicht abgeschöpft. Gesamtgesellschaftlich entsteht damit – im Vergleich zu ideellen Gleichgewichtslösung ohne politisches Eingreifen in die Marktprozesse – ein Nutzenverlust, ein sogenannter *Nettowohlfahrtsverlust*. Ähnliches gilt für den Fall, in dem politisch eine Preisobergrenze gesetzt wird, die unterhalb des Gleichgewichtspreises liegen wird. Dann wird zu diesem niedrigen Preis schlicht zu wenig produziert und angeboten, so dass die Nachfrage nach dem entsprechenden Gut in dieser Situation geringer ausfällt als im künstlichen Marktgleichgewicht, was einem Nutzenverlust und damit individuell wie gesamtwirtschaftlich einem Nettowohlfahrtsverlust gleichkommt.

---

4 Fachlich korrekt würde dazu eigentlich vom neoklassischen Rentenkonzept gesprochen werden, das auf der Konsumenten- und Produzentenrente basiert: Die Konsumentenrente besteht aus der Differenz zwischen Zahlungsbereitschaft (für ein Gut) und dem Gleichgewichtspreis; die Produzentenrente ist die Differenz zwischen Produktionskosten und Gleichgewichtspreis. Für das Verständnis von Wohlstand mag das etwas verwirrend sein, weshalb hier davon abgesehen und stattdessen eine stärker am Nutzen orientierte Erklärung verfolgt wird.

Zweitens: Als ebenfalls abstrakt erweist sich das *paretianische* Verständnis von Wohlstand in der *Neuen Wohlfahrtsökonomik.* Auch dort wird der individuelle Wohlstand mit dem Nutzen der Modellmenschen gleichgesetzt, der hier formal als Wohlfahrtsfunktion – im Grunde eine Nutzenfunktion – konstruiert ist und auf abstrakten Güterbündeln und Preisen basiert (Menge und Preis von Gut 1, Gut 2, Gut 3 usw.). Im Gegensatz zum kardinalen Nutzenkonzept der Neoklassik, in dem der Nutzen als konkret zählbar betrachtet wird, liegt der Neuen Wohlfahrtsökonomik ein *ordinales* Nutzenkonzept zu Grunde: Der Nutzen der unterschiedlichen Güterbündel gilt als nicht zählbar, kann aber in eine Rangfolge (besser, schlechter, gleich) gebracht werden. Die gesellschaftliche Wohlfahrt entspricht einer Wohlfahrtsfunktion, in der die Wohlfahrt der einzelnen Modell-Menschen ‚aggregiert' wird. Diese soziale Wohlfahrtsfunktion kann unterschiedliche Formen annehmen: Zum Beispiel kann die Gesamtwohlfahrt von der Wohlfahrt jenes Modell-Menschen abhängen, dessen ökonomische Situation sich im Vergleich mit anderen als ‚schlechteste Situation' darstellt (Minimax-Wohlfahrtsfunktion nach Rawls); alternativ kann sich die Gesamtwohlfahrt auch schlicht aus der Addition der individuellen Wohlfahrtsfunktionen ergeben (utilitaristische bzw. Bentham-Wohlfahrtsfunktion). Die Aggregation kann in der formalen Darstellung, wie eben angedeutet, einfach in der Addition der individuellen Wohlfahrtsfunktionen bestehen oder aber *unbestimmt* bleiben. Letzteres bedeutet, das nicht bekannt ist, in welcher Weise die Güterbündel den Nutzen stiften (z. B. additiv oder multiplikativ). Diese sozialen Wohlfahrtsfunktionen verbinden sich mit dem Vorhaben, das Maximum bzw. Optimum dieser Wohlfahrt zu finden. Wohlfahrt wird daher als Maximierungs- bzw. Optimierungsaufgabe verstanden. Neben der formalen Darstellung in Wohlfahrtsfunktionen wird Wohlstand auch hier in abstrakten Graphen über Kurven wiedergegeben. Unter dem Eindruck dieser modelltheoretischen Perspektive hat sich im wohlfahrtspolitischen Diskurs das Konzept der Pareto-Effizienz etabliert. Als pareto-effizient und damit wohlfahrtsmaximal gilt eine Situation, in der sich keine andere Verteilung an Güterbündeln finden lässt, die die gesamte Wohlfahrt erhöht. Eine Situation gilt als paretooptimal bzw. -effizient, wenn sich durch eine politische Maßnahme die Situation eines Modell-Menschen nicht verbessern lässt, ohne die Wohlfahrt von anderen Modell-Menschen zu verschlechtern. Das hat politische Implikationen: Eine politische Maßnahme liefert dann eine pareto-optimale Verbesserung, wenn die Situation mindestens eines Modell-Menschen verbessert wird, ohne die Wohlfahrt der anderen Modell-Menschen zu verschlechtern. Jedoch provoziert diese auch die Frage, wie problemadäquat diese etablierte Pareto-Perspektive mit Wohlstand umgeht. Was hat diese abstrakte, in der Modellwelt verbleibende Vorstellung von pareto-effizientem Wohlstand mit der praktischen Lebenswelt realer Menschen zu tun? Welchem Zweck dient sie?

Diese beiden Lehrbuch-Vorstellungen über Wohlstand sind überaus abstrakt, beziehen sich auf eine ideale Marktwirtschaft in einer künstlichen

Modellwelt und lassen sich als *Nutzenwohlstand* begreifen. Da dieser Nutzenwohlstand auf Gütern bzw. Güterbündeln besteht, lässt sich auch hier von einem Güterwohlstand sprechen, der vor allem in der Neuen Wohlfahrtsökonomik als deutlich abstrakter in Erscheinung tritt als das rein quantitative Verständnis von Wohlstand im Sinne des BIP.

Im Kontrast zu diesen quantitativen und abstrakten Vorstellungen von Wohlstand steht, wie in ökonomischen Lehrbüchern zusätzlich *Wohlstand als Wohlfahrt im Sinne wohlfahrtspolitischer Maßnahmen* verstanden wird: Die Vorstellung von Wohlstand dreht sich dann um soziale Sicherheit, speziell um die Sicherung eines Existenzminimums, um den Zugang zum Gesundheitssystem und (Um-) Verteilungsmaßnahmen. Streng genommen sind damit aber hauptsächlich die Voraussetzungen für Wohlstand adressiert, also jene Dinge, die erfüllt sein müssen, bevor überhaupt über Wohlstand gesprochen werden kann – und auf die sich Wohlstand auch nicht reduzieren lässt (siehe dazu auch Kapitel 5). Der springende Punkt ist dabei, dass mit diesem Wohlstand im Sinne des Wohlfahrtstaates etwas anderes gemeint ist als das, was in den Lehrbüchern vor oder nach der Thematisierung des Wohlfahrtsstaates mit dem BIP als Wohlfahrtsmaß oder mit der Pareto-Optimalität thematisiert wird.

Neben diesen Ideen über Wohlstand sind in der *kritischen* Debatte über Wohlstand auch Überlegungen zu identifizieren, die zwar nicht zwangsläufig mit einem ausgefeilten Konzept von Wohlstand einhergehen müssen, die aber dennoch Zeugnis einer Vorstellung von Wohlstand abliefern. Konkret ist dabei an alternative Konzepte wie DeGrowth oder Postwachstum zu denken, in denen thematisiert wird, wie Wohlstand und Wachstum zusammenhängen und wie sich ökonomisches Wachstum von Wohlstand entkoppeln lässt. Ferner zu beachten sind die Überlegungen der feministischen Ökonomik und der Care-Ökonomik zur Bedeutung der unbezahlten Sorgearbeit, zur ungleichen Verteilung von Sorge- und Lohnarbeit im Haushalt und zur schlechten Bezahlung in der professionalisierten Sorgearbeit. Insbesondere die Statistiken zur Zeitverwendungsrechnung schlüsseln eindrucksvoll auf, wie viel Zeit für welche Tätigkeiten im Haushalt aufgebracht wird. Kurz zusammengefasst zeigt sich in der kritischen Auseinandersetzung mit dem dominanten materiellen Verständnis von Wohlstand, dass

- Wohlstand mehr ist als materieller Wohlstand
- materieller Wohlstand als Wachstum auch Probleme verursachen kann und zukünftigen Wohlstand gefährdet oder bereits gegenwärtigen Wohlstand – in anderen Teilen der Welt – zerstört
- Wohlstand von – überwiegend weiblicher – Reproduktionsarbeit abhängt (teils als Ergebnis der *Ausbeutung* dieser Reproduktionsarbeit).

Abschließend sei darauf hingewiesen, dass am Rande der Fachdisziplin ‚Ökonomik' und fast unbeachtet der öffentlichen Diskurse konkrete ökonomische Konzeptionen gefunden werden können, die über ein kritisches Bewusstsein für Wohlstand hinaus eine Vorstellung entwickeln, die sich von den in ‚der' Ökonomik gängigen Wohlstandskonzepten unterscheidet. Exemplarisch dazu lässt sich die sozial-ökologische Perspektive von Adelheid Biesecker und Stefan Kesting (2003) anführen, in der ‚Wirtschaft' in verschiedenen Sphären gedacht wird, die neben der Marktökonomie auch die Versorgungsökonomie (Haushalt) und den Non-Profit-Sektor umfassen, die wiederum jeweils durch andere Prozesse koordiniert werden und anderen ökonomischen Kriterien folgen wie in der ‚Marktökonomie' (siehe Abschnitt 3.5). Darüber hinaus ist ‚Wirtschaft' in eine natürliche Mitwelt – in planetare Grenzen – eingebettet. Wohlstand geht dort aus diesen verschiedenen Wirtschaftssphären hervor, nicht nur aus der ‚Marktökonomie', und findet seine Grenzen in der natürlichen Mitwelt. Darüber hinaus besteht eine weitere Besonderheit darin, dass Wohlstand dort im Anschluss an eine konkrete Wirtschaftsethik – die Integrative Wirtschaftsethik von Peter Ulrich (2008) – auf eine Meta-Ebene gehoben wird. Was Wohlstand sein soll, das ist dann von ‚der' demokratisch verfassten Gesellschaft partizipativ, deliberativ selbst zu bestimmen. Wohlstand umfasst also auch die Deutungsmacht darüber, zu bestimmen, was Wohlstand ist. Auf diese Weise wird Wohlstand einerseits prozessorientiert gedacht, andererseits steht das, was Wohlstand ist und wie er gemessen wird, unter einem ethischen Legitimationsvorbehalt. Zusammengenommen präsentiert die sozial-ökologische Perspektive damit eine prozessorientierte, ethisch legitimierte Vorstellung von Wohlstand als ‚gutes Leben für alle'.

1.1 Exkurs: Analytisch verstandener Wohlstand?

Im vorliegenden Text wird eine Vorstellung von Wohlstand zu Grunde gelegt, die es gestatten soll, unterschiedliche Verständnisse von Wohlstand zu umfassen, aber gleichzeitig eine Differenzierung oder Präzisierung ermöglicht, *um* diese unterschiedlichen Verständnisse vor allem mit Blick auf ihre normativen Momente zu vergleichen und normativ zu analysieren sowie die Vorstellung mit Blick auf ethische Fragestellungen weiterzuführen. Zu diesem Zwecke wird an das bereits an anderer Stelle ausgebreitete analytische Verständnis von Wohlstand angeknüpft (in Thieme 2024c: 273–279).

Daher soll nachfolgend mit „Wohlstand" eine handlungsleitende Vorstellung (moralische Norm, Leitidee mit Prinzipiencharakter) bezeichnet sein, die eine Orientierung gibt darüber, in welchem Umfang bestimmte Ressourcen und ein bestimmtes historisches, soziokulturelles und natürliches Lebensumfeld ein *gutes Leben* ermöglichen (dafür und nachfolgend Thieme 2024c: 273–274). Unter „Ressourcen" sind Grundlagen oder Mittel zu verstehen, die sich zur Realisierung eines bestimmten Zwecks oder Ziels einsetzen lassen. Ressourcen können nach unterschiedlichen Gesichtspunkten differenziert sein,

z. B. in finanzielle, materielle, immaterielle, finanzielle, persönliche oder natürlich Ressourcen. Was ganz konkret als Ressource gilt, wie sie unterschieden werden usw., das steht unter dem Eindruck des jeweils historischen, soziokulturellen Lebensumfelds. Bezogen auf den Wohlstand liegt der Zweck dieser Ressourcen in der Realisierung eines *guten Lebens*. Damit lässt sich Wohlstand präzisieren als eine *regulative Idee* über die Ressourcen und das konkrete Lebensumfelds, die erforderlich sind, um

1. die (Über-) Lebensnotwendigkeiten zu sichern und die soziokulturelle Existenz in der Gesellschaft zu garantieren, sowie darüber hinaus
2. ein selbstbestimmtes Leben, ohne Prekarität bzw. Existenznot, zu ermöglichen, d. h. die Gestaltung des eigenen Lebens sowie proaktive Selbsthilfe zu gestatten (Thieme 2024c: 273).

Wohlstand besitzt demnach grundsätzlich einen *normativen* bzw. ethischen Charakter: Es geht um die moralischen Ansprüche auf Existenz und Leben in einer Gesellschaft sowie über darüber hinaus reichende Ansprüche auf ein *selbstbestimmtes* Leben. Wohlstand bezieht sich damit auf die individuelle Ausstattung mit Ressourcen zum Führen eines guten Lebens sowie das entsprechende natürliche und kulturell-historische Lebensumfeld, das auf die Realisierung eines guten Lebens wirkt. Dazu ist *erstens* zu berücksichtigen, dass die normativen Ankerpunkte dafür, wie Wohlstand im Detail zu bewerten, definieren, ethisch zu legitimieren usw. ist, im kulturell-historischen Lebensumfeld liegen. Dort findet sich der jeweils normative Kern von Wohlstand, d. h. zum Beispiel die gesellschaftliche Form des Zusammenlebens (Absolutismus, Demokratie, gelenkte oder hybride Demokratie etc.), Gesetze sowie moralische Normen, Prinzipien und Sitten. *Zweitens* befindet sich Wohlstand in einem *systematischen Zusammenhang* mit sozialer Sicherheit, die auf den Anspruch abstellt, die physischen Grundbedürfnisse befriedigen und in einer Gesellschaft leben zu können (soziokulturelle Existenz). Was das konkret ist, wem das zusteht usw., das wird mit Blick auf das historisch-kulturelle Lebensumfeld zu beantworten sein. Aus der hier entfalteten analytischen Perspektive heraus sind die soziale Sicherheit und die Überwindung von individueller Armut und Prekarität aber auf jeden Fall als *fundamentale Voraussetzung für Wohlstand* zu verstehen. Ohne soziale Sicherheit ist nicht sinnvoll über individuellen Wohlstand zu sprechen. Im gesellschaftlichen Kontext mag es daher auch sinnvoll sein, Wohlstand nach bestimmten Gruppen, Schichten, Klassen oder Lebenslagen zu unterscheiden.

1.2 Grundsätzliches: Wohlstand als ethische Fragestellung

Was ist Wohlstand? Diese Frage hätte vielleicht schon ganz am Anfang dieses Kapitels stehen können und zunächst wohl auch provokativ wirken können. Denn lässt sich nicht davon ausgehen, dass bekannt ist, was unter Wohlstand verstanden werden kann? Genau in dieser Haltung mag sich eine Erklärung dafür finden, dass Wohlstand in ökonomischen Lehrbüchern zwar als gängiger Begriff in Erscheinung tritt, der aber in der Tendenz nicht erklärt wird. Während dort also ökonomische Konzepte wie das Grenzprodukt, die Grenzproduktivität, der Grenznutzen oder Elastizität normalerweise eine eigenständige Definition erfahren, wird beim Begriff „Wohlstand" offenbar häufig vorausgesetzt, dass die Lesenden schon wissen werden, was es damit auf sich hat. Bisweilen hängt das Verständnis als formale Definition – also weniger verbal – im Lehrbuchtext, d. h. unausgesprochen wird Wohlstand im Sinne von Wohlfahrtsfunktionen durch die dort enthaltenen Variablen näher bestimmt. Die Frage, was Wohlstand sei, lässt sich aber auch deshalb nicht einfach beantworten, weil – wie oben dargestellt – unterschiedliche Vorstellungen über Wohlstand existieren und diese teils unvermittelt nebeneinanderstehen. Mit „unvermittelt" ist gemeint, dass für gewöhnlich keine Beziehungen zwischen diesen Vorstellungen hergestellt und diese geklärt werden. In Diskussionen und Lehrbüchern kann das für Irritationen und Missverständnisse sorgen. Entgegen dem oft suggerierten Eindruckt ist eben nicht einfach davon auszugehen, dass die an einer Diskussion Beteiligten das Gleiche unter „Wohlstand" verstehen.

Nun soll es aber um Wohlstand als ethische Fragestellung gehen: Worin liegt also die ethische Qualität der Frage, was Wohlstand ist? Die Antwort kann bereits *allgemein* an dem Umstand ansetzen, dass „Wohlstand" selbst eine normative Orientierungsgröße und ein Bezugspunkt für wirtschaftliches und politisches Handeln darstellt: „Wohlstand" *soll* erhalten bleiben, *muss* gesichert oder *soll* gesteigert werden. Das, was „Wohlstand" ist, wirkt *dann* selbst als eine Art Norm im Sinne einer handlungsleitenden Regel, wie etwas sein oder woran sich eine Handlung ausrichten *soll.* Damit verbinden sich weitere Fragen wie zum Beispiel, was unter diesem Bezugspunkt „Wohlstand" eigentlich konkret zu verstehen ist und was davon erfasst wird. Diese und ähnliche Aspekte haben bereits einen normativen Charakter.

Hinzu kommt aber die Frage, wodurch eine Vorstellung von Wohlstand ethische Legitimierbarkeit und Legitimität erlangt. Mit „Legitimierbarkeit" ist gemeint, inwiefern die Vorstellungen von Wohlstand ethischen Ansprüchen (Kriterien) genügen oder sogar ihnen entgegenstehen – und welche Ansprüche das jeweils sind. Was liegt den Vorstellungen von Wohlstand an ethischen Bezugspunkten – Ethik-Konzepten, Moralprinzipien usw. – direkt oder indirekt (unausgesprochen) zu Grunde? Genügt eine bestimmte Vorstellung von Wohlstand zum Beispiel dem Kriterium der Menschenwürde oder den Sozialprinzipien Personalität, Subsidiarität und Gemeinwohl aus der Katholischen Soziallehre? Spielt die Frage der ethischen Legitimierbarkeit überhaupt eine Rolle? Oder wird sie übersprungen? Wird ethische Legitimierbarkeit direkt oder stillschweigend vorausgesetzt?

Mit „ethischer Legitimität" wird auf die Momente abgestellt, durch die eine bestimmte Vorstellung von Wohlstand auch tatsächlich ihre ethische Legitimität verliehen erhält. Streng genommen lässt sich die ethische Legitimierbarkeit als die Voraussetzung dafür begreifen, auch tatsächlich ethisch legitim sein zu können. Abhängig vom zu Grunde gelegten Ethik-Konzept ist es denkbar, dass Legitimierbarkeit und Legitimität in eins fallen oder ethische Legitimität einfach (voraus-) gesetzt wird. Von besonderer Bedeutung ist der Hinweis auf die ethische Legitimität aber für Ethik-Konzepte, die die ethische Legitimität über einen zwischenmenschlichen Verständigungsprozess – Dialog oder Diskurs – herstellen (z. B. in der Katholischen Soziallehre oder der Integrativen Wirtschaftsethik). Mir mag durch meine eigene ethische Reflexion eine bestimmte Vorstellung von Wohlstand als ethisch legitim erscheinen, in der redlichen Auseinandersetzung mit den ethischen Reflexionen meiner Mitmenschen – im Dialog oder Diskurs miteinander – stellt sich dann aber heraus, dass das gar nicht der Fall ist. Eine Vorstellung von Wohlstand ist auf Basis solcher diskursethischen Konzepte *ethisch legitimierbar*, wenn sie bestimmten ethischen Kriterien genügt und grundsätzlich einem Dialog oder Diskurs zugeführt werden kann, und sie erfährt ihre *ethische Legitimität* dadurch, dass im offenen Diskurs oder Dialog miteinander Einigkeit erzielt wurde, diese bestimmte Vorstellung von Wohlstand als ethisch legitim zu erachten.

Diese Überlegungen mögen abstrakt wirken. Deren praktische Relevanz sollte aber schnell einleuchten, wenn vergegenwärtigt wird, dass die in akademischen Studierstuben entwickelten Wohlstandsverständnisse in den politischen Prozess fließen und damit das gesellschaftliche Leben prägen können. Was Wohlstand ist, wie er gemessen wird usw., das alles steht dann mit Fragen der ethischen Legitimierbarkeit, Legitimität und Verantwortung im Zusammenhang. Wie bereits mehrfach angedeutet, hängt die damit verbundene Prüfung auf ethische Legitimierbarkeit und Legitimität – damit ist auch ihr Prozedere/Ablauf gemeint – davon ab, welche ethischen Konzeptionen oder Prinzipien zu Grunde gelegt werden. Angesichts der Vielzahl an Ethik-Konzepten und Moralprinzipien lässt sich das an dieser Stelle aber nicht weiter vertiefen. Deshalb soll der Hinweis genügen, dass zur Prüfung der ethischen Legitimierbarkeit und Legitimität zum Beispiel utilitaristische, vertragstheoretische, wirtschaftsethische oder religiöse Ethik-Konzepte (Katholische Soziallehre, Islamische Wirtschaftsethik usw.) herangezogen werden können. Dabei sei auch daran erinnert, dass es sich bei der Entscheidung für oder gegen eine ethische Konzeption selbst wieder um eine ethische Frage handelt, die einer

Rechtfertigung bedarf (auch wenn diese sich nicht zufriedenstellend bis zum letzten Grund einholen lässt). Was für die Analyse des Wohlstands als ethische Fragestellung wichtig ist, das sind die Darstellung und Klarstellung der ethischen Bezugspunkte, von denen aus bestimmt wird, was „Wohlstand" ist und wodurch er seine ethische Legitimität erfährt. Wird in Rechnung gestellt, dass sich in der Debatte um Wohlstand die Fachexpertise zu dessen normativen Elementen in überschaubaren Grenzen hält, so besteht für eine sachgerechte Erörterung der Vorstellungen von Wohlstand zunächst vor allem die Notwendigkeit, diese normativen Momente zu identifizieren und offenzulegen.

1.3 Verantwortungsvoll entscheiden: „Welcher Wohlstand?"

Zwar stand die Frage „Was ist Wohlstand?" am Anfang dieses Kapitels, aber aus dem hier vorgelagert beschriebenen Problemkomplex des Mangels an Begriffsbestimmungen und lose nebeneinanderstehenden Vorstellungen von „Wohlstand" resultieren *spezifische* ethische Schwierigkeiten. Diese sollen hier nachfolgend aufgegriffen werden. Konkret geht es um den *verantwortungsvollen Umgang mit Wohlstand im Plural*: Die unterschiedlichen Vorstellungen über Wohlstand werfen nämlich Fragen danach auf, was für das eine oder andere Verständnis von Wohlstand spricht. Das gilt für alle Debatten über Wohlstand, ob in den Medien, der Politik oder der Forschung: Welche Vorstellung von Wohlstand wird aus welchen Gründen heraus – und zu welchen Zwecken – herangezogen? Der ethische Charakter, der sich damit verbindet, lässt sich leicht erkennen, wenn die Entscheidung für oder gegen bestimmte Vorstellungen über Wohlstand in eine Orientierungsfrage umformuliert wird: Welches Verständnis von Wohlstand *soll* ausgewählt werden?

Was zunächst wie ein kleinlicher Kritikpunkt wirken mag, erfährt durch die unvermittelte Darstellung unterschiedlicher Vorstellungen von Wohlstand in ökonomischen Lehrbüchern eine besondere Bedeutung: Dort ist nämlich nicht (immer) transparent, aus welchen Gründen heraus und zu welchen Zwecken auf bestimmte Vorstellungen oder Maßzahlen für Wohlstand zurückgegriffen werden (zu dieser Problematik siehe ausführlich Thieme 2024c).

1. Dabei lassen sich doch selbst in dem Falle, in dem ‚nur' pragmatische Gründe für ein bestimmtes Verständnis von Wohlstand gesehen werden sollten (etwa das BIP als Wohlfahrtsmaß), genau diese pragmatischen Gründe für andere klar kommunizieren. Nur so ist ersichtlich, *warum* diesem oder jenem Verständnis gefolgt wird, einem anderen Verständnis von Wohlstand jedoch nicht. Das erfordert aber auch, andere Vorstellungen von Wohlstand zumindest einmal zur Kenntnis zu nehmen, zu differenzie-

ren, sich nötigenfalls davon zu distanzieren und sich mit der Wahl für ein bestimmtes Verständnis von Wohlstand *frag-würdig* (Blanck 2024) zu halten.

2. Hinzu kommt, dass Entscheidungen, die auf eine vergleichende Ablehnung (‚besser' oder ‚schlechter'), den Verweis auf praktische Gründe usw. hinauslaufen, *Maßstäbe* für dieses Urteil benötigen. Es reicht also nicht aus, einfach zu sagen, „das BIP ist im Vergleich zu anderen Wohlfahrtsmaßstäben die praktischere Kennziffer". Nein, es muss auch angegeben werden, was der Maßstab für dieses Urteil (das etwas praktischer sei) ist (z. B. Verfügbarkeit von Daten oder ähnliche Aussagekraft – bei geringerem Aufwand – als bei anderen Wohlfahrtsindizes).
3. Der normative Charakter setzt sich bei neoquantitativen Vorstellungen über Wohlstand fort in den Fragen, welche Schlüsselfaktoren für Wohlstand berücksichtigt und wie sie gemessen werden. Auch dort können praktische Gründe eine Rolle spielen (Quantifizierbarkeit, Vergleichbarkeit, Zugang zu entsprechenden Daten usw.).

Neben ‚pragmatischen' Gründen für ein bestimmtes Verständnis von Wohlstand lassen sich selbstverständlich auch tiefergehende ethische Gründe anführen, die konkret auf bestimmten Ethik-Konzepten und/oder Moralprinzipien basieren. Die damit verbundene Abwägung zu erörtern, das würde die weiter oben beschriebene Prüfung auf ethische Legitimierbarkeit und Legitimität umfassen, was wiederum eine sehr umfangreiche Auseinandersetzung bedeutet, von der hier bewusst abgesehen wird. Stattdessen soll nachfolgend ein Stück weit an der Oberfläche verweilt werden, bei lediglich der Frage nach dem Umgang mit der Vielfalt an Wohlstandsvorstellungen.

Allein vor dem Hintergrund dieser Vielzahl sind Defizite in *ökonomischen* Lehrbüchern, aber auch in öffentlichen Debatten zu beobachten. Eine Konsequenz daraus mag die ungebrochene Popularität der BIP als Wohlfahrtsmaß sein: Dort, wo der Bezug auf das BIP als Wohlfahrtsmaß *nicht* begründet, die Abwahl anderer Wohlfahrtsmaße oder anderer Vorstellungen von Wohlstand ausgeblendet bleibt oder gar nicht erst erfolgt, erscheint das BIP nach wie vor als unerschütterliches Maß für Wohlstand. Vor allem für den Umgang mit Wohlstand in ‚der' Forschung – also gemessen an disziplinspezifischen Ethik-Kodexen – ist ein solcher Umgang aber fragwürdig.

Wie lässt sich nun aber *verantwortungsvoll* mit der Vielfalt an Vorstellungen über Wohlstand umgehen? Die Antworten dafür liegen eigentlich auf der Hand: Die existierende Vielfalt muss zur Kenntnis genommen, die Wahl für eine bestimmte Vorstellung von Wohlstand gerechtfertigt und dieser Prozess transparent gehalten und dokumentiert werden. Es ist auch nicht schwer, konkrete Orientierungspunkte und Anregungen dafür zu finden, wie Auswahl-Entscheidungen und die Voraussetzungen dafür gestaltet sein können. Zu denken ist z. B. an den Beutelsbacher Konsens (Gloe & Oeftering 2020: 101–103), an Ethik-Kodexe von akademischen Disziplinen wie etwa dem vom Verein für

Socialpolitik (2021), an Leitbilder für gute Forschungspraxis (etwa DFG 2019) oder an das *Paderborner Deliberationskonzept* (z. B. Blanck 2002; Loh 2001; Blanck 2024).

Tab. 1: Ausgewählte normative Orientierungspunkte für den Umgang mit der Vielfalt von Wohlstandsideen

Konzepte	*Ausgewählte normative Orientierungspunkte*
Beutelsbacher Konsens (Gloe & Oeftering 2020: 101–102)	▪ *Überwältigungsverbot:* Verbot, andere zu Gunsten eigener Position zu überrumpeln. ▪ *Kontroversitätsgebot*: Darstellung kontroverser Positionen zu einem Gegenstand. ▪ *Interessenlage:* In die Lage versetzen, eine politische Situation und eigene Interessen zu analysieren sowie die politische Situation im eigenen Interesse zu beeinflussen.
Ethik-Kodex des Vereins für Socialpolitik (2021)	▪ Transparenz und Überprüfbarkeit. ▪ Gebot zur Vermeidung von Schäden. ▪ Angemessene Würdigung des Stands der Forschung. ▪ Transparenz bzgl. Finanzierungsquellen und Befangenheit bzw. Interessenkonflikten ▪ Unvoreingenommenheit und Ergebnisoffenheit.
Gute Forschungspraxis (DFG 2019)	▪ Dokumentation, u.a. Methoden der Qualitätssicherung, Forschungsergebnisse. ▪ Nachvollziehbarkeit. ▪ Berücksichtigung des Forschungsstandes, sorgfältige Recherche. ▪ Berücksichtigung von Ethikvoten, Forschungsfolgen und ethischer Aspekte. ▪ Bewusstsein für Befangenheit, eigene Werturteile, kulturelle Prägung und Narrative (preanalytische Vision) sowie Offenlegung/Transparenz diesbezüglich.
Paderborner Deliberationskonzept	▪ Kontroverse Vielfalt. ▪ Identifikation von Problem und problemadäquaten Lösungen. ▪ Dokumentation des Erwägungsprozesses, der Wahl und Abwahl von Lösungen (Rechtfertigung) und damit auch der Bewahrung abgewählter Alternativer ▪ *kein* kampforientierter Debatten-Stil.

Quelle: Eigene Darstellung.

Das *Paderborner Erwägungskonzept* und der damit verbundene Anspruch einer *nicht am Kampf orientierten Debattenkultur* sind möglicherweise nicht geläufig und mögen somit erklärungsbedürftig sein. Deshalb sei dazu in gebotener Kürze ergänzt, dass sich die in diesem Konzept problematisierte *Kampforientierung* auf eine Haltung bezieht, in der es um die Durchsetzung der eigenen Ideen und Überzeugungen im Streit, Wettbewerb usw. geht, in der keine Offenheit gegenüber anderen Argumenten besteht und Vielfalt, Pluralität oder Kontroversität allein dem Zwecke dienen, die eigene Position in einem vorteilhafteren Licht erscheinen zu lassen (siehe Thieme 2015a, 2017a, 2019). Das ist keine gute Voraussetzung für eine *redliche* und *ernsthafte* Auseinandersetzung – z. B. mit unterschiedlichen Vorstellungen über Wohlstand – und sorgt zudem für ein toxisches, ausgrenzendes Diskursklima. Mit der Sensibilisierung für die Kampforientierung und mit ihrer Ablehnung spezifizieren sich allgemeine Forderungen z. B. nach der Berücksichtigung des aktuellen Forschungsstandes zum Verständnis von Wohlstand: Es geht dann um eine *nicht am Kampf orientierte* Auseinandersetzung mit unterschiedlichen Verständnissen über Wohlstand.

Um bestimmte Missverständnisse zum verantwortungsvollen Umgang mit Wohlstand aus dem Weg zu räumen, die auch in anderen Kontexten auftauchen mögen: Der Anspruch, sich ethisch verantwortungsvoll mit Wohlstand auseinanderzusetzen, mag ambitioniert und aufwändig wirken. Doch gehört dieser Anspruch bereits zur breit akzeptierten Vorstellung über eine gute Forschungspraxis. Für die tiefergehende Erörterung von ethischen Aspekte bei der Auswahl eines bestimmten Verständnisses von Wohlstand bedarf es in der Tat auch einer gewissen Expertise bzw. Kompetenz in den Grundlagen zur Normativität (hier vor allem mit Blick auf Normativität und Ökonomik), die sich aber nicht immer voraussetzen lässt. Eine ethisch verantwortliche Auseinandersetzung mit Wohlstand kann jedoch auch damit beginnen,

1. sich dieser Herausforderungen und der damit verbundenen Defizite *bewusst zu werden*,
2. das eigene Verständnis von Wohlstand *nicht* apodiktisch oder dogmatisch in die Welt hinauszutragen sowie *im Eifer* zu verteidigen, *sondern (stattdessen)*
3. sich im Wissen um die möglichen Grenzen dieser eigenen Vorstellung von Wohlstand (geistig) *offen* gegenüber anderen Perspektiven und damit *kritik- und frag-würdig* zu halten.

Fachleute ‚der' Ökonomik und anderer akademischer Disziplinen müssen also keine Angst davor haben, gezwungen zu sein, sich von der Beschäftigung mit Wohlstand fern zu halten, weil ihre Perspektive auf Wohlstand ohne die Berücksichtigung der ethischen Dimension unvollständig bleibt. Die eigene Forschungsarbeit, die eigene Perspektive muss dann nur ins Bewusstsein dafür gestellt sein, dass diese Vorstellungen von Wohlstand unvollständig sind und ihr Geltungsanspruch *deshalb* begrenzt ist. Das Wissen um diese Begrenztheit und einen ethischen Legitimationsvorbehalt hätte zur Konsequenz, dass eine ethisch verantwortungsvolle Auseinandersetzung mit Wohlstand bereits darin besteht, der eigenen Vorstellung über Wohlstand mit einer gewissen Zurückhaltung und Distanz zu begegnen sowie sich in Offenheit hinsichtlich anderer Perspektiven (und Kritik) zu üben.

Bis hierhin waren die Überlegungen darauf konzentriert, wie sich aus Sicht der Forschung verantwortlich mit Wohlstand umgehen lässt, wenn unterschiedliche Verständnisse dazu existieren. Gleichzeitig stellt die Existenz unterschiedlicher Ideen über Wohlstand auch Medien, Politik, NGOs usw. vor Herausforderungen: Denn auf welchem Wege lässt sich erkennen, wie verantwortlich in einer Fachexpertise zum Wohlstand mit den unterschiedlichen Vorstellungen darüber umgegangen wird? Zur Beantwortung dieser Frage bieten sich die eben bereits genannten Orientierungspunkte an (siehe Tab. 1). In Anlehnung daran können die Expertisen zum Wohlstand – auch ohne selbst über fundierte Kenntnisse zum Wohlstand verfügen zu müssen – kritisch daraufhin abgeklopft werden:

1. ob dort die Existenz verschiedener Vorstellungen über Wohlstand zur Kenntnis genommen wird und wenn ja, ob eine Auseinandersetzung damit existiert;
2. ob sich eine Begründung für die präsentierte oder ausgewählte Vorstellung von Wohlstand findet; und falls ja, wie transparent die Entscheidung für eine bestimmte Vorstellung von Wohlstand ist und welche Rechtfertigungsgründe angeführt sind;
3. ob die Auswahl – oder Eingrenzung – existierender Wohlfahrtsverständnisse für die Auseinandersetzung mit den Wohlstandsideen kontrovers angelegt ist oder weniger kontrovers ausfällt;
4. ob bei (neo-) quantitativen Wohlstandsvorstellungen bzw. alternativen Wohlstandsmaßen die Relevanz der angeführten Kennzahlen und Teilindizes für Wohlstand (z. B. Lebenserwartung, Bildungsabschluss und Wohnraumgröße), die *Gewichtung* dieser Kennzahlen und die ‚Aggregation' (Zusammenführung) der individuellen Wohlstandszustände zum gesellschaftlichen Wohlstand erklärt und gerechtfertigt werden.

Damit sind Anhaltspunkte gegeben, um Fachexpertisen zum Wohlstand zumindest kritisch zu hinterfragen und auf diese Weise etwaige Leerstellen im dort zu Grunde gelegten Verständnis über Wohlstand zu erhellen.

2 Wohlstand vermessen

Ausgehend von der Frühgeschichte (Ischtar-Tor um 605–562 v.Chr.) über die Merkantilisten (um etwa 1450 bis 1750), welche die Schatzkammer der Fürsten und Könige – überwiegend mit Edelmetallen – zu mehren suchten, und dem Güterwohlstand bei Adam Smith (1723–1790) bis hin zum Bruttoinlandsprodukt (BIP) *heute* lässt sich eine gewisse Tradition feststellen (siehe Thieme 2024c): Wohlstand wird materiell in Sinne von zählbaren und bewertbaren Gütern (und Dienstleistungen) oder in Geld verstanden. Für diese materielle Sichtweise gibt es gewiss gute Gründe, können die damit verbunden Gelder, Güter und Dienstleistungen doch dem Zweck dienen, existenzielle Grundbedürfnisse zu befriedigen und das eigene Leben angenehmer zu gestalten. Damit lässt sich unzweifelhaft ein Beitrag zur ökonomischen Sicherheit und zur Erhöhung des Lebensstandards leisten. Auf diese Weise wird der individuelle Wohlstand genährt. Es dürfte also kaum bestritten werden, dass materielle Ressourcen zum individuellen Wohlstand beitragen können. Die heutige Kritik an der Vermessung des Wohlstands, die sich insbesondere am BIP als Maß für Wohlstand entzündet, besteht denn auch nicht in der Verneinung dieser materiellen Wohlstandsaspekte, sondern in der Engführung des Blicks darauf. Diese Kritik wird im Nachfolgenden vertieft. Aber was zunächst der Ausgangspunkt dieses Kapitels sein soll, das ist das durchaus legitime Anliegen, die materiellen Aspekte des Wohlstands zu erfassen. Dazu sollen das BIP und entsprechende Problempunkte diskutiert werden. Letztere bilden wiederum den Anlass für die Entwicklung neoquantitativer Wohlstandsmaße, die im Anschluss im Überblick darzustellen sind. Danach werden grundsätzlicher Kritikpunkte am Messen, Berechnen und Modellieren von Wohlstand aufgegriffen und erörtert. Daraus ergibt sich eine Gemengelage, die vor allem die Politik vor große Herausforderungen stellt und deren Umgang abschließend das Thema sein soll.

2.1 Wohlstand als BIP

Ein weit verbreiteter Orientierungspunkt für Wohlstand ist das *Bruttoinlandsprodukt* (BIP). Es handelt sich um eine ökonomische Kenngröße aus der *Volkswirtschaftlichen Gesamtrechnung* (VGR). In der VGR werden „die Geldströme zwischen verschiedenen Sektoren der Wirtschaft“ (Krugman & Wells 2017: 668) erfasst. Praktisch handelt es sich bei der VGR um eine volkswirtschaftliche Buchhaltung (englisch: *National Income Accounting*), oder in den

Worten des Philosophen Oliver Schlaudt (2018: 67): Es ist „die Buchführung eines Landes, die Gesellschaft führt über sich selbst Buch“. Woll (2014: 283) präzisiert, dass es sich bei der VGR um eine *Wertrechnung* handelt, die „Mengen werden mit Preisen bewertet [...]. Die Bewertung erfolgt, soweit dies möglich ist, zu Marktpreisen“. Bewertungsprobleme „ergeben sich bei Gütern, deren Erfassung notwendig erscheint, die jedoch keinen Marktpreis haben“ (Woll 2014: 283), etwa beim Eigenverbrauch, der nicht über den Markt vermittelt wird, oder bei staatlichen Leistungen.

Das BIP gilt als Maß für die in Marktwerten gemessene *Leistung* einer Volkswirtschaft: Es gibt an, was in einer Volkswirtschaft in einem bestimmten Zeitraum an zu (Markt) Preisen bewerteten Gütern und Dienstleistungen (Endprodukten) hergestellt wurde.[5] Damit verbindet sich der Gedanke, den im BIP zusammengefassten Wert der Güter und Dienstleistungen abstrakt auf die Bevölkerung (pro Kopf) aufzuteilen und damit den theoretisch möglichen materiellen Wohlstand pro Kopf auszuweisen. Kurz: Das BIP zeigt die in Marktpreisen bewertete Leistung in einer Volkswirtschaft und damit, was auf die Bevölkerung verteilt werden *könnte*. Errechnet wird das BIP bekanntermaßen auf Basis seiner Entstehung, Verwendung und Verteilung (Tab. 2).[6]

Tab. 2: Entstehungs-, Verwendungs- & Verteilungsrechnung des BIP

Entstehung	=	*Verwendung*	=	*Verteilung*
Brutto-Wertschöpfung		Konsumausgaben		Volkseinkommen
+ Gütersteuern		+ Brutto-investitionen		+ Produktions- & Importausgaben
				– Subventionen
				+ Abschreibungen
– Gütersubventionen		+ Außenbeitrag (= Exporte – Importe)		– Saldo der Primär-einkommen aus der übrigen Welt
= Bruttoinlandsprodukt				

Anmerkungen: Die Bruttowertschöpfung umfasst die wertmäßigen Leistungen aus dem produzierenden Gewerbe, Handel, Verkehr, Gastgewerbe, Grundstück- & Wohnungswesen, Bereich der öffentlichen Dienstleister usw.

Quelle: Eigene Darstellung in Anlehnung an Destatis (2024).

5 Siehe dazu zum Beispiel Mankiw & Taylor (2024: 673–676), Krugman & Wells (2017: 667) und Woll (2014: 283–284).

6 Zur Vertiefung siehe Krugman & Wells (2017: 672–677), Schlaudt (2018: 75–77), Bontrup & Marquardt (2021: 454–467); und für die ideengeschichtlichen Hintergründe Desrosières (2005: 347–351).

Zunächst sei auf einzelne Begriffe hingewiesen, die in den politischen und öffentlichen Debatten auftauchen können und die rechnerisch mit dem BIP im Zusammenhang stehen, die sich aber von ihm etwas unterscheiden und daher Irritationen oder Missverständnisse provozieren mögen. Deshalb sei in knappen Zügen ergänzt, dass das *Volkseinkommen* eine Bezugsgröße für das BIP nach der *Verteilungsrechnung* darstellt (siehe oben Tab. 2), das die *Einkommen* im Inland umfasst (Löhne, Gehälter, Einkommen aus Unternehmenstätigkeiten und Vermögen) und auch *Nettonationaleinkommen* genannt wird. Das *Bruttonationaleinkommen* (BNE) ist die heutige Bezeichnung für die Größe, die früher *Bruttosozialprodukt* (BSP) genannt wurde und die ebenfalls auf Einkommensgrößen abstellt. Das BNE ergibt sich aus dem BIP, zuzüglich des *Saldos der Primäreinkommen aus der übrigen Welt*. Letzteres besteht aus a) den Einkommen aus Lohnarbeit, Vermögen und Subventionen, die vom *Ausland ins Inland* fließen, von denen b) die Einkommen abgezogen werden, die spiegelbildlich vom *Inland ins Ausland* fließen. In ökonomischen Lehrbüchern wie dem von Woll (2014: 285–286) wird dazu unterschieden in das *Inlandskonzept*, das *räumlich* (geographisch) abgegrenzt auf das BIP abstellt, und das *Inländerkonzept*, das Einkommen zwischen Inland und Ausland unterscheidet und somit auf das Bruttosozialprodukt (BSP) bzw. Bruttovolkseinkommen hinausläuft. Die betragsmäßigen Unterschiede zwischen BSP und BIP sind nach Krugman & Wells (2017: 1054) aber „nicht sehr groß". Zudem sei die Erfassung der grenzüberschreitenden Einkommen durch die Globalisierung schwieriger geworden. Für die nachfolgende Diskussion zum BIP als Maß für Wohlstand müssen diese Details und die damit verbundenen Diskussionen aber nicht interessieren und können zur Seite gelegt werden.

2.2 Zur Entwicklung und Etablierung des BIP

Zwar gab es schon ab den 17. Jahrhundert Versuche, die Leistung einer Volkswirtschaft zu *messen*. Möglicherweise stellt das Messen der Leistung einer Volkswirtschaft – deren Quantifizierung – sogar eine bis in die Frühgeschichte zurückreichende Tradition des ökonomischen Denkens dar (Thieme 2024c: 47, 152). Aber die Etablierung des Konzepts des BIP als Maß für die Produktionskapazität eines Landes fand erst nach 1929 statt: Das stand *erstens* mit der ‚großen Depression' in den USA (schwarzer Donnerstag, 24.10.1929) im Zusammenhang, vor deren Hintergrund das Interesse bestand, diese Wirtschaftskrise besser zu verstehen, während gleichzeitig aber auch staatliche Eingriffe – über Investitionen – abzuwägen waren; und *zweitens* warf der Eintritt der USA in den Zweiten Weltkrieg für diese militärökonomische und volkswirtschaftliche Fragen auf, für die das BIP Antworten bereitzuhalten schien (Schlaudt 2018: 68). In seinem Buch über *Die Politik der großen Zahlen* sieht

Desrosières (2005: 347–348) diese Entwicklung *in einen allgemeinen* Bedeutungsgewinn der VGR *eingebettet*, betont aber ebenfalls deren Relevanz für den militärischen Bedarf ab 1930:

„[W]ährend der beiden Weltkriege und unmittelbar danach unternahmen öffentliche Einrichtungen bedeutende Anstrengungen zur Berechnung des Nationaleinkommens und zu dessen Zerlegung nach verschiedenen Gesichtspunkten (in den Vereinigten Staaten erfolgte das nach dem Ersten Weltkrieg, in Großbritannien und in Frankreich nach dem Zweiten Weltkrieg). […] Aber auch außerhalb der kriegsbedingten Ausnahmezeiten kam es in Krisensituationen oder bei besonderen politischen Mobilisierungen zum Aufbau von koordinierten Aufzeichnungsnetzen und Nomenklaturen für wirtschaftsrelevante Handlungen: in den Vereinigten Staaten in den 1930er Jahren, in Frankreich in den 1950er und 1960er Jahren und in Osteuropa in den 1990er Jahren" (Desrosières 2005: 348).

Schmelzer (2017: 291–295) äußert sich in seinem Beitrag zur „Vermessung ‚der Wirtschaft'" ähnlich, hebt aber hervor, dass die heute breit akzeptierten statistischen Konzepte und Kennziffern (BIP, Nachfrage, Inflation Produktivität usw.) in der Mitte des 20. Jahrhunderts noch entwickelt und standardisiert werden mussten (Schmelzer 2017: 288). Daher waren die konzeptionellen Grundlagen zur Erfassung und zum Vergleich etwa von nationaler Zahlungsfähigkeit, gesellschaftlichem Reichtum usw. bis in die 1950er Jahre noch im Entstehen (Schmelzer 2017: 289).

Aber bereits Mitte der 1950er Jahre hätte es als „selbstverständlich" gegolten, dass das BIP die Wohlfahrt eines Landes repräsentiere (Schmelzer 2017: 301). Die Etablierung des BIP als Maßzahl für Wohlstand war dann teilweise ein Ergebnis *ideologisch-institutioneller Umstände*. Dazu gehört ein Prozess, in dem ursprünglich vorsichtig vorgetragene „Kontextualisierungen und Einschränkungen [des BIP, Anm.d.Verf.] […] kontinuierlich durch widersprüchliche Aussagen von BuchhaltungsexpertInnen unterwandert [wurden] und [..] bald in Vergessenheit" gerieten (Schmelzer 2017: 301). Konkret begünstigten dann „die politische Nützlichkeit marktorientierter Einkommensstatistiken […] sowie die grundlegende Rolle des Staates bei der Produktion von Sozialstatistiken" (Schmelzer 2017: 305) die Standardisierung und Harmonisierung von statistischen Maßen wie etwa dem BIP. Letzteres, darauf weist Schmelzer außerdem hin, entstand „in einem Kontext voller Machtinteressen und fundamentaler konzeptioneller und ideologischer Kontroversen" (Schmelzer 2017: 305). Damit stand das BIP unter einer normativen Prägung, woraus normative Konsequenzen resultierten. Das BIP wurde nämlich als ‚natürliches' und universelles Maß für Wohlstand etabliert – und das sorgte wiederum dafür, dass die vielen Vereinfachungen und Annahmen, die damit im Zusammenhang stehen, aus dem Blick gerieten (Schmelzer 2017: 306). Außerdem wurde auf diese Weise das BIP als Wohlstandsmaß mit *wirtschaftlichem Wachstum* und bestimmten gesellschaftspolitischen Zielen – Wohlergehen, Fortschritt, Modernität, Regierungserfolg – verschmolzen oder verkoppelt (Schmelzer 2017: 306). Um Missverständnisse zu vermeiden, sei betont, dass die Vorstellung über Wohlstand im ökonomischen Denken bereits sehr lange mit wirtschaftlichem Wachstum – Güterwachstum, Prosperität usw. – verbunden war (siehe ausführlich Thieme 2024c). Hier geht es aber speziell um *Wohlstand als BIP*, das als *statistische Sozialtechnik* mit politischen Zielsetzungen – wenn nicht sogar mit wirtschaftspolitischen Imperativen – wie *wirtschaftliches Wachstum* verzahnt ist. Das wirtschaftliche Wachstum stellt *heute* immer noch „eine alles entscheidende Bezugsgröße von Politik und öffentlicher Diskussion" dar und ist „eben als Wachstum des BIP definiert" (Schlaudt 2018: 67).

2.2.1 Der utilitaristische Charakter des BIP

Wenn der neutrale, objektive, mathematisch exakte Charakter des BIP in Zweifel gezogen wird, dann lässt sich dazu vor allem die wissenschaftliche Entscheidung zu bestimmten Reduktionen und Annahmen heranziehen, prominent etwa die Ausblendung der unbezahlten Hausarbeit. Auch Entscheidungen im Forschungsprozess sind Entscheidung, die auf Urteilen basieren und begründet – gerechtfertigt – sein sollten. In Ergänzung dazu sind mit Schmelzer (2017: 305) die fundamentalen konzeptionellen und ideologischen Kontroversen zu berücksichtigen, die bei der Etablierung des BIP als statistische Sozialtechnik eine Rolle spielten. Hierzu ist aber noch ein wirkmächtiger Aspekt mit einer langen Tradition im ökonomischen Denken zu ergänzen: die *utilitaristische* Perspektive. Mit ‚dem' Utilitarismus ist eine Denkströmung gemeint, deren Anfänge bekanntlich bei *Jeremy Bentham* (1748–1832) gesehen werden und die sich mit anderen Theoretikern wie später *John Stuart Mill* (1806–1873) oder *Peter Singer* (*1946) verbinden. Auf die Details der einzelnen utilitaristischen Konzepte soll an dieser Stelle nicht eingegangen werden.[7] Für die Identifizierung des utilitaristischen Charakters des BIP sollen einzelne allgemein in der Literatur genannte Merkmale herangezogen werden. So weist Kuttner (2015: 51–53) ‚den' Utilitarismus als eine *materialistische Weltanschauung* aus, die sich an den Naturwissenschaften orientierte und abstrakt-empirisch arbeitete. Beispielhaft dafür können Benthams Versuche zählen, Freud und Leid als empirische Größen zu fassen und daraus einen Nutzenwert – den sogenannten *Gratifikationswert* – zu errechnen: „Der ‚Gratifikationswert' ergibt sich aus der Lust einer Handlung abzüglich ihrer Unlust" (Kuttner 2015: 53). Dazu hält Kuttner (2015: 53) fest, damit würde

> „das Ausmaß der Übertragung der naturwissenschaftlichen Methode auf die Sozialwissenschaften deutlich, Bentham geht nämlich sogar so weit, die Ethik selbst zu berechnen."

Deshalb bezeichnet Kuttner (2015) den Utilitarismus auch als „Nutzenethik", was dem Gedanken von Pribram (1992: 272) nahekommt, der im Utilitarismus

7 Siehe stattdessen zum Überblick etwa Rommerskirchen (2019: 61–95), Holzmann (2019: 48–54), Kuttner (2015: 49-56, 111-121) und Pieper (2017: 238–240).

von Bentham das System einer *mathematischen Moral* sah. Aber es ist strittig, ob es sich dabei tatsächlich um eine Ethik handelt. So schreibt Hoffmann in seinem Überblickswerk zur Wirtschaftsphilosophie:

> „Der Utilitarismus ist dabei, was man, auch gegen Benthams eigene Ankündigungen, nie vergessen sollte, nicht eigentlich eine *Ethik*. Wenn Ethik im Sinne Kants eine Lehre von den würdeverträglichen Maximen zu Handlungen ist, ist der Utilitarismus ein Kalkül in Beziehung auf zu erwartende Folgen von Handlungen" (Hoffmann 2009: 239).

Der Utilitarismus begründe, so Hoffmann (2009: 240), eben nur „eine *Technik* unserer Aktionen, nicht schon eine *humane Praxis*".

Ungeachtet dessen werden in der wirtschaftsethischen Literatur folgende Prinzipien aufgeführt, die ‚den' Utilitarismus näher charakterisieren (hier in Anlehnung an Rommerskirchen 2019: 48–49):

1. Das *Konsequenzen-Prinzip*, wonach nur die Folgen einer Handlung betrachtet werden, die als empirisch und objektiv erfassbar angesehen sind.
2. Das *Nützlichkeitsprinzip* (Utilitätsprinzip), d. h., dass der Nutzen aus bestimmten Handlungen mit dem Nutzen aus den Folgen alternativer Handlungen zu vergleichen ist (der Nutzen soll sich erhöhen bzw. nicht verschlechtern).
3. Das *Hedonismusprinzip*, demgemäß sich der individuelle Nutzen verbessert, wenn die Menschen das bekommen, was sie wollen.
4. Das *Allgemeinheitsprinzip*, wonach nicht der Nutzen einer einzelnen Person ins Zentrum zu stellen ist, sondern *der Nutzen der Gesellschaft*. Daraus leitet sich dann die bekannte Formel vom *größten Glück der größten Zahl* ab. Mit dem Allgemeinheitsprinzip geht die Vorstellung einher, dass sich die einzelnen Nutzenzustände der Menschen zu einem allgemeinen Gesellschaftsnutzen aufaddieren lassen und dieser sich dann als eine Art Bilanz ergibt. Das heißt, dass der gesellschaftliche Gesamtnutzen einfach durch die Addition der individuellen Nutzenzustände errechnet wird.

Vor diesem Hintergrund lässt sich der utilitaristische Charakter des BIP allgemein daran ablesen, dass empirische Größen gemessen und über die VGR in einer Bilanz erfasst werden. Das BIP ist auf beobachtbare (empirische) und als ‚objektiv' angesehene Größen konzentriert und entspricht einer materialistischen Perspektive, wie sie auch ‚dem' Utilitarismus zum Beispiel von Kuttner (2015: 50, 55) attestiert wird. Dient das BIP als Bezugspunkt für *gesellschaftlichen Wohlstands*, dann liegt dessen utilitaristischer Charakter schon darin begründet, dass sich der gesellschaftliche Wohlstand aus der Addition einzelner Zustände und Posten ergibt. Der gesellschaftliche Wohlstand wird also nicht nur auf vermeintlich objektive, empirisch fassbare, zählbare und verrechenbare Größen reduziert, sondern es wird auch angenommen, dass sich der Gesamtwohlstand aus einzelnen Größen aus der Gesellschaft heraus errechnen und eindeutig darauf zurückführen lässt. Zugespitzt formuliert spiegelt sich darin die Vorstellung, dass ‚das Ganze' schlicht die die Summe seiner Teile sei

– und steht damit deutlich im Gegensatz zur holistischen Idee, dass ‚das Ganze' mehr als die Summe seiner Teile ist. Der Gedanke, dass sich der soziale Wohlstand aus den als identifizierbar angenommenen individuellen Wohlstandssituationen in der Gesellschaft ergibt, lässt sich deutlich am Konstrukt des BIP pro Kopf ablesen. Zwar mag an dieser Stelle der Einwand laut werden, dass es sich beim BIP pro Kopf nur um eine hypothetische Verteilung des volkswirtschaftlichen Produktionsergebnisses handelt. Trotzdem liegt dabei die Idee zu Grunde, der gesellschaftliche Wohlstand ergäbe sich aus der Summe der volkswirtschaftlichen Produktionsergebnisse, die pro Kopf zugerechnet, aufgeteilt und als individueller Wohlstand wieder zum gesellschaftlichen Wohlstand zusammengerechnet werden können. Das trägt utilitaristische Züge.

Um abschließend einem Missverständnis vorzubeugen, sei betont, dass es bei dem Hinweis auf den utilitaristischen Charakter des BIP im Umgang mit Wohlstand nicht darum geht, bereits ein ethisches Urteil über die Angemessenheit des Utilitarismus im Wohlstandskontext zu fällen. Sicher, es lassen sich am utilitaristischen Denken verschiedene Dinge kritisieren. Der utilitaristische Charakter des BIP war an dieser Stelle aber vor allem deshalb zu thematisieren, weil der Utilitarismus eine *Weltanschauung* darstellt, die mit normativen (ethischen) Annahmen, Schlussfolgerungen, Urteilen, Entscheidungen etc. einhergeht. Die utilitaristische Perspektive gehört zum ideengeschichtlichen und wirtschaftsphilosophischen Entwicklungskontext des modernen ökonomischen Denkens. Dieser stellt mithin auch den normativ prägenden Entwicklungskontext des BIPs sowie des Umgangs mit ihm dar. Der Vorstellung, das BIP sei rein analytisch, eine rein empirische Größe und deshalb ideologisch neutral bzw. objektiv, lässt sich also gut begründet zurückweisen. Dort, wo das BIP als Maß für Wohlstand herhält, schlagen diese Zweifel auch bis zum Verständnis von Wohlstand durch.

2.2.2 Allgemeine Schwachstellen und Kritikpunkte des BIP

In der Literatur werden verschiedene Kritikpunkte am Konzept des Bruttoinlandsprodukts genannt, die teils methodologischer und definitorischer Natur sind, die sich dann teils aber auch als Kritik am *Verständnis* von Wohlstand lesen, das mit dem BIP verbunden wird. Zum Beispiel weisen Blanchard & Illing (2017: 743) im Anhang ihres Lehrbuchs zur Makroökonomie darauf hin, dass die VGR auf vielen *Konventionen* beruht, dabei oft nicht klar ist, welche wirtschaftlichen Aspekte in der VGR berücksichtigt werden sollen, und die Einordnung der Ausgaben und Einnahmen teils willkürlich (beliebig, arbiträr) erfolgt: So gilt der Kauf oder die Herstellung einer Immobilie – im unternehmerischen Kontext – als Investition, die Nutzung dessen als Wohnraum ist dann aber Konsum; ähnlich gilt es als Investition, wenn ein Unternehmen eine Maschine kauft, der Erwerb von Bildungsdienstleistungen von Haushalten ist dagegen wiederum Konsum, obwohl in dem Kontext auch umgangssprachlich oft von Investitionen in Humankapital gesprochen wird.

Viele der hier nachfolgend genannten Kritikpunkte am BIP lassen sich allgemein darauf verdichten, „dass auf der Grundlage des Inlandsproduktkonzepts keine bzw. keine hinreichenden Aussagen zur Lebensqualität [...] möglich sind“ (Engelkamp, Sell & Sauer 2020: 223). Damit in Verbindung steht, „dass das Inlandsprodukt mit dem Einkommen bzw. dem Wert der produzierten Güter an monetären Größen und nicht an dem daraus resultierenden Nutzen ansetzt“ (Engelkamp, Sell & Sauer 2020: 223). Aus diesem Grunde ist das BIP auch nicht in der Lage, *Verteilungseffekte* zu berücksichtigen. In diesem Sinne argumentieren Bontrup & Marquardt (2021: 473), dass ein hohes BIP mit einer hohen Ungleichverteilung und mithin mit einem Wohlstandsgefälle einhergehen kann: Teile der Bevölkerung ‚profitieren‘ dann nicht vom materiellen Wachstum der Volkswirtschaft. Ein weiteres Argument führen Engelkamp, Sell & Sauer (2020: 223–224) an: Abhängig vom jeweiligen Einkommensniveau der Haushalte ist der wohlfahrtsförderliche Effekt von einem zusätzlichen Euro für diesen Haushalt anders zu bewerten. Dieser zusätzliche Euro wird für Menschen in Sozialtransfers (Bürgergeld, ‚Hartz IV‘, Mindestsicherung oder Notstandshilfe in Österreich) eine andere Bedeutung – einen anderen *Nutzen* – haben als für Menschen, die im Vergleich mit der Gesellschaft überdurchschnittlich gut verdienen oder über ein Millionenvermögen verfügen. Dazu heißt es: „Derartige Effekte können jedoch mit dem Inlandsproduktkonzept nicht erfasst werden, da hierbei nur auf monetäre Größen abgestellt wird“ (Engelkamp, Sell & Sauer 2020: 223). Und weiter folgt daraus ein sehr fundamentaler Kritikpunkt für das BIP als Wohlfahrtsindikator:

> „Akzeptiert man [..], dass der Nutzen eines gegebenen Volkseinkommens auch von der Verteilung abhängt, so ist damit natürlich zugleich die Aussagekraft des Inlandsprodukts als Wohlfahrtsindikator eingeschränkt.“ (Engelkamp, Sell & Sauer 2020: 223–224)

Das ist im Hinterkopf zu behalten, da das BIP pro Kopf nach wie vor in ‚der‘ Ökonomik als populärer Indikator für Wohlstand herangezogen wird. Kritisch ließe sich ergänzen, dass das BIP pro Kopf nur das monetär bemessene Wohlstands*potenzial* einer Volkswirtschaft zeigt, also wie viel vom BIP pro Kopf verteilt werden *könnte*. Das muss aber nicht der realen Verteilung entsprechen.

Ein wesentliches Problem mit dem BIP stellt der Umstand dar, dass wirtschaftliche Aktivitäten, die nicht über Märkte organisiert sind, auch nicht erfasst werden (z.B. in Woll 2014: 293). Dazu zählen etwa Nachbarschaftshilfe, Ehrenamt, soziale Dienste und ‚Schwarzarbeit‘. Letzteres erinnert bereits an illegale Tätigkeiten, die im BIP auch nicht erfasst werden (Bontrup & Marquardt 2021: 474), was in der Natur der Sache liegt, schließlich wird dabei ‚im Verborgenen‘ operiert. In *diesem* Fall wäre es aber sachlich treffender, von Marktaktivitäten *außerhalb* formaler – offizieller, regulärer – Märkte zu sprechen. Das stellt einen eigenständigen und spezifischen Problemkreis dar, von dem aber für die nachfolgende Kritik am BIP abgesehen werden kann.

Ein immer wieder genanntes, sehr prominentes Beispiel für wirtschaftliche Aktivitäten, die beim BIP vernachlässigt oder ignoriert werden, sind die *unbezahlte Hausarbeit* und Haushaltsproduktion. Bontrup & Marquardt (2021: 473) bringen dazu sehr missverständlich den Begriff der *Subsistenzwirtschaft* ins Spiel, unter dem sie aber auch die unbezahlten Arbeiten im Haushalt fassen (Einkaufen, Kochen, handwerkliche Tätigkeiten in der Wohnung, Betreuung von Kindern und Pflege von Angehörigen). Diese Tätigkeiten finden keine Berücksichtigung im BIP; beziehungsweise erfolgt eine Berücksichtigung *nur dann*, wenn sie als mit (Markt-) Preisen bewertete Dienstleistungen ‚eingekauft' bzw. gehandelt werden.[8] Entgegen des Eindrucks, den diese Kritik am BIP vermitteln mag, zeigen sich verschiedene ökonomische Lehrbücher jedoch offen dafür, die unbezahlte Hausarbeit in der VGR zu berücksichtigen: Woll (2014: 287) sieht *theoretisch* keinen Grund, diese häuslichen Tätigkeiten auszuschließen, führt aber praktische Probleme bei der Erfassung und Bewertung dieser Tätigkeiten an; Blanchard & Illing (2017: 743) schlagen vor, die unbezahlte Hausarbeit ähnlich den kalkulatorischen Mieten für selbst genutzten Wohnraum zu behandeln.

Wie bereits weiter oben angedeutet, gilt Ähnliches wie für die unbezahlte Hausarbeit auch für andere Tätigkeiten *außerhalb von Märkten*: Nachbarschaftshilfe und Ehrenamt (Bontrup & Marquardt 2021: 473).[9] Ebenso bleibt beim BIP die wohlfahrtsrelevante Wirkung von Freizeit – das, was andernorts als „Zeitwohlstand" bezeichnet wird – unberücksichtigt (Engelkamp, Sell & Sauer 2020: 224). Gleichwohl muss an dieser Stelle auf den systematischen Konflikt hingewiesen werden, wenn die Lohnarbeit als notwendig für die Produktion wohlfahrtsrelevanter Güter angesehen wird, sie in der ökonomischen Theorie aber gleichzeitig mit Freizeit in Konkurrenz steht.

Vielschichtige Problemlagen für das BIP resultieren aus dem Umgang mit Natur und Umwelt. Beispielsweise ist die Nutzung vieler Naturressourcen (z. B. saubere Luft, Wasser oder Boden) ‚kostenlos', ihr Verbrauch müsste aus dem BIP herausgerechnet werden (Bontrup & Marquardt 2021: 474). Dazu wiesen Bontrup & Marquardt (2021: 475) darauf hin, dass das BIP eine *Stromgröße* darstellt, die Geld- bzw. Zahlungsströme zeigt, die aber die Reduktion von *Bestandsgrößen* wie z. B. Naturressourcen (Wasser, Fischbestände usw.) zur Folge haben kann, weshalb beides zu verrechnen wäre:

8 Siehe dazu z. B. Blanchard & Illing (2017: 743), Engelkamp, Sell & Sauer (2020: 224) und Bontrup & Marquardt (2021: 473).

9 Die ökonomischen Lehrbücher sind in diesem Punkt nicht eindeutig und können irritieren. Zum Beispiel machen Engelkamp, Sell & Sauer (2020: 224) darauf aufmerksam, dass die moderne VGR dem Problem der Erfassung solcher wohlstandsrelevanten, aber bislang nicht erfassten Tätigkeiten, mit Schätzungen beizukommen versucht. Das steht den Aussagen von Bontrup & Marquardt (2021: 743) entgegen. Gleichwohl bliebe die Hausarbeit – als eine Ausnahme – weiterhin nicht im BIP erfasst (Engelkamp, Sell & Sauer 2020: 224).

„Diese Stromgröße kann aber *zu Lasten des Vermögens*, einer stichtagsbezogenen Bestandsgröße also, expandieren. In dem Fall wäre eigentlich eine Verrechnung beider Effekte angezeigt. Das betrifft das Thema der Nachhaltigkeit. Das *Ausbeuten der Natur*, z. B. beim Rohstoffabbau, begünstigt heute das Sozialprodukt. Es vermindert aber das gesellschaftliche Vermögen und belastet so die Zukunft. Wer heute beispielsweise die Meere leerfischt, erhöht aktuell das BIP, sorgt aber zugleich dafür, dass sich der Fischbestand und die Fangmöglichkeiten in Zukunft kontinuierlich verringern. [...] Der Aspekt betrifft übrigens auch gesellschaftliche ‚Verbindlichkeiten'. Durch die Stromproduktion in Atomkraftwerken kann allein mit Blick auf die betriebswirtschaftlichen Kosten billig Strom produziert werden, was der laufenden Wirtschaftsleistung und damit dem Sozialprodukt zugutekommt. Die Hinterlassenschaft in Form der über tausende Jahre hinweg strahlenden Kernbrennstäbe belastet hingegen das Wohlstandspotenzial zukünftiger Generationen." (Bontrup & Marquardt 2021: 475)

Hinsichtlich solcher wirtschaftlichen Aktivitäten wird auch von *negativen Externalitäten* gesprochen (Bontrup & Marquardt 2021: 474): Damit ist gemeint, dass der wirtschaftliche (Produktions-) Prozess gegenüber Dritten – an der Produktion nicht direkt beteiligten Personen – beziehungsweise gegenüber ‚der Gesellschaft' Kosten oder Nutzenverluste erzeugt, ohne dass dies kompensiert wird (Krugman & Wells 2017: 494). Eigentlich, müssten diese Kosten eingerechnet werden:

„Dies geschieht aber nicht, weil sie in der internen Kostenrechnung der Unternehmen keine Rolle spielen und nur außerhalb der Wirtschaftlichkeitsrechnung des Unternehmens, also extern, Kosten in Form von Umweltverschmutzung und Lärmbelastung verursachen." (Bontrup & Marquardt 2021: 474)

Eben weil die Naturressourcen ‚kostenlos' erscheinen, werden sie und ihr Verbrauch nicht im BIP geführt (Engelkamp, Sell & Sauer 2020: 225). Das hat dann seltsame Konsequenzen. Zum Beispiel mag die Verschmutzung eines Flusses durch eine Industrieproduktion das Trinkwasser oder Bademöglichkeiten beeinträchtigen und mithin zu einer Wohlfahrtsminderung führen. Aber dieser Wohlstandsverlust würde nicht im BIP registriert werden, weil die Naturressourcen als ‚kostenlos' gelten (siehe dazu z. B. Engelkamp, Sell & Sauer 2020: 224). Mehr noch, dem nicht registrierten Verlust an Wohlstand steht eine Steigerung des Wohlstands zur Seite, weil aus der schmutzigen Produktion Güter hervorgehen, die im BIP notiert werden und das BIP steigen lassen. Das entspricht jenen ökonomischen Lehrbuchdarstellungen, in denen die Umweltverschmutzung als unausweichlich angesehen wird und sie sogar einen positiven Nutzen stiftet, weil schließlich nutzenstiftende Güter produziert werden. Umweltschutz besteht dann in der Suche nach einem *optimalen Grad an Umweltverschmutzung* (siehe z. B. Krugman & Wells 2017: 495–497). Aber es kommt noch befremdlicher, wenn bedacht wird, dass die Beseitigung von Umweltschäden das BIP ebenfalls steigen lässt, während die Verursachung derselben keine Berücksichtigung im BIP findet. So paradox es klingt: Die Zerstörung von Umwelt kann dann sogar einen wohlfahrtsförderlichen Effekt haben, wenn über die Beseitigung dieser Umweltschäden das BIP steigt.

> „Weitere Beispiele, für die analog zu argumentieren wäre, betreffen etwa durch den Verkehr verursachte Gesundheitsschäden, Unfälle oder sonstige Belästigungen. In all diesen Fällen gibt das Inlandsprodukt ein zu hohes Wohlfahrtsniveau wieder, wobei es hinsichtlich der Überschätzung unerheblich ist, ob die Schäden beseitigt werden oder ob auf eine Beseitigung verzichtet wird." (Engelkamp, Sell & Sauer 2020: 225)

Sicherlich werden auch die Produktion von Rüstungsgütern, militärische Auseinandersetzungen und entsprechende Wiederaufbau-Maßnahmen ähnliche ‚wohlstandsförderlichen' Effekte haben. Für Mexiko wurde jedenfalls ermittelt, dass vom durchschnittlichen BIP-Wachstum zwischen 1985 und 1992 in Höhe von 2,2 Prozent nur noch 1,3 Prozent bliebe, würde die Umweltzerstörung im gleichen Zeitraum eingerechnet (Engelkamp, Sell & Sauer 2020: 225).

Während negative Externalitäten dazu führen, dass der Wohlstand mit dem BIP überbewertet wird, sorgen positive Externalitäten für eine *Unterbewertung* des am BIP bemessenen Wohlstands (Bontrup & Marquardt 2021: 475). Mit positiven Externalitäten ist gemeint, dass der wirtschaftliche Produktionsprozess gegenüber Dritten bzw. gegenüber ‚der Gesellschaft' einen Nutzten stiftet, ohne dass dies kompensiert – z. B. ein Preis dafür gezahlt – wird. Zum Beispiel fließt die Pflege von Obstkulturen im ländlichen Raum lediglich über die Vermarktung des Obsts in das BIP ein. Der Beitrag zur Verschönerung der Natur, zum Tourismus usw. wird damit nicht erfasst (Bontrup & Marquardt 2021: 475). Auch Letzteres kann Teil von Wohlstand sein (schöne Landschaft, Ruhe, Flora und Fauna usw.), der aber nicht vom BIP berücksichtigt wird.

Ein letzter Punkt betrifft *staatliche/öffentliche Leistungen*. Diese fließen mit den Produktions- bzw. Herstellungskosten in das BIP, was insofern für eine Verzerrung sorgt als dass nicht die Kosten der Bereitstellung dieser Leistungen relevant für den Wohlstand sind, sondern die Leistungen selbst, also das Ergebnis bzw. ‚der Output' (Engelkamp, Sell & Sauer 2020: 224). Ähnlich können die Ausführungen von Bontrup & Marquardt (2021: 476) gelesen werden, die im Detail aber noch einen anderen Punkt sichtbar werden lassen: Die öffentlichen Investitionen des Staates finden sich im volkswirtschaftlichen Buchungssystem als *staatlicher Eigenverbrauch*, obwohl es nicht ‚der Staat' ist, der die entsprechenden Leistungen ab- und nachfragt, sondern es sind die privaten Haushalte und Unternehmen.

Die hier aufgezählten Kritikpunkte sind – mal mehr, mal weniger ausführlich – Standard-Inhalt ökonomischer Lehrbücher. Der Vorwurf, die Fachleute ‚der' Ökonomik wüssten nicht, dass das BIP kein angemessener Wertmaßstab für Wohlstand sei, lässt sich damit zurückweisen (siehe Bontrup & Marquardt 2021: 472). Seltener findet sich dagegen aber der durchaus gewichtige historische Hinweis, wie er im heterodoxen Lehrbuch von Bontrup & Marquardt (2021: 472) ausformuliert wird, dass es „vor allem Ökonomen [waren], welche die Problematik schon frühzeitig herausgearbeitet haben, in der Politik und Wirtschaft aber kein Gehör fanden". Auch Schmelzer (2017: 300) bestätigt das aus einer wissenssoziologischen Sicht und belegt dies mit verschiedenen Quellen: Die VGR war als „Standard immer umstritten und bei seiner Gründung auch nur für sehr begrenzte Zwecke gedacht". Das betrifft selbstredend auch das BIP, weshalb bei Schmelzer zu lesen ist:

„Die Wohlfahrtskritik ist so alt wie die Gesamtrechnung selbst." (Schmelzer 2017: 300)

Schmelzer (2017: 300) weist darauf hin, dass der Ökonom Simon Kuznets (1901–1985) bereits im Jahre 1934 davor warnte, die volkswirtschaftliche Wohlfahrt aus dem BIP abzuleiten (ergänzend dazu siehe Schlaudt 2018: 80–82). Und Colin Clark (1905–1989), der sich um die Entwicklung der Grundlagen zur Berechnung des BIP verdient machte, hatte 1940 darauf hingewiesen, dass das BIP nur einen Teil der nationalen Wohlfahrt abbilde, die selbst wiederum nur einen Teil der gesamten, gesellschaftlichen Wohlfahrt darstellt. Dabei ging Clark mit seiner Disziplin hart ins Gericht und kritisierte, ihre Fachleute würden sich ausschließlich mit den Dingen befassen, die sich mit Geld kaufen und verkaufen ließen, aber die wichtigsten Aspekte des Lebens vernachlässigen (Schmelzer 2017: 300). Die damaligen Fachleute der Ökonomik hatten zudem betont, nicht die Wohlfahrt von Ländern messen zu wollen, sondern lediglich den Wert der Produktion – und zwar aus unternehmerischer Perspektive (Schmelzer 2017: 300–301).

Ein wesentlicher Kritikpunkt früherer Zeiten betraf „Vergleiche zwischen Industrieländern und den (post)kolonialen Staaten" (Schmelzer 2017: 301). Das hatte allgemein seine Ursache darin, dass das BIP hauptsächlich für moderne marktwirtschaftliche Gesellschafts- und Wirtschaftssysteme wie die USA und Westeuropa entwickelt wurde (siehe dazu und nachfolgend Schmelzer 2017: 301). Im Detail bezog sich die Kritik auf den Ausschluss von unbezahlter Arbeit, Hausarbeit, Aktivitäten außerhalb von Märkten, das Haushaltskonzept und die mehr oder minder unterschwellig zu Grunde gelegte Annahme des ökonomischen Modellmenschen *homo oeconomicus*. Alles das war auf die (post)kolonialen Staaten, in denen teils die landwirtschaftliche Subsistenzwirtschaft eine bedeutende Rolle spielte, nicht so einfach anzuwenden.

Eine zweite Schlüsseldebatte betraf den eben erwähnten Ausschluss unbezahlter Arbeit, die sich vor allem auf die im Haushalt – überwiegen durch Frauen – erbrachten Tätigkeiten bezog und insbesondere durch Fachleute der feministischen Ökonomik ab den 1970er Jahren angestoßen wurde. Schmelzer weist dazu aber auf einen sehr erstaunlichen Umstand hin:

„Die historischen Belege zeigen aber, dass es bis in die 1940er-Jahre ein [sic!] Vielzahl an Ansätzen gab, die nicht-monetäre Hausarbeit als zentralen Teil des Nationaleinkommens mitberechneten. Bis zum Zweiten Weltkrieg betrachteten viele ÖkonomInnen und StatistikerInnen Hausarbeit als Teil der produktiven Aktivitäten der Gesellschaft. Unbezahlte Hausarbeit war nicht nur in vielen der frühen nationalen Einkommensschätzungen enthalten, sondern während und nach dem Zweiten Weltkrieg war Hausarbeit integraler Teil der offiziellen volkswirtschaftlichen Gesamtrechnungen in Ländern wie Norwegen oder Ungarn." (Schmelzer 2017: 301–302)

Im Zuge der internationalen Standardisierung der VGR wurde die unbezahlte bzw. nicht-monetäre Hausarbeit allerdings außerhalb der Produktionssphäre gestellt und galt somit nicht als eine Form wirtschaftlicher Betätigung. Dazu hält Schmelzer fest:

„Während der Ausschluss von Hausarbeit von den Nationaleinkommenszahlen ab Mitte der 1950er-Jahre einfach als selbstverständlich hingenommen wurde, wurde dies in den Jahren davor breit diskutiert, explizit gerechtfertigt und als grundlegendes Problem und Grenze für den Informationsgehalt und die Erklärungskraft der volkswirtschaftlichen Gesamtrechnung angesehen" (Schmelzer 2017: 302).

Das unterstreicht noch einmal, dass das BIP, wie es heute existiert, in seiner Entwicklung und Etablierung als Standard für Wohlfahrt auch durch ideologisch-institutionelle Umstände geprägt wurde.

Dieser kurze historische Rückblick verdeutlich, was Schmelzer (2017: 300) damit meinte, dass die Wohlfahrtskritik so alt wie Volkswirtschaftliche Gesamtrechnung sei. Viele der Punkte, die auch heute am BIP kritisiert wurden, gab es bereits in den Anfängen der VGR und der Nutzung des BIP. Kritisch resümiert Schmelzer dazu:

„Viele ÖkonomInnen waren gegenüber der politischen Nützlichkeit und den Vergleichspotentialen sehr skeptisch und es gab eine Vielzahl an kontroversen oder ungeklärten Themen. ÖkonomInnen waren weit von der Sicherheit und Immunität gegenüber Zweifeln entfernt, die sie seit den 1950er-Jahren in Bezug auf die konzeptionellen und statistischen Grundlagen ihrer Disziplin entwickelten. [...] Akademische ExpertInnen waren sich generell einig, dass wirtschaftliche Statistiken nur aussagekräftig aggregiert werden können, wenn der Gebrauch und Nutzen dieser Abstraktionen eindeutig bestimmt würde und dass unterschiedliche Statistiksysteme entwickelt werden müssten, je nachdem, ob es um die Wohlfahrtsmessung gehe oder um ein politikorientiertes Buchhaltungssystem. Schließlich warnten die ExpertInnen, die die volkswirtschaftliche Gesamtrechnung erfunden hatten, wiederholt vor politischem Missbrauch dieser Zahlen und argumentierten, dass einfache BSP-Daten, die von bestimmten Forschungsfragen oder expliziten Politikzahlen losgelöst betrachtet würden, entweder relativ nutzlos oder sogar irreführend seien." (Schmelzer 2017: 303)

Damit lässt sich also nicht pauschal behaupten, dass die Unzulänglichkeit des BIPs als Maß für Wohlstand in ‚der' Ökonomik unbekannt sind. Denn *erstens* gehören die Grenzen und Probleme des BIPs zum Standard-Inhalt ökonomischer Lehrbücher. Und *zweitens* zeigt ein ideengeschichtlicher Rückblick, dass es auch kritische Stimmen innerhalb ‚der' Ökonomik gab – sogar recht früh, am Anfang der Entwicklung und Etablierung der VGR. Worauf sich an dieser Stelle aber ideologie-kritisch hinweisen lässt, das ist, dass diese alten Kritikpunkte und die alternativen Praktiken zur Ermittlung des BIP verdrängt wurden und das Wissen darum *heute* in der akademischen Lehre, aber auch in den politischen Debatten offenbar kaum präsent zu sein scheint.

Ebenfalls keine Rolle scheint in ‚der' Ökonomik die enge Verknüpfung von BIP und Wachstum zu spielen, weshalb Schmelzer (2017: 306) vom Wirtschaftswachstum als „Sprössling" des BIP schrieb. Dieses enge Verhältnis findet sich besonders deutlich im Lehrbuch von Woll ausbuchstabiert:

„Früher wie heute wird die Verbesserung des Wohlstandes mit Wirtschaftswachstum gleichgesetzt. Indikator des Wachstums ist eine Erhöhung des Sozialprodukts." (Woll 2014: 293)

Diese Aussagen Wolls vermitteln intuitiv, warum das Verhältnis von Wachstum, BIP und Wohlstand so eng ist: Das BIP lässt sich im Grunde nur als Zunahme, Abnahme oder Konstanz ausdrücken und wenn der Wohlstand verbessert werden soll, dann wird das nur über eine Zunahme des BIP und damit über Wirtschaftswachstum gehen. Der Philosoph Oliver Schlaudt (2018: 80) hält aber noch eine weitere – stärker theoretisch und methodologisch fundierte – Erklärung vor: Das BIP-Wachstum ist aus wirtschaftstheoretischer Sicht relevant, weil es eine *Paretoverbesserung* darstellt. Dieses Konzept der Paretoverbesserung geht auf die Arbeiten von Vilfredo Pareto (1848–1923) zurück und beschreibt allgemein den Umstand, dass eine politische Maßnahme die Situation mindestens einer Person verbessert, ohne die der anderen Personen zu verschlechtern.[10] Das BIP-Wachstum sorgt aus wirtschaftstheoretischer Sicht genau dafür: Durch allgemeines Wirtschaftswachstum wird die ökonomische Situation für mindestens wenige Personen verbessert, ohne die der anderen Personen zu verschlechtern. Unter Rückgriff auf das unter Fachleuten der modernen Ökonomik beliebte *Trickle-Down-Theorem*, gemäß dem vom Wohlstand der oberen Gesellschaftsschichten auch etwas in die tieferen Etagen der Gesellschaft sickert, lässt sich auch behaupten, dass das BIP-Wachstum den Wohlstand aller hebt. Technisch gesprochen bedarf es keiner Änderung an der Gesellschaftsformation, durch Wirtschaftswachstum wird der Lebensstandard allgemein gehoben, ohne dafür eine spezifische Gesellschafts- oder Sozialpolitik (etwa Umverteilungspolitik) betreiben zu müssen. Insoweit erweist es sich aus wirtschaftstheoretischer Sicht als ganz bewusst vorteilhaftes Feature der Pareto-Perspektive, was andere jedoch daran kritisieren (z. B. Schlaudt 2018: 80, Biesecker & Kesting 2003: 325, 414), nämlich die *systematische* Vernachlässigung konkreter Verteilungsfragen. Aus Sicht einer modernen Ökonomik ist das aber nur konsequent, weil sich die Fachleute ‚der' modernen Ökonomik ohnehin nicht mit ethischen Fragen beschäftigen wollen, die aber unweigerlich auf das Programm kämen, würden Verteilungsfragen gestellt. Schlaudt (2018: 80) identifiziert in der Paretoverbesserung aber noch ein anderes Wachstumsmoment: Mit der Idee der Paretoverbesserung referiere die VGR „auf den homo oeconomicus und erbt von diesem automatisch das Axiom ›Mehr ist besser‹." Diese Wachstumsfixierung sei dem BIP tief eingeschrieben.

Vor dem hier ausgebreiteten Hintergrund lässt sich nun zusammenfassen, dass es zum BIP als Maß für Wohlstand *heute* viele Kritikpunkte gibt, die sich überwiegend auf den Vorwurf des Reduktionismus verdichten lassen: Das BIP

10 Diese Überlegung leitet sich aus dem sogenannten „Pareto-Kriterium" ab, wonach eine Situation pareto-optimal ist, in der sich die Situation einer Person nicht verbessern lässt, ohne die Situation anderer Personen zu verschlechtern. Siehe dazu etwa Engelkamp, Sell & Sauer (2020: 476–477) und Thieme (2024c: 110-11, 158, 182-183).

reduziert Wohlstand auf quantitativ bestimmbare – also zählbare –, in Geldeinheiten bewertbare, berechenbare und verrechenbare Faktoren. Bereits an dieser Stelle lässt sich ideologiekritisch anmerken, dass das BIP den Wohlstand als marktwirtschaftlichen Wohlstand ausweist. Das heißt, dass Wohlstand *reduziert* wird auf jene Faktoren, die für die marktwirtschaftliche Verwertung als relevant erachtet werden und die sich quantitativ bestimmen, in Marktpreisen bewerten und verrechnen lassen. Darüber hinaus lässt sich festhalten, dass das BIP eben keine ‚objektive' und ‚neutral' Kennziffer ist und ihm auch ein Wachstumsmoment innewohnt.

Wird nun nach dem verantwortlichen Umgang mit dem BIP gefragt, so betrifft dies ein breites Feld an Antworten, das hier im Nachgang zu vertiefen ist. Aber eine Option des verantwortlichen Umgangs mit dem BIP wird bereits mit den hier genannten Kritikpunkten am BIP deutlich: Der verantwortliche Umgang mit dem BIP kann darin liegen, die Grenzen und Problemstellen zur Kenntnis zu nehmen und darauf basierend Alternativen zum BIP zu nutzen, zu entwickeln und zu popularisieren. Das wird bereits seit längerer Zeit getan. Um die damit verbundenen neoquantitativen Vorstellungen von Wohlstand soll es nun nachfolgend gehen.

2.3 Neo-quantitativer Wohlstand: Alternative BIP-Messungen & Glück

Ausgehend von der Kritik am Bruttoinlandsprodukt (BIP) als quantitatives Maß für Wohlstand sind verschiedene Alternativen entstanden, die sich mit Bontrup & Marquardt (2021: 478–492) wie folgt systematisieren lassen:

1. Es gibt Konzepte eines Nettowohlfahrtsproduktes, die als Korrektur zum BIP zu verstehen sind.
2. Statistische Satellitensysteme stellen Ergänzungen zum BIP dar und existieren neben den bestehenden Statistiken, z. B. die Umweltökonomische Gesamtrechnung oder Multiindikatoren-Systeme, die – wie der Name erahnen lässt – Wohlstand anhand verschiedener Indikatoren beurteilen.
3. Es existieren Einzelindikatoren, die zwar auch auf verschiedenen Kennzahlen basieren, diese aber zu *einem* Indikator – einer Kennzahl – zusammenführen (z.B. der Happy-Planet-Index und der Human-Development-Indikator).
4. Letztlich gibt es noch die Glücksforschung, die Wohlstand z. B. mit der Lebensqualität und dem ökonomischen Wohlbefinden verknüpft, dazu Schlüsselfaktoren identifiziert, diese quantifiziert und in eine Glücksformel integriert, um dann das Glück berechnen zu können.

Abb. 1: Quantitative und neoquantitative Wohlfahrtsmessung

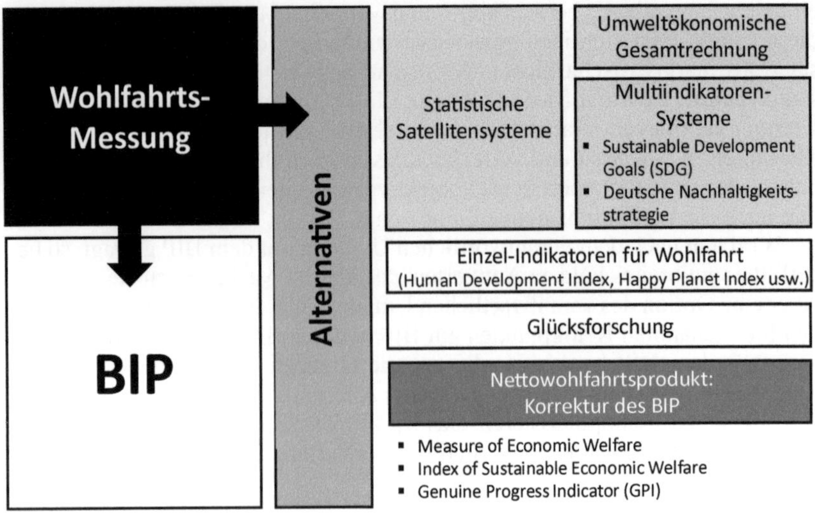

Quelle: Eigene Darstellung in Anlehnung an Bontrup & Marquardt (2021).

Diesen Alternativen ist gemein, dass das BIP nicht mehr als alleinige Bezugsgröße für Wohlstand angesehen wird, sondern dass in die Wohlstandsbetrachtung auch andere Einflussgrößen eine Berücksichtigung finden. Dazu bedürfen diese Aspekte des Wohlstands aber erst einer Quantifizierung. Quantifizierung bedeutet, dass jene Aspekte, die als relevant für Wohlstand erachtet werden, zu *vermessen* sind, um sie auf diese Weise einer (quantitativen) Wohlstandsbetrachtung zuführen zu können. Das erfordert, Kenngrößen (Indikatoren) zu finden, die die als wohlstandsrelevant erachteten Aspekte ausleuchten, z.B.

- die Zahl der gesunden Lebensjahre ab Geburt als Indikator für die *Gesundheit*; oder
- die Zahl der zur Verfügung stehenden Zimmer sowie die Existenz von Sanitäranlagen als Indikatoren für die *Wohnsituation*.

Sofern nicht bereits Erhebungen bzw. entsprechende Statistiken zu diesen Kenngrößen existieren, wären diese dann selbst anzufertigen. Dieses Maßnehmen bzw. Vermessen kann empirisch auch in Form *standardisierter Befragungen* erfolgen, schließlich zählen diese Befragungen ebenfalls zu den quantitativen Methoden der Sozialforschung (siehe z. B. Baur & Blasius 2014: 54). Als Beispiel dazu lassen sich die Fragen zur Lebensqualität anführen, die auf einer Skala von eins bis zehn beantwortet werden und wie sie Bestandteil im *Better Life Index* der OECD sind. Das auf diese Weise z. B. von statistischen Ämtern übernommene oder selbst gewonnene Zahlenmaterial ist dann in eine alternative (neoquantitative) Wohlstandsbetrachtung zu integrieren. Die daraus resultierenden alternativen Perspektiven auf Wohlstand sind umfassender als das, was allein mit dem BIP als Wohlstand assoziiert wird. Weil es sich dabei um Faktoren handelt, die ursprünglich – das heißt, bei der originären BIP-Berechnung – nicht quantifiziert und berücksichtigt wurden, soll hier nachfolgend von *neoquantitativer* Wohlfahrtsmessung gesprochen sein. Wer danach sucht, wird auf eine große, kaum zu überblickende Zahl an neoquantitativen Alternativen zum BIP als Wohlfahrtsmaß stoßen. Dazu eine kleine, nicht auf Vollständigkeit bedachte, aber an der eingangs vorgestellten Systematik orientierte Übersicht.

2.3.1 Konzepte zum Nettowohlfahrtsprodukt

Zu den Konzepten, mit denen versucht wird, das BIP zu *korrigieren*, und die zu einem (neu berechneten) *Nettowohlfahrtsprodukt* führen, zählt zum Beispiel das *Measure of Economic Welfare* (MEW). Das MEW basiert auf dem BIP und korrigiert dieses dadurch, dass der Wert von Freizeit und unbezahlter Arbeit hinzugerechnet und Umweltschäden abgezogen werden (Bontrup & Marquardt 2021: 478; Tsara, Vortelinos & Menegaki 2024).

Der *Index of Sustainable Economic Welfare* (ISEW) gilt als Weiterentwicklung des MEW und berechnet sich wie folgt: Zum privaten Konsum *C* (auf Basis des BIP, bereinigt durch Einkommensungleichheit) werden öffentliche Ausgaben *G*, die aber nicht der Kompensation bzw. Beseitigung von sozialen Schäden dienen (non-defense public expenditures), der Wert langlebiger Güter (durable goods) *I* sowie der Wert nicht-kommerzieller Leistungen zum Wohlbefinden (Haushaltsarbeit und Ehrenamt) *W* addiert und davon die privaten Ausgaben zur Beseitigung sozialer Kosten *D* (die z. B. durch Unfallschäden, Kriminalität oder Scheidungen entstehen), die Kosten der Umweltzerstörung *E*, die Entwertung von Naturressourcen (Ausschöpfung) *N* und die Kosten zur Beseitigung messbarer sozialer Probleme *Cs* abgezogen, formal: $ISEW = C + G + I + W - D - E - N - Cs$ (siehe ausführlich Tsara, Vortelinos & Menegaki 2024).

Der *Genuine Progress Indicator* (GPI) gilt wiederum als Weiterentwicklung bzw. *Revision* des ISEW und berechnet sich ähnlich.[11] Zum Wert des individuellen Konsums (gewichtet bzgl. Ungleichheit) werden der Wert von unbezahlter Hausarbeit und Ehrenamt usw. addiert und Kosten durch Kriminalität, Unfälle, Umweltverschmutzung, Verknappung von Ressourcen usw. abgezogen (Dullien et al. 2018: Abschnitt 3.4). Zur zentralen Charakteristik des GPI und zum Unterschied gegenüber dem ISEW heißt es bei Tsara, Vortelinos & Menegaki (2024) kritisch:

11 Siehe Bontrup & Marquardt (2021: 478) und Tsara, Vortelinos & Menegaki (2024).

„Both measures include a range of social and environmental benefits and costs, which are taken into account, positively or negatively-valued in monetary units, in the final calculation of the indicators. Essentially, their difference lies in the name“.

Der *Sustainable Net Benefit Index* (SNBI) stellt ebenfalls eine Revision des ISEW dar, unterscheidet sich von ihm laut Tsara, Vortelinos & Menegaki (2024) hauptsächlich in der Erläuterung/Begründung für einen alternativen Index und dadurch, dass die Angaben – wie sie im ISEW genutzt werden – in ‚Kosten‘ und ‚Nutzen‘ kategorisiert sind, wobei sich der SNBI dann als Differenzen zwischen den Kosten- und Nutzen-Konten ergibt.

Die Forschungsstätte der Evangelischen Studiengemeinschaft bzw. das damit verbundene Institut für interdisziplinäre Forschung (FEST) in Heidelberg arbeitet seit etwa 2009 an einem *Nationalen Wohlfahrtsindex* (NWI), der seit dem verschiedene Aktualisierung erfuhr (2015, 2020), 2022 in der Version 3.0 vorliegt und der die Grundlage für die Entwicklung von *regionalen Wohlfahrtsindexen* bildete – etwa für Schleswig-Holstein, Bayern, Thüringen, Sachsen, Hamburg, Rheinland-Pfalz, Nordrhein-Westfahlen und München (Held, Rodenhäuser & Diefenbacher 2022: 6–7). Die Autorinnen und Autoren ordnen ihren Ansatz ganz bewusst als „Accounting-Ansatz“ ein (Held, Rodenhäuser & Diefenbacher 2022: 15), „der der Methode des BIP weitgehend vergleichbar ist, da hier ebenfalls Komponenten entweder monetarisiert oder in einer anderen Einheit normiert und dann addiert beziehungsweise subtrahiert werden [...] und auf diese Weise, vergleichbar zum BIP aus der Volkswirtschaftlichen Gesamtrechnung – ein Gesamtaggregat berechnet wird“ (Held, Rodenhäuser & Diefenbacher 2022: 14). Im Grunde lässt sich im NWI eine Weiterentwicklung des ISEW sehen, jedenfalls steht er deutlich in der Tradition des ISEW (Held, Rodenhäuser & Diefenbacher 2022: 17). Der NWI 3.0 soll zentrale Defizite des BIP korrigieren: „Dementsprechend fließen Komponenten ein, die Wohlfahrtsaspekte wie soziale Gerechtigkeit, unbezahlte gesellschaftliche Arbeit, Umweltschäden und Ressourceninanspruchnahme zu erfassen suchen“ (Held, Rodenhäuser & Diefenbacher 2022: 22). Dazu müssen die entsprechenden Komponenten in monetärer – d. h. als in Geldeinheiten bewerteter – Form vorliegen oder zumindest einer solchen Bewertung zugänglich sein. Der NWI 3.0 umfasst 21 Komponenten, von denen private Konsumausgaben, der Wert der Hausarbeit, der Wert der ehrenamtlichen Arbeit, die Konsumausgaben des Staates, der Wert des Beitrags der Ökosysteme zum Erhalt biologischer Vielfalt und die Wohlfahrtseffekte der Digitalisierung positiv in die Rechnung einfließen, die um die restlichen Komponenten wie z. B. die Kosten der Ungleichheit, Kriminalität, Bodenbelastung, Atomenergienutzung usw. reduziert wird (Held, Rodenhäuser & Diefenbacher 2022: 24). Die monetären Größen dieser positiven und negativen Posten werden verrechnet und am Ende ergibt sich daraus der NWI (3.0). Die Autorinnen und Autoren weisen ausdrücklich darauf hin, dass mit dem NWI *nicht* der Anspruch verbunden ist, „die gesellschaftliche Wohlfahrt eines Landes in allen Facetten abzubilden“ (Held,

Rodenhäuser & Diefenbacher 2022: 28). Und dazu weiter: „Vielmehr zeigt der Index vor allem, dass soziale, ökologische und auch ökonomische Aspekte, die nicht oder sogar mit dem falschen Vorzeichen in die Berechnung des BIP eingehen, die Wohlfahrt eines Landes maßgeblich beeinflussen können. Er verdeutlicht damit, dass ein Wohlfahrtsmaß für das 21. Jahrhundert sich nicht allein mit der Erfassung der über den Markt vermittelten Wertschöpfung zufriedengeben kann“ (Held, Rodenhäuser & Diefenbacher 2022: 28).

2.3.2 Statistische Satellitensysteme

Statistische Satellitensysteme sind bestimmte statistische Erhebungssysteme, die das BIP nicht korrigieren sollen, sondern *neben* der VGR und der BIP-Rechnung existieren und diese statistischen Angaben ergänzen (Bontrup & Marquardt 2021: 478). Dazu zählt die *Umweltökonomische Gesamtrechnung* (UGR), die vom deutschen statistischen Bundesamt (Destatis) veröffentlicht wird und ein Konten- und Tabellensystem „zur umfassenden Quantifizierung der Wechselwirkungen zwischen wirtschaftlichen Aktivitäten und der Umwelt“ (Destatis 2024) darstellt. Die UGR berücksichtigt folgende Aspekte (siehe dazu nachfolgend die Angaben und Ausführungen von Destatis 2024 sowie ergänzend Bontrup & Marquardt 2021: 478–481).

1. *Umweltbelastungen*: Damit ist eine *physische* Stromgröße zwischen Wirtschaft und Umwelt gemeint. Dieser Teil wird deshalb als „Physische Material- und Energieflussrechnung“ (Destatis 2024) bezeichnet und umfasst das volkswirtschaftliche Materialkonto, Rohstoffrechnung, Energie- und Wassergesamtrechnung sowie Luftemissionsrechnung.
2. *Umweltzustand und -Leistungsfähigkeit*: Dies zielt auf die qualitative und quantitative Bestandsveränderung der Natur bzw. des Naturvermögens ab und umfasst u. a. eine sogenannte Flächenbilanz.
3. *Umweltpolitische Maßnahmen*, zum Beispiel umweltbezogene Steuern, Gesamtrechnung zu umweltbezogenen Subventionen und ähnlich gelagerten Transfers, deren Wirkungen aus den Angaben der VGR ent- bzw. aufgeschlüsselt (disaggregiert) und „monetär quantifiziert“ (Bontrup & Marquardt 2021: 479) werden.

Die Angaben zu Umweltbelastungen, zum Umweltzustand und der Umweltleistungsfähigkeit bestehen in *physischen* Daten. Das heißt, dass diese nicht in Geldgrößen umgerechnet – bewertet – sind und es deshalb es auch nicht möglich ist, ein Nettoinlandsprodukt bzw. Ökoinlandsprodukt zu bestimmen (Bontrup & Marquardt 2021: 479).

Tab. 3: Sustainable Development Goals

Nr.	*Schlagworte*	*SDG*
1	Keine Armut	Armut in all ihren Formen und überall beenden.
2	Kein Hunger	Den Hunger beenden, Ernährungssicherheit und eine bessere Ernährung erreichen und eine nachhaltige Landwirtschaft fördern.
3	Gesundheit und Wohlergehen	Ein gesundes Leben für alle Menschen jeden Alters gewährleisten und ihr Wohlergehen fördern.
4	Hochwertige Bildung	Inklusive, gleichberechtigte und hochwertige Bildung gewährleisten und Möglichkeiten des lebenslangen Lernens für alle fördern.
5	Geschlechtergleichheit	Geschlechtergleichstellung erreichen und alle Frauen und Mädchen zur Selbstbestimmung befähigen.
6	Sauberes Wasser und Sanitäreinrichtungen	Verfügbarkeit und nachhaltige Bewirtschaftung von Wasser und Sanitärversorgung für alle gewährleisten.
7	Bezahlbare und saubere Energie	Zugang zu bezahlbarer, verlässlicher, nachhaltiger und moderner Energie für alle sichern.
8	Menschenwürdige Arbeit und Wirtschaftswachstum	Dauerhaftes, breitenwirksames und nachhaltiges Wirtschaftswachstum, produktive Vollbeschäftigung und menschenwürdige Arbeit für alle fördern.
9	Industrie, Innovation und Infrastruktur	Eine widerstandsfähige Infrastruktur aufbauen, breitenwirksame und nachhaltige Industrialisierung fördern und Innovationen unterstützen.
10	Weniger Ungleichheit	Ungleichheit in und zwischen Ländern verringern.
11	Nachhaltige Städte und Gemeinden	Städte und Siedlungen inklusiv, sicher, widerstandsfähig und nachhaltig gestalten.
12	Nachhaltige/r Konsum und Produktion	Nachhaltige Konsum- und Produktionsmuster sicherstellen.
13	Maßnahmen zum Klimaschutz	Umgehend Maßnahmen zur Bekämpfung des Klimawandels und seiner Auswirkungen ergreifen.
14	Leben unter Wasser	Ozeane, Meere und Meeresressourcen im Sinne nachhaltiger Entwicklung erhalten und nachhaltig nutzen.
15	Leben an Land	Landökosysteme schützen, wiederherstellen und ihre nachhaltige Nutzung fördern, Wälder nachhaltig bewirtschaften, Wüstenbildung bekämpfen, Bodendegradation beenden und umkehren und dem Verlust der biologischen Vielfalt ein Ende setzen.
16	Frieden, Gerechtigkeit und starke Institutionen	Friedliche und inklusive Gesellschaften für eine nachhaltige Entwicklung fördern, allen Menschen Zugang zur Justiz ermöglichen und leistungsfähige, rechenschaftspflichtige und inklusive Institutionen auf allen Ebenen aufbauen.
17	Partnerschaften zur Erreichung der Ziele	Umsetzungsmittel stärken und die Globale Partnerschaft für nachhaltige Entwicklung mit neuem Leben erfüllen.

Quelle: Eigene Darstellung mit *Wortlaut* der SDGs der United Nations (2024).

Eine weitere Form der Wohlfahrtsdarstellung, die auch zu statistischen Satellitensystemen zählen, sind die *Multiindikatoren-Systeme.* Als ein prominentes Bespiel für Multiindikatoren-Systeme lässt sich die UN-Agenda 2030 mit ihren 17 Zielen heranziehen. Diese UN-Ziele für eine nachhaltige Entwicklung bieten eine Orientierung auch für andere *Multiindikatoren-Systeme* und stellen gleichsam eine normative Orientierung für die praktische Politik weltweit dar. Die *Sustainable Development Goals* (SDG) präsentieren sich zunächst als normative Zielvorgaben (siehe oben Tab. 3), verbinden sich dann aber mit bestimmten statistischen Kennzahlen (Indikatoren). Zum Beispiel wird im UN-Sonderbericht für das Jahr 2023 die Realisierung des Ziels der globalen Armutsbekämpfung (SDG 1) an dem Anteil der Weltbevölkerung gemessen, der von weniger als 2,15 Dollar pro Tag leben muss. Aber es wird auch auf die Entwicklung der nationalen Armutsquoten sowie die Reichweite von Sozialschutzprogrammen verwiesen (United Nations 2023: 12–13). Für die Gesundheit (SDG 3) wird dort u. a. die Kindersterblichkeit herangezogen (United Nations 2023: 17); und für das Ziel *menschenwürdige Arbeit und Wirtschaftswachstum* (SDG 8) erfolgt u. a. der Verweis auf Arbeitslosenquoten (United Nations 2023: 29).

In Österreich werden *Freiwillige Nationale Berichte zur Umsetzung der Nachhaltigen Entwicklungsziele* angefertigt, die die Überprüfung (Monitoring) dieser 17 UN-Nachhaltigkeitsziele auf Basis z. B. von Daten der Bundesanstalt für Statistik Österreich (Statistik Austria) umfassen. Seit 2022 existieren dazu seitens der Statistik Austria etwa 260 Indikatoren, deren Entwicklung – soweit möglich – bewertet wird (Bundeskanzleramt 2024: 134–135). Für das Ziel der Armutsbekämpfung (SDG 1) wird dort u. a. auf das Ausmaß extremer Armut abgestellt, wozu der Rückgriff auf die Definition der Weltbank erfolgt, wonach Menschen als von extremer Armut betroffen gelten, die mit weniger als 2,15 Dollar pro Tag auskommen müssen (Bundeskanzleramt 2024: 139). Weitere Richtwerte im Bereich der Armutsbekämpfung sind z. B. die sogenannte *Armutsgefährdung*, definiert als Haushaltseinkommen, das unterhalb von 60 Prozent des Median-Einkommens in der Gesellschaft liegt, und der Anteil an Menschen, die auf Sozialtransfers angewiesen sind (Bundeskanzleramt 2024: 140–141). Für die Überprüfung des Ziels der Gleichstellung von Frauen und Männern (SDG 5) wird u. a. der *Gender Pay Gap* herangezogen, der sich auf Frauen in unselbständigen Arbeitsverhältnissen in der Privatwirtschaft bezieht und den Anteil misst, „den Frauen brutto pro Stunde weniger verdienen als Männer“ (Bundeskanzleramt 2024: 165).

Das deutsche *Nachhaltigkeitsmanagementsystem* (Bontrup & Marquardt 2021: 481–487) folgt ebenfalls den 17 SDGs der UN und leitet daraus über 60 Einzelindikatoren und Unterziele ab.[12] Über deren Erreichung fertigt das Sta-

12 Das, was Bontrup & Marquardt (2021) als deutsches „Nachhaltigkeitsmanagementsystem“ bezeichnen, wird bei Blumers & Kaufmanns (2017) deutsche „Nachhaltigkeitsstrategie“ genannt.

tistische Bundesamt in Deutschland aller zwei Jahre einen *Monitoring-Bericht* an (Blumers & Kaufmanns 2017: 96). Dort wird zum Beispiel die Situation der Armut (SDG 1) u. a. am Bevölkerungsanteil gemessen, der in materieller und erheblich materieller Deprivation lebt, d. h. aus finanziellen Gründen auf Konsum und bestimmte Gebrauchsgüter verzichtet (Destatis 2023: 18). Für die Gesundheit (SDG 3) wird u. a. auf die Emission von Luftschadstoffen abgestellt (Destatis 2023: 34). Zur Geschlechtergerechtigkeit (SDG 5) erfolgt u. a. der Bezug auf den Anteil der Frauen in Führungspositionen (Destatis 2023: 48). Im Bereich *menschenwürdiger Arbeit und Wirtschaftswachstum* (SDG 8) findet die Orientierung u. a. am öffentlichen Schuldenstand statt (Destatis 2023: 72–73). Die entsprechenden Indikatoren geben einen konkreten absoluten oder relativen Wert aus (z. B. Anteil der Bevölkerung in materieller Deprivation). In der Nachhaltigkeitsstrategie wird dann ermittelt, ob der politisch gewünschte Zielwert eines Indikators dem aktuellen (gemessenen) Wert entspricht und auf dieser Basis erfolgt eine *Bewertung* darüber, ob *bei gleichbleibender Entwicklung* die politischen Ziele erreicht werden können. Dies erfolgt durch *Wettersymbole*, die von Sonne über bewölkt bis Gewitterwolken reichen. Die Sonne symbolisiert dabei eine Zielerreichung oder eine geringfügige Abweichung zwischen Zielvorgabe und Ist von weniger als fünf Prozent; die Gewitterwolke steht für einen konstanten Abstand zwischen Zielvorgabe und Ist-Zustand oder für dessen Vergrößerung (Destatis 2023: 142).

Auch mit dem *Better Life Index* (BLI) der Organisation für wirtschaftliche Zusammenarbeit und Entwicklung (OECD) wird versucht, Wohlstand in einem Multi-indikatoren-System abzubilden. Der BLI umfasst Indikatoren zu elf Bereichen, die als relevant für Wohlstand erachtet werden: (1) Wohnverhältnisse, (2) Einkommen und Vermögen, (3) Beschäftigung, (4) Sozialbeziehungen, (5) Bildung, (6) Umwelt, (7) Zivilengagement, (8) Gesundheit, (9) individuelle Lebenszufriedenheit, (10) Sicherheit und (11) Work-Life-Balance. Zum Beispiel werden für (1) die Wohnverhältnisse u. a. die durchschnittliche Zahl an zur Verfügung stehenden Räumen pro Person im Haushalt und die Existenz einer sanitären Grundausstattung herangezogen; für (2) das Einkommen und Vermögen erfolgt u. a. der Rückgriff auf das bereinigte verfügbare Nettohaushaltseinkommen; und für die (8) Lebenszufriedenheit werden Menschen in einer standardisierten Befragung gebeten, auf einer Skala von null bis zehn anzugeben, wie sie ihre allgemeine Lebenszufriedenheit einschätzen.[13]

Der Sachverständigenrat für die Begutachtung der gesamtwirtschaftlichen Entwicklung in Deutschland (SVR) hatte 2019 eine Expertise unter dem Titel „Gesamtheitliche Wohlfahrtsberichterstattung" publiziert. Anhand einer Reihe von Indikatoren wurde dort ein Bild über den Wohlstand in Deutschland gezeichnet (SVR 2019). Dazu unterschied der SVR drei Dimensionen: I) den materiellen Wohlstand, II) die Lebensqualität und III) die Nachhaltigkeit. Diese

13 Siehe OECD (2011) bzw. im Internet (https://www.oecdbetterlifeindex.org/).

Bereiche beinhalten Aspekte, die sich mit spezifischen Indikatoren verbinden. Die Messung des materiellen Wohlstands erfolgt dort u. a. durch das BIP pro Kopf, wobei aber auch die Produktivität der Wirtschaft berücksichtigt wird, die auf der volkswirtschaftlichen Arbeitsproduktivität – als reales BIP pro Erwerbstätigenstunde – basiert. Die Gesundheit gilt als wichtiger Aspekt für die Lebensqualität, wozu als Indikator auf die potenziell verlorenen Lebensjahre durch Tod vor dem Alter von 70 Jahren Bezug genommen wird.

Das *The Europe 2020 Scoreboard* stellt einen politischen Rahmen für eine nachhaltige und inklusive Wachstumsstrategie auf EU-Ebene dar, in dem fünf Bereiche unterschieden sind, nämlich (1) Beschäftigung, (2) Forschung und Entwicklung, (3) Klima/Energie, (4) Bildung und (5) Armut. Für diese Bereiche werden bestimmte politische Zielvorgaben gemacht, aus denen sich spezifische statistische Kennziffern ableiten, die 2020 überprüft werden sollten. Zum Beispiel war für die Beschäftigung anvisiert, dass 75 Prozent der Bevölkerung im Alter zwischen 20 bis 64 Jahren einer Erwerbsbeschäftigung nachgehen sollen, was sich mit einer entsprechenden Erwerbsquote (Anteil der Erwerbstätigen an der Bevölkerung) im Alter zwischen 20 und 64 Jahren überprüfen lässt. Für Forschung und Entwicklung galt das Ziel, dass EU-Staaten drei Prozent des BIP für Forschung und Entwicklung ausgeben sollten, was entsprechend als Kennziffer dient. Ähnlich wurde im Bereich Umwelt verfahren, wo u. a. die Treibhausgasemissionen im Vergleich zu 1990 um 20 Prozent reduziert werden sollen (siehe dazu und zu den anderen Aspekten ausführlich Dullien et al. 2018: Abschnitt 3.1 und Tabelle 6.1).

Die Arbeiterkammer in Österreich veröffentlicht seit 2018 jährliche Wohlstandsberichte, in denen der Wohlstand in Österreich nach fünf Oberzielen hin analysiert wird: (1) Fair verteilter materieller Wohlstand, (2) Vollbeschäftigung und gute Arbeit, (3) Lebensqualität, (4) intakte Umwelt und (5) ökonomische Stabilität (siehe hierzu und nachfolgend Premrov et al. 2023). Diese Oberziele werden jeweils durch sechs – gleich gewichtete – Unter- bzw. Teilziele ergänzt, für die wiederum auf spezifische Kennziffern zurückgegriffen wird. Zum Beispiel ist „Hohe Lebenszufriedenheit“ ein Teilziel von (3) Lebensqualität, das u. a. auf einer Selbsteinschätzung zur Lebenszufriedenheit basiert, die bereits durch Erhebungen vorliegen – etwa die Erhebung „So geht's uns heute“ der Statistik Austria (Premrov et al. 2023: 52–53). Das *steigende real verfügbare Einkommen* gilt als Teilziel des Oberziels „Fair verteilter materieller Wohlstand“. Als Indikator wird dazu auf die Entwicklung des mittleren real verfügbaren Einkommens abgestellt – gemessen am Median-Äquivalenz-Einkommen in Euro (zu Preisen 2015) (Premrov et al. 2023: 24–25). Die jeweils sechs Teilziele erfahren eine Bewertung zwischen *–2* (negativer Trend) und *+2* (Ziel erreicht), woraus dann insgesamt mittels einfachem Durchschnitt (arithmetisches Mittel) der Wert des jeweiligen übergeordneten Ziels (z.B. „Fair verteilter materieller Wohlstand“ oder „Lebensqualität“) errechnet wird (Premrov et al. 2023: 21). Damit mögen diese Wohlstandsberichte wie ein Hybrid zu Einzelindikatoren wirken (siehe nachfolgend), der Charakter eines statistischen Satelliten- und Multiindikatoren-Systems bleibt dennoch deutlich, weil verschiedene Indikatoren herangezogen werden und selbst mit der Bewertung der Oberziele diese als solche „nebeneinander“ stehen, d. h. nicht noch einmal – final – zu einer Kennzahl zusammengeführt werden.

2.3.3 Einzelindikatoren

Einzelindikatoren basieren zwar ebenfalls auf verschiedenen Teil-Kennzahlen/ Teil-Indikatoren, lassen diese aber nicht – wie Multiindikatoren-Systeme – nebeneinander stehen, sondern führen sie zu *einem* Indikator (einer Kennzahl) zusammen.

Das wohl bekannteste neoquantitative Wohlfahrtsmaß ist der *Human Development Index* (HDI). Es handelt sich dabei um einen *Einzelindikator*, der von den Vereinten Nationen (UN) seit längerer Zeit genutzt wird und sich als *geometrisches Mittel* aus dem Index für langes und gesundes Leben, Bildung und Lebensstandard ergibt. Der Index für ein langes und gesundes Leben ergibt sich aus der erwarteten Lebensdauer bei der Geburt; der Bildungsindex basiert auf den erwarteten Schuljahren und dem Durchschnitt der tatsächlichen Jahre des Schulbesuchs; und für den Lebensstandard wird auf das ‚Einkommen‘ in Form des BIP pro Kopf zurückgegriffen. Formal errechnet sich der HDI dann wie folgt: $HDI = \sqrt[3]{I_{Leben} \cdot I_{Bildung} \cdot I_{Lebensstandard}}$. Es gibt verschiedene Weiterentwicklungen: im *Inequality-adjusted Human Development Index (IHDI)* findet Ungleichheit eine stärkere Berücksichtigung und im *Gender Development Index (GDI)* werden die Unterschiede des HDI zwischen Männern und Frauen aufgezeigt (siehe United Nations Development Programme 2024).

Der *Happy Planet Index* (HPI) umfasst (1) die durchschnittliche Lebenserwartung, (2) das durchschnittliche subjektive Wohlbefinden und (3) den ökologischen Fußabdruck (Dullien et al. 2018: Abschnitt 3.4 und Box 6.2). Die durchschnittliche Lebenserwartung bezieht sich auf die zu erwartenden Lebensjahre ab Geburt und basiert auf Daten der UN. Die Angaben zu der Einschätzung des Wohlbefindens beruhen auf standardisierten Befragungen zur Lebenszufriedenheit (Skala von null bis zehn), die das Markt- und Meinungsforschungsinstitut *Gallup* durchführt; der ökologische Fußabdruck bestimmt sich daraus, wie viel Treibhausgas pro Kopf durch Konsum und ökonomische Aktivitäten in einem Land emittiert wird – dies basiert auf Daten der *World Inequality Database* (Happy Planet Index 2024b: 2–5). Der HPI lässt sich näherungsweise wie folgt berechnen: HPI ≈ (Lebenserwartung×Wohlbefinden× Ungleichheitsfaktor) ÷ ökologischer Fußabdruck.[14] „Näherungsweise“ bedeutet hier, dass die einzelnen Komponenten im Detail noch ‚technisch‘ angepasst

14 Siehe Happy Planet Index (2024b: 1), Happy Planet Index (2024a: 11) und Schlaudt (2018: 94). Mit „Wohlbefinden“ ist eine Selbsteinschätzung zum eigenen Wohlbefinden gemeint.

werden: Zum Beispiel wird in der Praxis die Streuung der Antworten (Varianz) bei der Selbsteinschätzung des Wohlbefindens durch eine Konstante an die Streuung der Antworten bei der Lebenserwartung angepasst, um sicherzustellen, dass beide Streuungen in gleichem Maße den HPI beeinflussen (Happy Planet Index 2024b: 6).

Ein Einzelindikator, der in der Diskussion um Alternativen zum BIP als Wohlfahrtsmaß immer wieder genannt wird, ist das *Bruttonationalglück* (Gross National Happiness Index), das 2008 im Königreich Bhutan eingeführt wurde (siehe dazu Peyker 2020). Dieser Index „ist nicht als reiner Glücksindex zu werten, sondern stellt darüber hinaus einen zukunftsgerichteten Nachhaltigkeits- und Entwicklungsindex dar“ (Peyker 2020: 68). Er basiert auf Befragungen, die im Zwei-Jahres-Abstand durchgeführt werden und neun Domänen mit 33 Indikatoren und 124 Variablen umfassen – für die Befragung im Jahr 2014 bedeutete dies einen Fragebogen von 39 Seiten mit 149 Fragen zu diesen neun Domänen und demographischen Angaben (Peyker 2020: 68). Die neun Domänen sind: Psychologisches Wohlbefinden, Gesundheit, Nutzung der Zeit, Bildung, kulturelle Vielfalt und Resilienz, Good Governance, Vitalität der Gesellschaft, ökologische Vielfalt und Resilienz sowie Lebensstandard (Peyker 2020: 70). Mit den drei Domänen Gesundheit, Bildung und Lebensstandard beinhaltet das Bruttonationalglück Entwicklungsindikatoren, die auch andere Indexe wie der HDI berücksichtigen (Peyker 2020: 69). Die Indikatoren sind z. B. für die Domäne *Bildung* Lese- und Schreibkompetenz, Schulbildung, Wissen und Werte; die Erfassung der Domäne *Lebensstandard* erfolgt über das Einkommen, den Besitz und der Wohnsituation (Peyker 2020: 70). Diese Indikatoren werden jeweils mit einem spezifischen Gewicht (in der Domäne) versehen (z. B. fließt Wissen zu 1/5 und Schulbildung zu 3/10 in die Domäne Bildung ein), aber die Domänen werden jeweils als gleichwertig in dem Index berücksichtigt. Das Bruttonationalglück (GHA) ergibt sich formal als: GHA = 1 – HA, mit H für den Anteil der Bevölkerung, dessen Ansprüche an ein glückliches Leben in sechs oder mehr Domänen nicht erfüllt wird, und A für den durchschnittlichen Anteil der Bevölkerung, der noch nicht glücklich ist (Centre For Bhutan Studies 2011).

2.3.4 Glücksforschung

Die *Glücksforschung* weist starke Ähnlichkeiten zu den Einzel-Indikatoren auf. Dabei wird Wohlstand als ‚Glück‘ verstanden und – wie bei anderen neoquantitativen Konzepten auch – in einzelne Schlüsselkomponenten zerlegt, die für relevant erachtet werden und dann quantitativ zu erfassen, in einer Glücksformel zu arrangieren und am Ende zum ‚Glück‘ zu verrechnen sind. Im volkswirtschaftlichen Lehrbuch von Mankiw & Taylor (2024: 687) sind als glücksrelevante Schlüsselkomponenten zum Beispiel Geselligkeit, Essen, Fernsehen,

Einkaufen, Gesundheit, Bildungsniveau sowie der Beschäftigungsstand (erwerbstätig oder erwerbslos) aufgeführt. „Aus allen diesen Merkmalen“, heißt es bei Mankiw & Taylor (2024: 687), „können Gleichungen formuliert werden, um einen Maßstab für das Glück herzuleiten.“ Wie das gemeint ist, das lässt sich an folgender Formel ablesen: $W_{it} = \alpha + \beta X_{it} + \varepsilon_{it}$.[15] Von dieser ökonomischen Perspektive her ist Glück also quantifizier- und berechenbar. Bontrup & Marquardt (2021: 490) betonen dagegen, dass Glück nicht zu quantifizieren wäre, weisen aber an gleicher Stelle darauf hin, dass sich Glück „mit eindeutig messbaren ökonomischen Größen verknüpfen“ lasse. Diese Haltung lässt die Praxis einer Glücksformel, wie sie Mankiw & Taylor (2024: 687) dem Publikum präsentieren, unangetastet. Im Grunde genommen stärkt sie diese sogar.

2.3.5 Zwischenfazit

Die hier ausgewählten Beispiele sollten genügen, um zu vermitteln, welche alternativen – *neoquantitativen* – Versuche existieren, Wohlstand empirisch zu messen.[16] Auffällig ist vor allem mit Blick auf ökonomische Lehrbücher, dass dort zwar die Kritik am BIP als Maß für Wohlstand zum Standard-Inhalt der ökonomischen Ausbildung gehört, auf die neoquantitativen Alternativen aber nur im begrenzten Umfang – wenn überhaupt – eingegangen wird. Eine ausführlichere Thematisierung dieser neoquantitativen Konzepte findet tendenziell in Lehrbüchern aus dem Bereich Pluraler Ökonomik bzw. heterodoxer Ökonomik statt, also Lehrbüchern, die sich kritisch mit der Standard-Ökonomik auseinandersetzen (z. B. Bontrup & Marquardt 2021 und Dullien et al. 2018). Ungeachtet dessen zeigt die kleine Auswahl neoquantitativer Ansätze hier, dass schon sehr lange an Alternativen zum BIP als Wohlstandsmaß gearbeitet wird. Deshalb nimmt es nicht wunder, dass sich eine Professionalisierung dieser Konzepte beobachten lässt wie etwa bei den nationalen und regionalen Wohlfahrtsindexen aus der Forschungsstätte der Evangelischen Studiengemeinschaft in Heidelberg (FEST). Gleichzeitig können etwa der *Human Development Index* (UN) und der *Better Life Index* (OECD) als etabliert gelten. Die neoquantitativen Alternativen zum BIP als Wohlfahrtsmaß stellen deshalb nicht (mehr) nur nette, exotische Ideen dar, die noch in den Kinderschuhen stecken, sondern sie sind diesen teils sogar deutlich entwachsen.

---

15 Siehe Mankiw & Taylor (2024: 687). Dabei steht W_{it} für das Wohlbefinden einer Person *i* zum Zeitpunkt *t*, X_{it} fasst die Schlüsselkomponenten für das Glück von Person *i* zum Zeitpunkt *t* und ε_{it} ist ein Fehlerterm für nicht beobachtete oder nicht beobachtbare Schlüsselkomponenten des Glücks von Person i zum Zeitpunkt t.

16 Wie bereits erwähnt, geht mit dieser Auflistung kein Anspruch auf Vollständigkeit einher. Neben den hier genannten Beispielen existiert z. B. auch der Index der Qualität der regionalen Entwicklung (Regional Quality of Development Index) in Italien oder der Fleurbaey/Gaulier Indicator in Frankreich (siehe Dullien et al. 2018: Abschnitt 3.4).

2.4 Schwierigkeiten: Wohlstand vermessen?

Mit dem Vermessen von Wohlstand stellen sich viele ethische Fragen, wobei zunächst erst einmal jener Bereich interessieren soll, der bei oberflächlicher Betrachtung der Kritik am BIP und der vielen neoquantitativen Alternativen ins Auge springt. Dazu muss die Kritik am BIP als Wohlfahrtsmaß (Unterabschnitt 2.2.2) an dieser Stelle nicht wiederholt werden. Es reicht, sich in Erinnerung zu rufen, dass das BIP ein rein quantitatives, materialistisches und auf Geldwerte reduziertes Konstrukt ist, das viele Aspekte, die für den individuellen Wohlstand als relevant gelten, nicht berücksichtigt. Selbstverständlich hat das BIP als statistische Kennziffer weiterhin eine wichtige Bedeutung, spiegelt sich darin doch die marktwirtschaftlich verwertbare Produktivität einer Volkswirtschaft. Selbst mit Blick auf Wohlstand lässt sich argumentieren, dass das BIP pro Kopf einen Hinweis auf das Wohlstandspotenzial einer Volkswirtschaft gibt: Es zeigt, wie viel in einer Volkswirtschaft in Marktwerten produziert wird und verteilt werden *könnte*. Gleichwohl bleibt die Reduktionismuskritik bestehen: Das BIP reduziert den individuellen Wohlstand auf quantitative, monetär bemessene Aspekte. Verantwortlich mit dem BIP als Wohlfahrtsmaß umzugehen, das würde deshalb bedeuten:

1. sich bewusst zu machen, wie begrenzt die Aussagekraft das BIP als Wohlfahrtsmaß ist, dies auch *immer wieder* zu kommunizieren und das BIP im Bewusstsein um diese Begrenztheit zu verwenden; und
2. nach Alternativen zum BIP als Wohlfahrtsmaß zu suchen, sie zu entwickeln und, sofern sinnvoll, auch konsequent zu verwenden.

Die Entwicklung der hier genannten neoquantitativen Alternativen lässt sich deshalb als eine Form des verantwortungsvollen Umgangs mit den Unzulänglichkeiten des BIP verstehen. Gemessen daran, dass mittlerweile (Stand 2025) eine unüberschaubar große Zahl an alternativen Konzepten zur Wohlfahrtsmessung existiert, muss heute nicht einmal zwingend der Weg zur eigenständigen Entwicklung eines alternativen Wohlfahrtsmaßes eingeschlagen werden. Es reicht, der guten Forschungspraxis zu folgen: den Stand der Forschung zu berücksichtigen und sich für eine entsprechende Alternative zum BIP als Wohlfahrtsmaß – begründet – zu entscheiden (oder – ebenfalls *begründet* – diese Alternativen zu verwerfen).

Im Kern wird dabei die gleiche ethische Problematik auftreten, wie sie sich angesichts der unterschiedlichen Verständnisse von Wohlstand stellte (siehe Abschnitt 1.3). Denn aus der Vielzahl an unterschiedlichen Messkonzepten ist dann auszuwählen. In diesem Kontext – forschungsethisch – verantwortungsvoll zu handeln, bedeutet, diese Auswahl zu begründen: Aus welchen Gründen heraus wird auf dieses neoquantitative Maß für Wohlstand zurückgegriffen, auf andere aber nicht? Voraussetzung dafür ist, sich mit einer ausreichenden

Zahl an Alternativen auseinandergesetzt zu haben. In der Politikberatung und gegenüber der Öffentlichkeit sollte zumindest erkennbar sein, dass solch eine Auseinandersetzung stattgefunden hat.

Um an dieser Stelle einem Missverständnis vorzubeugen, sei betont, dass durchaus auch praktische Gründe für bestimmte Messkonzepte – und gegen bestimmte andere Konzepte – sprechen können. Zu denken wäre etwa an die Verfügbarkeit von Daten oder der zeitliche und finanzielle Aufwand, bestimmte Angaben zu erheben. Das kann sich übrigens auch mit konkreten ethischen Fragen verbinden, etwa, inwiefern bei der Erhebung von Daten der Datenschutz und die informationelle Selbstbestimmung gegeben oder in Mitleidenschaften gezogen sind. Wichtig für einen verantwortungsvollen Umgang mit Wohlstandsmaßen ist deshalb, Anhaltspunkte dafür zu liefern, warum diese oder jene Konzepte gewählt werden.

Was allgemein für die neoquantitativen Messkonzepte gilt, gilt im Detail auch für die Konkretisierung dieser Messkonzepte durch spezifische Indikatoren, inklusive der Gewichtung, mit der sie in die Konzepte einfließen. Es wären also auch Gründe anzugeben dafür, warum dieser oder jener Indikator (etwa die Lebenserwartung ab Geburt) für diesen oder jenen Aspekt von Wohlstand (etwa Lebensqualität) herangezogen wird. Das gilt – wie gesagt – auch für das Gewicht, das diesen Indikatoren in der Gesamtschau beigemessen wird. Damit ist die spezifische Gewichtung z. B. im Bruttonationalglück gemeint oder etwa die Gleichgewichtung der Unterziele im Wohlfahrtsbericht der Arbeiterkammer in Österreich (siehe Abschnitt 2.3). Ähnliches gilt übrigens auch für die Zusammenführung bzw. Verknüpfung von Teil-Indikatoren zu *einem* Einzelindikator wie etwa beim Human Development Index (HDI): Ist der Einzelindikator additiv (als Summe aus einzelnen Teilindizes) oder als harmonisches Mittel (siehe HDI) zu ermitteln? Wie rechtfertigt sich das? Dabei handelt es sich um wichtige Fragen, die an dieser Stelle aber nicht vertieft sein sollen. Von Bedeutung für einen verantwortungsvollen Umgang mit solchen Messkonzepten ist, die notwendigen Entscheidungen transparent zu halten.

Ein besonderer, teils brisanter Problempunkt ist die Reduktionismuskritik am BIP. Die neoquantitativen Wohlfahrtsmaße lassen sich zwar als eine Antwort darauf verstehen: Diese neoquantitativen Konzepte versuchen viele Defizite des BIP als Wohlfahrtsmaß zu korrigieren, als statistische Satellitensysteme werden ergänzende Angaben zum BIP geliefert und die Einzelindikatoren stellen sich als eine Art Ersatz zum BIP dar. Dabei werden viele Aspekte von Wohlstand vermessen und berücksichtigt, denen in der ursprünglichen Berechnung des BIP keine Aufmerksamkeit zuteilwurde. Insofern werden die neoquantitativen Konzepte der Wohlfahrtsmessung das, was Wohlstand ist, umfassender berücksichtigen als es mit dem BIP möglich war.

Aber auch die neoquantitativen Konzepte sind nicht ohne Reduktionismus. Im Unterschied zum BIP hat der Reduktionismus der neoquantitativen Konzepte jedoch eine andere Qualität. Denn sie können andere Dinge vermessen als es in der BIP-Rechnung üblich ist. Nichtsdestotrotz bleibt die neoquantitative Perspektive zum Wohlstand auf jene Aspekte beschränkt, die sich einer Quantifizierung – und teils Bewertung in Geldeinheiten – zuführen lassen. Das heißt, dass neoquantitativer Wohlstand materiell und quantitativ bleibt, wenn er auch angemessener erfasst sein mag als mit dem BIP. Nach wie vor wird bei der Quantifizierung zu berücksichtigen sein, dass jene Aspekte, die sich nicht quantifizieren und monetarisieren lassen – oder die z. B. aus ethischen Gründen nicht quantifiziert und in Geldeinheiten bewertet werden *sollen* – auch nicht Teil einer neoquantitativen Betrachtung sein können. Der neoquantitative Wohlstand bleibt auf ein quantitatives Verständnis von Wohlstand reduziert.

Ein verantwortungsvoller Umgang mit neoquantitativen Konzepten zur Wohlstandsmessung würde deshalb ein Bewusstsein für diesen Reduktionismus und die damit einhergehende Begrenztheit in der Aussage- und Geltungskraft dieser Konzepte erfordern. Wie so etwas aussehen kann, das zeigt die Heidelberger Forschungsstätte der Evangelischen Studiengemeinschaft (FEST) in ihren Ausführungen zur Methodik des Nationalen Wohlfahrtsindex (NWI 3.0): Bereits auf den ersten Seiten werden drei grundsätzlich unterschiedliche Methodiken als Alternativen zum BIP vorgestellt (Held, Rodenhäuser & Diefenbacher 2022: 13–15), darunter auch der „Accounting"-Ansatz, dem sie selbst folgen (Held, Rodenhäuser & Diefenbacher 2022: 15), zu dem sie aber auch erhebliche Kritikpunkte nennen:

> „Wenn in Geldeinheiten umgerechnet werden soll, stellt sich hier bei vielen Komponenten das Problem der adäquaten Monetarisierung – und nicht zuletzt der Begründung, warum bestimmte Komponenten in den Index aufgenommen werden und andere nicht." (Held, Rodenhäuser & Diefenbacher 2022: 15)

Die Autorinnen und Autoren des NWI 3.0 weisen zudem ausdrücklich darauf hin, nicht den Anspruch erheben zu wollen, „die gesellschaftliche Wohlfahrt eines Landes in allen Facetten abzubilden" (Held, Rodenhäuser & Diefenbacher 2022: 28). Ferner thematisieren sie deutlich die Grenzen des NWI 3.0. Das betrifft vor allem bestimmte (Vor-) Annahmen zur Konstruktion des NWI, z. B. dass die Steigerung von Konsum die Wohlfahrt steigert; aber Grenzen findet der NWI 3.0 auch in den methodischen Beschränkungen bei der Monetarisierung (geldlichen Bewertung) von Wohlfahrtsaspekten und speziell von Umweltschäden (Held, Rodenhäuser & Diefenbacher 2022: 28–29). Diese deutlichen und selbstkritischen Hinweise auf die Grenzen der Aussage- und Geltungskraft dieser neoquantitativen Konzepte ermöglichen Sachlichkeit, eine gewisse Distanz und Zurückhaltung im Sprechen über Wohlstand. Das schafft Raum für eine kritische Auseinandersetzung und für andere Perspektiven auf Wohlstand.

Abschließend sei angemerkt, dass es hier um eine redliche Auseinandersetzung mit der Kritik am BIP und mit den neoquantitativen Alternativen ging. Wer dagegen die Kritik am BIP zwar aufgreift, aber die neoquantitativen Konzepte etwa mit dem Argument vom Tisch wischt, sie würden zu neuen Bewertungsproblemen führen, hat womöglich nur zum Ziel, weiter am BIP als Maß von Wohlstand festzuhalten. So liest sich etwa das Fazit zum Sozialprodukt als Indikator des Wohlstands im Lehrbuch von Woll:

„Das Sozialprodukt bleibt immer noch der beste Wohlstandsindikator, wenn man den begrenzten Aussagewert vor allem bei internationalen Vergleichen beachtet." (Woll 2014: 294)

Der begrenzte Aussagewert des Sozialprodukts als Wohlstandsindikator verblasst hier deutlich angesichts der Einschätzung im Superlativ, das BIP bliebe der *beste* Wohlstandsindikator. Wer sich dagegen als Kontrast die eben erwähnte selbstkritische Einschätzung des Nationalen Wohlfahrtsindex der Forschungsstätte der Evangelischen Studiengemeinschaft (FEST) in Heidelberg danebenlegt, wird eine Vorstellung davon bekommen, wie eine *redliche* Auseinandersetzung mit unterschiedlichen neoquantitativen Wohlfahrtskonzepten aussehen kann.

2.5 Warum Wohlstand (nicht) messen?

Bislang ging es um die Frage, wie sich Wohlstand messen lässt. Aber warum, so ließe sich ganz grundsätzlich fragen, soll Wohlstand überhaupt gemessen werden? Diese Frage mag etwas seltsam anmuten. Zumindest in ‚modernen' wettbewerblich organisierten Gesellschaften dürfte es zur Gewohnheit geronnene Alltagspraxis sein, verschiedene Bereiche des Lebens zu vermessen und zu vergleichen. Zu denken wäre etwa an die Exzellenz in der Hochschulbildung, die Leistung bzw. Produktivität als Kriterium im Berufsleben oder die volkswirtschaftliche Wettbewerbsfähigkeit im internationalen Vergleich. Vor diesem Hintergrund mögen die Argumente, die angeführt werden können, um Wohlstand zu vermessen, etwas banal – alltäglich, wenig spektakulär – wirken.

1. Der individuelle Wohlstand in einer Gesellschaft hat materielle Voraussetzungen (das soziokulturelle Existenzminimum, der Konsum im Haushalt usw.), die tatsächlich *gemessen* und in Geldeinheiten *bewertet* werden können. Somit lassen sich zumindest bestimmte materielle Teile des individuellen Wohlstands in einer Gesellschaft messen, errechnen und dann *quantitativ* und/oder *wertmäßig* in Geldeinheiten darstellen. Das, was derart gemessen wird, ist dann freilich nicht in eins zu setzen mit dem gesamten Wohlstand in einer Gesellschaft. Aber es deckt einen Teil davon ab.
2. Für die Beurteilung der sozial- und wirtschaftspolitischen Situation einer Gesellschaft ist ein Lagebild des gesellschaftlichen Wohlstands notwendig, das wiederum unvollständig bliebe, würde auf die quantitative Erfassung von Wohlstandsaspekten verzichtet werden.

3. Das BIP pro Kopf sagt zwar nichts über die tatsächliche Verteilung der Einkommen in der Gesellschaft aus, kann aber das theoretisch mögliche Verteilungs*potenzial* und damit auch das politische Gestaltungs*potenzial* aufzeigen.
4. Wer den Wohlstand in der Gesellschaft *gestalten* möchte, wird auf Zahlenmaterial angewiesen sein, um überhaupt zu wissen, was wie gestaltet werden soll, aber auch, um die Realisierung einer solchen Wohlstandspolitik zu überprüfen. Ist das, was erreicht werden sollte, erreicht worden? Ist das politische Instrument, das dazu eingesetzt wurde, wirksam? Das gilt übrigens nicht alleine für wirtschafts- und sozialpolitische Instrumente, sondern auch für die Einschätzung der Wirkung von Marktprozessen auf den Wohlstand in einer Gesellschaft. Zahlenmaterial wird also benötigt, um bestimmte Entwicklungen zu erkennen und ordnungs- oder prozesspolitisch zu gestalten (etwa durch Subventionen, Preisfestlegungen oder – im Gegensatz dazu – durch Privatisierung, Preisfreigaben etc.).
5. Im Kontext globaler Wirtschaftsbeziehungen kann eine (standardisierte) Quantifizierung von Wohlstand den Vergleich von Ländern ermöglichen. Das mag wiederum hilfreich sein, um Diskrepanzen beim Wohlstand auf globaler Ebene – Wohlstandsgefälle – und damit verbundene Wirkungszusammenhänge sichtbar werden zu lassen. Das kann Ausgangspunkt für eine entsprechende internationale Handelspolitik sein, aber im Besonderen aus wirtschaftsethischer Sicht auch Hinweise zur Gestaltung einer global gerechten Welt liefern.

Die Vermessung von Wohlstand – das lassen diese wenigen Punkte erahnen – ist besonders für politische Entscheidungsträgerinnen und Entscheidungsträger von Bedeutung: Denn ohne das damit verbundene Zahlenmaterial lässt sich schlecht Sozial- und Wirtschaftspolitik betreiben. Auch die Wohlfahrts- und Verteilungspolitik ist auf entsprechende Statistiken und empirische Angaben angewiesen. Insofern mag das Hantieren mit Zahlen so selbstverständlich und banal wirken, dass sich die eingangs aufgeworfene Frage, ob Wohlstand überhaupt gemessen werden soll, oft gar nicht erst stellt.

Dem gegenüber stehen aber die durchaus triftigen Gründe, die sich anführen lassen, um einer vorbehaltlosen, freimütigen und durch Selbstverständlichkeit geprägten Befürwortung der Vermessung von Wohlstand zumindest mit Zurückhaltung entgegenzutreten. Im Gegensatz zum ersten Anschein, den die Banalität der Antworten auf die Frage „Warum Wohlstand messen?“ vermitteln, zeigt sich bei einem näheren Nachdenken darüber, dass sich diese Frage gar nicht so leicht beantworten lässt.

2.5.1 *Quantifizierungsparadigma und Reduktionismus*

Die kritischen Fragen zur Vermessung von Wohlstand stellen sich bereits damit, dass die unter dem *Quantifizierungsparadigma* stehende Vorstellung von Wohlstand auf materielle, quantifizierbare und monetär (in Geld) bewertbare Aspekte *reduziert* wird. Dieser Reduktionismus zeigt sich nicht nur beim BIP, sondern taucht auch bei seinen neoquantitativen Alternativen auf (Abschnitt 2.3). Wohlstand ist aus dieser Perspektive das, was sich messen und bewerten lässt. Alles andere fällt aus der Wohlstandsbetrachtung heraus. Zwar ließe sich das einhegen mit einem Bewusstsein dafür, dass sich individueller Wohlstand nicht nur aus materiellen Faktoren speist. Es ist aber gut möglich, dass diese Einsicht nicht über einen formalen, obligatorischen ‚Disclaimer' hinausreicht und damit zu einem reinen Lippenbekenntnis schrumpft, bevor der Fokus dann wieder gewohnheitsmäßig auf dem materiellen Wohlstand ruht. Unter dem Vorzeichen eines Quantifizierungsparadigmas lässt sich mit Verweis auf methodologische oder pragmatische Gründe einfach argumentieren, dass bestimmte Aspekte von Wohlstand nicht erfassbar seien und sie dann aus der Betrachtung herausgelassen werden müssten: Über Dinge, die sich nicht ‚objektiv' erfassen lassen (Lebensqualität, Gerechtigkeit in der Gesellschaft usw.), könne kein seriöser Austausch stattfinden. Wie schnell kann damit aber auch die Bequemlichkeit einhergehen, sich gar nicht erst mit diesen Wohlstandsaspekten zu befassen? Dazu können methodologische Gründe auch *vorgeschoben* sein, um bestimmte Aspekte auszuschließen: Zu Beispiel ließe sich argumentieren, dass einzelne Aspekte von Wohlstand nicht statistisch signifikant sind (d. h., dass es dort an der Unabhängigkeit von Zufällen mangelt) und sie deshalb nicht berücksichtigt werden dürfen. Allerdings müssen Signifikanz-Niveaus festgelegt werden. Damit lässt sich wiederum beeinflussen, was als Wohlstandsaspekt eine Berücksichtigung findet (oder nicht). Dieser Einwand steht übrigens im Kontext einer doch sehr kritischen Fachdebatte um statistische Tests und Signifikanz, in der die Bedeutung, die der Signifikanz heute (noch) beigemessen wird, zur Disposition gestellt ist (siehe Amrhein, Greenland & McShane 2019). Davon abgesehen befindet sich die Argumentation, dass sich bestimmte Aspekte von Wohlstand nicht messen lassen, weiterhin unter dem Quantifizierungsparadigma. Eine Alternative dazu wäre es, sich zu überlegen, wie nicht-quantifizierbare Aspekte von Wohlstand systematisch und sinnvoll zusammengedacht werden können.

Darüber hinaus: Selbst dort, wo ein Bewusstsein dafür vorherrscht, dass Wohlstand in mehr als materiellem Wohlstand besteht, mag die Praxis im Umgang mit Wohlstand eine materielle Vorstellung von Wohlstand verfestigen. Zu denken wäre etwa an die gängige Praxis, Wohlstand im Vergleich von Ländern, Regionen oder Bevölkerungsgruppen usw. an Kennziffern wie dem BIP zu messen. Selbst wer sich eigentlich der Grenzen der Aussagekraft des BIPs bewusst ist, kann dann in der Praxis damit konfrontiert sein, ständig mit dem

BIP als Maß für Wohlstands zu arbeiten. Etwas zugespitzt ließe sich damit formulieren: Wer es gewohnt ist, Wohlstand zu vermessen, wird wohl tendenziell auch nur vermessenen Wohlstand sehen. Quantifizierung geht mit Reduktionismus einher.

Das betrifft nicht nur den Wohlstand, der dann auf quantitativ erfassbaren Faktoren reduziert ist, sondern auch diese Faktoren selbst: Was einen Faktor von Wohlstand ausmacht, wird auf ‚messbare' Größen – auf Indikatoren – reduziert: Das Verständnis von Gesundheit (als Faktor für Wohlstand) verengt sich dann z. B. auf die erwartete Lebensdauer ab Geburt oder das Einkommen auf das reale BIP pro Kopf. Wenn es sich dabei z. B. um statistische Durchschnitte handelt, dann sind das aber Konstrukte, die die Komplexität der real beobachtbaren Verhältnisse reduzieren und damit eine reduzierte Vorstellung über den empirischen Gegenstand präsentieren. Das lässt sich anhand der unterschiedlichen statistischen Angaben zum Einkommen illustrieren: 2022 betrug das BIP pro Kopf in Österreich 49.400 Euro, das verfügbare Einkommen lag bei 39.350 Euro (Statistik Austria 2023: 27), das Median-Einkommen (Bruttojahreseinkommen) der ganzjährig Vollbeschäftigten lag bei 47.855 Euro und das der unselbständig Erwerbstätigen bei 32.834 Euro (Statistik Austria 2024), wobei dort auch Unterschiede z. B. zwischen Arbeitskräften (24.572 Euro) und Angestellten (37.247 Euro) existieren.

Damit lässt sich zusammenfassen, dass das Problem des Quantifizierungsparadigmas vor allem darin besteht, naturgemäß blind für die immateriellen Aspekte von Wohlstand zu sein. Mit dem rein quantitativ eingeschärften Blick drohen die immateriellen Aspekte in ihrer Bedeutung für Wohlstand an den Rand gedrängt oder gar völlig unterschätzt zu werden.

2.5.2 Ökonomisierung und Verdinglichung

Ein weiterer kritischer Punkt an der Quantifizierung und monetären Bewertung von Wohlstandsaspekten liegt darin, dass sie eine *Ökonomisierung* begünstigen können. Mit Ökonomisierung ist allgemein das „Eindringen wirtschaftlicher Kalküle in das soziale Zusammenleben" (Heitmeyer & Endrikat 2008: 56) gemeint, d. h., dass die menschliche Lebenswelt zunehmend an marktwirtschaftlichen Kriterien bzw. *Imperativen des Marktes* (Heitmeyer & Endrikat 2008: 57) wie Wettbewerb, Produktivität, Effizienz usw. gemessen und bewertet wird. In Anlehnung an den marxistischen Philosophen Georg Lukács (1885 –1971) lässt sich auch von einer *Verdinglichung* sprechen: Ausgehend von einer tiefgreifenden Arbeitsteilung ist nicht nur der Mensch als *Arbeitskraft* in dessen marktwirtschaftlich verwertbare Teile zu zerlegen, um diese wirtschaftlich kalkulierbar werden zu lassen, sondern auch die dazugehörige Lebenswelt, das Bewusstsein und Denken:

„Die Verwandlung der Warenbeziehung in ein Ding von ‚gespenstiger Gegenständlichkeit' [...] drückt dem ganzen Bewußtsein des Menschen ihre Struktur auf: seine Eigenschaften und Fähigkeiten verknüpfen sich nicht mehr zur organischen Einheit der Person, sondern erscheinen als ‚Dinge', die der Mensch ebenso ‚besitzt' und ‚veräußert', wie die verschiedenen Gegenstände der äußeren Welt. Und es gibt naturgemäß keine Form der Beziehung der Menschen zueinander, keine Möglichkeit des Menschen, seine physischen und psychischen ‚Eigenschaften' zur Geltung zu bringen, die sich nicht in zunehmendem Maße dieser Gegenständlichkeitsform unterwerfen würden." (Lukács 1977: 275–276)

Bezogen auf den Wohlstand bedeutet das analog, die verschiedenen Facetten von Wohlstand an der marktwirtschaftlichen Verwertbarkeit zu messen. Es verhält sich deshalb nicht nur so, dass sich eine quantitative Perspektive auf Wohlstand alleine auf die sichtbaren und zählbaren Faktoren von Wohlstand konzentriert, sondern dort, wo kein Preis dafür existiert, scheinen diese Faktoren auch (marktwirtschaftlich) nichts wert zu sein. Diese Aspekte können jedenfalls in einer Wohlstandsbetrachtung, die sich auf in Geldeinheiten bewertete Faktoren von Wohlstand bezieht, keine Berücksichtigung finden. Das war bekanntlich einer der Kritikpunkte am BIP als Wohlstandsmaß, weil dort etwa die unbezahlte und meist von Frauen verrichtete Hausarbeit oder Naturressourcen nicht berücksichtigt wurden (Unterabschnitt 2.2.2).

Die neoquantitativen Konzepte zum Wohlstand mögen diesen Schwierigkeiten insoweit abhelfen, dass sie verschiedene, bislang in der BIP-Rechnung nicht zählbar gemachte und in Geldwerten ausgedrückte Aspekte von Wohlstand einer Zählung und Bewertung zuführen. Diese verbesserte Vermessung von Wohlstand stellt aber gleichzeitig auch eine voranschreitende Vermessung der Lebenswelt dar und liefert damit Zeugnis einer *zunehmenden Ökonomisierung* und *Verdinglichung*. In Teilen mag das auch seine Berechtigung haben, zum Beispiel, wenn Umweltschäden beziffert und in der gesellschaftlichen Wohlstandsrechnung berücksichtigt werden. Dem gegenüber steht aber eine Vielzahl an Problemstellungen. Allgemein stellt sich etwa die Frage, in welchen Lebensbereichen eine Quantifizierung und Bewertung angemessen sind und wo diese Angemessenheit an Grenzen zu stoßen droht.

Zum Beispiel kann es zwar als hilfreich angesehen werden, die für unbezahlte Arbeit im Haushalt aufgewendete Zeit zu messen und in Geldeinheiten zu bewerten. Damit lässt sich verdeutlichen, dass diese Tätigkeiten nicht ‚wertlos' sind. Im Gegenteil: Sie stellen einen wichtigen Beitrag zur volkswirtschaftlichen Produktion dar und liefern teils sogar die Voraussetzung dafür, um sich überhaupt marktwirtschaftlich betätigen zu können. Aber gleichzeitig wird damit die Haus- bzw. Versorgungswirtschaft mitsamt der Sozialbeziehungen und der für sie charakteristischen Leitmotive (Liebe, Sorge, Verantwortung usw.), Koordination und Praxis in einen marktwirtschaftlichen Verwertungsprozess *umgeformt*. Der grundsätzliche Charakter von Sorge- und Hausarbeit, der dort vorherrschende – nicht am Markt – orientierte Umgang, scheint damit entäußert. Die Quantifizierung und Bewertung von einstmals nicht quantifizierten und in Geld bewerteten Lebensbereichen macht diese einem ökonomischen Kosten-Nutzen-Kalkül zugänglich. Zum Beispiel wären die Geburt von Kindern, ihre Erziehung und Ernährung *dann* – unter diesem ökonomistischen Blickwinkel – nichts anderes als eine betriebswirtschaftliche Wette darauf, dass sich die damit verbundenen Kosten (Aufwendungen) als profitabler Rücklauf dieser Geldmittel (Return of Investment) erweisen.

Ein utilitaristisches Verständnis von Wohlstand wäre vermutlich gut vereinbar mit einer weitreichenden Quantifizierung und Bewertung von Wohlstand, die in ein solches – eben skizziertes – ökonomisches Kosten-Nutzen-Kalkül münden, in dem Aufwand und Kosten miteinander verrechnet werden. Aber hierzu ist sachlich festzuhalten, dass es sich dabei um eine utilitaristische (ökonomische bzw. ökonomistische) Interpretation von Lebensbereichen und Wirtschaftssphären (Versorgungswirtschaft usw.) handelt, die der grundsätzlichen Charakteristik dieser Lebensbereiche und Wirtschaftssphären nicht gerecht wird. Insofern ist dieser ökonomistische Blick unangemessen und sachlich falsch: Die Sorge um Verwandte, die Liebe zum Kind, der Frühjahrsputz usw. sind eben keine rein ökonomischen Kosten-Nutzen-Sachverhalte, wenngleich auch ökonomische Faktoren auf die entsprechenden Situation wirken (Einkommen, Erwerbsstatus usw.).

Aus ethischer Sicht ist deshalb darauf hinzuweisen, dass der hier skizzierte utilitaristische Blick auch gar nicht als ethische Leitlinie akzeptiert sein muss. Im Gegenteil: Er kann aus ethischer Sicht sogar deutlich kritisiert bzw. abgelehnt werden. Zum Beispiel betonte der Deutsche Ethikrat (2020: 467) angesichts der Corona-Pandemie, dass die Zuteilung knapper lebenserhaltender Maßnahmen (Triage-Situation) nach rein utilitaristischen Gesichtspunkten dem Prinzip der Menschenwürde und dem damit verbundenen Verbot der Be- und Abwertung menschlichen Lebens widerspricht. Das lässt einen sehr wichtigen Punkt deutlich werden: Die Quantifizierung und Bewertung verschiedener Lebensbereiche – und damit auch ein utilitaristischer Standpunkt – können mit bestimmten ethischen Ansprüchen und Prinzipien in Konflikt stehen. Zu denken wäre dazu etwa an das eben erwähnte Prinzip der Menschenwürde, an den grundsätzlichen Schutz vor Diskriminierung oder an die Prinzipien der Nächstenliebe oder der Gleichwertigkeit aller Menschen (egalitäre Basisgleichheit, Deutscher Ethikrat 2020: 467). Dieses Problem wird nachfolgend auch in anderen Zusammenhängen immer wieder auftauchen.

2.5.3 Zur Illustration: Ethische Konflikte der Quantifizierung am Beispiel der Glücksformel-Perspektive

Als besonderes Extrem der Quantifizierung von Wohlstand lässt sich eine Glücksforschung heranziehen, die das individuelle Glück in empirisch ‚objektiv‘ erfassbare Größen zerlegt und in einer Glücksformel arrangiert (Abschnitt 2.3). Wohlstand als Glück ist dann ebenfalls auf empirisch ‚objektiv‘ erfassbare Größen reduziert und wirkt im Grunde nicht anders als wie ein Synonym für individuellen Nutzen. Mit Schlaudt (2018: 90) lässt sich ergänzen und präzisieren, dass die Glücksforschung dem ursprünglichen Gedanken des Utilitarismus besonders nahekommt, Bedürfnisse und Glück zu vermessen:

„Tatsächlich […] verharrt die Glücksforschung ganz und gar im subjektivistischen Paradigma des Benthamianischen Utilitarismus, wenn sie […] großspurig des »Menschen Los« (*the human lot*) kurzerhand mit subjektivem Wohlbefinden identifiziert. In gewisser Weise kommt sie mit den modernen Mitteln der unmittelbaren Glücksmessung Benthams Projekt sogar noch näher, indem sie nicht mehr den Umweg über das Geld als Äquivalent des Wohlbefindens gehen muss. Sie kann alle menschlichen Bedürfnisse und Wünsche direkt auf einem kommensurablen Nenner bringen." (Schlaudt 2018: 90)

Mit einem solchen Verständnis von Glück und der Konstruktion einer Glücksformel kann auch die Begehrlichkeit geweckt werden, Glück zu *optimieren* oder *maximieren* zu wollen. Dabei mag aus dem Blick geraten, dass in solch eine Glücksformel eben nur jene Bestandteile als Variable einfließen, die sich empirisch vermessen lassen. Problematisch sind daran u. a. folgende Punkte.

Erstens ist wieder auf den Reduktionismus zurückzukommen: Aspekte, die keiner empirischen Erfassung zugänglich sind, die aus bestimmten Gründen (Kosten/Aufwand, Zeit usw.) nicht erfasst werden und/oder die sich schlecht vergleichen lassen, finden dort keine Berücksichtigung. Das gilt selbst dann, wenn sie für das Glücks- oder Wohlbefinden einzelner Personen durchaus eine wichtige Rolle spielen mögen.

Zweitens: Jenen Schlüsselfaktoren, die in der Analyse von Glück als empirisch erfassbar gelten, wird ein *instrumenteller* Charakter zugeschrieben. Das ist immer dann ein Problem, wenn es um Dinge geht, die Menschen eigentlich aus einer *intrinsischen Motivation* heraus tun – ‚um der Sache willen' – und die gerade *deshalb* positiv auf das Glücksgefühl oder Wohlbefinden wirken. Es geht hier um Handlungen, die nicht bewusst (intendiert) das Ziel verfolgen, dem eigenen Glück zu dienen, es zu optimieren oder zu maximieren. Damit sind Handlungen gemeint, deren positive Wirkung auf das Glück a) nur eine Nebensache darstellt und b) *auch nur deshalb auftritt*, weil diese Handlungen *nicht* mit dem Ziel der Glücksmehrung einhergehen. Das Glücksgefühl etwa bei der Komposition eines Musikstücks oder beim Niederschreiben eines Gedichts lässt sich nicht planen oder errechnen. Mehr noch, wird Motiven wie Freude, Spaß, Interesse usw. ein ‚Eigenwert' zugeschrieben, dann erfährt dieser Eigenwert eine Negierung, wenn diesen Motiven ein instrumenteller Charakter zugewiesen ist. Das gilt auch mit Blick auf ethische Überlegungen. Die Achtung der Menschenwürde zur eigenen Handlungsmaxime zu erheben, das ist etwas gänzlich anderes als die Menschenwürde zu achten, *weil dadurch* mein Glück oder Nutzen optimiert oder maximiert wird. Letzteres betrachtet Menschenwürde als instrumentell, behandelt sie opportunistisch als Verhandlungsmasse in der Berechnung des eigenen Glücks und *verletzt sie dadurch in einer ganz grundlegenden Art und Weise*. Drastischer formuliert würde das

Prinzip der Achtung der absolut, unteilbar und unveräußerlich geltenden Menschenwürde sehr gründlich missverstanden, wenn dessen Geltungsbereich als abhängig von deren Zweckmäßigkeit (Opportunität) zum eigenen Glück betrachtet wird. Damit würde auch nicht wirklich erfasst, welche Rolle die Achtung der Menschenwürde für ein glückliches Leben spielt und mithin wodurch sich ein glückliches Leben auszeichnet; zumindest wäre damit ein sehr spezielles Verständnis von Glück angesprochen, dessen Angemessenheit nicht unstrittig sein muss und dem andere – gut begründete – Vorstellungen von Glück entgegengehalten werden können.

Drittens: Glück wird – wie eben angedeutet – als berechenbar, damit auch planbar oder zumindest als *kontrollierbar* verstanden. Das kann aus verschiedenen ethischen Gründen heraus berechtigt sein, etwa wenn es um die Gestaltung von Voraussetzungen für ein glückliches Leben geht, zum Beispiel mit Blick auf den Zugang zu Bildung, die Versorgung mit Grundnahrungsmitteln und den Zugang zu adäquatem Wohnraum und zur Kultur. Problematisch wird die Vermessung (Quantifizierung) von Glück aber dann, wenn sie zu Kennziffern, Standards und Normen führt, die die Selbstbestimmung, Selbsterfahrung, Selbstverwirklichung und damit die Autonomie von Menschen in einem ethisch fragwürdigen, nicht angemessenen, vielleicht sogar unzumutbaren Maße einschränken. Mit ‚nicht angemessen' und ‚unzumutbar' ist ein Grad der Einschränkung selbstbestimmten Handelns gemeint, der sich empfindlich auf das Glücksempfinden auswirkt oder gar als inakzeptabel empfunden werden kann. Es geht um den Eindruck, in der Gestaltung des eigenen Lebens deutlich eingeschränkt zu sein oder dass diese Gestaltung sogar aus den Händen genommen wird. Welche Freiheitsgrade bleiben den Menschen noch, wenn deren Leben übersichtlich als Datenvektor festgehalten und mit allerlei davon abgeleiteten Entwicklungspotenzialen *bewertet* wird? Schließlich werden die Momente einer freien und in Eigenverantwortung zu gestaltenden Persönlichkeitsentfaltung an Kennzahlen und Normen delegiert und damit eingeschränkt. Die freie, selbstbestimmte Wahl des Lebensentwurfs mag sich dann im Rahmen einer Matrix bewegen, in der die jeweiligen sozio-ökonomischen Variablen und die daraus abgeleiteten Entwicklungspotenziale den Raum für Selbsterfahrung und Selbstwirksamkeit eng abstecken. Das wiederum gibt zum Beispiel aus Sicht der Katholischen Soziallehre Anlass, um kritisch zu fragen, wo dann noch der Platz bleibt, um die Erde verantwortungsvoll zu gestalten, sich dabei auch selbst zu entfalten und schöpferisch tätig zu sein auf eine Weise, die es dem Menschen gestattet, „die verborgenden Talente, die der Schöpfer ihm geschenkt hat" (Sekretariat der Österreichischen Bischofskonferenz 1990: 13), zu entdecken. Eine weitere Zuspitzung findet diese Problematik darin, dass die Konstruktion einer Glücksformel nicht frei davon ist, ethischen Gesichtspunkten zu folgen, und in ihr eine bestimmte Vorstellung über ‚richtiges', ‚vernünftiges' und (ökonomisch) ‚akzeptables' Glück zum Ausdruck kommt, die sich zur *gesellschaftlichen Maßgabe* für ebenso ‚richtige', ‚vernünftige', ‚rationale' und ‚akzeptable‘ Lebensentwürfe auswachsen mag. Zumindest scheint es nur ein kleiner Schritt zu sein, um von der Kalkulation auf Basis einer Glücksformel zu einer für alle handlungsleitenden Norm ‚richtigen‘, ‚vernünftigen‘ usw. Glücks zu gelangen. In der Summe kann das auch *autoritäre* Züge annehmen und die Tendenz zur Fremd-Kontrolle sowie zum Verlust an Selbstbestimmung verschärfen.

Viertens: Der eben erwähnte Verlust an Selbstbestimmung (Autonomie) mag bereits aus dem Sammeln von Daten resultieren, die für die Berechnung des Glücks nötig sind. Kritisch ließe sich hier fragen, inwiefern bereits die Jagd nach Daten über die verschiedenen Variablen des eigenen Lebens das eigene Handeln, Leben und mithin Glück einschränkt. Bereits das Wissen um das Anlegen von umfangreichen Datenbanken mit teils sensiblen Informationen kann einschränkend – einschüchternd – auf das individuelle Verhalten wirken und ebenfalls autoritäre Züge tragen. Das Sammeln solcher Daten selbst wiederum kann in diesem Zusammenhang zumindest unter denen, die für dieses Sammeln zuständig sind, *autoritäre Versuchungen* wecken. Teils ließen sich diese Probleme über entsprechende Grundrechte (informationelle Selbstbestimmung) und Datenschutz einhegen. Auf jeden Fall besteht in diesem Kontext ein Konflikt zwischen einerseits dem Wunsch nach Daten für die Berechnung von Glück und andererseits entsprechenden Schutzrechten, die den Zugang zu diesen Daten aus guten Gründen (Menschenwürde, Schutz vor Diskriminierung und Willkür usw.) verweigern oder streng regulieren.

Fünftens: Eng mit dem normativen Charakter einer Glücksformel verbunden ist der Umstand, dass es von der Kalkulation von Glück ebenfalls nur noch ein kleiner Schritt ist, Menschen anhand der Realisierung ihres Glücks zu *bewerten.* Die Vermessung von Glück kann einen Teil dazu beitragen, dass die Unterschiedlichkeit von Menschen in ihren Vorlieben, Interessen, Geschmäckern usw. zur *Ungleichwertigkeit* mutiert. Das wiederum kann die ‚argumentative‘ Basis für Diskriminierung sein – also das, was in der Soziologie als Formen gruppenbezogener Menschenfeindlichkeit thematisiert wird, z. B. die Abwertung von Menschen mit geringem Einkommen (Klassismus), Behinderten (Ableismus), Fremden oder Homosexuellen (siehe etwa Heitmeyer 2008a, 2011, 2018). Ethisch ist dabei vor allem problematisch, dass Menschen bewertet, in ihrer ‚Wertigkeit‘ unterschieden und ihnen aufgrund dieser Wertigkeit bestimmte moralische Ansprüche und Grundrechte zugebilligt – oder versagt – werden. Das ist mit Prinzipien wie denen der Menschenwürde, der prinzipiellen Gleichwertigkeit der Menschen, des Schutzes vor Diskriminierung, der Nächstenliebe usw. nicht vereinbar.

Die gegenüber der Quantifizierung von Glück illustrierten ethische Konflikte zeigen sich auch bei anderen Versuchen, Wohlstand zu quantifizieren und zu bewerten. Vor allem dort, wo Wohlstand nicht nur quantifiziert, sondern in Geldwerten ausgedrückt ist, droht mit der monetären Bewertung, dass Menschen und ihre Lebensentwürfe ‚eingepreist‘ und auf Grund dieser Preise miteinander verglichen werden. Das sorgt, wie eben erwähnt, für ethische Konflikte mit Prinzipien wie der Menschenwürde oder Personalität oder der Nächstenliebe. Praktisch hat es dann den Anschein, dass die Quantifizierung und Bewertung den Weg ebnet für das, was Wilhelm Heitmeyer in seinen Studien zur Gruppenbezogenen Menschenfeindlichkeit als *Ideologie der Ungleichwertigkeit* bezeichnet: Damit ist gemeint, dass die prinzipielle Gleichheit und Würde der Menschen in Frage gestellt wird, was mit einer kategorialen Bewertung der „Substanz von Menschen [..] in all ihren Facetten" (Heitmeyer 2008b: 37) einhergeht. Hierzu gilt es zu berücksichtigen, dass diese Ideologie der Ungleichwertigkeit den Kern der von Heitmeyer beobachteten Formen der Abwertung, Ausgrenzung und Diskriminierung ausmacht. Es würde an dieser Stelle zu weit führen, dies zu vertiefen, aber zumindest sollte kurz angemerkt sein, dass sich die Ideologie der Ungleichwertigkeit in ökonomistischen Einstellungen niederschlagen kann, die mit dem erwähnten Umstand der Ökonomisierung einhergehen und ökonomische Kriterien wie Effizienz, Nützlichkeit usw. zur Bewertung von Menschen und zwischenmenschlichen Beziehungen anwenden, was u. a. zur Folge hat, moralische Maßstäbe bei dieser Bewertung zu vernachlässigen oder gar abzulehnen (siehe Heitmeyer & Mansel 2008: 32).

Um dazu Missverständnisse zu vermeiden, sei klargestellt, dass die Kritik an der Quantifizierung nicht bedeutet, alle empirische Arbeit zum Wohlstand, die damit verbundene Quantifizierung, Bewertung, Analyse und Konstruktion von Wohlstandsmaßen rundweg – kategorisch – abzulehnen. Einleitend zu diesem Abschnitt (2.5) wurden gute Gründe angeführt dafür, Wohlstand *auch* zu quantifizieren. Es verhält sich aber eben ebenfalls so, dass sich mit der Quantifizierung doch sehr schwer wiegende ethische Konflikte und soziale Probleme verbinden können, die sich nicht einfach vom Tisch wischen lassen. Im Gegenteil: Diese Konflikte und Probleme geben einen begründeten Anlass dazu, um über die Art und Weise sowie Reichweite der Quantifizierung und Bewertung von Wohlstand und Glück nachzudenken. Verantwortlich mit der Quantifizierung und Bewertung von Wohlstand umzugehen bedeutet deshalb, dies abwägend im Bewusstsein der damit verbundenen Grundkonflikte zu tun.

2.5.4 Fragen der ethischen Legitimität

Die große gesellschaftspolitische Bedeutung, die den Wohlstandsmaßen zukommt, wirft die Frage auf, wodurch diese politisch und ethisch legitimiert werden. Die *politische Legitimation* hängt jeweils vom politischen System und der damit verbundenen Struktur ab (Parlament, Ministerien, Verwaltung, Gesetzgebung, Justiz usw.). Das lässt sich an dieser Stelle nicht weiter vertiefen, soll aber als Hinweis zum Nachdenken darüber anregen, wie es vor allem in demokratisch verfassten Gesellschaften darum bestellt ist, bestimmte Maße zum Wohlstand als gesellschaftlich verbindliche Normen oder Standards festzulegen: Wer bestimmt mit welcher politischen Legitimation darüber, dass dieses oder jenes Maß – und damit auch ein bestimmtes Verständnis von Wohlstand, das bis in die Festlegung entsprechender Schlüsselfaktoren und der dazugehörigen Indikatoren (Kennziffern) reicht – für diese oder jene Zwecke zur Anwendung kommt?

Vor diesem Hintergrund lässt sich darauf aufmerksam machen, dass die partizipative Einbeziehung von potenziellen Interessengruppen offenbar als wichtige politische Legitimationsbasis gilt: Zum Beispiel betonen die Verantwortlichen für den zweiten *Freiwilligen Nationalen Bericht zur Umsetzung der Nachhaltigen Entwicklungsziele* (SDGs) in Österreich die zentrale Bedeutung eines transparenten und partizipativen Multi-Stakeholder-Prozesses, der „die systematische Einbeziehung von Zivilgesellschaft, Wissenschaft und Wirtschaft“ umfasst.[17] Der Gedanke an Partizipation scheint auch in den akademischen Fachdebatten zum Wohlstand angekommen, wenn zum Beispiel Dirksen & Miranda (2023) in ihrem Beitrag „Wohlstand neu denken und messen“ im Fachjournal *Wirtschaftsdienst* schreiben:

> „Ein globales Forum zum Austausch über neue Konzepte und Maßstäbe für Wohlfahrt und Fortschritt könnte es Entscheidungsträgern ermöglichen, Fachwissen und Erfahrungen auszutauschen, z. B. darüber, wie gezielte Politik und Budgetierung zum Wohlbefinden beitragen und mit ihm in Einklang gebracht werden können. Inspiration hierzu kann z. B. vom ‚Multidimensional Poverty Peer Network‘ kommen – ein internationales Netzwerk aus über 60 Ländern und internationalen Organisationen, die sich regelmäßig im Rahmen der Vollversammlung der Vereinten Nationen und anderer Veranstaltungen über die Messung und Bekämpfung von Armut in all ihren Dimensionen austauschen“ (Dirksen & Miranda 2023: 459).

Die hier anfangs aufgeworfene Frage nach der *ethischen Legitimierbarkeit* bezieht sich darauf, inwiefern bestimmte Wohlstandsmaße, die damit verbundene Vorstellung von Wohlstand, im Detail

- die dazu identifizierten Wohlstandsaspekte,
- ihre Indikatoren (wie sich der Wohlstandsaspekt messen lässt),
- ihre empirische Erfassung (Messung),
- das Zusammenwirken dieser Wohlstandsaspekte und
- die Gewichtung ihrer Relevanz für das Verständnis von Wohlstand

ethischen Ansprüchen (Kriterien) genügt. Welche Ansprüche damit gemeint sind, wie die Prüfung auf ethische Legitimierbarkeit im Detail aussieht, das wiederum hängt vom zu Grunde gelegten Ethik-Konzept ab. Angesichts der Vielzahl an Ethik-Konzepten und der damit verbundenen Vielschichtigkeit und Kompliziertheit im ethischen Abwägungsprozess lassen sich diese Prüfungen auf ethische Legitimierbarkeit kaum angemessen in einer Übersicht darstellen, weshalb an dieser Stelle davon auch bewusst Abstand genommen sei.

17 Dafür und für die zitierten Stelle siehe Bundeskanzleramt (2024: 10). Für die Details dieser Prozesse siehe Bundeskanzleramt (2024: 19–23).

Für eine grobe Vorstellung darüber, was diese ethischen Prüfprozesse beinhalten können, dürfen die nachfolgenden Hinweise genügen.

Einzelne Ethik-Konzepte bieten ganz konkrete Kriterien, anhand derer sich die ethische Legitimierbarkeit der Vorstellung von Wohlstand prüfen lässt. Zu denken wäre etwa an die Sozialprinzipien der Katholische Soziallehre (KSL), die als Prüfsteine gelten können: Personalität, Solidarität, Subsidiarität, Gemeinwohl – sowie davon abgeleitet die vorrangige Option für die Armen, Nachhaltigkeit und der Dialog (siehe dazu ausführlich Schlagnitweit 2021).

Bekannt sind auch sogenannte *Universalisierungsprinzipien*, die auf einen Perspektivwechsel hinauslaufen: Die ethische Legitimität einer Handlungsabsicht wird dann daran gemessen, ob die Konsequenzen einer Handlung auch an Stelle einer anderen Person – die davon betroffen ist – als zumutbar oder akzeptabel angesehen werden. Populär ist dazu der Kategorische Imperativ von Immanuel Kant (1724–1804): „[H]andle nur nach derjenigen Maxime, durch die du zugleich wollen kannst, dass sie ein allgemeines Gesetz werde.“ (Kant 1797: 44) Oder in Form der sogenannten Zweckformel:

> „[H]andle so, dass du die Menschheit, sowohl in deiner Person, als in der Person eines jeden Anderen, jederzeit zugleich als Zweck, niemals bloss als Mittel brauchst.“ (Kant 1797: 53–54)

In ‚der‘ Ökonomik bekannt ist die „sympathy“ aus der *Theorie der Moralischen Gefühle* von Adam Smith (1723–1790), die auf eine ähnliche Abwägung hinausläuft.

Es gibt auch Ethik-Konzepte, die die Abwägung bestimmter ethischer Kriterien in einen offenen Diskurs (Integrative Wirtschaftsethik) oder einen Dialog (Katholische Soziallehre) einbetten. Die ethische Legitimierbarkeit wird dann über die Einvernehmlichkeit im Austausch mit anderen geprüft: Nur das, was sich in der redlichen Auseinandersetzung im Diskurs oder Dialog als ethisch legitimierbar erweist, ist dann auch ethisch legitim. Das stellt übrigens einen Grund dar, der für die hier eingangs erwähnten partizipativen Prozesse im Rahmen der politischen Legitimierbarkeit spricht. Sowohl die ethische Prüfung konkreter Kriterien – Menschenwürde, Subsidiarität usw. – als auch die Universalisierung über einen individuellen Perspektivwechsel können in solch eine interpersonelle Legitimierbarkeitsprüfung eingebettet werden. Es ist denkbar, dass sich daraus dann mehrstufige Prozesse der ethischen Legitimierbarkeitsprüfung ergeben: Prüfung auf einzelne konkrete Kriterien (Menschenwürde, Solidarität usw.), die Prüfung dieser Kriterien im Rahmen eines Perspektivwechsels (Kategorischer Imperativ usw.) und dann die Prüfung im offenen Diskurs mit anderen. In diesem Sinne lässt sich die *dreistufige Verantwortungskonzeption* im Rahmen der Integrativen Wirtschaftsethik von Peter Ulrich (2008: 90–94) verstehen.[18]

18 Eine Skizze der dreistufigen Verantwortungskonzeption findet sich im Unterabschnitt 4.4.4.

Der Grundgedanke der Prüfung auf ethische Legitimierbarkeit liegt darin, zu reflektieren, ob dieses oder jenes Maß an Wohlstand, diese oder jene Definition, die Art der empirischen Bestimmung usw. den zur Prüfung herangezogenen ethischen Kriterien entspricht. Wenn das *nicht* der Fall ist, dann kann diese Vorstellung von Wohlstand usw. *nicht* als ethisch legitim gelten. Sie wäre zu verwerfen und es müsste nach Alternativen gesucht werden. Im konkreten Falle des Kategorischen Imperativs hieße das also, zu fragen, ob eine bestimmte Vorstellung von Wohlstand auch aus der Perspektive anderer Personen als akzeptabel oder zumutbar erscheint. Wenn das nicht der Fall ist, ist diese Vorstellung von Wohlstand als nicht ethisch legitim zur Seite zu legen.

Das Nachdenken über ethische Legitimität mag auf den ersten Blick banal und einfach wirken. Aber es sollte nicht unterschätzt werden, dass sich dahinter tatsächlich umfangreiche Abwägungen verbergen können. Wer das vernachlässigt und diesen Reflexionsprozess als reine Formsache abtut, läuft Gefahr, nicht sachgerecht und unangemessen abzuwägen. Im ungünstigsten Falle kann eine solche mangelhafte ethische Reflexion sogar im Verdacht einer bewusst politisch-agitatorischen Argumentation stehen. Wer das vermeiden will, wird glaubhaft vermitteln müssen, einen redlichen Reflexionsprozesses anzustreben bzw. angestrebt zu haben. Das lässt sich aber nicht mit einer oberflächlichen Argumentation bewerkstelligen. Dort, wo Antworten auf ethische Fragen erforderlich sind, ersetzen weder eine geschliffene Rhetorik noch Polemik oder der Verweis auf bestimmte empirische Kennziffern die dazu notwendige redliche Auseinandersetzung mit ethischen Fragestellungen.

Die Beschäftigung mit ethischen Fragen sollte auch nicht mit einer mathematischen Optimierungsaufgabe verwechselt werden. Tatsächlich liegt ein schwerwiegendes Missverständnis schon darin, ethische Konflikte als gegenläufige Zielkonflikte im Sinne eines ökonomischen *Trade-offs* zu verstehen, bei dem mittels mathematisch-ökonomischer Methodik (Marginalanalyse) ein ‚optimales' Verhältnis zwischen den im Konflikt liegenden Zielen bestimmt wird. Ein solches Vorgehen mag für eine unternehmerische Investitionsentscheidung legitim sein, die sich darum dreht, wie viel von einem festgelegten Budget in Projekt A und in Projekt B zu investieren ist. Aber das stellt eine ökonomische Entscheidung dar. Liegen dagegen ethische Ziele im Konflikt, dann geht es um eine *Güterabwägung*, die sich nicht ausrechen oder mathematisch optimieren lässt, sondern die Abwägung moralischer Ansprüche umfasst.

Die damit verbundene Problematik lässt sich besonders anschaulich an moralischen Grundansprüchen verdeutlichen, die als absolut und unteilbar gelten wie etwa die Ansprüche auf Menschenwürde, Gesundheit, körperliche Unversehrtheit oder Meinungsfreiheit. Es lässt sich eben nicht abwägen, ob ‚etwas' mehr oder weniger Menschenwürde zu gewährleisten ist. Der Anspruch auf Menschenwürde lässt sich ebenfalls nicht ‚etwas' einschränken: Entweder ist die Menschenwürde gewährleistet oder sie ist es nicht. Wer anfängt, solche moralischen Grundansprüche wie eine Ware auf dem Gemüsemarkt zu behandeln (Darf's etwas mehr sein?), untergräbt diese bereits im Ansatz. Das Nachdenken über ethische Legitimität umfasst dann, zu bestimmen, welchen moralischen Ansprüchen der Vorrang einzuräumen ist. Es ginge zunächst darum, die Struktur von ethischen Konflikten zu verstehen, die Konflikte neu zu bestimmen und ethische Ziele in eine Ordnung zu bringen (zum Beispiel dadurch, dass in grundsätzliche, absolute Ansprüche und davon abgeleitete Ansprüche unterschieden wird).

Damit deutet sich an, dass solch eine Reflexion ethischer Grundlagen nicht immer zu einer Auflösung etwaige Konflikte führen muss. Das wäre auch eine überzogene Erwartung. Die Reflexion über ethische Legitimität wird sich zunächst der Aufgabe stellen, zu klären, was in einer bestimmten Situation oder hinsichtlich eines bestimmten Gegenstandes – z. B. einer bestimmten Definition von Wohlstand – die ethische Sachlage ist: Es wären etwaige normative (ethische) Probleme, das Widerstreiten von Zielen, Unvereinbarkeiten, Widersprüchlichkeiten sowie die Ziel-Beziehungen untereinander (Vorrang, normative Struktur usw.) aufzuzeigen. Das kann auch zum Ergebnis haben, dass Konflikte nicht aufgelöst werden, sondern Spannungsverhältnisse bestehen bleiben. Die ethische Reflexion würde aber dafür sorgen, sich *bewusst* – und sozusagen: ethisch aufgeklärt – in diesen Spannungsverhältnissen zu bewegen und dazu eine gewisse Orientierung in die Hand zu bekommen.

Das könnte dann zum Beispiel bedeuten, den Unternehmen einen Verzicht auf Gewinn dadurch abzuverlangen, dass sie auf die Einhaltung von Umweltstandards und Menschenrechten entlang ihrer Wertschöpfungskette verpflichtet werden: Hier stünden offensichtlich die unternehmerische Freiheit und das Ziel der Gewinnmaximierung im Konflikt mit dem Schutz der Natur und der Menschenwürde. Für Orientierung und Klärung sorgt in diesem Beispiel, die unternehmerische Freiheit und Gewinnmaximierung nicht als absolute Grundansprüche zu verstehen, sondern diese dem Schutz der Natur und der Menschenwürde *unterzuordnen*. Das heißt, dass Naturschutz und Menschenwürde der unternehmerischen Freiheit und der Gewinnerzielungsabsicht ethische und in diesem Falle auch rechtliche Grenzen setzen. Es geht hierbei also nicht darum, zu berechnen, wie viel Naturschutz mit einem bestimmten Grad an unternehmerischen Gewinn ein fiktives gesellschaftliches Wohlstandsoptimum ergibt, das sich als Nutzen in Geldeinheiten ausdrückt. Dies würde auch den absoluten und unteilbaren Charakter von Grundrechten und moralischen Grundansprüchen bzw. -prinzipien grundsätzlich missverstehen und diese konterkarieren.

Diese Überlegung lässt sich analog auf die Quantifizierung und Bewertung von Glück oder Wohlstand anwenden, wo der Wunsch seitens Wissenschaft, Politik und staatlicher Behörden nach möglichst vielen und präzisen Daten dem grundrechtlichen Anspruch auf die informationelle Selbstbestimmung und auf Datenschutz entgegensteht: Auch hier setzen informationelle Selbstbestimmung und Datenschutz dem Wunsch nach Quantifizierung Grenzen –

und es würde die erwähnten Grundansprüche verletzen, etwas mehr Quantifizierung gegen etwas weniger Datenschutz eintauschen zu wollen; auch eine utilitaristische Nutzenabwägung verbietet sich aus diesem Grunde.

Deshalb sei nochmals betont, dass es bei der hier gemeinten ethischen Reflexion um eine ethische *Güterabwägung* geht, die die Verhältnisse zwischen einzelnen Zielen und Vorhaben klärt, diese in eine Ordnung bringt und die ethische Legitimität in dieser Ordnung erörtert, woraus sich wiederum eine Orientierung für ethisch legitimierbares und verantwortungsvolles Handeln ergeben kann. Die Frage der ethischen Legitimität von Wohlstandsmaßen dreht sich auch darum, inwiefern dieses oder jenes Wohlstandsmaß das, was unter Wohlstand verstanden wird, angemessen abbildet. Diese Reflexion kann dazu führen, den gesellschaftlichen Geltungsbereich solcher Wohlstandsmaße abzustecken; oder aber – wie bei der kritischen Auseinandersetzung mit dem BIP als Maß für Wohlstand – einen Ergänzungsbedarf anzuzeigen, dem mit bestimmten Indikatoren und deren Erfassung entsprochen wird.

Diese Ausführungen lassen den Aufwand erahnen, der sich mit der Frage nach der ethischen Legitimierbarkeit verbindet. Das alles mag für Fachleute, die im Wesentlichen mit empirischen Kennzahlen oder mit mathematisch-ökonomischen Modellen zum Wohlstand zu tun haben, etwas ungewohnt, vielleicht kompliziert, abstrakt und unverständlich wirken. Nichtsdestotrotz wäre es für den verantwortungsvollen Umgang mit Wohlstandsmaßen notwendig und hilfreich, sich der Frage nach der ethischen Legitimität zu stellen – auf den Ebenen des Verständnisses von Wohlstand, dessen Modellierung bzw. Konzeptionierung und hinsichtlich der empirischen Erfassung. Erste Hilfestellung könnte dabei der Kategorische Imperativ bieten, aber auch das Nachdenken darüber, inwiefern Grundrechte und moralische Ansprüche wie Menschenwürde, informationelle Selbstbestimmung usw. beeinträchtigt sein können.

2.6 Wohlstandsmaße und Weltanschauung

Das Vorhaben, Wohlstand empirisch zu vermessen, ihn zu quantifizieren und an empirischen Kennziffern festzumachen, mag mit dem festen Glauben einhergehen, auf diese Weise zu ‚objektiven', unumstößlichen ‚realen', evidenten Fakten und neutralen, wertfreien, politisch nicht korrumpierbaren Bezugspunkten für Wohlstand zu gelangen. Tatsächlich wird es wohl aus dieser empiristischen Perspektive, die auch das Denken in ‚der' Ökonomik dominiert, absurd und befremdlich wirken, die Objektivität und (Wert-) Neutralität empirisch ermittelter Fakten – hier: der für Wohlstand in Anschlag gebrachten Kenngrößen – anzuzweifeln. Wie können empirische Kennziffern denn normativ geprägt sein? Wo sollen denn die weltanschaulichen oder politischen Motive, Wertungen und Überzeugungen in den empirischen Beobachtungen und in den Kennziffern wie dem BIP herkommen?

Gerade der historische Hintergrund zur Entstehung und Etablierung des BIP als Maß für Wohlstand (Abschnitt 2.2) ist dazu erhellend, zeigt er doch, dass dieser Prozess „in einem Kontext voller Machtinteressen und fundamentaler konzeptueller und ideologischer Kontroversen“ (Schmelzer 2017: 305) stand. Das BIP ist und war eben kein objektives und politisch neutrales Instrument. Das zeigt sich besonders deutlich in der Ausklammerung der unbezahlten Hausarbeit, von der Schmelzer (2017: 303) schreibt, sie sei damals *absichtlich* aus dem Einkommensstatistiksystem – zur Erfassung des BIP über die Einkommen – herausgedrängt worden. Aus einer feministischen Perspektive heraus (z. B. Hoppe 2002) lässt sich argumentieren, dass diese Ausblendung der unbezahlten Hausarbeit bei der Berechnung des BIPs – aber auch die VGR und der Wunsch nach Quantifizierung von Wohlstand – aus der Dominanz einer maskulinen, androzentrischen Weltanschauung resultiert. Eine tiefergehende (feministische) Erörterung dazu würde hier zu weit führen. Deshalb soll dieser feministische Hinweis genügen, um besonders anschaulich zu illustrieren, wie die als selbstverständlich ‚objektiv‘ verstandene empirisch geprägte Alltagspraxis im Umgang mit Wohlstandsmaßen bereits von Grunde auf durch bestimmte Wertungen geprägt sein kann. Und das steht völlig konträr zu der bereits beschriebenen Vorstellung, empirische Kennziffern wären wertneutral.

Das ist auch keine neue Einsicht: Wie Biesecker & Kesting (2003: 2) unter dem Schlagwort der *preanalytischen Vision* beschreiben, steht die Forschungsarbeit *immer* unter dem Eindruck eines spezifischen Vorverständnisses. Es werden der Forschungsarbeit *vorgelagerte* Annahmen getroffen, die den Gegenstandsbereich der Forschung sowie die damit verbundenen Forschungsfragen prägen.[19] Kultur, Zeitgeist usw. weben sich auf diese Weise in die Forschungsarbeit ein. Was zunächst als ‚neutrale‘ empirische Kennziffer erscheint, verbindet sich beim weiteren Nachdenken über die Entscheidungen auf den jeweils vorgelagerten Stufen der Forschungsarbeit mit normativen Momenten.

Zu bedenken ist dabei, dass empirische Kennziffern nicht einfach Brocken dessen sind, was ‚Realität‘ genannt wird. Bei solchen Kennziffern handelt es sich oft um Konstrukte, hinter denen Modelle mit bestimmten Annahmen stecken. Auch dafür bietet das BIP ein anschauliches Beispiel: das BIP lässt sich bekanntlich aus dessen volkswirtschaftlicher Entstehung, Verwendung oder Verteilung konstruieren. Was dann im Detail jeweils an empirischen Teil-Kenngrößen berücksichtigt wird, das unterliegt einer entsprechenden Definition (Festlegung). Ähnliches trifft auch für viele Kennziffern zu, die als Durchschnittswerte Hinweise auf bestimmte Aspekte des Wohlstands geben sollen, prominent zum Beispiel das BIP pro Kopf oder die durchschnittliche Lebens-

19 Siehe dazu auch das einleitende Kapitel „Erste Annäherung: Wohlstand und Ethik“.

erwartung ab einem bestimmten Geburtsjahr.[20] Dort wären bestimmte Annahmen zu diesen Maßen und den entsprechende Eingrenzungen der Aussagekraft dieser Maße mitzudenken. Vor allem bei Einzelindikatoren kommen die Annahmen und Implikationen hinzu, die sich mit der Zusammenführung von Teilindikatoren und/oder ihrer Gewichtung verbinden. Auch das erweist sich als begründungsbedürftig und wird durch normative Momente geprägt.

Die Wohlstandsperspektive kann auch utilitaristische Züge annehmen (Unterabschnitt 2.2.1). Das wird vor allem dort deutlich zu Tage treten, wo die Werte von einzelnen Indikatoren bzw. Wohlstandsposten zu einem Gesamtwert verrechnet werden. Da ‚der' Utilitarismus eine bestimmte *Weltanschauung* darstellt, lassen sich die davon beeinflussten Kennziffern und ihr Arrangement in einem Wohlstandswert nicht einfach als ‚neutral' oder ‚wertfrei' behaupten. Im besonderen Maße zeigt sich das unter dem eben erwähnten androzentrischen Vorzeichen (‚männlicher' Blick), unter dem die unbezahlte Hausarbeit aus der Wohlstandsbetrachtung gedrängt ist. Eine ähnliche Wirkung hat ein wirtschaftsliberaler Blickwinkel, der Wohlstand allein als *Wohlstand im Markt* versteht und daher nur jene Aspekte berücksichtigt, die als marktwirtschaftlich verwertbar betrachtet werden. Aus dieser rein marktwirtschaftlichen Sicht auf Wohlstand finden unbezahlte Tätigkeiten im Haushalt, aber ebenso die kostenlos von der Natur bereitgestellten Ressourcen (saubere Luft, sauberes Wasser usw.) keine Berücksichtigung. Das, was dann empirisch als Wohlstand ausgewiesen wird, ist damit also auch nicht ‚wertfrei' oder ‚neutral', sondern würdigt Wohlstand nur als bewusste Konstruktion eines (rein) marktwirtschaftlichen Wohlstands.

Mit diesen wenigen Überlegungen lässt sich zusammenfassen, dass sich die empirischen Maße für Wohlstand mit verschiedenen normativen Momenten verbinden, die weltanschaulich, kulturell, religiös usw. geprägt sein können. Insofern sind das BIP als Maß für Wohlstand und seine neoquantitativen Alternativen weit weniger ‚neutral' und ‚objektiv', als sie bisweilen mit Verweis auf ihren empirischen Charakter dargestellt werden. Wie ist nun aber mit dieser Prägung durch Werthaltungen angemessen und verantwortungsvoll umzugehen? Darauf gibt es keine einfache Antwort, zumal dazu grundsätzliche weltliche Fragen aufgeworfen sind. Aber ein erster Schritt könnte darin bestehen, ganz bewusst auf Distanz zu den Wohlstandsmaßen, zur eigenen Forschungsarbeit und zum Gegenstand der eigenen Forschung zu gehen. Es ginge darum, erst einmal neben sich zu treten, um sich die eigene kulturelle Wertprägung zu vergegenwärtigen (preanalytische Vision) und mögliche normative Momente zu identifizieren: Welche wertenden (ethischen) Aspekte spielen bereits in die analytische Ebene hinein und beeinflussen (wertend) die Frage- und Problemstellung sowie die Konstruktion und Ermittlung von Kennziffern?

---

20 Solche Größen spielen auch bei den alternativen – neoquantitativen – Wohlstandsmaßen eine Rolle (Abschnitt 2.3).

2.7 Abschließende Gedanken: Verantwortlicher Umgang mit Wohlstandsmaßen?

Die hier vorgelagerten Abschnitte befassten sich mit verschiedenen praktischen Problemen im Zusammenhang mit Wohlstandsmaßen, vor allem aber mit verschiedenen ethischen Fragen, die damit in Verbindung stehen. Dazu ist klarzustellen, dass es übereilt und überzogen wäre, aus der Existenz der thematisierten Problemlagen zu schlussfolgern, es müsse von den (neo-) quantitativen Wohlstandsmaßen oder überhaupt vom Versuch, Wohlstand empirisch fassen zu wollen, abgelassen werden. Das wäre ein grobes Missverständnis des eigentlichen Anliegens, um das es mit der kritischen Erörterung hier gehen sollte, nämlich: die Sensibilisierung für die ethischen Herausforderungen im Umgang mit Wohlstand und seiner Vermessung. Damit verbindet sich die Frage, wie mit den Wohlstandsmaßen *angemessen* umgegangen werden kann oder soll. Verschiedene Antworten darauf finden sich bereits in den verschiedenen, hier vorgelagerten Abschnitten.

Dazu lässt sich zusammenfassen, dass der wohl zentrale Aspekt, auf den es beim verantwortungsvollen Umgang mit Wohlstandsmaßen ankommt, in der *ethischen Reflexion* liegt, also im Nachdenken darüber, inwiefern bestimmte Vorstellungen von Wohlstand, deren Erfassung über bestimmte Wohlstandsmaße, die Konstruktion dieser Wohlstandsmaße ethisch legitim bzw. ethisch legitimierbar sind. Das betrifft verschiedene Ebenen in der Forschungsarbeit und der Praxis. Dies verbindet sich wiederum mit einem Aufwand, dessen Bewältigung anderer Arbeitsschritte bedarf und den Besuch anderer akademischer Domänen erfordert als es bei der rein praktischen Vermessung und wirtschaftstheoretischen Modellierung von Wohlstand *üblicherweise* Praxis ist. Abschließend sollen zur hier adressierten ethischen Reflexion im Umgang mit Wohlstand und Wohlstandsmaßen noch folgende zwei Gedanken ergänzt sein.

Erstens können der Vermessung von Wohlstand deutliche Grenzen gesetzt werden, indem bestimmte Bereiche des Lebens und bestimmte Wohlstandsaspekte bewusst von einer Quantifizierung und Bewertung ausgenommen sind. Das könnte sich vor allem auf Dinge beziehen, die sich nicht oder nur schwer quantifizieren/zählen und bewerten lassen oder die der Quantifizierung und Bewertung auch nicht zugänglich sein *sollen*. Das bedeutet aber nicht zwangsläufig eine Absage an die Berücksichtigung dieser nicht quantifizierten und nicht bewerteten Bereiche. Denn in der Folge könnte das auch heißen, dass die Erfassung von Wohlstand nicht allein wohlstandsrelevante Aspekte in ihren Quantitäten und deren Marktwerte umfasst, sondern bewusst auch Aspekte der politischen Rahmenordnung und ihre Qualität einbezieht. Das heißt, es würde zum Beispiel die Existenz von Grundrechten, Naturrechten und sozialstaatlichen Ansprüchen berücksichtigt. Denn Grundrechte oder sozialstaatliche Ansprüche können dafür sorgen, je nach Bedarf oder Einzelfall einen Zugang zu

Ressourcen zu erhalten, deren Nutzung dann positiv auf den individuellen Wohlstand – und womöglich auch auf die Wohlstandssituation anderer – wirkt. Während etwa die Erfassung individueller ‚Freizeit' nur eine grobe Idee über die Situation des individuellen Wohlstands vermittelt, können etwa Arbeitszeitregelungen – einschließlich Regelungen zu Urlaubstagen – oder sozialstaatliche Ansprüche auf Pflege- und Erziehungsurlaub die Voraussetzungen schaffen, die ganz konkret die individuelle Wohlstandssituation beeinflussen. Es ginge dann nicht einfach um die Quantität von ‚Freizeit', sondern um die Existenz von zeitlichen Möglichkeitsräumen, in denen sich individueller Wohlstand realisieren *kann*. Neben der Quantifizierung etwaiger Wohlstandsindikatoren ließen sich also Grundrechte, sozialpolitische Ansprüchen usw. erfassen und diese so als ‚greifbare' Aspekte von Wohlstand verstehen. Das empirische Verstehen von Wohlstand könnte dann neben dessen Quantifizierung und Bewertung auch in der aufzeichnenden Kenntnisnahme, im empirischen ‚Notieren' solcher institutionellen Regelungen bzw. der institutionell abgesteckten Möglichkeiten für Wohlstand bestehen. Zumindest wären dann die Voraussetzungen und der Rahmen für Aspekte des individuellen Wohlstands erfasst, die nicht quantifiziert und bewertet werden können oder sollen.

Zweitens besteht – wie eben dargelegt – der Mindestanspruch an den verantwortlichen Umgang mit neoquantitativen Wohlfahrtsmaßen darin, überhaupt erst einmal über die ethische Legitimität des damit verbundenen Wohlstandsverständnisses und dessen Erfassung zu reflektieren. Die davon in Gang gesetzte ethische Reflexion hat auch zur Aufgabe, den Umgang mit Wohlstand und dessen Vermessen auf Widersprüche, normative Momente und Zielkonflikte hin abzuklopfen. Dort, wo sich unter der Berücksichtigung ethischer Ansprüche bzw. Prinzipien (wie etwa die Menschenwürde) Widersprüche oder Unvereinbarkeiten zeigen, sind diese *nicht* als ökonomischer Trade-off und ökonomisches Optimierungsproblem misszuverstehen, sondern sie sind als ethische *Güterabwägung* zu behandeln (Unterabschnitt 2.5.4). Das heißt, sich dann ganz bewusst in Ambivalenzen – in Spannungsfeldern – zu bewegen, dabei aber ethische Prinzipien in eine Ordnung zu bringen und sich an den damit gegebenen Möglichkeiten ethischer Legitimierbarkeit zu orientieren. Die ethische Reflexion sollte *proaktiv* die Perspektive jener einbeziehen, die potenziell von einer bestimmten Wohlstandskonzeption und der Vermessung eines solchen Wohlstands betroffen sein können. Je nach Ethik-Konzeption bieten sich zum Beispiel Perspektivwechsel an, zu denken wäre etwa an die *sympathy* bei Adam Smith oder den Kategorischen Imperativ. Im besten Falle sollten die Betroffenen direkt – partizipativ – einbezogen werden. Ein praktisches Beispiel für Letzteres liefern die partizipativen Multi-Stakeholder-Prozesse im Rahmen der *Freiwilligen Nationalen Berichte zur Umsetzung der Nachhaltigen Entwicklungsziele* in Österreich (siehe Bundeskanzleramt 2024: 10, 19-

23).[21] Das hat einen empirischen Forschungsgesichtspunkt, können so doch die quantitativ gewonnenen Erkenntnisse *gemeinsam* abgeglichen und die Bestimmung von Wohlstand auf ihre Angemessenheit hin geprüft werden. Aber gleichzeitig – und das steht hier im Zentrum – lässt sich auf diesem Wege der Frage nach der ethischen Legitimierbarkeit nachgehen, die sich mit einer bestimmten Konzeption von Wohlstand und der empirischen Bestimmung dieses Wohlstands verbindet. Ein solches Vorgehen könnte sich deshalb auch ganz bewusst und konsequent mit Ethik-Konzepten verbinden, die die ethische Legitimität und ethische Legitimierbarkeit im Dialog oder im offenen Diskurs bestimmen.

21 Siehe dazu auch Dirksen & Miranda (2023: 459), die auf das „Multidimensional Poverty Peer Network" hinweisen, in dem sich NGOs aus über 60 Ländern zum Austausch über die Messung und Bekämpfung von Armut treffen.

3 Wohlstandsideologien & Wohlstandsnarrative

Wohlstand besitzt einen grundsätzlich normativen Charakter, denn die Vorstellungen über ihn enthalten jene Merkmale, durch die sich ein gutes Leben auszeichnet oder auszeichnen soll. Damit verbindet sich eine (normative) Orientierungswirkung für die Lebens- und Gesellschaftsgestaltung. Wohlstand beinhaltet also Urteile und (Be-) Wertungen über die Kriterien (Merkmale) eines guten Lebens in einer Gesellschaft. Er ist aber auch mit nicht minder wertenden Vorstellungen über die Wahrnehmung der Welt und die gewünschte Verfasstheit einer Gesellschaft verbunden. Das Nachdenken, Theoretisieren und Sprechen über Wohlstand, dessen Verständnis, Verständnisbildung und Definition, aber auch seine Messung, Analyse und wirtschaftstheoretische Modellierung finden *nicht* in einem normativen Vakuum statt. Nein, das alles bewegt sich immer in konkreten sozialen, politischen und kulturellen Verhältnissen der jeweiligen Zeit. Es erscheint alles andere als abwegig, anzunehmen, dass sich moralische Gesichtspunkte auf diese Weise in die Verständnisse von Wohlstand einschreiben können.

Bei dieser Einsicht handelt es sich eigentlich um eine Binsenweisheit. Doch diese droht schnell aus dem Blick und dem Bewusstsein zu geraten, sobald eine Haltung eingekommen wird, die sich *nur* auf ‚objektiv' Beobachtbares, ‚Fakten' und ‚Tatsachen' stützt – andere, vor allem ethische Aspekte nicht berücksichtigt bis ablehnt – und zwar in der *festen Überzeugung*, dass diese ‚Fakten' die Wirklichkeit bzw. Ausschnitte von ihr *unverfälscht* wiedergeben würden. „Evidenz" oder „Evidenzbasierung" sind bekannte Wörter, die auf solch eine Haltung hindeuten. Diese Haltung, die als *Positivismus* bezeichnet wird, dominiert auch das Denken in der modernen Ökonomik. Das zeigt sich im Besonderen an der Dominanz eines quantitativen Verständnisses von Wohlstand. In dieser *positivistischen Perspektive* werden normative – ethische – Aspekte von Wohlstand überwiegend ausgeblendet und die Beschäftigung damit normalerweise als ‚nicht wissenschaftlich' – da nicht faktenbasiert, nicht ‚objektiv' – diskreditiert. Unter diesem positivistischen Vorzeichen stellt es eine außerordentliche Herausforderung dar, den normativen Charakter von Wohlstand und seine ethischen Aspekte thematisieren zu wollen. Mehr noch, es dürfte sich auch als ausgesprochen schwierig erweisen, diese ethischen Aspekte überhaupt wahrzunehmen und für sie empfänglich zu sein.

Aus diesem Grunde soll nun nachfolgend vertieft werden, welche Rolle Ideologien und Narrative für die Vorstellungen von Wohlstand spielen. Dazu ist zunächst auf die Begriffe „Ideologie" und „Narrativ" einzugehen, bevor dann im Anschluss ausgewählte und für das Thema „Wohlstand" besonders relevante Ideologien und Narrative thematisiert werden, nämlich Wachstumsideologien und -narrative, die Narrative des marktwirtschaftlichen Wohlstands und der meritokratischen Gesellschaft sowie – zum Kontrast – die sozial-ökologische Perspektive.

3.1 Theoretischer Hintergrund: Ideologie, Narrativ, Rechtfertigung

Nach den ideologischen Momenten von Konzepten oder Begriffen wie „Wohlstand" zu fragen, das mag insbesondere im wissenschaftlichen Kontext provokativ wirken. Eine solche Provokation muss aber nicht allein von einer positivistischen Grundhaltung – wie sie in bestimmten akademischen Fachdisziplinen vorherrscht – herrühren. Die Provokation wird sich wohl vor allem an dem Umstand entzünden, dass der Begriff „Ideologie" umgangssprachlich *negativ* besetzt ist. Der Begriff fällt häufig in abwertender Weise für Theorien, Gedanken usw., die als strittig gelten und *nicht* ‚der Wahrheit' oder ‚Realität' entsprechen. Mit der Zuschreibung „Ideologie" wird Missfallen, Unmut und Verachtung zum Ausdruck gebracht. Ideologien gelten demnach als ‚schlecht'. Aus der Perspektive eines positivistischen Wissenschaftsideals basieren Ideologien auf falschen Tatsachenbehauptungen, sie folgen bestimmten Interessen, sollen die Wahrnehmung und Bewertung von bestimmten Umständen manipulieren, gelten daher als unerwünscht und sind damit auch abzulehnen. Im Sinne dieses negativ besetzten Begriffsverständnisses wird auch gerne das Bonmot von Terry Eagleton (2000: 8) bemüht, Ideologie sei „wie Mundgeruch immer das, was die anderen haben".

Nun könnte an dieser Stelle eine tiefgreifende Erörterung über Ideologie ansetzen, allgemein bezogen auf den Begriff selbst, wie es sich etwa beim eben erwähnten Eagleton (2000) oder bei Tepe (2012) finden lässt, oder disziplinspezifisch bezogen etwa auf das Verhältnis von Ökonomik und Ideologie (z. B. Matiaske & Nienhüser 2021). Das zu tun, das würde aber nicht nur den Rahmen des hier angestrebten Vorhabens sprengen, sondern es liefe auch Gefahr, erheblich davon abzudriften. Für den Zweck, sich kritisch mit dem normativen Charakter der verschiedenen Verständnisse von Wohlstand auseinanderzusetzen, soll es deshalb genügen, *zunächst* ganz bewusst ein breites und vielleicht unverfänglich wirkendes *analytisches Verständnis* von „Ideologie" zu Grunde zu legen, wie es der französische Ökonom Thomas Piketty (2022) in *Kapital und Ideologie* vorschlägt: Piketty möchte dort „einen positiven und konstruktiven Ideologiebegriff verwenden, der Ideologie als Gefüge von Ideen und Diskursen versteht, die auf grundsätzlich plausible Weise beschreiben wollen, wie die Gesellschaft zu organisieren sei" (Piketty 2022: 17). In anderen Worten:

„Ideologien sind mehr oder weniger schlüssige Versuche, Antworten auf eine Reihe von extrem weitgefassten Fragen zu geben, die um die erstrebenswerte oder ideale Organisation von Gesellschaft kreisen." (Piketty 2022: 17)

Piketty (2022: 17) betont, dass Ideologien keine angemessenen und vollständigen Antworten auf diese Fragen geben müssen – und deshalb potenziell Konflikte und Meinungsverschiedenheiten provozieren können: Konflikte und Meinungsverschiedenheiten sind daher in den Ideologien selbst angelegt. Um Missverständnisse zu vermeiden, sei klargestellt, dass das Interesse von Piketty (2022) auf den Ideologien der *Ungleichheit* liegt. Aber das, was er allgemein zu Ideologien schreibt, lässt sich auch auf Ideologien im Kontext von Wohlstand übertragen. Das gilt vor allem für den Aspekt, der weiter unten zu thematisieren ist: die *Rechtfertigung*.

In Anlehnung an Wilhelm Heitmeyer (2008b: 37), der aber in seiner Forschung zur Gruppenbezogenen Menschenfeindlichkeit und zur Ideologie der Ungleichwertigkeit – im Gegensatz zu Piketty – einen deutlich *negativ* besetzten Begriff von „Ideologie" verwendet, lässt sich „Ideologie" auch als „System von Begriffen und damit verbundenen Überzeugungen" verstehen.[22] Aus der Sicht von Heitmeyer (2008b: 37) dienen Ideologien „der Durchsetzung von Machtinteressen bzw. der Konservierung von Hierarchien und sozialer Überlegenheit". Wenn Piketty im Anliegen an ein positiv oder zumindest nicht durchweg negativ geprägtes Verständnis von Ideologie gefolgt wird, so lässt sich die bei Heitmeyer (2008b) beschriebene Konservierung auch analytisch als Ideologie-Funktion verstehen und mit der Funktion der *Stabilisierung gesellschaftlicher Verhältnisse* übersetzen.

In diesem Sinne wäre „Ideologie" verständlicher und wohl auch angemessener mit „Anschauung" oder „Weltanschauung" assoziiert. Damit ist die moralische Bewertung dieser Weltanschauung ausdrücklich offengelassen und der Ideologiebegriff in diesem Sinne ‚normativ entschärft'. Das schließt ausdrücklich nicht aus, konkrete Ideologien moralisch zu bewerten. Ebenso wenig ist ausgeschlossen, die Spezifizierung von Ideologien, ihre Typisierung bzw. Klassifizierung mit einer negativen Bedeutung aufzuladen. Das wäre zum Beispiel der Fall bei der Unterscheidung bestimmter Ideologie-Typen wie die der *Rechtfertigungs-*, *Verschleierungs-* und *Ausdrucksideologien* (Heitmeyer 2008b: 37).

Dem hier skizzierten Verständnis von Ideologie als Weltanschauung, das sich als *System* von Begriffen, Überzeugungen, Ideen und Diskursen darstellt und dem damit eine *gewisse* Eigenlogik und Schlüssigkeit zu eigen ist, das teils aber eben auch blinde Flecken aufweist und Konflikte sowie Meinungsver-

22 Konkret definiert Heitmeyer (2008b: 37) Ideologie als „System von Begriffen und damit verbundenen Überzeugungen, die der Durchsetzung von Machtinteressen bzw. der Konservierung von Hierarchien und sozialer Überlegenheit dienen."

schiedenheiten provozieren mag, soll hier gefolgt werden.[23] Allerdings sind dazu folgende Ergänzungen notwendig.

1. Über Begriffe, Ideen und Diskurse hinaus umfassen Ideologien *als System* auch Aspekte, die in ‚der' Forschung (‚Wissenschaft') üblich sind, d. h. Theorien, Modelle, Annahmen und Vorannahmen, Thesen, die Konstruktion verschiedener Kennziffern und Messkonzepte.
2. Wenn Ideologien Überzeugungen beinhalten, dann umfassen sie damit auch Werte, Werthaltungen, Bewertungen und Urteile, Handlungsmaximen und Rechtfertigungsmuster, die eine normative Handlungsorientierung geben sollen.
3. In Anlehnung an Piketty (2022: 18–19) ließe sich dazu weiter präzisieren, dass Ideologien eine „Theorie der Grenze" beinhalten, also „wer Teil der menschlichen und politischen Gemeinschaft ist […] und wer nicht, auf welchem Gebiet und nach welchen Regeln sie regiert werden will, und wie sich ihre Beziehungen zu anderen Gemeinschaften innerhalb einer umfassenden menschlichen Gemeinschaft […] organisieren lassen".
4. Diese Theorien, Annahmen, Modelle usw. sowie die normativen Momente werden als eine Art *Dogma* behandelt – als etwas, dessen Geltung als (fest-) gesetzt und das als nicht hintergehbar angesehen ist, das nicht (weiter) hinterfragt wird oder nicht hinterfragt sein soll.[24] Das heißt nicht, dass Ideologien nicht auch anpassbar sein können. Aber ein gewisser normativer Kern wird nicht angetastet, allenfalls in einer Weise transformiert, die den Kerninhalt nicht preisgibt.
5. Ideologien haben in diesem Sinne (Punkt 4) etwas von *Paradigmen*. In der Wissenschafts- und Erkenntnistheorie werden damit grundlegende Denkweisen in ‚der' Wissenschaft bezeichnet. Das bezieht sich auf die Akzeptanz von bestimmten Annahmen, Theorien, Modellen und Erklärungsmustern usw. durch die Mehrheit in einer wissenschaftlichen Gemeinschaft (scientific community). Im Detail können Paradigmen – und in diesem Sinne auch: Ideologien – Änderungen bzw. Anpassungen erfahren, ohne aber, dass die Gültigkeit eines Kerns an für sie charakteristischen Annahmen angetastet wird. Damit sind Paradigmen und Ideologien einerseits deckungsgleich, andererseits geht der Begriff „Ideologie" über das erkenntnis- und wissenschaftstheoretische Verständnis von „Paradigma" hinaus, weil Ideologie auch die einem wissenschaftlichen Paradigma vorgelagerten (Meta-) Annahmen (über die Beschaffenheit der Welt usw.) umfasst.

---

23 Mit „gewisse Eigenlogik und Schlüssigkeit" ist auf den bei Piketty (2022: 17) erwähnten Umstand abgestellt, dass Ideologien auch offene Stellen, ‚blinde Flecken' usw. aufweisen können, die das Potenzial von Meinungsverschiedenheiten und Konflikten bergen.

24 Zum Begriff „Dogma" siehe auch Unterabschnitt 4.4.3.

Damit dürften die Zusammenhänge zwischen Forschung, Theorie, Normativität, Ethik und Ideologie etwas deutlicher sein: Ideologien sollen auf ethische Fragen (Was soll ich tun?) und spezifische Problemstellungen *bestimmte* Antworten geben. Die normative Handlungsorientierung einer Ideologie weist in eine *bestimmte* Richtung – sie liegt innerhalb einer bestimmten Werteordnung und wird auf eine bestimmte Art und Weise hergestellt. Die ethische Rechtfertigung jener Werte und Werturteile, die in Ideologien als normative Basisreferenzpunkte fungieren, werden als bereits vorgedacht, vorweggenommen bzw. vorausgesetzt behandelt.

Wie eben bereits angedeutet, wirken Ideologien auch auf Forschungsprozesse: Sie prägen die Urteile, Annahmen bzw. Postulate usw., die den Forschungsprozessen vorgelagert sind und die wiederum die mit der Forschung im Zusammenhang stehenden Gegenstände, Fragestellungen, Methoden usw. (mit)formen. Damit ist das gemeint, was Biesecker & Kesting (2003: 2) als *preanalytische Vision* bezeichnen: Es geht um das der Forschungsarbeit vorgelagerte *Vor-Verständnis* und die damit verbundenen „vor-analytische[n] Annahmen" sowie – das wäre hier zu ergänzen – Urteile und Bewertungen. Diese *Theoriebeladenheit* von ‚Wissenschaft' bzw. Forschung darf in den akademischen Disziplinen als Allgemeinplatz gelten (siehe z. B. Carrier 2019 und Rheinberger 2018). Allerdings kann dieser Allgemeinplatz schnell ins Hintertreffen geraten, wenn Forschende die Flucht ins positivistische Engagement antreten: Das heißt, wenn sie den Anspruch auf wissenschaftliche *Autorität* und Deutungshoheit erheben und dazu einen *Eifer* an den Tag legen, der auf der felsenfesten Vorstellung von ‚objektiven', ‚wertneutralen' bzw. ‚wertfreien' und politisch nicht korrumpierbaren Fakten und Wahrheiten beruht.

Narrative, so lässt sich nun im Anschluss an die Überlegungen zur Ideologie salopp formulieren, sind *Ideologien mit Schmückwerk*. Es sind unterhaltsam verpackte Ideologien oder die feschen Vehikel für Ideologien. Als Narrative werden sinnstiftende und in sich schlüssige/nachvollziehbare (kohärente) Erzählmuster bezeichnet, die Normen, Emotionen und Werte vermitteln und auf diese Weise die Wahrnehmung und Beurteilung der Welt prägen (siehe Thieme 2024c: 302–303).[25] Narrative sind als „Geschichten modellierte Konzepte" (Wagner-Egelhaaf, Basu & Quast 2020: 8) – es handelt sich um festgefügte, zeitlich gerichtete und *wertebesetzte* (axiologische) *Erzählmuster*, die über den zwischenmenschlichen Austausch (Diskurse) transportiert werden (Wagner-Egelhaaf, Basu & Quast 2020: 8). Laut Ächtler (2014: 248) zeichnen sich Narrative dadurch aus, dass sie als Erzählmuster ausreichend nachvollziehbar sind, um nacherzählt werden zu können, sie aber gleichzeitig über eine inhaltliche Offenheit verfügen, die es unterschiedlichen Erzählerinnen und Erzählern ermöglicht, sie individuell mit Inhalt auszufüllen.

25 Ähnlich auch die linguistische Bedeutung als *Interpretationsmuster* zur Wahrnehmung, Darstellung und Begrenzung von Zusammenhängen (Ackermann 2024: 89).

Im Grunde liegt es nahe, anzunehmen, dass Narrative einen für sie charakteristischen – ideologischen – Kerninhalt besitzen müssen, damit sie identifizierbar bleiben, um diesen Kern herum aber Anpassungen stattfinden können. So könnte sich beispielsweise die Ideologie einer meritokratischen Leistungsgesellschaft, in der die soziale „Stellung einer Person allein von ihrer individuellen Leistung ab[hängt]" (Krämer 2018b), in sozialen Aufstiegsnarrativen niederschlagen wie die bekannte Geschichte „vom Tellerwäscher zum Millionär" oder das Motto, das jeder des eigenen Glückes Schmied sei.

Um Missverständnissen vorzubeugen, sei darauf hingewiesen, dass wenn bisher von „Annahmen" die Rede war, damit häufig eigentlich *Postulate* mitsamt ihrer Ambivalenz (Mehrdeutigkeit) gemeint sind. Die Ambivalenz bezieht sich hier darauf, dass Postulate üblicherweise auch im Forschungskontext auftreten und zwar in der laut Duden philosophischen Bedeutung. Das heißt, Postulate sind zu verstehen „als Ausgangspunkt, als notwendige, unentbehrliche Voraussetzung einer Theorie, eines Gedankenganges dienende Annahme, These, die nicht bewiesen oder nicht beweisbar ist" (Duden online 2024a). Es handelt sich um nicht bewiesene oder beweisbare Annahmen, die aber für notwendig erachtet werden, um einen Sachverhalt bzw. Tatsachen zu erklären. Ein Postulat kann aber auch eine (Auf-) Forderung sein: Es soll etwas getan werden, das „von einem bestimmten Standpunkt aus oder aufgrund bestimmter Umstände erforderlich, unabdingbar erscheint" (Duden online 2024a). In einer normativ schärferen Form lässt sich Postulat auch mit „Gebot" übersetzen, „in dem von jemandem ein bestimmtes Handeln, Verhalten verlangt, gefordert wird" (Duden online 2024a). Insofern verwundert es nicht, wenn Duden online (2024a) „Behauptung", „Forderung", „Gebot" und „Imperativ" als Synonyme zu *Postulat* ausweist. Darin zeigt sich der hier mehrmals betonte Sachverhalt, dass auch Forschung und Theoriearbeit nicht in der Weise ‚neutral' und ‚objektiv' sein müssen, wie es Fachleute aus der Forschung bisweilen behaupten. Das gilt im Besonderen, wenn beim Postulat die Grenze zwischen einer notwendigen Annahme und einer Forderung (Gebot) verschwimmt. Das ist zum Beispiel bei der Annahme der ökonomischen Rationalität (inklusive Nutzenmaximierung) der Fall. Darauf weist der Wirtschaftsethiker Peter Ulrich hin, wenn er schreibt, dass

> „die (markt-)wirtschaftliche Sachlogik, die wirkungsmächtige ökonomische Rationalität, implizit oder explizit selbst immer schon einen normativen Geltungsanspruch erhebt, mit dem die ethische Vernunft unweigerlich in Konflikt gerät. Jedes Konzept von Rationalität hat normative Bedeutung: es besagt ja, wie vernünftigerweise gehandelt werden *soll.*" (Ulrich 2008: 101)

Insofern kann *ökonomische Rationalität* beides sein, postulierte Annahme innerhalb einer ökonomischen Theorie und postuliertes Gebot. Es ist auch nicht auszuschließen, dass Postulate eine narrative Form annehmen. Das heißt, dass ein Narrativ in einem Postulat besteht oder ein Postulat in einer Form kommuniziert wird, das bestimmte Erzählungen (auch in Form von Bildern) aufruft:

Damit ist gemeint, wenn z. B. im *Wohlstand für alle* (Erhard 1964) „Wettbewerb als soziales Gebot" oder „Konsum als marktwirtschaftliche Bürgerpflicht" gefordert und „Wachstum als Grundlage für den Sozialstaat und Wohlstand" behauptet wird. Mit diesen Postulaten geht im *Wohlstand für alle* die Erzählung einher, dass es ohne Wettbewerb (Markt), Wachstum und ohne individuelle Leistungsbereitschaft keinen Sozialstaat geben kann. Wachstum ist dann zu verstehen als Postulat im Sinne einer *notwendigen* Bedingung für z. B. Wohlstand und Sozialstaat, die gesetzt wird; aber gleichzeitig wird dieses Postulat auch als wirtschaftspolitisches Gebot bzw. als Imperativ verstanden.

Im Zusammenhang mit Ideologien ist nun ein weiterer Punkt zur Kenntnis zu nehmen, der bereits mehrmals anklang und den Piketty programmatisch im ersten Satz der Einleitung eines Werks *Kapital und Ideologie* auftreten lässt:

> „Jede menschliche Gesellschaft muss ihre Ungleichheit *rechtfertigen*." (Piketty 2022: 13; Herv.d.Verf.)[26]

Mit Bezug auf die Ungleichheit würden in jedem Zeitalter Ideologien entstehen, um die „Ungleichheit in der Gestalt, in der es sie gibt oder geben sollte, zu legitimieren" (Piketty 2022: 13). Piketty spricht in diesem Zusammenhang auch von *Ungleichheitsregimen*, wobei er an *politische Regime* denkt und der Begriff „Regime" bei ihm weder spezifisch einer bestimmten historischen Person oder Partei zugeordnet ist noch als grundsätzlich negativ besetzt verstanden wird. Piketty sieht im politischen Regime „die Gemeinsamkeit der Regeln, die eine Gesellschaft definieren und ihr Hoheitsgebiet abstecken, die Mechanismen kollektiver Beschlussfassung und die politischen Rechte ihrer Mitglieder" (Piketty 2022: 17). Andere würden dazu (Regime) wohl eher von politischen Stilen, Ordnungen oder Systemen sprechen. Jedenfalls zeichnen sich solche Regime „durch ein Zusammenspiel von Diskursen und institutionellen Einrichtungen aus, die der Rechtfertigung und Organisation wirtschaftlicher, sozialer und politischer Ungleichheit in den jeweiligen Gesellschaften dienen" (Piketty 2022: 15). In Anlehnung an das Verständnis von Ideologie bei Piketty (2022: 17–18) lässt sich verallgemeinernd ergänzen, dass Ideologien nicht nur Antworten auf bestimmte Fragen und Probleme geben und bestimmte gesellschaftliche und wirtschaftliche Ordnungsprinzipien bereithalten sollen, sondern auch die *Rechtfertigung* dieser Antworten. Ein wesentliches Moment von Ideologien – und gleichsam von Narrativen – besteht also darin, dass sie normative Bezugspunkte für Rechtfertigungen beinhalten. Das gilt, wie weiter

---

26 Die Rechtfertigung wird auch in der französischen Konventionenökonomie (économie des conventions) behandelt, prominent etwa von Boltanski & Thévenot (2014). Es ist nicht ausgeschlossen, dass Piketty dies auch kennt. Allerdings kann das an dieser Stelle weder vertieft werden, noch ist hier beabsichtigt, die Rechtfertigung im konventionenökonomischen Sinne zu fundieren. Die nachfolgenden Überlegungen knüpfen am üblichen Sprachgebrauch an, in dem „Rechtfertigung" dafür steht, eine Behauptung oder die Einschätzung einer Person oder eines Sachverhalts vor allem im moralischen Sinne (gut, schlecht, vertretbar, zumutbar usw.) zu *begründen*. Zur Vertiefung der Rechtfertigung siehe auch Unterabschnitt 4.4.3.

oben angedeutet, auch für die Fragen des Wohlstands: Ideologien liefern den *normativen Referenzrahmen* für das Verständnis von und den Umgang mit Wohlstand.

An dieser Stelle lässt sich bereits eine Schwierigkeit erkennen, die mit Narrativen und Ideologien einhergeht: Ideologien und Narrative können ethische Rechtfertigungen *vorwegnehmen* bzw. diese *ersetzen*. Die ethische Reflexion ist damit abgekürzt, gekappt oder umgangen. Denn eine Handlung, ein Wert oder ein Urteil wird als ‚ethisch gut', ‚vernünftig', ‚zumutbar' o. Ä. (voraus-) *gesetzt*. Damit steht der Anschein im Raum, dass dies nicht mehr gerechtfertigt – und debattiert – werden müsse.

Ein typisches Beispiel bietet die ökonomische Lehrbuchpraxis, mit der Markt und Wettbewerb als ‚natürliche' Prozesse angenommen bzw. als ‚natürlich' vorausgesetzt werden, ohne sie kritisch zur Disposition zu stellen. Auf diese Weise ist ein Deutungs- und Beurteilungsrahmen – ein *frame* (Knobloch 2024) – gesetzt, der die Organisation von Wirtschaft und Gesellschaft durch Markt und Wettbewerb als ‚natürlich' ‚gut', ‚vernünftig', ‚wünschenswert' usw. erscheinen lässt. Wohlstand wird dann als ‚marktwirtschaftlicher' Wohlstand verstanden, der *primär* auf Basis der Orientierung an den Prinzipien ‚Markt' und ‚Wettbewerb' entsteht und der als solcher auch nicht hinterfragt wird oder zu hinterfragen ist (zum Marktzentrismus bzw. zur Marktideologie siehe nachfolgend Abschnitt 3.3). Daraus können sich Konflikte ergeben, wenn dem gegenüber ein Verständnis von Wohlstand steht, dass z. B. dem Gemeinwesen (‚dem Staat') zubilligt, Wohlstand *direkt* produzieren zu können, und/oder davon ausgeht, das Gemeinwesen würde die unabdingbaren Voraussetzungen für Wohlstand bereitstellen (so wie z. B. in der sozial-ökologischen Perspektive von Biesecker & Kesting 2003: 451). Das lässt die Bedeutung greifbar werden, die der Normativität – vermittelt über Rechtfertigung, Ideologie und Narrative – für das Verständnis von Wohlstand und den Austausch über Wohlstand zukommt. Gleichzeitig liefert dies eine Illustration des Konfliktpotenzials, das in den normativen Momenten (Grundlagen) der Vorstellungen über Wohlstand begründet liegen kann.

Ideologien können auf verschiedene Weise miteinander verbunden sein, das heißt eine *Struktur* ausbilden: aufeinander aufbauen, sich ergänzen oder sich anderweitig aufeinander beziehen. Das gilt auch für Narrative und Rechtfertigungen, wobei dann auch verschiedene Narrative mit einer oder mehreren Ideologien und Rechtfertigungen verbunden sein können. Als exemplarisches Beispiel für diese vielschichtige Verwobenheit sei die Ludwig Erhard zugeschriebene Mahnschrift *Wohlstand für alle* (Erhard 1964) angeführt: Dort verband sich z. B.

- ein *Wachstumsparadigma* (Wachstumsideologie), d. h. wirtschaftliches Wachstum als anzustrebendes ‚gutes' (‚vernünftiges') Ziel der Politik,

- mit teils rechtfertigenden Narrativen wie „Durchbruch nach vorn“ (lang andauerndes Wachstum der Nachkriegswirtschaft in der BRD) und „Wohlstand nur durch Wachstum“ sowie
- mit einer *Markt- und Wettbewerbsideologie*, die u. a. in einem Narrativ „Wohlstand durch Wettbewerb, Wettbewerb als soziales Gebot“ zum Ausdruck kam (siehe Thieme 2024c: 146–148).

Bereits dieses Beispiel aus *Wohlstand für alle* (Erhard 1964) zeigt, dass den Begriffen „Ideologie“ und „Narrativ“ für sich – aus analytischer Sicht – zwar eine spezifische Bedeutung zukommt, diese aber in der Praxis häufig ineinander übergehen. Die Begriffe finden dann eine sinngleiche Verwendung. Das mag irritieren. Aber die hier vorgelagerten Ausführungen zu diesen Begriffen sollten deutlich gemacht haben, dass dies dem engen Zusammenhang beider Begriffe geschuldet ist: Narrative transportieren bestimmte Ideologien, die praktisch auch den charakteristischen Kern dieser Narrative darstellen und kraft derer sich die entsprechenden Narrative identifizieren lassen. Gleichsam können unterschiedliche Narrative und Ideologien aufeinander verweisen, zum Beispiel in einem Rechtfertigungskontext (zu denken wäre an ‚Wohlstand für alle‘ als Rechtfertigung für das wirtschaftspolitische Ziel wirtschaftlichen Wachstums). Deshalb wird es nicht verwundern, wenn sich „Ideologie“ und „Narrativ“ in der Praxis nicht immer oder nur schwer auseinanderhalten lassen und sie eine synonyme Verwendung erfahren. Beiden Begriffen ist ein normativer Charakter gemein, der hier im Zentrum des Interesses stehen soll und im Kontext verschiedener Vorstellungen über Wohlstand thematisiert wird.

Während in den bisherigen Ausführungen „Ideologien“ und „Narrative“ vor allem als *abstrakte* analytische Begriffe im Zentrum standen, ist nachfolgend zu fragen, was es konkret heißt, wenn davon gesprochen wird, dass das Verständnis von Wohlstand in Ideologien und Narrative eingebettet oder davon begleitet ist. Was bedeutet es, in diesem Kontext von normativen Momenten zu sprechen? Mit Nachdruck sei betont, dass dabei keine Präsentation exakter Fallstudien beabsichtigt ist! Vielmehr geht es darum, eine Vorstellung zu vermitteln davon, was die normativen Momente, Ideologien und Narrative im Kontext von Wohlstand sein können und wie diese dann in Erscheinung treten. Ziel ist die *Sensibilisierung* für die Bedeutung normativer Aspekte und die damit einhergehenden Fragen, die sich in der Wohlstandsthematik mit Narrativen und Ideologien verbinden. Aus den mehrmals genannten Gründen (Selbstbild der modernen Ökonomik, Positivismus usw.) scheint dem bislang nicht viel Aufmerksamkeit geschenkt worden zu sein. Wie die normativen Momente, Ideologien und Narrative jeweils zusammenwirken, an welcher Stelle sie in einem Argumentations- und Rechtfertigungssystem auftauchen und mit welcher Funktion, das kann unterschiedlich sein. Dazu ist noch einmal daran zu erinnern, dass sich eine – jeweils spezifische – *normative Struktur* ausbilden kann, in der verschiedene Annahmen, Theorien, Argumente usw. aufeinander verweisen können.[27] Auch dazu ist zum Nachfolgenden einzugrenzen und klarzustellen, dass es hier nicht darum geht, eine ausgetüftelte, exakte Klassifizierung bzw. Taxonomie von Sub- und Kernideologien, originären und davon abgeleiteten (derivativen) Narrativen zu entwickeln. Das muss anderen Forschungsarbeiten vorbehalten bleiben. Die Ausführungen hier sind stattdessen von dem Anliegen getragen, die Aufmerksamkeit dafür zu wecken, dass Ideologien und Narrative in unterschiedlicher Weise in einer normativen Struktur auftauchen. Wer das im Hinterkopf behält, wird dann weniger irritiert sein, wenn Ideologien

- als zentrales Ziel fungieren (z. B. wirtschaftliches Wachstum),
- als Rechtfertigung (z. B. Wachstum, um den Sozialstaat zu ermöglichen) oder
- als ein instrumentelles Ergebnis anderer Ziele (z. B. wenn argumentiert wird, dass Markt und Wettbewerb für wirtschaftliches Wachstum sorgen).[28]

Die Lesenden sollten sich deshalb nicht davon verwirren lassen, wenn nachfolgend verschiedene normative Momente – Ideologien, Narrative, Behauptungen usw. – in unterschiedlichen Kombinationen auftauchen und sie für die übergeordnete Argumentation (bzw. Erzählung) mal wichtiger, mal weniger wichtig erscheinen.

3.2 Wachstumsideologien und -narrative

Wer die Debatten zum Wohlstand verfolgt, kann unter dem Eindruck stehen, dass Wohlstand häufig zentral mit wirtschaftlichem Wachstum in Verbindung gebracht oder wirtschaftliches Wachstum als besonders wichtige Voraussetzung für Wohlstand ausgewiesen wird. Exemplarisch für andere lässt sich dazu der deutsche Ökonom und ehemalige ‚Wirtschaftsweise' Bert Rürup anführen, der im Februar 2024 auf das geringe Wirtschaftswachstum in Deutschland hinwies und wie folgt argumentierte:

> „Ohne Wachstum in Form von persönlichen Wohlstandszuwächsen fehlt der Kitt, der die deutsche Gesellschaft bislang zusammenhielt. Unsere soziale [sic!] Marktwirtschaft kann ihr implizites Versprechen eines stetigen Wohlstandszuwachses für alle in Form steigender Löhne oder Sozialleistungen nicht mehr einhalten." (Rürup 2024)

27 Zur *normativen Struktur* bzw. zur *Struktur der Normativität* siehe auch die kurzen Anmerkungen in der Einleitung („Erste Annäherung: Wohlstand und Ethik").

28 Diese Ziele können sich auch einfach mit anderen Zielen überlagern. Das wäre zum Beispiel beim wirtschaftlichen Wachstum der Fall, von dem gleichzeitig davon ausgegangen wird, dass es für Wohlstand sorgt.

Die Aussicht auf zukünftiges Wirtschaftswachstum schätzte Rürup als bescheiden ein und leitete daraus ab, dass „[d]er gesamtwirtschaftliche Verteilungsspielraum [..] auf Jahre gering bleiben" wird (Rürup 2024). Rürup hob nicht alleine auf das Wachstum ‚der Wirtschaft' ab, sondern auch auf das Wachstum individuellen Wohlstands.

Ein Beispiel aus der Politik findet sich beim deutschen Bundesministerium für Bildung und Forschung, aus dem zum Bundesbericht Forschung und Innovation 2024 zu vernehmen war, dass „die Investitionen in Forschung und Innovation [...] zentral [sind] für Wachstum und Wohlstand" (Bundesministerium für Bildung und Forschung 2024). Auch dort wurden Wirtschaftswachstum und Wohlstand in einem Atemzug genannt.

Die ökonomischen Fachdebatten fallen bisweilen differenzierter aus, auch wenn Titel wie „Wachstum und Wohlstand in Deutschland" zunächst einen etwas anderen Eindruck erwecken mögen: Unter diesem Thema diskutierten im Jahr 2023 verschiedene Fachleute der Ökonomik im *Wirtschaftsdienst*, der (Fach-) Zeitschrift für Wirtschaftspolitik. Dor gab es Beiträge, die sich z. B. kritisch mit dem BIP auseinandersetzten und für breiter angelegte Konzepte zur Messung von Wohlstand eintraten (Dirksen & Miranda 2023); oder die für eine Politik plädierten, die auf *Wachstumsunabhängigkeit* gerichtet ist (Kurz 2023). Gleichzeitig war den anderen Beiträgen eine gewisse Ambivalenz zu eigen. Diese trat in Erscheinung, wenn etwa Holtemöller (2023) betonte, dass das Ziel des Wirtschaftens nicht in der Maximierung der Produktion läge, sondern in der Befriedigung der Bedürfnisse, er dann gleichzeitig aber den Fokus wieder auf langfristiges Wirtschaftswachstum legte (z. B. Holtemöller 2023); oder wenn Petersen (2023) zwar differenziert auf verschiedene Szenarien zur Erreichung der Klimaneutralität in Deutschland einging, die neben klimaneutralem Wachstum auch die Reduktion des Wachstums des realen BIPs umfassten, er aber deutlich darauf abstellte, die Reduktion des realen BIPs zu vermeiden. Im eben erwähnten letzten Fall wurde bemerkenswerterweise nicht noch einmal explizit der Begriff „Wohlstand" erwähnt, so dass der Eindruck im Raum stand, wirtschaftliches Wachstum und BIP-Wachstum könnten mit Wohlstand gleichgesetzt werden.[29]

Eine Ambivalenz zeigt häufig auch die Darstellung in den ökonomischen Lehrbüchern (siehe dazu – und nachfolgend – Thieme 2024c: 269). Theoretisch, so lässt sich argumentieren, findet ökonomisches Wachstum im Gleichgewicht der neoklassischen Marktmodelle eine *Grenze*: Hat sich das Gleichge-

29 Dieser Eindruck mag quer zur eigentlichen Intention des Autors (Petersen 2023: 444) liegen, der darauf hinwies, dass sich durch die Verdopplung der Lebensdauer von Waschmaschinen das BIP reduziere, ohne dass die Lebensqualität der Menschen beeinträchtigt wäre; im letzten Absatz seines Beitrags gab Petersen (2023: 444) aber sehr deutlich zu bedenken, dass eine solche Strategie der BIP-Reduzierung „eine Reihe von gesellschaftlichen Problemen nach sich ziehen" würde (steigende Erwerbslosigkeit, wachsende Verteilungskonflikte), weshalb er die Strategie einer bewussten Reduzierung des BIP-Wachstums vermeiden wolle. Der Begriff „Wohlstand" tauchte dort nicht noch einmal auf, bildete aber den Kontext.

wicht aus Angebot und Nachfrage eingestellt, dann sind alle Ressourcen optimal verteilt, der Nutzen der Individuen und der Gewinn der Unternehmen sind maximiert. Gleichsam gilt dort auch der gesellschaftliche Wohlstand als maximiert, es wächst dann nichts mehr. Dabei wird den ökonomischen Akteuren ein Rationalverhalten unterstellt, das den eigenen Nutzen – oder auf der Seite der Unternehmen: den Gewinn/Profit – zu maximieren versucht. Das heißt, dass die wirtschaftlichen Akteure *ständig* nach einer ökonomischen Verbesserung ihrer Situation suchen. So weisen es etwa Krugman & Wells (2017: 6) als *ökonomisches Prinzip* (vier) aus, dass Menschen üblicherweise danach streben würden, sich wirtschaftlich zu verbessern, und schreiben dazu:

> „Versucht man zu prognostizieren, wie Individuen sich in bestimmten wirtschaftlichen Situationen verhalten, kann man getrost darauf wetten, dass sie Möglichkeiten nutzen werden, bei denen sie sich besser stellen. Darüber hinaus werden die Akteure ihr Verhalten immer weiter fortsetzen, bis die Möglichkeiten vollständig ausgeschöpft sind." (Krugman & Wells 2017: 6)

Ein solch unterstelltes Verhalten steht bereits an sich deutlich für eine Ausrichtung auf *Expansion und Wachstum*. Es hält aber auch noch eine wichtige ethische Schlagseite für das ökonomisch (marktwirtschaftlich) rationale und damit ‚richtige' Verhalten bereit: Denn bei dieser *Nutzenmaximierung* handelt es sich praktisch um einen *Imperativ* (eine Art Verpflichtung bzw. „Befehl"), der selbst im Zustand des marktwirtschaftlichen Gleichgewichts, in dem der Nutzen aller maximiert bzw. optimiert ist, Handlungsmaxime *bleibt*. Das heißt, selbst im Marktgleichgewicht, in dem alles optimal eingestellt und der Wohlstand maximal ist, sind alle Wirtschaftsakteure dazu angehalten, sich *ständig* weiter nach Möglichkeiten der ökonomischen Besserstellung umzusehen. Das Gleichgewicht ist kein Ruhepunkt für die ökonomischen Akteure. Der Wachstumsgedanke – korrekter: Wachstums*zwang* – bleibt durch die rastlos nach Nutzenmaximierung trachtenden (Modell-) Akteure selbst in einem stationären Zustand, in dem nichts mehr wächst, bestehen.

Diese wenigen Ausführungen illustrieren, dass das Verhältnis von Wohlstand und ökonomischem Wachstum heute zwar *in Teilen* differenziert gesehen wird, aber das wirtschaftliche Wachstum nach wie vor ein wichtiger, teils zentraler Bezugspunkt in der Wirtschaftspolitik und der Debatte um Wohlstand bleibt. Deshalb lässt sich von einem *Wachstumsparadigma*, einer *Wachstumsideologie* sprechen:

- Mit „Wachstumsparadigma" ist hier eine Haltung gemeint, die wirtschaftliches Wachstum als ein wünschenswertes und primär anzustrebendes Ziel menschlichen Handelns, einschließlich politischer und wirtschaftlicher Aktivitäten, ansieht und diesem wirtschaftlichen Wachstum viele andere Ziele, Ansprüche usw. *unterordnet*.
- Wirtschaftswissenschaftliches Wachstum lässt sich als Handlungsmaxime – als handlungsleitender Imperativ – verstehen.

Eine solche Wachstumsideologie muss nicht immer explizit – als Forderung – ausformuliert sein, sondern kann auch darin zum Ausdruck kommen, dass wirtschaftliches Wachstum in verschiedenen Argumentationen ein zentrales Moment einnimmt. Das ist häufig der Fall, wenn es um die Einkommensverteilung in der Gesellschaft, die Gesundheitsversorgung oder den Umweltschutz geht: In solchen Debatten führen die Argumente in aller Regel zum wirtschaftlichen Wachstum, von dem dann im Wesentlichen die Einschätzung über politische Maßnahmen abhängig gemacht wird. Zugespitzt formuliert ist es dann ‚schlecht', wenn

- Umverteilungsmaßnahmen (durch Steuern),
- die Verpflichtung von Unternehmen auf Einhaltung von Menschenrechten entlang ihrer Wertschöpfungskette oder
- Umweltschutz

das wirtschaftliche Wachstum beeinträchtigen können, weshalb dies dann abzulehnen sei. ‚Gut' und hingegen zu befürworten wäre es aus dieser Sicht, wenn die politischen Maßnahmen ‚marktkonform' gestaltet sind und das Wirtschaftswachstum nicht beeinträchtigen, es vielleicht sogar stimulieren. Es geht hier also um den zentralen und/oder primären *Stellenwert*, der dem Wachstum in der politischen und ökonomischen Argumentation eingeräumt wird.

3.2.1 Zum Wachstumsparadigma im ökonomischen Denken

Vor diesem Hintergrund lässt sich nun fragen, warum Wohlstand vor allem im ökonomischen Denken immer wieder und stark mit einem Wachstumsparadigma in Verbindung steht. Das lässt sich hier nicht vollumfänglich beantworten. Aber zumindest ein Stück weit kann die Frage erhellt werden durch einen Blick auf soziokulturelle und methodologische Aspekte im ökonomischen Denken, die die Favorisierung eines Wachstumsparadigmas in ‚der' Ökonomik begünstigen – bzw. das Freimachen von einer Wachstumsideologie erschweren.

Erstens zeigt die Beschäftigung mit Wohlstand in der Geschichte des ökonomischen Denkens, dass dieser eben sehr häufig mit der Idee wirtschaftlichen Wachstums verbunden war (siehe ausführlich Thieme 2024c):

- So ging es den *Merkantilisten* (etwa 1450 bis 1750) um das Horten von Gold und die Mehrung der königlichen bzw. fürstlichen Schatzkammer,
- *Adam Smiths* „Wohlstand der Nationen" war von einem optimistischen Glauben an wirtschaftliche Prosperität und einen wachsenden Güterwohlstand getragen,
- auch den *pessimistischen Klassikern* (David Ricardo und Robert Malthus) scheint das wirtschaftliche Wachstum – bzw. der Mangel, dieses zu realisieren – als Referenzpunkt gegolten zu haben und

- besonders deutlich stand der *Wohlstand für alle* von Ludwig Erhard unter einem *Wachstumsparadigma*.

Das Wachstumsparadigma scheint sich damit als ein *traditionelles* Element des wirtschaftstheoretischen Denkens zu zeigen. Wirtschaft und Wohlstand im Verbund mit ökonomischem Wachstum zu sehen, das mag Teil einer historisch gewachsenen *akademischen Sozialisation* im Fach ‚Ökonomik' sein, die das Wahrnehmen, Denken und Verständnis von Gesellschaft, Wirtschaft und Ökonomik prägt – eine Sozialisation, die sich nicht so einfach abschütteln lässt. Die akademische Sozialisation – die Fachkultur – kann den Blick auf ökonomisches Wachstum einschärfen und zumindest mit Unverständnis auf davon abweichende Perspektiven blicken lassen.

Zweitens überlagert sich der traditionelle Charakter der Wachstumsideologie in ‚der' Ökonomik mit einem *Emanzipationsprozess* dieser Fachdisziplin, der diese auf Abstand zur Beschäftigung mit ethischen Fragestellungen gehen ließ. Gemeint ist damit, dass beginnend mit der griechischen Antike lange Zeit – teils bis in die Industrialisierung(18. Jhd.) hinein – ein normativ-ethisches *Verständnis von Wirtschaft* (in Europa) existierte, das maßgeblich von der Willkür der feudalistischen und geistlichen Herrschaftselite abhing und von dem sich die Fachleute ‚der' Ökonomik zu emanzipieren versuchten (siehe dazu und nachfolgend ausführlich Thieme 2024c: 161-164, 263). Die aufkommenden Naturwissenschaften boten dazu einen willkommenen Hebel, wurde doch angenommen, dass mit Hilfe ihres methodologischen Vorgehens unverrückbare Naturgesetzmäßigkeiten aufgezeigt werden konnten. Die Fachleute ‚der' Ökonomik standen dementsprechend – spätestens seit dem britischen Ökonomen David Ricardo (1772–1823) – zunehmend und immer wieder im Versuch, moralische Aspekte des Wirtschaftens aus der ökonomischen Betrachtung herauszuhalten und ‚Ökonomik' als eine ‚exakte' Wissenschaft zu etablieren, die sich nur an den messbaren Fakten und der analytischen Methode zu orientieren hatte.[30] Ethische Aspekte galten in diesem Sinne als ‚nicht objektiv', sondern wurden – und werden – als subjektiv, willkürlich, beliebig und interpretationsbedürftig angesehen, weshalb sie in einer ‚exakten' Wissenschaft nichts zu suchen hätten. Die Beschäftigung mit ethischen Fragen hat aus dieser Perspektive nichts mit Wissenschaft zu tun.[31] Der springende Punkt ist nun, dass Fragen des Wohlstands auch *Verteilungsfragen* sind, die sich um die

30 Mit „analytischer Methode" ist das folgende, an den Naturwissenschaften orientierte Herangehen gemeint: „[D]er Gegenstand der Untersuchung wird, soweit möglich, in seine Bestandteile zerlegt. Betrachtet werden [...] nun die Beziehungen, die zwischen den einzelnen Elementen existieren. Das Ziel der Analyse besteht darin, Gesetzmäßigkeiten aufzudecken, die zwischen den einzelnen Elementen bestehen (systemtheoretischer Ansatz)" (Engelkamp, Sell & Sauer 2020: 3).

31 In ‚der' Ökonomik gab es dazu aber immer wieder auch kritische Gegenstimmen. Siehe z. B. im Wohlstandskontext die Hinweise des britischen Ökonomen Ian Malcolm David Little (1918–2012): Wohlfahrtsökonomik lasse sich nicht getrennt von Ethik betrachten, weil Wohlfahrtsbegrifflichkeiten wertende – normative – Begriffe sind (Little 1950: 81–82).

Verteilung von Ressourcen und/oder der Marktergebnisse drehen. Nur lassen sich diese ethischen Fragen aus der Perspektive einer positivistischen Ökonomik nicht thematisieren, bearbeiten und beantworten, weil solch eine Beschäftigung mit ethischen Fragen in ‚der Wissenschaft' Ökonomik nichts zu suchen habe. Die einzige Möglichkeit, Verteilungskonflikte zu lösen und eine (materiell) ‚bessere' individuelle Wohlstandssituation zu bewirken, besteht dann für Fachleute einer solchen positivistischen Ökonomik in einer Melange aus a) wirtschaftlichem Wachstum und b) der *Annahme*, dass dieses Wachstum letztlich allen zugutekäme. Letzteres ist als „Trickle-Down-These" (auch: Pferde-und-Spatzen-Theorie) bekannt und besagt, dass es nur den Reichen gut zu gehen bräuchte, da von ihrem Wohlergehen auch etwas in die niedrigeren Etagen der Gesellschaft durchsickern würde. Dieses Narrativ steht zwar selbst innerhalb ‚der' Ökonomik in der Kritik (siehe z. B. Stiglitz 2012 und Kaufmann 26.05.20208), doch gleichzeitig liegt dessen Attraktivität für positivistisch ausgerichtete Fachleute ‚der' Ökonomik auf der Hand: Um Verteilungskonflikte zu schlichten und ‚mehr Wohlstand' zu bewirken, muss keine ethische Analyse durchgeführt werden, es reicht, wirtschaftliches Wachstum (vor allem gemessen am BIP) anzuvisieren – allen würde es besser gehen und die Diskrepanzen in der Verteilung würden sich einfach auswachsen. Wer als positivistisch eingestellter Fachmensch für Ökonomik ethischen Fragen der Verteilung aus dem Weg gehen möchte, *muss* also zwangsläufig auf ökonomisches Wachstum setzen, um Verteilungskonflikte zu lösen. Im Grunde ist der Fokus auf ökonomisches Wachstum damit auch methodologisch bedingt, weil die Methodologie einer positivistischen Ökonomik nur schwer andere Möglichkeiten zum Umgang mit sozialen Fragen – insbesondere Verteilungskonflikten – zulässt.

Dazu lässt sich mit Oliver Schlaudt (2018: 80) ergänzen, dass das Wirtschaftswachstum (als BIP-Wachstum) aus Sicht der modernen Ökonomik eine wunderbare Möglichkeit für eine *Paretoverbesserung* bietet: Das BIP-Wachstum sorgt dafür, dass sich die ökonomische Situation der Menschen allgemein verbessert, zumindest aber die ökonomische Situation aller Menschen nicht verschlechtert wird. Im Grunde bräuchte es also noch nicht einmal die Trickle-Down-These, um den wirtschaftspolitischen Fokus auf das BIP-Wachstum wirtschaftstheoretisch zu rechtfertigen. Denn als positives Bewertungskriterium reicht es aus, die materielle Situation von Menschen verbessert zu haben, ohne die Situation des Rests der Menschen zu verschlechtern. Fachleute der modernen Ökonomik können auch aus diesem Grunde der Meinung sein, sich nicht selbst mit ethischen Verteilungsfragen herumschlagen zu müssen.

Diese Problematik zeigt sich in den eingangs genannten Beispielen, etwa wenn der ehemalige ‚Wirtschaftsweise' Bert Rürup (2024) auf geringere Verteilungsspielräume infolge eines niedrigen BIP-Wachstums hinweist, wobei davon auszugehen ist, dass die konkreten Verteilungsfragen von anderen gelöst werden sollen, das Wachstum hier nur das *Potenzial* für Verbesserungen schafft. Ähnlich liest es sich im Wirtschaftsdienst-Beitrag von Kurz, wo es mit kritischem Unterton heißt: „Ohne Wachstum fehlt ein ‚social mollifier'. Es wird nicht mehr möglich sein, Verteilungskonflikte durch ‚Vergrößerung des Kuchens' zu befrieden" (Kurz 2023: 447).

Wenn es um die methodologisch und theoretisch bedingte Fixierung des ökonomischen Denkens auf das ökonomische Wachstum geht, darf auch nicht der folgende Ergänzungshinweis von Schlaudt (2018: 80) zur *Paretoverbesserung* fehlen: Denn mit der Paretoverbesserung erfolgt auch die Übernahme des Annahmebündels rund um den *homo oeconomicus* (dem ökonomischen Modellmenschen), das u. a. das Axiom ‚Mehr ist besser' umfasst. Damit wird angenommen, „dass es per se wünschenswert ist, immer mehr Güter zu besitzen und zu konsumieren" (Schlaudt 2018: 80).[32] Damit lässt sich präzisieren, dass sich ein Wachstumsmoment im ökonomischen Denken bereits in der Annahme der Nutzenmaximierung findet, was hier vorgelagert bereits am Beispiel ökonomischer Lehrbüchern thematisiert war (siehe Abschnitt 3.2). Wie tief die *Wachstumsideologie* selbst in der kritischen Auseinandersetzung mit dem BIP verankert ist, das thematisiert Schlaudt am Beispiel einer Broschüre vom amerikanischen Think Tank *Dēmos* unter dem Titel „Beyond GDP":

> „Gleich zu Beginn kritisieren die Autoren die dem BIP eingeschriebene Wachstumsfixierung, die durch die fragwürdige Gleichsetzung von Wachstum und Fortschritt – ›mehr ist besser‹ – legitimiert wird. Damit haben die Autoren tatsächlich einen (neoklassischen) Nerv getroffen. Wenn es aber zu der Frage sozialer Gerechtigkeit kommt, bemängeln die Autoren nicht mehr die Wachstumsfixierung, sondern allein die Ausblendung der Verteilungsfrage. Das BIP komme als Wohlstandsmaß nicht infrage, da die Steigerung des BIP nicht zwangsläufig bedeute, dass alle wirklich mehr haben. Und wenn tatsächlich alle mehr hätten? Hier akzeptieren die Autoren offenbar doch wieder die Gleichsetzung von Mehr und Besser, wenn nicht auf makroökonomischer Ebene, so doch für die einzelnen Haushalte." (Schlaudt 2018: 81)

Dieser Hinweis ist für die Debatte um Wohlstand deshalb von Bedeutung, weil mit der durchaus berechtigten Kritik an ‚der' modernen Ökonomik schnell aus dem Blick geraten mag, dass auch a) heterodoxe – kritische – Strömungen in ‚der' Ökonomik, b) der kritische Umgang mit dem BIP und c) selbst die Kritik an der Wachstumsfixierung offenbar unter dem Eindruck einer Wachstumsideologie stehen kann. Hier gilt es die ideologie-kritische Brille zu schärfen und auch die kritische (heterodoxe) Perspektive auf den Umgang mit Wohlstand in den Blick zu nehmen.

---

32 Schlaudt (2018: 80) unterstellt in dieser Passage einen engen Zusammenhang zwischen BIP und Wachstum, den er mit den hier im Text dargelegten Argumenten begründet. Daher sei für ihn die Wachstumsfixierung tief ins BIP eingeschrieben. In der oben zitierten Passage weist Schlaudt (2018: 80) nicht nur auf die Wachstumsfixierung über einen wachsenden Konsum hin, sondern er betont, die ökonomischen Fachleute würden damit annehmen, „dass dieser steigende Konsum gleichsam aus dem Nichts und ohne ökologische Folgen geschaffen werden kann."

3.2.2 Wachstumsideologien und -narrative im Detail

Mit dem *Trickle-Down-Narrativ* wurde bereits angedeutet, wie die *Wachstumsideologie* auftreten und zudem mit verschiedenen anderen normativen Momenten verbunden sein kann. Die wirtschaftsliberale Agitations- und Rechtfertigungsschrift Ludwig Erhards *Wohlstand für alle* liefert eine Reihe an weiteren – geradezu archetypischen – Beispielen dafür, wie ökonomisches Wachstum in einem wertenden Kontext von Wohlstand auftaucht. Dazu eine kursorische Auflistung dieser Narrative bzw. Postulate (siehe ausführlich Thieme 2024c: 146–148).

1. Das *Kuchen-Narrativ:* Nur eine expansive Wirtschaftspolitik lässt den volkswirtschaftlich produzierten „Kuchen" – als Synonym für Produktion bzw. BIP – wachsen und hebt damit auch den Wohlstand aller. Unausgesprochen ist das mit dem *Trickle-Down-Effekt* verbunden, bei dem davon ausgegangen wird, dass der wachsende Wohlstand schon irgendwie allen Bevölkerungsschichten zugutekäme.
2. *Wohlstand durch Wettbewerb:* Einzig der marktwirtschaftliche Wettbewerb (gedanklich mit ‚dem Markt' gleichgesetzt) ermöglicht Wohlstand und eine Steigerung (= Wachstum) von Wohlstand.
3. *Wettbewerb als soziales Gebot*: Wenn Wettbewerb die Voraussetzung für Wachstum und Wohlstand ist, dann ist Wettbewerb auch ein soziales Gebot. Wettbewerbspolitik ist damit auch Sozialpolitik.[33]
4. *Wachstum als Grundlage für den Sozialstaat und Wohlstand:* Nur wirtschaftliches Wachstum ermöglicht ein höheres Sozialprodukt, damit auch höhere Sozialleistungen und Wohlstand.
5. *„Durchbruch nach vorne"*: Damit meinte Erhard, dass die damals andauernden expansiven Wirtschaft der BRD das vermeintlich (natur-) gesetzliche Muster der Konjunkturzyklen (also Aufschwung/Prosperität, Boom/Hochkonjunktur, Abschwung/Rezession und Depression) durchbrach. *Wohlstand sei durch Expansion erreicht worden* und das wäre auch weiterhin möglich. Diese Vorstellung von Wohlstand war also von einem ausgesprochenen *Wachstumsoptimismus* getragen.
6. *Wille zum Verbrauch – Konsum als marktwirtschaftliche Bürgerpflicht*: Die Konsumfreude galt Erhard als notwendige Bedingungen für das wirtschaftliche Wachstum und mithin Wohlstand.

Das im *Wohlstand für alle* ausgebreitete wirtschaftsliberale Ideologiegebäude lässt im Zusammenhang mit Wachstum weitere Erzählungen bzw. Konsequenzen im Raum stehen, die wohlstandsrelevant sind.

33 Tatsächlich wurde im *Wohlstand für alle* für eine freiheitliche Sozialpolitik plädiert, die sich an den Bedingungen des Wettbewerbs zu orientieren sollte.

Dazu gehört das Narrativ vom *wohlfahrtsschädlicher Wohlfahrtsstaat*: Ist Wettbewerb eine Voraussetzung für Wachstum und Wohlstand, dann darf ‚die' Politik und damit auch die Wohlfahrtspolitik nichts tun, was den Wettbewerbsmechanismus beeinträchtigt. Das bezog sich im *Wohlstand für alle* vor allem auf sozialstaatliche Maßnahmen (z. B. Erhard 1964: 245), im Wesentlichen also Lohnersatzzahlungen. Damit verband sich das auch heute noch immer wieder in Anschlag gebrachte Narrativ vom *Sozialstaat als Vollkaskoversicherung* bzw. der Vorwurf einer *Vollkaskomentalität*, wonach Sozialpolitik Gefahr laufe, die Menschen „gegen alle Widrigkeiten des Lebens" (Erhard 1964: 246) absichern zu wollen. Das wiederum würde den Leistungswillen und die Bereitschaft zur Teilnahme am marktwirtschaftlichen Wettbewerb beeinträchtigen. Im Grunde ist das nur eine andere Version klassistischer Narrative wie dem der *sozialen Hängematte*.[34] Vom Narrativ der selbstverschuldeten Armut unterscheidet sich diese Haltung nur dadurch, dass die Ursache für das aus marktwirtschaftlicher Sicht verächtliche Verhalten im *falschen Anreizsetting* durch die Sozialpolitik verortet wird. Das heißt, es sind die Verantwortlichen in der Politik, die durch eine ‚falsche' Sozialpolitik Anreize setzen, sich *nicht* vollständig zur Teilnahme am marktwirtschaftlichen Wettbewerb bereitzuerklären und Leistung zurückzuhalten.[35] Der Sozialstaat, der dem *übermächtigen „Ruf nach kollektiver Sicherheit* im sozialen Bereich" (Erhard 1964: 248) folge, würde von der Eigenverantwortung befreien, weshalb er im *Wohlstand für alle* mit einem „Versorgungsstaat – der moderne Wahn" (so der Titel von Kapitel 12 dort) assoziiert wurde. Für den Sozialstaat als „Versorgungsstaat" gab *Wohlstand für alle* deshalb die despektierliche Losung *„‚Armseligkeit' für alle"* aus. Wie das dort zusammen mit der Wachstumsideologie arrangiert wurde, lässt sich an folgender Passage ablesen:

> „Die Wahrscheinlichkeit, ja fast die Sicherheit spricht [..] dafür, daß sich die Lebensbedingungen der Völker, die die soziale Marktwirtschaft verwirklichen, fortdauernd erweitern und verbessern. Da also mit einem *tendenziell steigenden Einkommen* und einem *immer höheren Lebensstandard* zu rechnen ist, erscheint es gerade auch nach sozialen Gesichtspunkten zumutbar zu sein, das Individuum in menschlicher Verantwortung zu halten, ja, es sogar stärker als bisher in diese Verantwortung zu stellen. Diese Forderung ist um so berechtigter, als der Wohlfahrtsstaat nach allen vorliegenden Erfahrungen alles andere als ‚Wohlfahrt', sondern letztlich *‚Armseligkeit' für alle* bedeuten muß." (Erhard 1964: 252–253)

Mit der Erzählung vom wohlfahrtsschädlichen Wohlfahrtsstaat verbindet sich die Idee *marktkonformen Wohlstands* und der *Grenzen von Wohlstand*. Das Verhalten der einzelnen Wirtschaftsakteure und der Politik ist demnach dem Primat von Wettbewerb und Wachstum unterzuordnen. Das heißt, dass in der Sozialpolitik keine Anreize dafür gesetzt werden sollen, sich nicht am Wettbe-

34 Genau das klingt auch im *Wohlstand für alle* an, wenn dort in dem Zusammenhang vom ruhigen und bequemen Leben die Rede ist (Erhard 1964: 247).

35 Unausgesprochen ist dabei jenen, die einen sozialstaatlichen Anspruch auf Sozialtransfers besitzen, eine rein ökonomisch-rationale Nutzenmaximierung unterstellt.

werb zu beteiligen und keine Leistung zu zeigen. Programmatisch hieß es dazu im *Wohlstand für alle*, „daß jede wirksame soziale Hilfe nur auf der Grundlage eines ausreichenden und wachsenden Sozialproduktes, und das bedeutet eben einer leistungsfähigen Wirtschaft, zu ermöglichen ist“ (Erhard 1964: 246). Und ebenso:

> „Die Sozialpolitik darf der volkswirtschaftlichen Produktivität nicht indirekt Abbruch tun und den Grundprinzipien der marktwirtschaftlichen Ordnung nicht widerstreben wollen“ (Erhard 1964: 247).

Die abhängig Beschäftigten wiederum hätten sich mit ihren Lohnforderungen in gewisser Weise in Zurückhaltung bzw. Mäßigung zu üben und an den *Produktivitätsfortschritten* zu orientieren (Erhard 1964: 212). Das heißt zusammengenommen also, dass

- der individuelle Wohlstand der abhängig Beschäftigten normativ eine Grenze in den Produktivitätsfortschritten finden soll; und
- der Wohlfahrtsstaat dort eine Grenze finden muss, wo er als Versorgungsstaat die Bereitschaft zur Teilnahme am Wettbewerb und zur Leistung die Grundlagen für Wachstum und Wohlstand gefährdet.

Im Grunde handelt es sich um klassen- bzw. milieuspezifische Grenzen des Wohlstands, weil sie sich auf die Wohlstandssituation der *abhängig Beschäftigten* und der *Menschen in prekären Lebenslagen* (mit Anspruch auf Sozialtransfers) konzentrieren. Aus der wirtschaftsliberalen Sicht droht ein jegliches Überschreiten dieser Grenzen – ob in Form von hohen Lohnforderungen oder eine Erhöhung der Sozialtransfers – den Wettbewerb, damit ‚den Markt‘, wirtschaftliches Wachstum und *in letzter Instanz* Wohlstand zu gefährden.

Klargestellt sei an dieser Stelle, dass sich *Wohlstand für alle* hinsichtlich der sozialen Sicherung und des Sozialstaats ambivalent zeigt, d. h., dass sich neben kritischen Äußerungen gegenüber dem Wohlfahrtsstaat auch Bekenntnisse zu ihm finden (Thieme 2024c: 136-141, 146-150). Diese stehen aber neben den eben erwähnten marktfundamentalistisch geprägten Narrativen, die sich durch den *Wohlstand für alle* ziehen. Wohlstand erschien in dieser Schrift als marktwirtschaftlicher Wohlstand (siehe dazu auch nachfolgend Abschnitt 3.3), der aber – darauf konzentrierten sich die Ausführungen hier – unmissverständlich auf dem Wachstumsparadigma basierte.

Wie erwähnt liefern die Geschichte des ökonomischen Denkens und ökonomische Lehrbücher weitere Beispiele für den normativen – wertenden – Charakter der ökonomischen Argumentation mit Wachstum im Kontext von Wohlstand (siehe Thieme 2024c: 84, 92, 200-204):

- Adam Smiths „Wohlstand der Nationen“ ist zum Beispiel durchweg von einem optimistischen Wohlstands- und Wachstumsnarrativ getragen, d. h., dass Fortschritt, wirtschaftliches Wachstum und wachsender Wohlstand für möglich und erstrebenswert gehalten wurden.

- *Pessimistische Wohlstandsnarrative* wie bei David Ricardo (1772–1823) und Thomas Robert Malthus (1766–1734) konzentrieren sich auf Grenzen des Wohlstand und damit vor allem auf die Gefahr von *Wohlfahrtsverlusten.* Das wurde teils als unausweichlich (natürlich) angesehen wie zum Beispiel durch den tendenziellen Fall der Profite (Ricardo), das (natürliche) Bevölkerungsgesetz oder – dadurch bedingt – auch das ‚eherne Lohngesetz' (Löhne können nicht über das Existenzminimum steigen). Teils halten dort aber, wie bei Malthus, klassistische Narrative (d. h. abwertende Haltungen gegenüber Armen) Einzug, etwa das der *selbstverschuldeten Armut*, das sich mit Vorwürfen wie der Promiskuität oder der mangelnden Vernunft im Umgang mit Geld verbinden mochte.
- Insbesondere Adam Smith bediente das Narrativ der öffentlichen Verschwendung, d. h., dass öffentliche Verschuldung und der Konsum der ‚unproduktiven' Schichten (Staat, Militär, Kunst usw.) den Wohlstand zu reduzieren drohen. Dahinter steckt auch das Argument, dass die öffentliche Verschwendung jene Finanzen in Anspruch nimmt, die besser als private Investitionen wirksam geworden wären, worauf in diesem Falle neue und mehr Produkte hätten produziert werden und der ‚Wohlstand der Nation' steigen können. Die öffentliche Verschwendung schmälert also auch das Potenzial wirtschaftlichen Wachstums und verringert *auf diese Weise* ebenfalls Wohlstand – und sei als ‚schlecht' zu werten.
- Bei Smith findet sich zudem eine Unterscheidung in produktive und unproduktive Arbeit, die er anhand ihres Beitrags zur Mehrung des Wohlstandsmaß. Die produktive Arbeit schafft Güter von einem gewissen bleibenden Wert. Das heißt, dass sich mit produktiver Arbeit potenziell andere produktive Arbeit ‚erkaufen' lässt. Dies würde den Wohlstand erhöhen. Unproduktive Arbeit dagegen tendiert zur Reduzierung von Wohlstand und zur Beeinträchtigung des Potenzials an Wirtschaftswachstum, das ebenfalls den Wohlstand schmälert.[36]
- Viele der Narrative, die bezüglich Wachstums bereits für den *Wohlstand für alle* genannt wurden, finden sich auch schon früher und an anderer Stelle der ökonomischen Ideengeschichte. Das betrifft etwa das Narrativ des *wohlfahrtsschädlichen Wohlfahrtsstaat*s und *klassistische Narrative,* vor allem das der *selbstverschuldeten Armut.* Besonders trifft das auf die *Trickle-Down-Theorie* zu, die als eine Art Basisnarrativ im Diskurs um Wohlstand und Wachstum in Erscheinung tritt. Dieses ist insofern ein basales Rechtfertigungsnarrativ als sich darauf verweisen lässt, wenn direkte

36 In einem anderen Zusammenhang und unter einem freilich *ganz anderem* Vorzeichen taucht eine ähnliche Unterscheidung (produktive/unproduktive Lohnarbeit) auch heute auf, wenn es im Kontext von Postwachstum oder DeGrowth um die Frage geht, auf welche Produkte und Tätigkeiten (bullshit jobs) verzichtet werden kann. Im Unterschied zu Adam Smith bis zur heute etablierten modernen Ökonomik geht es dort aber um ein anderes Verständnis von Wohlstand, ein anderes Wachstum und im Grunde um eine Reduzierung des Güterwachstums (auf das noch Adam Smith und Ludwig Erhard setzten).

Umverteilungsmaßnahmen vermieden und stattdessen ‚die Marktkräfte' entfesselt sein sollen.

- Das *Wachstumspostulat* kommt in ökonomischen Lehrbüchern teils beiläufig zum Ausdruck, wenn Wachstum mit verbessertem Lebensstandard gleichgesetzt wird (etwa bei Blanchard & Illing 2017: 315) oder durchweg von der Maximierung oder Optimierung von Wohlfahrt die Rede ist. Es kann aber auch direkt ausbuchstabiert sein, wenn z. B. Woll (2014: 293) schreibt: „Früher wie heute wird die Verbesserung des Wohlstandes mit Wirtschaftswachstum gleichgesetzt. Indikator des Wachstums ist eine Erhöhung des Sozialprodukts." Es fällt auf, dass Wirtschaftswachstum in ökonomischen Lehrbüchern üblicherweise durchweg positiv besetzt ist und dieser positive Eindruck mit Wohlstand in Verbindung gebracht ist.

Abschließend sei darauf hingewiesen, dass Wohlstand unter dem Vorzeichen einer *Wachstumsideologie* auf die materielle und marktwirtschaftlich verwertbare Seite des Wohlstands *reduziert* und als Wachstumsfrage *reformuliert* wird. Der Sachverhalt, dass Wohlstand selbstverständlich auch eine materielle Seite besitzt, mutiert auf diese Weise zur absoluten Meta-Erzählung, die als Postulat (Gebot) direkt oder nicht ausbuchstabiert über vielen wirtschaftstheoretischen Auseinandersetzungen thront: *Kein Wohlstand ohne ökonomisches Wachstum! Gesellschaftlicher Wohlstand ist nicht ohne ökonomisches Wachstum möglich!*

3.3 Das Narrativ marktwirtschaftlichen Wohlstands

Wohlstand gilt unter dem Eindruck der vorherrschenden modernen Ökonomik vor allem als *marktwirtschaftlicher Wohlstand.* Gemeint ist damit, dass ‚die' moderne Ökonomik ‚Märkte' und ‚marktwirtschaftliche Prozesse' – inklusive Wettbewerb bzw. Konkurrenz – als positiv, wünschens- und erstrebenswert ansieht (postuliert) und deshalb im Wesentlichen auf marktwirtschaftlich organisiertes Wirtschaften konzentriert bleibt. In der modernen Ökonomik werden damit vor allem Märkte und Marktprozesse in den Blick genommen und Wirtschaft sowie Wohlstand als in diesem Sinne exklusiv ‚marktwirtschaftlich' begriffen. Selbst in den Ausnahmen, wenn etwa anerkannt wird, dass es Marktversagen gibt oder öffentliche Güter nicht über ‚den Markt' bereitgestellt werden können, bleiben die entsprechenden Empfehlungen und Lösungen in aller Regel ‚marktzentriert' und marktkonform. Das heißt, dass die ‚Marktlösung' weiterhin als *der* Referenzpunkt gilt, an dem sich etwa Lösungen für Marktversagen zu konzentrieren haben. Hinzu kommt die Vorstellung, dass ‚die Märkte', marktwirtschaftliche Prozesse und der damit verbundene Wettbewerb zu volkswirtschaftlicher Effizienz führen und auf diese Weise den Wohlstand optimieren bzw. maximieren. Markt und Wettbewerb sind dann Synonyme für Effizienz und maximalen Wohlstand. Das findet sich in nahezu jedem ökonomischen Lehrbuch.[37] Dieser *Marktzentrismus* wird von Walter Ötsch (2019) als *Marktfundamentalismus* bezeichnet, wobei er sich dabei nicht alleine auf die ökonomische Theorie und Lehrbücher beschränkt, sondern auf die gesellschaftliche Wirkmächtigkeit (Performativität) der Ideen und Metaphern von ‚dem Markt' abhebt. Den Begriff des „Marktfundamentalismus" greift auch Tom Krebs (2024: 15, 40-41) auf, verwendet dazu insgesamt aber einerseits synonym den Begriff „Marktliberalismus", aber andererseits auch Begriffe wie „Marktglaube" und „Marktdogma".

Ähnlich wie beim Wachstum (siehe Abschnitt 3.2) lässt sich auch dieser Marktzentrismus als *Marktideologie* begreifen: Dies beschreibt eine *Haltung*, die Markt/Märkte, Marktwirtschaft, marktwirtschaftliche Prozesse (inklusive Wettbewerb/Konkurrenz) als in der Tendenz positiv, wünschenswert und primär anzustreben postuliert – und andere Ziele, Vorhaben und Ansprüche ‚der' Marktwirtschaft *unterordnet*. Marktideologie steht damit für den *Primat des Marktes*. Die Vorstellung über ‚Märkte' und Marktprozesse orientieren sich dabei an der Vorstellung einer hochgradig arbeitsteilig und über Wettbewerb organisierten und Geld vermittelten Gesellschaft, in der viele Prozesse des Alltagslebens über ‚Märkte' geregelt werden und dabei vor allem die marktwirtschaftliche Verwertbarkeit eine handlungsleitende Orientierung darstellt. Eng damit verbunden ist deshalb der Begriff der „Marktkonformität", d. h., dass Handlungen, politische Instrumente usw. *nicht* die Markt- und Preisbildungsprozesse stören dürfen (z. B. durch ‚falsche' ökonomische Anreizsetzung).

Was zunächst kritisch daran ins Auge sticht, das ist der Umstand, dass mit der Konzentration auf Märkte und Marktwirtschaft das Verständnis von ‚Wirtschaft' auf eben diese *eingeengt* wird. Polemisch zugespitzt lässt sich daraus das narrative Postulat „Nur was sich marktwirtschaftlich rentiert, zählt!" formulieren. Alles das, was nicht über marktwirtschaftliche Prozesse organisiert wird, interessiert aus dieser Perspektive nicht. Das heißt:

1. Andere Wirtschaftssphären als die Sphäre der Marktwirtschaft (also Haus- bzw. Versorgungswirtschaft, Sozialwirtschaft bzw. dritter Sektor) werden nicht berücksichtigt, weil sie keine marktwirtschaftlich verwertbaren Güter und Dienste anbieten und demnach auch nichts zum (marktwirtschaftlichen) Wohlstand beitragen;
2. Alles das, das wohlstandsförderlich wirken soll, muss ökonomisch verwertbar und damit einer ökonomischen Kalkulation zugänglich gemacht werden.

---

37 Kritisch hält Graupe (2016: 22) zur Marktzentrierung fest: „Wer lernt, allein im Marktmodell zu denken, der wird in allen sozialen Beziehungen einen Markt erblicken." Zum Marktzentrismus im Wohlstand-Kontext siehe ausführlich (Thieme 2024c: 162, 171, 202, 268) und allgemein zur Rolle des Marktzentrismus in ökonomischen Lehrbüchern Ötsch (2019: 153–181).

Die damit verbundene Kritik verdeutlicht einen sehr charakteristischen Aspekt der Marktideologie: Dieser exklusiv marktwirtschaftlich verstandene Wohlstand sorgt für Verständnisschwierigkeiten gegenüber jenen Ideen von Wohlstand, die auch anderen Wirtschaftssphären (z. B. der Versorgungsökonomie) zugesteht, für Wohlstand zu sorgen. Als Kontrast sei dazu noch einmal auf die sozial-ökologische Perspektive hingewiesen, gemäß der ‚der Staat' sogar direkter Produzent von Wohlstand ist (Abschnitt 3.5 und Biesecker & Kesting 2003: 451), während er aus marktfundamentalistischer Sicht tendenziell Wohlstand behindert oder für Wohlstandsverluste verantwortlich gemacht wird.

Für die Praxis des Marktzentrismus wird davon auszugehen sein, dass dieser nicht in ‚Reinform' auftritt, sondern sich verschiedene marktzentristische Narrative und Postulate mit anderen Ideologien und Narrativen (etwa dem Wachstumsparadigma) überlagern, sich gegenseitig (argumentativ) stützen bzw. auf sich verweisen. Das lässt sich in ökonomischen Lehrbüchern, aber auch in (wirtschafts-) politischen Debattenbeiträgen erleben. Dazu eine kursorische Auflistung solcher Narrative mit marktzentristischem Charakter:[38]

- Märkte sind *effizient* und sorgen damit für optimale und maximale Wohlfahrt.
- Die ‚unsichtbare Hand des Marktes' (Selbstregulierung ‚des' Marktes) sorgt für den Wohlstand aller!
- Wohlstand durch Wettbewerb, d. h. nur durch marktwirtschaftlichen Wettbewerb kann der Wohlstand vergrößert werden.
- Die Wettbewerbswirtschaft ist aufrechtzuerhalten, die Erfahrung zeige, dass die Löhne in den Planwirtschaften niedriger sind als in der Marktwirtschaft – der Wohlstand von Marktwirtschaften ist höher (siehe etwa Erhard 1964: 209–210).
- Staatliche Aktivitäten sind Eingriffe in ‚den' Markt und wirken tendenziell negativ auf die Wohlfahrt, sie können sogar für Wohlfahrtsverluste sorgen. Das gilt allgemein für Umverteilungsmaßnahmen und wohlfahrtsstaatliche Politik (Narrativ vom wohlfahrtsschädlichen Wohlfahrtsstaat), aber auch mit Blick auf die Arbeitsmarktpolitik.
- Umverteilung gefährdet Wohlstand! (Siehe z. B. die negative Darstellung von Umverteilung und Wohlfahrtsstaat bei Erhard 1964: 11).
- Lohnarbeit, d. h. die marktwirtschaftliche Verwertung der Arbeitskraft durch ihren Verkauf am Arbeitsmarkt (auf dem Konkurrenz vorherrscht), ist die Grundlage für Wohlstand (z. B. Erhard 1964: 368).
- Der ‚gerechte' Lohn ist der, der sich an der marktwirtschaftlichen Arbeitsproduktivität orientiert und diese nicht überschreitet, weil sonst die Marktprozesse beeinträchtigt werden (Lohn-Preis-Spirale; siehe z. B. Erhard

38 Die nachfolgende Auflistung erfolgt in Anlehnung an Thieme (2024c: 146-148, 203), wo es u. a. um Narrative in Lehrbüchern geht, greift aber vereinzelt auch prägnante Narrative und Postulate direkt aus dem *Wohlstand für alle* (Erhard 1964) auf.

1964: 212). Gefährden die Lohnforderungen die Marktprozesse, drohen Wohlstandsverluste.
- Freihandel ermöglicht Wohlfahrtsgewinne, Freihandelsbarrieren (z. B. Zölle) bedeuten Wohlfahrtsverluste.
- Märkte steigern nicht nur die Wohlfahrt, sondern sorgen auch für eine ‚gerechte' bzw. ‚faire' Verteilung.[39]

Diese nicht auf Vollständigkeit bedachte Übersicht illustriert, wie eine Marktideologie mit Blick auf Wohlstand praktisch in Erscheinung tritt, wie dabei auch andere Kontexte (z. B. Wachstum, Sozialstaat und Freihandel) angesprochen sind (bzw. teils im Vordergrund stehen) und wie dies teils in agitativen Postulaten zum Ausdruck kommen kann.

Hinter diesen Aussagen stehen auch wirtschaftstheoretische Konzepte und Modelle. Das heißt, dass diese marktzentristischen Aussagen und Erzählungen mit Verweis auf diese Modelle und Konzepte den seriösen Anstrich und die Autorität erhalten, der normalerweise der Forschung bzw. ‚Wissenschaft' zugeschrieben wird. Um den damit verbundenen ideologischen (marktzentristischen) Kern freizulegen, müsste ins Detail gegangen werden. Dann ließe sich zum Beispiel zeigen, dass die (neoklassischen) Angebots-Nachfrage-Modelle von Märkten so konstruiert sind, dass sie annahmegemäß zum Gleichgewicht tendieren, das wiederum mit Effizienz und maximaler bzw. optimaler Wohlfahrt assoziiert wird. Diese marktwirtschaftlichen Modelle können Eingriffe in ‚den Markt' dann üblicherweise nur als Störung ‚des Marktes' darstellen, was zur Folge hat, dass jegliche politische Gestaltung der marktwirtschaftlichen Wirtschaftsordnung potenziell Wohlstandsverluste verursachen *muss*.[40] Auf diese Weise ist für fachfremde Dritte vermutlich nicht immer der zu Grunde liegende Marktzentrismus sichtbar. Ähnliches gilt für den Fall, dass tatsächlich von Marktversagen ausgegangen wird, die entsprechenden Lösungen dann aber als zweitbeste Lösung (second best) an einem idealen Markt – den es in diesem Falle aber gar nicht gibt bzw. nicht geben kann – gemessen sind.

---

39 Siehe dazu die kritische Diskussion zur mathematischen Darstellung ‚fairer' und ‚gerechter' Verteilung von Konsumbündeln im Lehrbuch von Hal Varian bei Thieme (2024c: 196–197).

40 Exemplarisch dafür stehen Preisuntergrenzen wie der Mindestlohn. In der standard-ökonomischen Darstellung von Angebot und Nachfrage auf dem idealen Arbeitsmarkt sind Mindestlöhne entweder überflüssig – sofern sie unterhalb oder auf dem Gleichgewichtslohn liegen, denn dann sind sie nicht nötig, weil der Marktlohn über oder auf dem Mindestlohn liegt – oder sie erweisen sich als schädlich, weil sie Erwerbslosigkeit verursachen. Zum entsprechenden neoklassischen Arbeitsmarkt siehe Thieme (2013: 27–31) Weiter unten, im Abschnitt 5.4, wird der Mindestlohn noch einmal als Gerechtigkeitskonvention aufgegriffen.

3.4 Das Narrativ einer meritokratischen Leistungsgesellschaft

Die Vorstellung darüber, dass jeder Mensch in einer Gesellschaft durch Tugend, Talent, Weisheit und vor allem durch eigene Leistung zu Ansehen, in gesellschaftliche Leistungspositionen und mithin zu Wohlstand gelangen kann, wird häufig als „meritokratisches Gesellschaftsbild“ oder „meritokratisches Prinzip“ bezeichnet (siehe Oppermann 2024). Der Begriff „Meritokratie“ ist relativ jung. Von Oppermann (2024) wird der Beginn seiner prägenden Wirkung auf die Dissertation des britischen Soziologen und Labour-Politikers Michael Young 1955 datiert. Gleichwohl könne die damit verbundene Vorstellung bis in die griechische Antike zurückverfolgt werden (Oppermann 2024). Für den französischen Ökonomen Thomas Piketty (2022) stellt dieses meritokratische Leitbild einen normativen Referenzpunkt dar, durch den sich die wohlhabenden westlichen Industrie- und Dienstleistungsgesellschaften von *heute* auszeichnen. In *Kapital und Ideologie* präzisiert Piketty das Leitbild moderner Gesellschaften als eine auf Eigentum und Unternehmergeist basierende meritokratische *Erzählung*.[41] Piketty geht es dabei um eine Ideologie der Rechtfertigung von Ungleichheit, aber er spricht dort am Anfang seines Buches bewusst von der prorietaristischen, vom Unternehmergeist beseelten, meritokratischen *Erzählung* moderner Gesellschaften:

> „Die moderne Ungleichheit ist gerecht und angemessen, da sie sich aus einem frei gewählten Verfahren ergibt, in dem jeder nicht nur die gleichen Chancen des Marktzugangs und des Eigentumserwerbs hat, sondern überdies ohne sein Zutun von dem Wohlstand profitiert, den die reichsten akkumulieren, die folglich unternehmerischer, verdienstvoller, nützlicher als andere sind. Und dadurch sind wir auch himmelweit entfernt von der Ungleichheit älterer Gesellschaften, die auf starren, willkürlichen und oft repressiven Statusunterschieden beruhte.“ (Piketty 2022: 13)

Dieses meritokratische Narrativ verdeutlicht, wie sich Ideologie und Narrative in der Praxis miteinander verbinden. Aber darüber hinaus – und trotzdem sich Pikettys Interesse auf die Ungleichheit konzentriert – zeigt sich dort auch eine bestimmte Vorstellung von *gerechtfertigtem Wohlstand*: Wohlstand wird offenbar als akkumulierter Güter- und/oder Geldreichtum verstanden. Dieser sei Ergebnis unternehmerischer Leistung, der Teilnahme am Markt (Wettbewerb), der damit verbundenen Leistungsbereitschaft und des dazu eingesetzten Eigentums. Dabei wird angenommen, dass alle Menschen den *gleichen* Zu-

41 Der Hinweis auf die Eigentumbasierung stellt hier auf den Begriff „Prorietarismus“ (bzw. französisch: propriétarisme) ab, den Piketty verwendet, der sich aber – so seine Übersetzer – nicht gut ins Deutsche übertragen lasse; mit dem französischen „propriétaire“ ist ein Eigentümer gemeint (siehe Piketty 2022: 13, Fußnote 1), d. h., dass „Prorietarismus“ auf Eigentum, Eigentumsrechten bzw. Privatbesitz basiert, was im Text hier mit „Eigentumbasierung“ zum Ausdruck gebracht wird.

gang zum Markt und zum Eigentum hätten, es hierzu also keine Benachteiligung gäbe. Jeder Mensch – so liest sich das entsprechende Aufstiegsnarrativ zwischen den Zeilen – sei des eigenen Glückes Schmied, er müsse nur mit Engagement und Leistung am Marktwettbewerb teilnehmen.[42] Wer genau liest, wird dort auch die Trickle-Down-These entdecken, wenn es heißt, dass auch die, die sich nicht mit Leistung am Markttreiben beteiligen, vom akkumulierten Wohlstand der reichsten Menschen profitieren. Gleichzeitig stellt dies auch eine Rechtfertigung für ein bestimmtes – meritokratisches – Wohlstandsregime dar: Weil diese meritokratische, marktwirtschaftlich orientierte Gesellschaftsform dafür sorgt, dass auch jene, die sich den marktgesellschaftlichen Erfordernissen verweigern oder ihnen zumindest nicht nachkommen, Vorteile genießen, sei dieses Gesellschaftsregime – mitsamt der damit verbundenen Ungleichheit – gerechtfertigt.

Für die Vorstellung von Wohlstand relevant ist damit vor allem auch die Akzeptanz der Ungleichheit in Vermögen und Einkommen. Von „Wohlstand“ zu sprechen, das bedeutet im Kontext einer meritokratischen Gesellschaftsideologie, dass sich die Wohlstände von Individuum zu Individuum, von Haushalt zu Haushalt usw. unterscheiden können.

An dieser Stelle lässt sich *erstens* kritisch auf die Schwierigkeit hinweisen, in diesem Kontext überhaupt von gesellschaftlichem Wohlstand sprechen zu wollen, wo doch das Ideal einer meritokratischen Gesellschaft nicht nur Ungleichheit akzeptiert, sondern diese Ungleichheit dort auch einen Anreiz (eine Motivation) darstellt, um sich in dieser (meritokratischen) Gesellschaftsform einzubringen. Im Grunde besteht eine Art permanenter Kampf um Individualität und soziale Disktinktionssymbole (zur Abgrenzung bzw. Unterscheidung von anderen), der sich der Vorstellung, es gäbe *einen* gesellschaftlich verallgemeinerbaren Wohlstand, entgegenstellt.

Zweitens wirkt es widersprüchlich, wenn zwar von gleichen Chancen in diesem gesellschaftlichen Wettbewerb ausgegangen wird, dieser Wettbewerb aber gleichzeitig Ungleichheit rechtfertigt.[43] *Drittens* liegt ein weiterer kritischer Aspekt in der *Basis-Ideologie*, die dort durchscheint und in der letztlich nichts anderes zum Ausdruck kommt als das, was Wilhelm Heitmeyer (2008b) „Ideologie der Ungleichwertigkeit“ nennt: Damit meint Heitmeyer (2008b: 33–37) die Verletzung der Ideen der prinzipiellen Gleichheit – Gleichwertigkeit – aller Menschen und des Anspruchs auf Menschenwürde durch die Festschreibung unterschiedlicher Wertigkeiten von Menschen. Das heißt, dass „die Substanz von Menschen [..] in all ihren Facetten einer kategorialen Bewertung unterzogen“ (Heitmeyer 2008b: 37) wird. Heute nimmt diese zwar „moderate“ Formen an, bleibt „aber stets latent vorhanden“, kann „in Gestalt der Abwertung schwacher Gruppen zum Ausdruck“ kommen und dient der Legitimation

42 Ähnlich auch Robeyns (2024: 207–209), die dieses Narrativ auf dem Boden einer „neoliberalen Ideologie“ stehen sieht und vom „Mythos der Meritokratie“ schreibt.

43 Zur Erinnerung: Piketty geht es vor allem um Rechtfertigungsideologien für Ungleichheit.

von Diskriminierung (dafür und für die zitierten Stellen Heitmeyer 2008b: 38). Das lässt sich auch an Pikettys Beschreibung einer meritokratischen Gesellschaftserzählung ablesen. So, wie es Piketty formuliert, geht es *dieser Erzählung* nicht einfach nur um Ungleichheit, sondern diejenigen, die es in einer meritokratischen Gesellschaft zu Wohlstand und Ansehen gebracht haben, gelten als „verdienstvoller, nützlicher als andere" (Piketty 2022: 13). Es wird nicht nur Ungleichheit gerechtfertigt, sondern auch Ungleich*wertigkeit*. Dabei sind als ‚schwache Gruppen' bzw. Opfergruppen (Heitmeyer 2008b: 37–39) jene markiert, die nicht am gesellschaftlich verordneten Wettbewerb teilnehmen oder in diesem Wettbewerb unterliegen.

Mit dem Leitbild einer meritokratischen Gesellschaft wird eine Reihe an normativen (ethischen) Momenten eingekauft. Einzelne dieser Momente waren bereits in der Diskussion eben angedeutet worden. Es lassen sich aber weitere Wertungen und Setzungen identifizieren. Dazu ein Überblick an ausgewählten normativen Momenten.

1. Wettbewerb und Markt sind ‚gut', der auf diese Weise bewirkte materielle (Güter-) Wohlstand kommt auch jenen zugute, die nicht am Wettbewerb teilnehmen oder in diesem unterliegen (Trickle-Down-These).
2. Mit der Akzeptanz von Wettbewerb wird es auch als ‚gut' und ‚gewollt' akzeptiert, dass die individuelle Wohlstandssituation aus einer Art Glücksspiel resultiert.
3. Wenn Wettbewerb das gesellschaftliche Leitmotiv sein soll, dann wird nicht nur akzeptiert, dass sich die Mitglieder einer Gesellschaft in einer weitgehenden (teils umfassenden) Rivalität zueinander befinden, sondern damit stehen auch Normen, Institutionen und Organisationen gesellschaftlicher Solidarität potenziell zur Disposition, da diese ‚den Wettbewerb' untereinander beeinträchtigen. Der Sozialstaat, aber auch informelle soziale Netzwerke können damit als negativ für eine meritokratische Gesellschaft eingeschätzt werden, was sich in Narrativen wie dem der *sozialen Hängematte* niederschlagen und mit dem Leitbild einer Arbeits- und Marktgesellschaft überlagern kann.[44]
4. Ungleichheit gilt als gerechtfertigt, da sie auf Unterschieden in der individuellen Leistung und Leistungsbereitschaft beruht. Aber sie ist auch ‚wünschenswert' bzw. ‚gut', weil sie *im Ergebnis* als *Leistungsanreiz* fungiert – und zwar positiv (Vorteil, Zugewinn) wie negativ (d. h. als Bestrafung).
5. Eine meritokratischer Leistungsmaxime setzt voraus, dass Privateigentum, die Freiheit zum Konsum und die Akkumulation von Kapital weitestgehend geschützt sind. Narrative Schlagworte sind hier Freiheit des Eigentums und Konsumsouveränität.

44 Streng genommen wird damit der Idee einer Arbeits- und Marktgesellschaft zugearbeitet. Zur Arbeits- und Marktgesellschaft siehe weiter unten den Unterabschnitt 5.5.2.

6. Mit dem Fokus auf Leistung, dem unternehmerischen Handeln und Wettbewerb konzentriert sich die Perspektive auf zählbare (quantifizierbare) und tendenziell in Geldeinheiten bewertbare Leistungen und Ergebnisse.
7. Tendenziell steht die Besteuerung von Einkommen und Vermögen unter dem Verdacht, Leistungsanreize und damit das Funktionieren einer meritokratischen Gesellschaft zu beeinträchtigen (siehe auch Punkt 4).
8. Menschen werden bewertet und deren ‚Wertigkeit' bemisst sich dann am unternehmerischen Handeln, an ihrer Leistung, ihrem Leistungswillen und an ihrem (marktwirtschaftlichen) Nutzen.[45] Damit basiert die meritokratische Gesellschaftserzählung auf einer „Ideologie der Ungleichwertigkeit" (Heitmeyer 2008b).

Die Rechtfertigung und Legitimation dieser Gesellschaftsform erfolgt offenbar über eine Vorstellung von Nutzen und damit verbunden Wohlstand, der allen Mitgliedern der Gesellschaft zugutekäme. Nicht direkt ausbuchstabiert, aber greifbar zeigt sich zudem die Vorstellung, dass es der Wettbewerb sei, der den Wohlstand fördert und dessen Funktionieren eine meritokratische Gesellschaft zu garantieren hat. Die Gewährleistung von Wettbewerb stellt damit ein Rechtfertigungsmoment für eine meritokratische Gesellschaftsform dar. Denn es ist das Leitbild der meritokratischen Gesellschaft, die Wettbewerb und damit Wohlstand für alle sichern soll. Andere Instanzen oder andere normative Referenzpunkte, die über die ethische Legitimität einer meritokratischen Gesellschaft befinden können (z. B. Diskurs, Dialog und Perspektivwechsel), scheinen in der meritokratischen Gesellschaftserzählung nicht vorgesehen zu sein.

Damit lässt sich nun zusammenfassen, was die hier skizzierte meritokratische Erzählung für die Vorstellung von Wohlstand bedeutet: Was heißt also „meritokratischer Wohlstand"? Wohlstand scheint in einer meritokratischen Gesellschaftserzählung vor allem als *materieller Wohlstand* – als finanzieller Wohlstand oder Güterwohlstand – gedacht zu werden. Wohlstand schlägt sich schwerpunktmäßig in zählbaren (quantifizierbaren) und in Geldwerten bezifferten Gütern sowie im Einkommen (aus Lohn/Gehalt, Zinserträgen usw.) und Vermögen nieder. Durch die zentrale Rolle des Wettbewerbs – als regulative Idee – handelt es sich um einen *marktwettbewerblichen Wohlstand* (Abschnitt 3.3). Das, was nicht im marktwirtschaftlichen Sinne verwertbar ist, kann aus dieser Perspektive heraus auch nicht als Leistung erscheinen, die im meritokratischen Sinne Erfolg und Wohlstand verspricht. Wohlstand geht in einer meritokratischen Gesellschaftsideologie mit der *Akzeptanz von Ungleichheit* einher, weshalb sich aus dieser Sicht auch nur an unterschiedliche Wohlstände in ‚der' Gesellschaft denken lässt. Wohlstand ist daher das materiell messbare

45 Im Grunde bemisst sich die ‚Wertigkeit' am Erfolg im Wettbewerb einer meritokratischen Gesellschaft. Worauf hier abgestellt wurde, das waren in erster Linie die Merkmale, anhand derer Menschen aus meritokratischer Sicht überhaupt erst als relevant erscheinen.

Ergebnis der *erfolgreichen* Teilnahme am gesellschaftlichen Wettbewerb.[46] Die Idee gesellschaftlichen Wohlstands lässt sich deswegen dort nur in statistischen Größen fassen (BIP pro Kopf usw.), von denen aber die realen individuellen Wohlstandsverhältnisse abweichen werden. Gleichwohl wird davon ausgegangen, dass sich die finanzielle Lebenssituation *aller* Menschen in einer meritokratischen Gesellschaft durch Wettbewerb, unternehmerisches Handeln und Leistung verbessert (Trickle-Down-Narrativ). Dies übt gleichsam eine *Rechtfertigungsfunktion* für eine meritokratische Gesellschaft aus.

Mit der Akzeptanz von Ungleichheit verbindet sich die Akzeptanz von Ungleichwertigkeit bzw. der Ideologie der Ungleichwertigkeit. Wohlstand bedeutet deshalb in gewissem Sinne auch die Billigung von Diskriminierung und Abwertung. Das mag insoweit widersprüchlich wirken als sich die Frage stellt, wie ein individueller oder gesellschaftliche Zustand mit Wohlstand in Zusammenhang gebracht werden kann, der sich durch Diskriminierung und Abwertung auszeichnet. Aber erstens mag das aus Sicht einer meritorischen Gesellschaftsideologie vernachlässigbar sein, wenn dort der feste Glaube an das Narrativ der gleichen Chancen zum Marktzugang und zum Eigentumserwerb grassiert und Wohlstand vornehmlich als materieller Wohlstand gedacht wird. Und zweitens sind Ungleichheit und Ungleichwertigkeit zentral für das Funktionieren des Wettbewerbs, stehen diese doch für Leistungsanreize.

In diesem Zusammenhang ist ferner darauf hinzuweisen, dass sich das meritokratische Denken über Wohlstand in einem permanenten Spannungsverhältnis zum Sozial- bzw. Wohlfahrtsstaat und der Sicherung der Voraussetzungen für Wohlstand befindet: Soziale Netze, die prekäre Lebenslagen abfedern, stellen eine potenzielle Beeinträchtigung der Leistungsbereitschaft und mithin der regulative Idee des Wettbewerbs dar (Narrativ des wohlfahrtsschädlichen Wohlfahrtsstaates).

Die von Piketty (2022: 13) mit nur wenigen Worten skizzierte Erzählung einer meritokratischen Gesellschaft zeigt damit eine *ganz bestimmte* Vorstellung von Wohlstand und wie vielfältig sich dort unterschiedliche Wertungen, Ideologien und Narrative miteinander verbinden. Von einer ethischen Erörterung und Bewertung dieser meritokratischen Erzählung sei an dieser Stelle bewusst Abstand genommen. Hinzuweisen ist aber darauf, dass der normative Charakter dieser Erzählung für Konflikte mit anderen Vorstellungen über Wohlstand – vermutlich auch schlicht für Unverständnis ihnen gegenüber – sorgen wird. Wenn unterschiedliche Vorstellungen über Wohlstand aufeinandertreffen, dann wird es nicht nur um z. B. unterschiedliche Wohlstandsmaße oder die Höhe des Güterwohlstands im Vergleich gehen. Nein, in den Vorstellungen über Wohlstand sind Kultur und Zeitgeist eingewoben, sie stehen auf dem Boden von Weltanschauungen (Ideologien) und sind in Narrative eingebettet. Beispielsweise ist der Wohlstand aus der meritokratischen Perspektive

46 Kritischer lässt sich das als Akzeptanz eines ‚sozialdarwinistischen' Moments beschreiben.

eben nicht einfach nur ein hoher Güterwohlstand, hohes Einkommen, viel Vermögen und Kapital, sondern er verbindet sich auch mit spezifischen Vorstellungen über die Verfasstheit von Gesellschaft, was z. B.

- den marktwirtschaftlichen Wettbewerb als zentrales Organisationsprinzip,
- mithin Leistung und wirtschaftlichen Erfolg als Handlungsorientierung (Maximen),
- Wohlstand als individuellen und marktwirtschaftlichen Wohlstand (als Ergebnis marktwirtschaftlichen Wettbewerbs) sowie
- die Akzeptanz und Rechtfertigung von Ungleichheit und Ungleichwertigkeit

umfasst. Ein solches Verständnis von Wohlstand wird dort Konflikte provozieren, wo Wohlstand mit Vorstellungen einhergeht, in denen z. B. Markt und Wettbewerb *nicht* im Zentrum stehen müssen, Wohlstand *nicht* nur auf marktwirtschaftlichem Wettbewerb basiert und auf die Einhegung der Ungleichheit in Einkommen und Vermögen geachtet wird. Anders formuliert: Wo unterschiedliche Verständnisse von Wohlstand aufeinanderstoßen, liegen die potenziellen Konflikte tiefer. Das heißt, es muss dann ins normative Fundament der jeweiligen Vorstellungen von Wohlstand hinabgestiegen werden. Mit der Diskussion um unterschiedliche Vorstellungen von Wohlstand stehen auch unterschiedliche Weltanschauungen zur Debatte.

3.5 Kontrastpunkt: Die sozial-ökologische Perspektive

Die bisherigen Ausführungen zu Ideologien und Narrativen im Kontext von Wohlstand sollten für diese normative Dimension von Wohlstand sensibilisieren. Dem vorausgegangen war dazu der Eindruck, dass die normative Dimension von Wohlstand in den öffentlichen und politischen Debatten, aber auch in den akademischen Fachdebatten häufig vernachlässigt wird, zumindest aber keine ernsthafte Auseinandersetzung erfährt. Eine wesentliche Ursache dafür kann in einer *positivistischen Haltung* gesehen werden, wie sie hier an mehreren Stellen erwähnt wurde (‚objektive' Fakten, Empirie, Evidenz und Ausgrenzung normativer Analysen). Dem gegenüber lässt sich vereinzelt in ‚der' Ökonomik – in ihrem Randbereich, in der Pluralen Ökonomik – auch ein Bewusstsein für die normative Dimension identifizieren: Wie ein ganz anderer Umgang mit dieser Problematik der Normativität aussehen kann, das zeigen Biesecker & Kesting (2003) in ihrem *sozialökonomischen* Lehrbuch mit dem unverdächtig-faden Titel *Mikroökonomik*, das aber im Untertitel die Einführung in eine sozial-ökologische Perspektive ankündigt. Das Lehrbuch sticht vor allem durch das Bewusstsein für die eigene *preanalytische Vision* und deren Offenlegung hervor. Darauf wird gleich zurückzukommen sein. Zuvor ist aber eine weitere Besonderheit hervorzuheben: Biesecker & Kesting (2003) sehen im „Wohlstand“ die zentrale Thematik ‚der‘ Ökonomik, die sich dann auch tatsächlich durch das gesamte Lehrbuch zieht und die sie konsequent mit einer Wirtschaftsethik verknüpfen, nämlich der Integrativen Wirtschaftsethik von Peter Ulrich (2008). Die sozial-ökologische Perspektive von Biesecker und Kesting zählt damit nicht nur zu den wenigen sozialökonomischen Konzepten, sondern sie steht für eines der noch selteneren ökonomischen Konzepte, das *ganz bewusst* eine wirtschaftsethische Konzeption ins Zentrum der ökonomischen Betrachtung stellt.

Gleich am Anfang ihres Lehrbuchs weisen Biesecker & Kesting (2003: 2) auf die hier mehrfach erwähnte *preanalytische Vision* hin. Dem liegt die Vorstellung zu Grunde, dass die die Forschungsarbeit theoriebeladen ist und sie in ihrer Ausrichtung, Fragestellung, Methodik usw. grundlegend durch ein ihr vorgelagertes Vorverständnis – Annahmen, Urteile, Bewertungen, Setzungen/Postulate usw. – geprägt wird. Damit verbindet sich erstens das Anliegen, die in aller Regel nicht ausbuchstabierte *preanalytische Vision* der vorherrschenden Ökonomik (Mainstreamökonomik) zu dechiffrieren und einer kritischen Auseinandersetzung zu unterziehen. Aber zweitens – und darum soll es hier gehen – weichen Biesecker & Kesting (2003) auch nicht davor zurück, konsequent ihre eigene preanalytische Vision *offenzulegen*. Wer sich die preanalytische Vision der sozial-ökologischen Perspektive zu eigen macht:

1. „sieht Menschen als Individuen in sozialen Beziehungen, die in unterschiedlichen Situationen gemäß verschiedener Rationalitäten und mit Hilfe verschiedener Koordinationsmittel (z. B. Geld, Macht, Sprache, Gefühle, Regeln) handeln;“
2. „versteht Natur als globales Ökosystem, das sich mit Hilfe der Sonnenenergie qualitativ (evolutionär) entwickelt, quantitativ aber nicht wächst [...];“
3. „definiert den Gegenstandsbereich der Ökonomik als Einheit von Marktökonomie und Versorgungsökonomie mit den versorgungsökonomischen Tätigkeiten als Grundlagen und macht so die geschlechtliche Arbeitsteilung wie überhaupt die geschlechtliche Prägung der Ökonomie mit zum Gegenstand der Analyse;“
4. „bettet die so erweiterte Ökonomie in die soziale Lebenswelt und beide in die natürliche Mitwelt ein und akzeptiert und bestimmt damit Grenzen für die Ökonomie;“
5. „analysiert Ökonomie daher, wie es heute auch im Diskurs um ‚Nachhaltiges Wirtschaften‘ oder ‚Sustainability‘ geschieht, über drei Dimensionen: die physische, die soziale und die kommerzielle“. (Für die zitierten Stellen: Biesecker & Kesting 2003: 4, im Original ebenfalls als Aufzählung, aber nicht nummeriert.)

Aus dieser preanalytischen Vision geht ein Verständnis von ‚Wirtschaft' und Wohlstand hervor, das verschiedene Wirtschaftssphären mit unterschiedlichen Handlungslogiken (Rationalitäten) ausweist und damit deutlich von der Vorstellung über ‚Wirtschaft' und Wohlstand abweicht, das in der modernen Ökonomik (ökonomischer Mainstream 2.0, Standard-Ökonomik) vorherrscht (siehe Abb. 2).

Abb. 2: Wirtschaftssphären in der sozial-ökologischen Perspektive

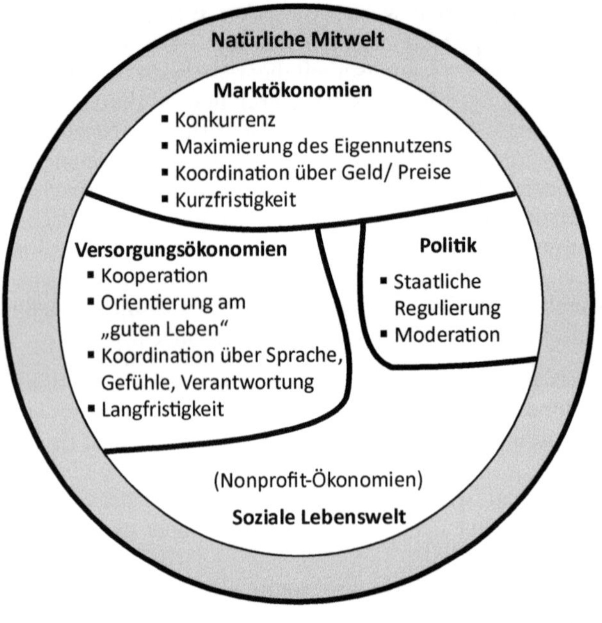

Quelle: Eigene Darstellung, Reproduktion von Abb. 2 in Biesecker & Kesting (2003: 13).

Für den Wohlstand bedeutet dies zunächst vor allem, dass er eben nicht einfach auf marktwirtschaftlich verwertbaren Güterwohlstand zu reduzieren ist. Er ergibt sich aus Aktivitäten in verschiedenen Wirtschaftssphären. Deshalb hat Wohlstand durchaus materielle Seiten, die u. a. von den Tätigkeiten in einer Marktökonomie (Erwerbsarbeit, Konsum) abhängen. Aber Wohlstand ergibt sich auch direkt durch öffentliche Leistungen ‚des' Staates, der unbezahlten Arbeit im Haushalt (Versorgungsökonomie) und der Dienste von Sozialunternehmen, die sich an der Gemeinnützigkeit orientieren (Non-Profit-Sektor). Aus der sozial-ökologischen Perspektive heraus besteht auch ein enger Zusammenhang zwischen Versorgungsökonomie und Marktökonomie, d. h., dass die Aktivitäten in der Versorgungsökonomie (Haushalt) die Aktivitäten in einer Marktökonomie erst ermöglichen. Ohne Versorgungsökonomie kein Markt!

Da sich Wohlstand aus sozial-ökologischer Perspektive nicht auf Güterwohlstand reduziert, umfasst er auch Aspekte, die sich möglicherweise auch nicht immer quantifizieren (vermessen) und berechnen lassen. Zu denken wäre etwa an bestimmte gesetzliche Rahmenbedingen, Ästhetik oder ethische Werte (Thieme 2024c: 253). Das zieht eine weitere Konsequenz nach sich: Aus der sozial-ökologischen Perspektive heraus ist Wohlstand nicht notwendigerweise auf Wachstum angewiesen. Mehr noch, in der sozial-ökologischen Perspektive existiert ein Bewusstsein dafür, dass ‚dem Wirtschaften' und damit auch dem Wohlstand *planetare Grenzen* gesetzt sind. Was sich in der Debatte heute mit dem Reden über „planetare Grenzen" etabliert hat, taucht bei Biesecker & Kesting (2003) als „natürliche Mitwelt" auf. Wie diese Mitwelt Grenzen setzt, das zeigt sich besonders deutlich dort, wo Biesecker und Kesting die Nachhaltigkeit und speziell die Tragfähigkeit der natürlichen Mitwelt thematisieren:

> „Die für die Erzeugung von Gütern auf der Erde zur Verfügung stehenden Ressourcen und die Fähigkeit der Natur unseres Planeten zur Aufnahme und Verarbeitung von Schadstoffen ist begrenzt. [...] Die Frage, ob die natürlichen Ressourcen für die zu tauschenden Güter auch noch zukünftigen Generationen zur Verfügung stehen, wird nicht berücksichtigt." (Biesecker & Kesting 2003: 425)

> „Wenn Teile der Natur aufgrund der Nichtbeachtung der Tragekapazität für immer verloren gehen oder als Folge der Güterproduktion Teile der natürlichen Mitwelt für immer von der Erde verschwinden, stehen sie weder der Nutzung noch der Betrachtung oder dem Erlebnis zukünftiger Generationen zur Verfügung." (Biesecker & Kesting 2003: 426)

> „Das bedeutet, ein Kriterium, das Wohlstand allein an der Vermehrung der zur Verfügung stehenden Güter misst, ist nicht nur ungeeignet, sondern auch irreführend. Die Kriterien, die Wohlstand am Naturverbrauch messen und die Tragekapazität der Erde brücksichtigen [sic!], müssen weiterentwickelt werden." (Biesecker & Kesting 2003: 426)

Aus der sozial-ökologischen Perspektive heraus werden in diesem Kontext bewusst Nachhaltigkeitsregeln (Thieme 2024c: 242) und Konsumverzicht thematisiert (Biesecker & Kesting 2003: 425–426). Es geht aber auch um Zeit- und Raumwohlstand (Biesecker & Kesting 2003: 423), die ebenfalls natürliche Grenzen aufweisen.

Um Missverständnissen vorzubeugen, sei erstens das ethische Fundament betont, das bei der sozialökologischen Perspektive *stets* mitzudenken ist: Es geht nicht um ein Konsumdiktat durch politische Eliten, sondern die Entscheidungen – etwa zum Verzicht, aber auch darüber, was wie produziert wird – sind immer unter einen ethischen Legitimationsvorbehalt zu stellen. Praktisch läuft das auf einen öffentlichen Diskurs, Partizipation/Beteiligung und Demokratie – eine weiter demokratisierte Wirtschaft – hinaus. Außerdem ist die sozial-ökologische Perspektive nicht wachstumsfeindlich. Das wirtschaftliche Wachstum muss nicht per se als schlecht betrachtet werden. *Aber* in der sozial-ökologischen Perspektive herrscht sehr wohl ein Bewusstsein für die natürlichen Grenzen vor, an die ein jegliches Wirtschaften stößt (Thieme 2024c: 253).

Damit lässt sich zusammenfassen, dass Wohlstand in der sozial-ökologischen Perspektive aus verschiedenen – teils nicht immer messbaren oder in Geldeinheiten bewertbaren – Aspekten resultiert, also mehr als Güterwohlstand ist und Wohlstand natürliche Grenzen (Naturressourcen, Planet Erde usw.) sowie ethische Grenzen (Generationengerechtigkeit usw.) besitzt. Die normativen Entscheidungen über Wohlstand (Was ist Wohlstand? Kriterien für Wohlstand? usw.) sind einer ethischen Reflexion zuzuführen und bestenfalls unter Beteiligung der Bürgerinnen und Bürger zu fällen: Was Wohlstand ist, was davon wie gemessen wird, das alles ist über demokratische Prozesse in einer Gesellschaft zu entscheiden. Aus sozial-ökologischer Sicht hängt Wohlstand nicht zwangsläufig von wirtschaftlichem Wachstum ab. Es wird von Wechselwirkungen zwischen ökonomischem Wachstum und anderen Aspekten des Wohlstands (Zeit, Hausarbeit usw.) ausgegangen. Nicht ausgeschlossen wird ebenfalls, dass ökonomisches Wachstum negative Folgen für den Wohlstand heutiger und zukünftiger Generationen haben kann. Der ethischen Auseinandersetzung mit den daraus resultierenden Konflikten wird nicht aus dem Weg gegangen, sondern sie wird proaktiv eingefordert.

3.6 Ethisch verantwortungsvolles Handeln im Kontext verschiedener Wohlstandsnarrative?

Es lassen sich zum Thema „Wohlstand“ sicher mehr Ideologien und Narrative finden, als in den hier vorgelagerten Überlegungen. Diese waren aber auch nicht von dem Anspruch getragen, eine möglichst vollständige Sammlung von Wohlstandsideologien und -narrativen zusammenzutragen und zu analysieren. Vielmehr stand das Anliegen im Vordergrund, für die Bedeutung von Normativität, Ideologien und Narrativen im Wohlstandskontext zu sensibilisieren und dazu besonders markante und/oder populäre Beispiele heranzuziehen. Dabei lieferten diese ausgewählten Beispiele bereits einen Eindruck davon, wie zahlreich, vielfältig und verschieden Wohlstandsideologien und -narrative sein können. Vor diesem Hintergrund ließe sich nun fragen, wie denn im Kontext dieser verschiedenen Wohlstandsnarrative ein verantwortungsvoller Umgang mit Wohlstand aussehen mag.

Allerdings kann diese Frage auch auf einen Holzweg führen, auf dem sich die ethische Auseinandersetzung mit Normativität, Wohlstandsideologien und Narrativen im Wohlstandskontext zu einer großen Herausforderung auswächst, vielleicht in eine Sackgasse führt und das Potenzial einer Überforderung birgt. Denn hinter den Ideologien und Narrativen stehen komplizierte, teils auch widersprüchliche Gedankengebäude, in denen verschiedene Wertungen, Setzungen, Argumente, Rechtfertigungen usw. auf verschiedene Weise miteinander verbunden sein können und die zudem auch Schnittstellen mit anderen Weltanschauungen zeigen mögen. Verantwortungsvoll im Kontext verschiedener Wohlstandsideologien handeln zu wollen, das sollte deshalb nicht verwechselt werden damit, über andere Weltanschauungen urteilen zu müssen. Zwar kann und wird das *in Teilen* tatsächlich der Fall sein, wenn gegensätzliche Positionen aufeinandertreffen. Dazu lässt sich an eine Situation denken, in der der Wunsch nach Quantifizierung von Wohlstand der Kritik an einem quantifizierenden, ökonomisierenden und verdinglichenden Verständnis von Wohlstand gegenübersteht. Aber es wären dann Bewertungen, die sich auf einen *konkreten* Sachverhalt beziehen, die freilich auch von besonders hoher Relevanz für eine Gesamtbewertung sein können, die aber nicht zwangsläufig eine vollumfängliche Analyse oder Bewertung einer gesamten Weltanschauung bedeuten müssen. Das schließt selbstverständlich nicht aus, sich tatsächlich in die aufwändige Arbeit zu begeben, ausführlich zum Beispiel den Wohlstand im Kontext von etwa ‚dem' Utilitarismus, Liberalismus, ‚der' Meritokratie oder der Soziale Marktwirtschaft zu analysieren. Allerdings ist das ein anspruchsvolles Unterfangen. Der hier adressierte verantwortungsvolle Umgang muss das nicht zwangsläufig umfassen, sondern er zielt auf einfachere Aspekte im praktischen Umgang ab.

Erstens besteht der grundlegende Schritt eines verantwortungsvollen Umgangs mit Wohlstand im Kontext unterschiedlicher Wohlstandsideologien und -narrative darin, diese Ideologien und Narrative erst einmal als solche und in ihrem normativen Gehalt zur Kenntnis zu nehmen. Alleine das scheint eine Herausforderung angesichts der Dominanz positivistischer Denkhaltungen, die eine Beschäftigung mit normativen Fragen in der Tendenz ausgrenzen oder missverstehen. Mit anderen Worten wäre zunächst das *dogmatische* Denkkorsett einer vermeintlichen ‚wertfreien', ‚neutralen' und nur ‚den Fakten' verschriebenen Perspektive abzulegen, um die normative Substanz, die sich mit bestimmten Vorstellungen von Wohlstand verbindet, angemessen zur Kenntnis nehmen zu können.

Zweitens sind dann im Detail die ethisch problematischen Punkte der verschiedenen Vorstellungen von Wohlstand zu dechiffrieren. Es ist dann der normativen Struktur nachzuspüren. Praktisch bezieht sich das auf Annahmen bzw. Postulate, die notwendigerweise für eine bestimmte Vorstellung von Wohlstand zu Grunde gelegt werden, aber auch auf die Auswahl und Begründung (Rechtfertigung) von Variablen und ihrer Gewichtung in bestimmten Messkonzepten (siehe ausführlich Kapitel 2 zur Vermessung von Wohlstand). Dabei können sich auch einzelne Ideologien und Narrative zeigen, die entsprechend offenzulegen sind. Das gilt im Übrigen auch für die *preanalytische* Vision, die der eigenen Vorstellung von Wohlstand zu Grunde liegt. Ein Beispiel dafür, wie das aussehen kann, liefern Biesecker & Kesting (2003: 4) in der Offenlegung der preanalytischen Vision ihrer sozial-ökologischen Perspektive. Ein Stück weit legen auch jene ökonomischen Axiome, Postulate oder Prinzipien, die oft in verschiedenen Lehrbüchern an den Anfang gestellt sind

(Effizienz, Rationalität, Konkurrenz usw.), eine preanalytische Vision offen. Doch das geschieht üblicherweise nur zum Teil und in der Tendenz unbewusst: Der normative Charakter dieser Postulate bleibt dort in der Regel unterbelichtet und normative Aspekte – wie etwa ein Wachstumspostulat – müssen nicht immer als solche ausbuchstabiert sein, sondern sie werden als unausgesprochene Schlussfolgerung im präsentierten Gedankengebäude mittransportiert. Darauf richtet sich die eben beschriebene Aufgabe, die normativen Momente in den Überlegungen zum Wohlstand und in den Wohlstandskonzepten zu dechiffrieren. Das heißt, dass dort eine preanalytische Vision oft auch erst entschlüsselt – sichtbar gemacht – werden muss.

Eine besondere Herausforderung ist dadurch gegeben, dass die Prägung des eigenen Denkens und damit auch der eigenen Theorien, Modelle etc. durch zum Beispiel Zeitgeist, Kultur, Politik und persönliche Eindrücke (Biographie) nicht immer bewusst sein muss. Es ist daher möglich, dass sich Forschende selbst beim ernsthaften Bemühen darum, die eigene preanalytische Vision offenzulegen, nicht alle Elemente einer solchen erfassen. Gegenüber interessierten Dritten kann es dann hilfreich sein, der eigenen Forschungsarbeit ein paar kurze introspektive – auf sich, nach ‚innen' gerichtete – Gedanken über die eigene Biographie und Motivation für die Beschäftigung mit dem Forschungsthema voranzustellen. Dies kann dabei helfen, bestimmte Aussagen, Annahmen, Postulate, wissenschaftliche Verfahren usw. in ihrem normativen Gehalt einzuschätzen.

Drittens wären die offengelegten normativen Momente – Bewertungen, Postulate/Setzungen, Rechtfertigungen, Narrative usw. – in die damit verbundenen Ideologien einzuordnen und auf ihre *ethische Legitimität* hin zu reflektieren. Dazu gehört eine Abwägung darüber, inwiefern diese normativen Momente gegenüber anderen als relevant betrachteten ethischen Referenzpunkten als ethisch legitim einzuschätzen sind (oder nicht). Praktisch geht es dabei um das Aufspüren und Bewerten von ethischen Konflikten, die

- binnenlogisch, also bezogen auf die ethische Legitimität innerhalb einer dem Wohlstandsverständnis zu Grunde gelegten Weltanschauung, oder
- komparativ, d. h. im Vergleich mit anderen Ethik-Konzepten oder Weltanschauungen,

auftreten können. Binnenlogisch problematisch ist z. B. die meritokratische Annahme des gleichen Zugangs zum Markt und Privateigentum, wenn gleichzeitig die Ungleichheit als wesentliches und gewünschtes Element einer meritokratischen Gesellschaft gilt (siehe Abschnitt 3.4). Im Vergleich (komparativ) problematisch kann die Vermessung von Wohlstand sein, wenn sie z. B. verdinglicht und somit gegen das Prinzip der Menschenwürde oder das der Personalität (Katholische Soziallehre) verstößt; oder wenn bei der Erfassung der Daten der Grundsatz der informationellen Selbstbestimmung und der Datenschutz verletzt werden. Bei der Vermessung von Wohlstand kann es ebenfalls zu Konflikten führen, wenn gesellschaftlicher Wohlstand einfach aus der Summe individueller Wohlstände gebildet wird, ein solcher utilitaristischer Maßstab aber in der Kritik steht und auf Ablehnung stößt.

Für einen verantwortungsvollen Umgang mit Wohlstand angesichts verschiedener Wohlstandsnarrative und -ideologien wird es bereits hilfreich sein, zu reflektieren, inwiefern die Perspektive von potenziell betroffenen Menschen berücksichtigt ist. Tatsächlich scheint der Trend in Politik und Forschung dahin zu gehen, potenziell Betroffene an Entscheidungsprozessen zu beteiligen, sie also konkret anzuhören oder in einen Diskurs einzubinden. In diesem Sinne und mit Blick auf Wohlstand verantwortungsvoll zu handeln, das bedeutet, kritisch zu überprüfen, ob die Berücksichtigung der Betroffenenperspektive von den zu Grunde liegenden Wohlstandsnarrativen überhaupt vorgesehen ist und tatsächlich umgesetzt wird. Im Kern können diese Reflexionen dann etwas vom eigentlichen Wohlstandsthema wegführen, drehen sie sich doch dann eher um diskursethische Fragen, die den Zugang zum Diskurs und die strukturellen Bedingungen für einen gelingenden offenen Diskurs betreffen. Diese Reflexionen sind aber dennoch von enormer Bedeutung für das Verständnis von Wohlstand, *wenn* dies mit dem Anspruch an ethische Legitimität einhergeht und eine diskursethische Perspektive zu Grunde liegt: Denn was Wohlstand ist, das hat dann im Diskurs (Dialog) bestimmt zu werden. Deshalb sind die Bedingungen für einen gelingenden Diskurs und deren Realisierung maßgeblich dafür, ob eine bestimmte Vorstellung von Wohlstand (diskurs-) ethisch legitim sein kann. Insofern stünde ein modernes, diskursethisches Verständnis von Wohlstand sicher auch dafür, mehr Demokratie zu wagen.

4 Wohlstand und Wachstum?

Gedanklich ist Wohlstand im ökonomischen Denken spätestens seit dem *Wohlstand der Nationen* von *Adam Smith* (1723–1790) mit der Idee ökonomischen Wachstums verbunden (siehe hierzu und nachfolgend Thieme 2024c). In der Forschung zur ökonomischen Ideengeschichte finden sich zwar deutliche Hinweise auf eine normativ-ethische Perspektive, für die dort auf die griechische Antike verwiesen wird und die durch eine Wachstumsskepsis getragen ist. Aber spätestens mit der ökonomischen Klassik, deren Beginn heute oft auf das Werk von Adam Smith datiert wird und mit der sich die akademische Disziplin ‚Ökonomik' zu etablieren beginnt, erfolgt ein Bruch mit dieser normativ-ethischen Perspektive: Ab diesem Zeitpunkt findet das ökonomische Denken eingebettet in oder flankiert von Wachstumsnarrativen statt (Thieme 2024c: 268–269). Selbst dort, wo die neoklassische Ökonomik, wie sie auch heute noch gelehrt wird, mit dem Marktgleichgewicht einen Ruhepunkt setzt, trügt der Schein: Denn den Wirtschaftsakteuren ist eine Nutzenmaximierung unterstellt, die sie *ständig* – selbst im Ruhepunkt des Marktgleichgewichts – dazu anhält, nach Möglichkeiten zu suchen, um die eigene ökonomischen Situation zu verbessern. Ein anderes jüngeres und wirtschaftspolitisch relevantes Beispiel für ökonomisches Wachstum als regulative Idee ist die Ludwig Erhard zugeschriebene und im deutschsprachigen Raum populäre Programmschrift *Wohlstand für alle* (Erhard 1964; Ghostwriter Wolfram Langer): Auch dort ist die ökonomische Argumentation sehr deutlich von Wachstumsnarrativen getragen (Durchbruch nach vorn usw.), die greifbar werden lassen, wie abhängig dort Wohlstand von Wachstum gesehen wurde. Ein weiteres Beispiel ist der *Trickle-Down-Mythos*, gemäß dem sich ‚die Politik' nur den gutbetuchten Bevölkerungsschichten zuwenden bräuchte, denn wenn es ihnen gut ginge, dann würde von deren Wohlstand etwas in die untersten Etagen der Gesellschaft sickern und damit den Wohlstand aller heben. Wachstum ist auch hier der Weg, auf dem der Wohlstand für alle erreicht würde.

Diese beschriebene Verbindung zwischen Wohlstand und Wachstum existiert nicht zufällig. Denn Wachstum wird vom Standpunkt der Fachleute aus ‚der' etablierten Ökonomik aus benötigt, um Verteilungskonflikte zu ‚lösen', *ohne* dass sie sich direkt mit Verteilungsfragen auseinandersetzen müssen. Letzteres ist ein entscheidender Punkt. Denn die Ökonomik, wie sie seit der klassischen Ökonomik als akademische Disziplin etabliert wurde, sollte sich ganz bewusst *nicht* mit ethischen Fragen befassen. In der modernen Ökonomik wird die (systematische) Beschäftigung mit ethischen Fragen jedenfalls als etwas ‚Randständiges' oder an andere Disziplinen ausgelagert betrachtet, bewusst ausgegrenzt und teils sogar als ‚unwissenschaftlich' herabgewürdigt.

Dies liegt offenbar darin begründet, dass die Entwicklung des ökonomischen Denkens in einer Emanzipation von einer normativ-ethischen Perspektive auf ‚Wirtschaft' besteht, auf deren Weg spätestens mit David Ricardo (1772–1823) Moral und Ethik aus der wirtschaftswissenschaftlichen Analyse ausgeschlossen wurden (siehe auch Unterabschnitt 3.2.1). Bekanntlich resümierte der Ideenhistoriker Karl Přibram, die Beseitigung der moralischen Fragen aus der ökonomischen Betrachtung sei der Preis gewesen „für die Umwandlung der Wirtschaftslehre in eine ‚exakte Wissenschaft'" (Pribram 1992: 278). Vor diesem Hintergrund ist es verständlich, dass Fachleute ‚der' Ökonomik bestimmte ökonomisch relevante Fragen wie die nach der Verteilung oder des Wohlstands allenfalls unvollständig beantworten können. Drängen sich Verteilungskonflikte und Ungleichheit als ein Problem auf, dann sehen viele Fachleute der modernen Ökonomik offenbar nur einen Weg, mit diesen Problemen umzugehen: *ökonomisches Wachstum*. Damit befindet sich das Denken auf den Bahnen einer modernen Ökonomik in einer *Abhängigkeit* vom ökonomischen Wachstum. Das moderne ökonomische Denken steht unter einem Wachstums*zwang*. Da ‚der' Ökonomik die Bedeutung einer gesellschaftliche Leitwissenschaft zugeschrieben wird (so etwa Praetorius 2015: 9), ist davon auszugehen, dass sich der dort etablierte Fokus auf ökonomisches Wachstum auch in öffentlichen und politischen Debatten zu wirtschafts- und sozialpolitischen Fragen niederschlägt. Die standard-ökonomisch geprägte Sichtweise auf *Wachstum und Wohlstand*, die darin angelegte Abhängigkeit vom ökonomischen Wachstum, eröffnet eine vielschichtige Problemlage.

Erstens unterstellt diese Sicht oft stillschweigend, dass Wohlstand überwiegend im materiellen Wohlstand besteht sowie ökonomisches Wachstum und damit auch materieller Wohlstand grenzenlos (unendlich) sind: Wohlstand wird nicht ohne Wachstum gedacht. Das führt zu Konflikten, wenn ökonomisches Wachstum an Grenzen stößt, die etwa durch die Endlichkeit fossiler Rohstoffe, die beschränkte Schadstoffabsorption durch die Natur und planetare Grenzen gegeben sind. Als schwierig erweist es sich in diesem Kontext auch, wenn Wohlstand durch ökonomisches Wachstum beeinträchtigt zu werden droht. Damit sind Situationen gemeint, in denen Wirtschaftswachstum mit dem Verbrauch von endlichen Ressourcen einhergeht, die nicht nur späteren Generationen fehlen werden, sondern deren Gebrauch auch die Lebensgrundlagen andernorts und zukünftig zerstören. Daran knüpfen verschiedene Diskussionen über eine sozial-ökologische Transformation von Gesellschaft und Wirtschaft an, in denen unterschiedliche Antworten auf diese Problematik gegeben werden und die sich mit Schlagworten wie „Green Growth", „Grüner Kapitalismus", „Postwachstum", „De-Growth" und „A-Growth" verbinden. Darauf ist später noch einmal zurückzukommen.

Eine Herausforderung für die Auseinandersetzung mit Wachstum in der modernen Ökonomik liegt in der dort verbreiteten Überzeugung, dass jegliche ökonomische Aktivität die Umwelt verschmutzt. Weil die ökonomischen Aktivitäten darauf abzielen, den Nutzen zu maximieren und Nutzen zu produzieren, wird davon ausgegangen, dass Umweltverschmutzung zunächst mit einem positiven Nutzen im Zusammenhang steht. Jedenfalls erscheint es aus dieser Sicht utopisch, den Ausstoß von bestimmten Schadstoffen auf null reduzieren zu wollen; stattdessen müsse das gesellschaftlich akzeptable – d. h. *optimale* – Maß an Umweltschädigung gefunden werden.[47] Das eröffnet die Möglichkeit, Umweltschutz und über Wachstum vermittelten Wohlstand *gegeneinander* auszuspielen und aufzurechnen. Von besonderer Brisanz ist dabei, wenn eine *Güterabwägung* – zum Beispiel zwischen Güterproduktion und Gesundheit – als eine mathematische Optimierungsaufgabe *missverstanden* wird, bei der das optimale Maß an Nutzen aus der volkswirtschaftlichen Güterproduktion gegenüber dem optimalen Schaden für die individuelle Gesundheit zu ermitteln ist. Streng genommen werden mit dieser in ‚der' modernen Ökonomik üblichen Praxis als *absolut* gesetzte soziokulturelle Grenzen – wie sie sich mit Menschenrechten und Moralprinzipien verbinden (Menschenwürde, Recht auf körperliche Unversehrtheit usw.) – angetastet und demontiert. In diesen Fällen liegen dann erhebliche ethische Konflikte vor.

Damit lässt sich zum bereits mehrfach erwähnten Mangel an angemessener Berücksichtigung ethischer Fragen in der modernen Ökonomik überleiten. Die ethischen Fragen betreffen im Kontext von Wachstum und Wohlstand eine breite Gemengelage: Sie reichen von allgemeinen Fragen zur Entstehung und Verteilung von Wohlstand bis zu konkreten Detail-Fragen zur ‚gerechten', ‚angemessenen' oder ‚zumutbaren' Nutzung von Ressourcen, die auch eine Auseinandersetzung mit der Frage umfassen, worin ‚gerechter' und ‚angemessener' Wohlstand bestehen soll. Ebenso ist zu klären, inwiefern der Wohlstand von Menschen andernorts vom eigenen ‚wohlständigen' Lebensstil beeinträchtigt wird, dort Schaden entsteht und wenn dieser entstanden ist, wie er zu kompensieren wäre.

Alle diese Fragen werden sich hier nachfolgend natürlich nicht erörtern lassen. Das ist auch nicht der Anspruch. Dieser liegt eher darin, eine Vorstellung darüber zu vermitteln, dass ethische Fragen zum Wohlstand mit Blick auf Wachstum existieren. Dazu sollen später ausgewählte ethische Orientierungspunkte behandelt werden. Zuvor wird es aber um die wesentlichen Argumente der Wachstumskritik gehen, in denen sich bereits Schnittstellen zwischen Wachstum, Wohlstand und Ethik abzeichnen werden.

---

47 Darauf wurde bereits in Unterabschnitt 2.2.2 hingewiesen. Eine solche mainstreamökonomische Sicht findet sich im Lehrbuch von Krugman & Wells (2017: 495–497); für eine kritische Kommentierung siehe Thieme (2020: 226–228).

4.1 Frühe Wachstumskritik

Aus der vorherrschenden und wirtschaftstheoretisch geprägten Perspektive auf Wirtschaft und Wohlstand heraus erscheint wirtschaftliches Wachstum nicht unbedingt als ein Problem. Im Gegenteil: Wirtschaftliches Wachstum bedeutet mehr Güterwohlstand (BIP), ein höheres Einkommen im Durchschnitt (BIP pro Kopf), das Potenzial zur Befriedung von Ungleichheit und die Möglichkeit zur Aufbesserung der sozialen Absicherung – wer soll dagegen etwas haben? Problematisch ist dagegen aus dieser wirtschaftsliberalen Sicht einzuschätzen, wenn das wirtschaftliche Wachstum stagniert oder gar zurückgeht: Dann drohen Wohlstandsverluste, Verteilungskonflikte usw., die als ‚nicht wünschenswert' gelten und eher einen Mangel an volkswirtschaftlicher Performance und Wettbewerbsfähigkeit bedeuten. Diese Schlussfolgerungen rühren von verschiedenen Engführungen in der Vorstellung über ‚Wirtschaft' und ‚Wohlstand' her, wie sie in den vorherigen Abschnitten Thema waren und andernorts diskutiert wurden (z. B. ausführlich in Biesecker & Kesting 2003 und Thieme 2024c). Die kritische Auseinandersetzung mit diesen Engführungen ermöglicht wiederum auch einen anderen Blick auf wirtschaftliches Wachstum.

Die frühesten kritischen Positionen zum wirtschaftlichen Wachstum werden in der Forschung zur Geschichte des ökonomischen Denkens im *normativ-ethischen Denken* der griechischen Antike verortet.[48] Ein Gedanke an die Literatur zur ökonomischen Ideengeschichte wird dazu vermutlich die Skepsis bis Ächtung von Zins und Gewinn als charakteristische Merkmale antiken Wirtschaftsdenkens in Erinnerung rufen.[49] Diese betreffen ganz klar die Wachstumsthematik. Im Detail wird das Thema Wachstum aber differenzierter diskutiert und beinhaltet vor allem Hinweise auf Wachstumsgrenzen.

Zum Beispiel sollten bei *Platon* (427–347 v.Chr.) die Besitzlosigkeit und die Praxis einer Gütergemeinschaft eine *Unabhängigkeit* gewährleisten, die es ermöglichte, frei von Bedürfnissen und unparteiisch ‚das Gute' zu erkennen und Rechtsstreitigkeiten zu vermeiden, welche sonst die Einigkeit der Polis gefährden würden (Hoffmann 2009: 30-31, 35). Unbeschränkter Besitz bzw. großer Reichtum stellte in Platons Augen eine Gefahr für ‚den Staat' dar, weil Reichtum in Macht umschlägt und in Tyrannei enden mag (Kurz 2013: Kapitel 1). Zudem wäre materieller Reichtum nicht mit einem tugendhaften Leben vereinbar, denn wer sehr vermögend sei, könne nicht gut und mithin nicht glücklich sein (Hoffmann 2009: 41). Dazu passt der Vorschlag, die Ungleichheit im Besitz auf das Vierfache zu beschränken, d. h., dass kein Mensch mehr als das Vierfache von anderen besitzen können sollte (Hoffmann 2009: 42–43). Das sind deutliche Grenzen für Wachstum und Wohlstand. Hoffmann

48 Siehe dazu und nachfolgend Hoffmann (2009: 22–68) und Thieme (2024c: 47–57).

49 Siehe dazu z. B. Söllner (2012: 4), Schinzinger (2014 [2001]: 18), Kolb (2015 [2004]: 6), und Kurz (2013: Kapitel 1).

(2009: 30) vertieft außerdem einen Gedanken Platons zum *guten Leben*, der ebenfalls wachstumskritisch ausfällt: Ginge die Bedürfnisbefriedigung über die Gewährleistung der elementaren Lebensnotwendigkeiten hinaus, wäre der Grundstein für ‚unendliches Wachstum' gelegt. Das heißt, dass die Bedürfnisse und die Notwendigkeit ihrer Befriedigung potenziert und ins Unendliche hin ausgedehnt würden, was Konflikte mit der „gegebenen Endlichkeit des Staates, seiner Ressourcen und Kapazitäten" (Hoffmann 2009: 30) verursacht. *Reelle Seinsmaße* seien deshalb dem Streben nach Besitz und Expansion von Handel und Produktion entgegenzusetzen (Hoffmann 2009: 38). Auf diese Weise sind dem Wachstum bei Platon natürliche Grenzen gesetzt (Ressourcen, die Kapazitäten der Polis/des Staates), aber auch moralische Grenzen, die der Gewährleistung eines guten, tugendhaften und glücklichen Lebens dienen. Wohlstand bedurfte zwar – dieser Lesart nach – der Befriedigung elementarer Lebensnotwendigkeiten, war aber nicht im Streben nach materiellem Besitz zu suchen, sondern im *guten Leben*. Das ist ein wichtiger Punkt, der untergehen kann, wenn Wohlstand *heute* vor allem mit dem BIP pro Kopf assoziiert wird.

Bei *Aristoteles* (384–322 v.Chr.), so die Forschung zur ökonomischen Ideengeschichte, verhielt es sich ähnlich: Auch dort bestand der Wohlstand im *guten Leben*, das ein tugendhaftes, nach Gerechtigkeit strebendes und damit glückliches Leben sein sollte (zum Überblick siehe Thieme 2024c: 51–52). In diesem Sinne wurde eine sogenannte *Bereicherungskunst* – die Chrematistik – dafür kritisiert, dass der Tausch dort nicht dem guten Leben diente, sondern reiner Selbstzweck und *grenzenlos* (nicht final) war (Caspari 2019: 12). Dazu merkt Hoffmann (2009: 55) an, dass die Chrematistik dafür sorgt, die getauschten Güter von ihrem eigentlichen inneren Zweck – d. h. dem Dienst am guten Leben – zu *entfremden*. Die Chrematistik, zu der auch Zins- und Kreditgeschäfte zählten, war in den Augen von Aristoteles abzulehnen (siehe z. B. Kurz 2013: Kapitel 1). Dazu passt, dass nach Aristoteles unbeschränktes Wachstum zu missbilligen sei: Die „bloße Expansion der Wirtschaft (im Sinne unbeschränkten ökonomischen Wachstums)", so Hoffmann (2009: 51), kann nach Aristoteles kein Ziel der Wirtschaftspolitik sein, das dem wirklich Guten dienen soll, sondern würde eine solche Wirtschaftspolitik sogar untergraben.

Damit lässt sich zusammenfassen, dass diese normativ-ethische Perspektive auf ‚Wirtschaft' das *gute Leben* als tugendhaftes und damit glückliches Lebens ins Zentrum stellte: Wirtschaftliche Aktivitäten hatten das guten Leben zum Ziel, wobei ein gutes Leben immer ein Leben *in der Gemeinschaft* mit anderen war und damit auch zum Gemeinwohl beitrug. Darauf begründet sich die Zurückhaltung bis Ablehnung gegenüber dem ökonomischen Wachstum, wofür verschiedene Argumente angeführt werden. Zum Beispiel, dass

- ökonomisches Wachstum als Selbstzweck grenzenlos ist und damit dem *finalen* Zweck wirtschaftlicher Tätigkeiten, dem guten Leben zu dienen, widerspricht;

- die grenzenlosen Geldtauschgeschäfte im Rahmen der Chrematistik die Güter von ihrem ursprünglichen Zweck (dem Dienst am guten Leben) entfremden;
- Reichtum Anlass für Rechtsstreitigkeiten gibt, die die Einheit der Polis/des Staates gefährden;
- Reichtum es verunmöglicht, unparteiisch ‚das Gute' zu erkennen, und (deshalb) nicht mit einem tugendhaften – mithin glücklichen – Leben vereinbar ist; sowie
- Reichtum Marktkonzentration bedeutet und zu Tyrannei führen kann.

Ökonomisches Wachstum ist daher zu begrenzen, was sich auch in der Begrenzung von Reichtum und in der Ächtung von bestimmten ökonomischen Tätigkeiten (Chrematistik) niederschlägt.

Deutlich zeigt sich dabei die ethische Dimension: Schließlich ist das Ziel des guten Lebens eine Kategorie, deren konkreter Inhalt durch ethische Reflexion – gemessen an ethischen Prinzipien, Maximen usw. – bestimmt wird und die einen normativen Charakter besitzt. Daran *soll* sich das Leben (mithin: das Wirtschaftsleben) ausrichten. Die entsprechenden Tätigkeiten und Konsequenzen werden ethisch bewertet. Das zeigt sich besonders anschaulich in der Unterscheidung zwischen der natürlichen und nicht natürlichen Erwerbskunst (Chrematistik). Damit findet das ökonomische Wachstum auf einer abstrakten Meta-Ebene eine Grenze im übergeordneten (Final-) Ziel des *guten Lebens*, auf das hin alle ökonomischen Tätigkeiten reflektiert werden sollen. Die Grenze der ökonomischen Tätigkeiten und mithin des ökonomischen Wachstums wird durch die ethische Legitimierbarkeit und Legitimität gesetzt. Um Missverständnissen vorzubeugen, sei nochmals betont, dass der Wohlstand aus der ethisch-normativen Perspektive heraus im guten Leben besteht: Die Einschränkungen im Besitz und im ökonomischen Wachstum bedeuten deshalb keine Wohlstandsverluste, sondern – im Gegenteil – sie ermöglichen Wohlstand im Sinne eines guten Lebens erst. Das ist ein wesentlicher Unterschied zu einer Perspektive, die Wohlstand *überwiegend* am individuellen materiellen Wohlstand, am Besitz, Güterwohlstand, Nutzen und Finanzvermögen festmacht – und in der ein Verzicht auf Güter, Besitz oder eine Grenze für Vermögen für Wohlfahrtsverlust steht.

4.2 Zeitgenössische Wachstumskritik in der Postwachstumsdebatte: Grenzen des Wachstums?

Die Bedeutung und die Konsequenzen wirtschaftlichen Wachstums war natürlich auch über die frühen antiken Zeugnisse hinaus immer wieder Gegenstand kritischer Auseinandersetzungen. Als ein wichtiger Impuls für die Debatte von *heute* (2025) gilt der Bericht *Grenzen des Wachstums*, den der Club of Rome 1972 publizierte (siehe z. B. Rätz et al. 2011: 11). Unter dem Eindruck der Erfahrungen im Umgang mit diesem Bericht und den zunehmenden klimatischen Veränderungen erfuhr dieser zum 50jährigen Jubiläum mit *Earth for All* (Dixson-Declève et al. 2022) eine viel beachtete Aktualisierung. Damit sind aber nur zwei Schlaglichter der jüngeren Wachstumskritik angesprochen. Die kritische Auseinandersetzung mit dem Wirtschaftswachstum ist breiter. Sie wurde und wird etwa in der Umweltbewegung, in globalisierungskritischen Bewegungen (attac usw.) und in den Sozialenzykliken der katholischen Kirche (Laudato si', 2015) fortgeführt und vertieft. Vor allem jene Diskussionen, die ihre Kritik gegen einen als hegemonial empfundenen Glauben richten, Wirtschaftswachstum sei prinzipiell etwas Gutes, finden *heute* größtenteils unter den Schlagworten „Postwachstum" und „DeGrowth" statt – bzw. werden sie dort verortet.[50] In dieser Postwachstumsdebatte und der damit verbundenen Wachstumskritik werden die Grenzen thematisiert, die dem wirtschaftlichen Wachstum gesetzt sind, aber es werden auch die Verhältnisse, Bedingungen und Konsequenzen von *Wachstumsgesellschaften* analysiert und kritisiert.

Der Begriff „Wachstumsgesellschaften" adressiert hier und nachfolgend jene Wirtschafts- und Gesellschaftsstile, die im kritischen (Postwachstums-)Diskurs mit ‚dem globalen Norden' assoziiert werden: Es geht um eine als ‚hegemonial' wahrgenommene und auf Wachstum basierende – bzw. angewiesene – ‚kapitalistische' Produktionsweise. Die davon angeregte Debatte speist sich aus unterschiedlichen Denkrichtungen, die mit Schmelzer & Vetter (2021) nach sieben Gesichtspunkten hin klassifiziert werden können. Es handelt sich dabei nicht zwangsläufig um isoliert, nebeneinanderstehende Argumente, sondern die dort bemühten Argumente können sich mit den Argumenten anderer Denkkollektive überlagern und sich wechselseitig stützen.[51]

4.2.1 Ökologische Perspektive

Die ökologische Perspektive lässt sich mit der bekannten Zuspitzung beschreiben, dass unendliches Wachstum auf einem begrenzten Planeten nicht möglich ist. Darin kommt zum Ausdruck, dass wirtschaftliche Prozesse eingebunden in physische und biologische Prozesse stattfinden. Diese wiederum setzen dem wirtschaftlichen Wachstum ‚natürliche' Grenzen. Dazu lassen sich erstens empirische Studien zu Belastungsgrenzen der Natur anführen. Zweitens zeigt sich im Zeitverlauf, dass der Material- und Energieverbrauch in den Volkswirt-

50 Siehe Schmelzer & Vetter (2021: 70). Für einen Überblick zu den unterschiedlichen Debatten seit 2007 siehe auch Rätz et al. (2011: 11–13).

51 Die nachfolgenden Ausführungen zu den unterschiedlichen wachstumskritischen Perspektiven orientieren sich am Überblick von Schmelzer & Vetter (2021), dessen wesentlichen Inhalte nachfolgend zusammengefasst und an verschiedenen Stellen ergänzt werden.

schaften zunimmt und Produktivitätsfortschritte nur mit ‚billiger' Energie realisierbar sind, diese ‚billige' Energie aber aus fossilen Rohstoffen stammt, die als begrenzt gelten (Schmelzer & Vetter 2021: 77-18). Hinzu treten „Rebound-Effekte", d. h. die „Mehrnachfrage aufgrund einer Produktivitätssteigerung" (Schmelzer & Vetter 2021: 79). In der Summe würden alle Rebound-Effekte mindestens 50% der volkswirtschaftlichen Effizienzsteigerungen neutralisieren und teils sogar zu einem „overshoot" – d. h. einem Nettomehrverbrauch – führen (Schmelzer & Vetter 2021: 80). Das ist ein zentrales ökologisches Argument *gegen* die Idee „grünen Wachstums", demgemäß eine Entkopplung von den begrenzten fossilen Rohstoffen durch Technik möglich sei (Schmelzer & Vetter 2021: 79). Zwar wäre eine relative Entkopplung teilweise möglich, relevant wäre aber eine *absolute* Entkopplung vom Ressourcenverbrauch und dessen Reduzierung (Schmelzer & Vetter 2021: 80). Damit wird aus ökologischer Sicht *erstens* der Idee nachhaltigen Wirtschaftswachstums eine Absage erteilt. *Zweitens* wird auf die auch empirisch gestützte Einsicht verwiesen, dass Emissionen und Ressourcenverbrauch nur zurückgehen, wenn ‚die Wirtschaft' schrumpft. Daraus ergibt sich folgendes grundlegendes Dilemma:

> „Sollen die ökologischen Grundlagen menschlichen Lebens nicht noch weiter zerstört werden, muss der Materialdurchfluss der Wirtschaft in den nächsten Jahren sehr schnell reduziert werden, was bei gleichzeitigem Wirtschaftswachstum nicht möglich ist." (Schmelzer & Vetter 2021: 82)

4.2.2 Sozial-ökonomische Perspektive

Aus der sozialökonomischen Perspektive heraus wird kritisiert, dass Wachstum nicht mit Fortschritt, Fortschritt nicht mit dem BIP und alles das auch nicht mit einem besseren Leben in eins zu setzen ist. Wachstum steigert nicht automatisch die Lebensqualität und ist daher nicht automatisch wünschenswert. Wesentlich für die Lebensqualität wären etwa Gleichheit, Demokratie, Zeitwohlstand und die Aufwertung der Sorgearbeit (Schmelzer & Vetter 2021: 82). Empirisch wird dazu angeführt, dass die sozialen und ökologischen Kosten des Wirtschaftswachstums ab einem bestimmten individuellen und gesellschaftlichen Einkommensniveau die Vorteile des Wachstums übersteigen (Schmelzer & Vetter 2021: 83). In diesem Sinne ist die Kritik an Konsum und Wohlstand zu verstehen, die soziale, psychische und ökologische Kosten adressiert; und die Kritik an den Logiken und Prozessen der Steigerung, Beschleunigung und Distinktion, die zu mehr Konsum statt mehr Lebensqualität führen (Schmelzer & Vetter 2021: 85).[52] Eine besondere Rolle spielen dabei *Positionsgüter*, d. h. Güter, „die ihren Wert aus ihrer Knappheit ziehen und die daher, je mehr Menschen sie konsumieren, umso mehr an Wert *für alle* verlieren" (Schmelzer &

---

52 Mit „Distinktion" ist die aktive Unterscheidung von anderen gemeint, was sich u. a. in demonstrativem Konsum niederschlagen kann.

Vetter 2021: 86). Ein Beispiel für das damit verbundene *Überflussparadox* liefert der Tourismus: Das exklusive Reiseziel verliert an ‚Wert', wenn alle einen Zugang dazu haben.

Mit dem *Easterlin-Paradox* (Glück-Einkommen-Paradox) wurde empirisch festgestellt, dass der Zusammenhang zwischen dem BIP und der Lebensqualität nur bis zu einem bestimmten Einkommensniveau stabil sei, d. h. ab einem bestimmten Niveau nimmt die Lebensqualität nicht mehr mit wachsendem BIP zu (Schmelzer & Vetter 2021: 86–87). In einzelnen volkswirtschaftlichen Lehrbüchern wie Blanchard & Illing (2017: 319) wird darauf hingewiesen, dass jüngere Studien diesen Befund nicht bestätigen würden:

> „Die Lebenszufriedenheit eines Einzelnen mag auch von vielen anderen Faktoren abhängen, aber sie nimmt eindeutig mit steigendem Einkommen zu. Die Vorstellung, dass ab einem bestimmten kritischen Einkommensniveau ein weiter steigendes Einkommen das Glücksbefinden nicht mehr erhöht, ist nicht in Einklang mit den Daten." (Blanchard & Illing 2017: 319)

Kritisch lässt sich dazu aber mit Schmelzer & Vetter (2021: 87) einwenden, dass alternative Messkonzept für Wohlstand entwickelt wurden, die etwa unbezahlte Arbeit, Umweltzerstörung und subjektives Wohlbefinden berücksichtigen können:

> „Darauf basierende [...] Vergleichsstudien [...] zeigen, dass der Zusammenhang zwischen BIP und Lebensqualität nur bis zu einem bestimmten Wohlstandsniveau stabil ist. In den meisten Industrieländern galt das bis spätestens in die 1970er Jahre, danach fällt der Zusammenhang dramatisch auseinander: Auch wenn die Wirtschaft wächst, stagniert der Wohlstand oder geht sogar leicht zurück" (Schmelzer & Vetter 2021: 87).

Als Gründe dafür, dass die Lebensqualität trotz wachsender Wirtschaft *nicht* zunimmt, sondern teils sogar abnimmt, werden dort u. a. angeführt:

- der abnehmende Grenznutzen, d. h. ein Euro ist für Haushalte mit einem Einkommen von 1.000 Euro im Monat einen größeren Nutzen als für Haushalte mit einem Einkommen pro Monat von z. B. 40.000 Euro.
- der Umstand, dass das BIP den Wohlstand nicht in angemessener Weise erfasst (siehe auch Unterabschnitt 2.2.2); und
- das Ende des Zeitalters des „demokratischen Kapitalismus" in den 1980er Jahren, das in einem Marktfundamentalismus mündete, der durch Privatisierung, Deregulierung und Kürzungen beim Sozialstaat die Unsicherheit und Ungleichheit erhöhte (Schmelzer & Vetter 2021: 87–89).

Aus der sozial-ökologischen Perspektive heraus bedeutet dies, dass das wirtschaftliche Wachstum in reichen (westlichen) Ländern – also in Wachstumsgesellschaften – ohnehin nicht mehr die Lebensqualität steigert und deshalb andere Faktoren für die Verbesserung der Lebensqualität ins Auge zu fassen sind. Aus einer wachstumskritischen Perspektive wird das als ein Argument dafür begriffen, „dass Wohlstand ohne Wachstum möglich ist" (Schmelzer &

Vetter 2021: 89). Dazu lässt sich auf Studien verweisen, die zeigen, dass die Lebensqualität von anderen Faktoren wie Gleichheit, Zeitwohlstand, soziale Sicherheit, politische Teilhabe und aufgewerteter Sorgearbeit abhängt. Dabei wird herausgestellt, dass ab einem bestimmten Einkommensniveau der Zugewinn an *Gleichheit* (z. B. in der Lebenserwartung oder Bildung) von besonderer Bedeutung für die Lebensqualität ist (Schmelzer & Vetter 2021: 90–91).

4.2.3 Kulturelle Perspektive

Die kulturelle Perspektive dreht sich um die Frage, wie Menschen durch eine Wachstumsgesellschaft geprägt sind, inwiefern verinnerlichte Steigerungslogiken Wachstumstreiber darstellen und ob es in diesem Kontext subjektive Grenzen des Wachstums gibt. Einerseits wird darauf hingewiesen, dass der Mensch nicht von Natur aus immer mehr haben will. Die von dieser Vorstellung beseelte und in ‚der' Ökonomik sehr populäre Annahme eines *homo oeconomicus* sei nicht wissenschaftlich belegt. Andererseits erzeugt die mit dieser Annahme verbundene Ideologie eines eigennützigen, habgierigen und unersättlichen Menschen gesellschaftliche Realität (Schmelzer & Vetter 2021: 93). Dem lässt sich entgegenhalten, dass Menschen komplexe Beziehungswesen sind, die jeweils vielen unterschiedliche Interessen nachgehen (Schmelzer & Vetter 2021: 93). Diese Interessen lassen sich streng genommen bereits als Wachstumsgrenze verstehen, d. h., dass quantitatives wirtschaftliches Wachstum dort an Grenzen stoßen kann, wo die individuellen Interessen einfach auf anderen – nicht materielle und nicht marktgängigen – Aspekten des Wohlbefindens liegen.

Mit Hinweis auf die Arbeiten des Soziologen *Hartmut Rosa* (*1965) betonen Schmelzer & Vetter (2021: 94–95) die Bedeutung von *Steigerungslogiken*: technische Beschleunigung, Beschleunigung des sozialen Wandels und Beschleunigung des Lebenstempos. Diese sorgen für (Handlungs-) Zwänge und zielen darauf ab, dass Wachstumsgesellschaften nicht stillstehen: Denn Stillstand gilt dort als Rückschritt (Schmelzer & Vetter 2021: 94–95). Mit dem Soziologen und Sozialpsychologen *Harald Welzer* (*1958) lässt sich auch von *mentalen Infrastrukturen* des Wachstums sprechen. Mit diesen mentalen Infrastrukturen sind gemeint: „das Streben nach Beschleunigung, die Vorherrschaft ökonomisch ausgerichteten Denkens und Handelns sowie das Streben nach umfassender Naturbeherrschung" (Schmelzer & Vetter 2021: 95). Aus dieser Beschleunigung und Steigerung resultiert eine *Entfremdung*, mit der erstens das *Unbehagen von Menschen in Wachstumsgesellschaften* beschrieben wird, aber zweitens darüber hinaus auch „ein ‚Verstummen' der Selbst- und Weltbeziehung" (Schmelzer & Vetter 2021: 95) gemeint ist. Dieses ‚Verstummen' kann sich in Depressionen, Burn-out und Bullshit-Jobs (d. h. als sinnlos empfundene Tätigkeiten) niederschlagen. Hier sind Konflikte angelegt, in denen

Konsum- und Wachstumssteigerung auf zeitliche und körperliche Grenzen stoßen: es werden z. B. Artikel für sportliche Betätigungen gekauft, aber es fehlt die Zeit, sich sportlich zu betätigen. Mit Depressionen und Burn-out sind bereits subjektive Grenzen des Wachstums angesprochen.

In der kulturellen Perspektive werden vor allem *psychische Grenzen* thematisiert, d. h. Erschöpfung, Unzufriedenheit und Mangelgefühl (Schmelzer & Vetter 2021: 97). Grenzen finden sich aber auch darin, sich im Widerstand gegen die eigenen Lebens- und Arbeitsbedingungen zu üben. Schmelzer & Vetter (2021: 97–98) argumentieren, dass dies zu Burn-out führen kann. Dazu beschreiben sie das Beispiel einer IT-Fachkraft, die sich selbst verwirklichen will, aber den Wettbewerbszwang mit seiner Beschleunigung als Einschränkung ihrer Selbstverwirklichung empfindet, was zu Burn-out, Jobwechsel oder der Gründung eines eigenen Unternehmens führen kann. In diesem Zusammenhang lässt sich auf das Phänomen der „moralischen Verletzung" verweisen: Damit sind psychische Belastungen gemeint, „die aus der Diskrepanz zwischen berufsethischen Idealen auf der einen Seite sowie den systemisch vorgegebenen Möglichkeiten auf der anderen Seite resultieren" (Wehrmann 2022). Das betrifft z. B. Berufe im Gesundheitsbereich, etwa in der Pflege, wenn die Zeit fehlt, um sich angemessen um die zu pflegenden Personen kümmern zu können.

> „Häufig führt das dazu, dass sie [die Pflegenden, Anm.d.Verf.] Gefühle von Scham und Schuld entwickeln – und dann irgendwann innerlich abhärten, krank werden oder letztlich kündigen, weil sie die Situation nicht mehr ertragen." (zitiert nach Wehrmann 2022)

Aus einer kulturellen Perspektive unterstreicht die Existenz moralischer Verletzungen die Relevanz ethischer Aspekte für das wirtschaftliche Wachstum. Moral, zum Beispiel in Form eines Berufsethos, kann dem Streben nach Wirtschaftswachstum normativ Grenzen setzen, etwa dadurch, dass die Möglichkeiten zur Steigerung von Gewinnen (Profit) eingeschränkt werden, weil die Zeit zur Pflege oder zur medizinischen Behandlung keinem Profitmotiv, sondern anderen Kriterien folgen *soll* (z.B. Gesundung und Sorge). Aber selbst dann, wenn kapitalistische bzw. marktwirtschaftliche Strukturzwänge vorliegen, können moralische Konventionen (wie ein Berufsethos) dem ökonomischen Wachstum faktisch Grenzen setzen: Moralische Verletzungen, die in Depressionen oder Burn-out münden, schränken die Produktivität der Arbeitskräfte ein und führen bei zeitweiser oder dauerhafter Abwesenheit der Arbeitskraft zu ökonomischen Kosten und damit zu einer Reduzierung der möglichen Profite für die entsprechenden Unternehmen.

4.2.4 Kapitalismuskritische (marxtheoretische) Perspektive

Der ‚westliche' Wirtschafts- und Gesellschaftsstil des ‚globalen Nordens', der auf Wachstum und marktwirtschaftlichem Wettbewerb basiert, wird auch als

Kapitalismus bezeichnet und als solcher analysiert. Basierend auf den Arbeiten von *Karl Marx* (1818–1883) stellen die Forschenden dieser Analysen auf eine *Akkumulationsdynamik* ab. „Akkumulation" steht dabei für einen kontinuierlichen Prozess der Anhäufung von Kapital (Schmelzer & Vetter 2021: 100). Das kommt bekanntlich in der *allgemeinen Formel des Kapitals* zum Ausdruck, nach der Geld (G) gegen Ware (W) und diese Ware wiederum gegen mehr Geld (formal: G', mit G' > G) getauscht wird, d. h. G – W – G' (Marx 1962: 170). Kapitalismus lässt sich damit verstehen als

> „eine Gesellschaftsformation und Wirtschaftsweise, in der erstens angehäuftes Geld investiert wird mit dem Ziel, mehr Geld zu erwirtschaften, und in der zweitens diese Akkumulationsdynamik […] die gesellschaftliche Entwicklung maßgeblich prägt." (Schmelzer & Vetter 2021: 100)

Diese Anhäufung (Akkumulation) von Kapital basiert darauf, dass Arbeitskräfte in arbeitsteiligen Produktionsprozessen mehr produzieren als sie zu Aufrechterhaltung ihrer Existenz benötigen und sich die Klasse der Kapitalisten diesen *Mehrwert* aneignet (siehe Marx 1962: 208–213; oder Söllner 2012: 217). Der Prozess der Aneignung wird aus kritischer Perspektive mit „Ausbeutung" assoziiert (siehe z. B. Schmelzer & Vetter 2021: 100–101). Die Akkumulationsprozesse gehen dementsprechend mit *Ausbeutung* bzw. Ausbeutungsverhältnissen einher. Schmelzer & Vetter (2021: 103) weisen in diesem Zusammenhang darauf hin, dass der kapitalistische Akkumulationsprozess grundlegend, d. h. als strukturelle Voraussetzung, auf Ungleichheit basiert und dadurch „aufs Engste mit verschiedenen Formen sozialer Herrschaft zusammen[hängt]" (Schmelzer & Vetter 2021: 103).

Dadurch, dass die Akkumulationsprozesse in der Anhäufung von Kapital bestehen, ist ihnen an sich bereits eine Wachstumslogik fest eingeschrieben: Akkumulationsprozesse sind wirtschaftliche Wachstumsprozesse. Hinzu kommt aber die zentrale Bedeutung des Wettbewerbsprinzips für ‚den' Kapitalismus, sorgt dieses doch dafür, dass die Mitglieder der kapitalistischen Klasse ständig nach Möglichkeiten von Profit (Gewinn), Kapitalverwertung – Investitionen – und Produktionssteigerung suchen müssen, um zu vermeiden, dass sie Marktanteile verlieren oder gar ‚vom Markt' verschwinden (Schmelzer & Vetter 2021: 103). Das führt zu ausdifferenzierten Akkumulationslogiken, nämlich i) zur Ausweitung der Produktion und ii) zur Steigerung der Produktivität und Schaffung neuer Gebrauchswerte (Schmelzer & Vetter 2021: 104). Auf diese Weise wird im Besonderen ein Wachstum der Materialverwendung (des Materialdurchsatzes) angeregt.

Eine weitere Konsequenz besteht darin, dass ‚die' kapitalistische Produktionsweise aufgrund der Wettbewerbsprozesse „auf die stetige Kolonisierung eines nicht-kapitalistischen Außen, auf Enteignung oder Landnahme angewiesen" (Schmelzer & Vetter 2021: 100) ist. Dieses „Außen" lässt sich geographisch verstehen, bezieht sich aber darüber hinaus auch auf nicht-marktwirtschaftliche Bereiche des Soziallebens. Letzteres kommt zum Ausdruck, wenn von der Aneignung bzw. Ausbeutung unbezahlter Arbeit im Haushalt gesprochen wird, ohne die ‚der Kapitalismus' gar nicht funktionieren würde (Schmelzer & Vetter 2021: 107). Es geht dabei aber auch um die Aneignung und Ausbeutung von Natur. Damit ist die kapitalistische Produktionsweise nicht nur mit wirtschaftlichem Wachstum verbunden, sondern auch darauf angewiesen; darüber hinaus sorgt sie *umfassend* auf verschiedenen Ebenen für unterschiedliche Wachstumsprozesse (Ausweitung der Produktion, Intensivierung der Produktivität, Kommodifizierung von Natur, nicht-marktwirtschaftlich organisierten Lebensbereichen und unbezahlter Hausarbeit etc.). Durch den engen systemischen Zusammenhang zwischen Kapitalismus und Wachstum sind mit den Grenzen des Wachstums auch ‚dem' Kapitalismus Grenzen gesetzt. Doch um welche Grenzen handelt es sich dabei im Detail?

1. Im Einklang mit verschiedenen Darstellungen in der ökonomischen Ideengeschichte kann eine Grenze im von Karl Marx thematisierten *tendenziellen Fall der Profitrate* gesehen werden: Im Akkumulationsprozess wird zunehmend in Maschinen investiert, die jedoch – anders als Arbeitskräfte – keinen Mehrwert abwerfen (können), weshalb die Profite sinken und der gesamte Prozess in eine wirtschaftliche Stagnation mündet.[53] Mit dem Fall der Profitrate kommen die Akkumulation und damit das wirtschaftliche Wachstum zu einem Ende. Der Kapitalismus bricht zusammen (Zusammenbruchsthese).
2. Eine weitere Grenze findet sich in einer *Überakkumulation*, d. h., dass sich das akkumulierte Kapital auf wenige Kapitalisten konzentriert und es damit schwierig wird, dieses Kapital mit Profit zu investieren. Dies kann sich z. B. in einer *Überproduktionskrise* niederschlagen, in der zu viele Maschinen Dinge produzieren, die nicht nachgefragt werden (Schmelzer & Vetter 2021: 106).
3. Die Zerstörung der für die kapitalistische Produktionsweise notwendigen Natur kann ebenfalls als Grenze begriffen werden (so etwa Schmelzer & Vetter 2021: 105).
4. Letztlich sind der Vernutzung von Arbeitskraft Grenzen gesetzt, die in den psychischen und physischen Grenzen der Menschen liegen. So können die Flexibilisierung und Intensivierung der Lohnarbeit sowie die Ausdehnung des Arbeitstags zu Burn-out, gesamtgesellschaftlich zu einer „Reproduktionskrise" und zu anderen sozialen Krisen führen (Schmelzer & Vetter 2021: 106).

In der kapitalismuskritischen Postwachstumsperspektive sind Akkumulation, wirtschaftliches Wachstum, Ausbeutung und Herrschaftsverhältnisse zusammenzudenken (Schmelzer & Vetter 2021: 100–101). „Wachstum" gilt dort als *dauerhafte Krise*, weil die kapitalistische Produktionsweise – mit ihrem

53 Siehe dazu etwa Caspari (2019: 85), Söllner (2012: 218–219) oder Kurz (2013: Kapitel 3).

Wachstumszwang – ihre eigenen Grundlagen aushöhlt (Schmelzer & Vetter 2021: 105). Mit dieser Aushöhlung verbinden sich streng genommen Grenzen des Wachstums.

4.2.5 *Feministische Perspektive*

Die feministische Sicht stellt im Besonderen darauf ab, dass sogenannte *reproduktive Tätigkeiten* die Grundlage jeder menschlichen Gesellschaft und damit jeden Wirtschaftens darstellen. Unter Sorge- und Reproduktionsarbeit werden

> „all jene Tätigkeiten verstanden, die unmittelbar dem Erhalt und dem Wohlbefinden von Menschen dienen – dies umfasst z.B. die Begleitung von Kindern und alten Menschen, Kochen, Hausarbeit, Pflegetätigkeiten und in einigen Konzeptionen auch Gartenarbeit oder Reparaturtätigkeiten für den Eigenbedarf." (Schmelzer & Vetter 2021: 111)

In Wirtschafts- und Gesellschaftssystemen, die kapitalistisch, auf Wachstum und auf Produktivitätssteigerung ausgerichtet sind, werden diese reproduktiven Tätigkeiten aber nicht mitgedacht, sie werden unsichtbar gemacht, entwertet und prekarisiert (Schmelzer & Vetter 2021: 111). In diesem Zusammenhang wird häufig auf die Denkfigur das „Eisbergmodells" verwiesen, in der Kapital und Lohnarbeit als Spitze eines Eisbergs die sichtbare Ökonomie darstellen, Heimarbeit, Hausarbeit und Natur als unsichtbare Ökonomie unter der Wasseroberfläche liegen (siehe Abb. 3).

Abb. 3: Eisbergmodell

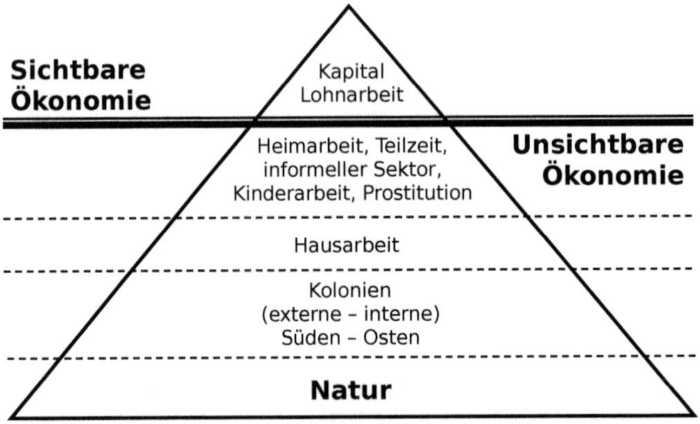

Quelle: Eigene Darstellung, Reproduktion der Abb. in Schmelzer & Vetter (2021: 112).

Das Eisbergmodell lässt sich mit der Aussage zusammenfassen, dass „Wirtschaft" mehr als nur Ware, Lohnarbeit und Investition ist (Schmelzer & Vetter 2021: 114). Das erinnert an die bereits vorgestellte Vorstellung von der *eingebetteten Wirtschaft* in der sozial-ökologischen Perspektive von Biesecker & Kesting (2003). Das kommt nicht von ungefähr. Denn diese sozial-ökologische Perspektive steht merklich unter dem Eindruck einer feministisch-ökonomischen Sicht. Darüber hinaus handelt es sich bei Adelheid Biesecker um eine Akteurin und Forschende aus dem Umfeld des *Netzwerks Vorsorgenden Wirtschaftens*, das von Schmelzer & Vetter (2021: 118) ebenfalls im Kontext der feministischen Perspektive erwähnt wird (siehe gleich weiter unten).

Die aus (queer-) feministischer Sicht thematisierten reproduktiven Tätigkeiten sind in Geschlechterhierarchien eingebettet, die wiederum in der Kritik stehen. Schmelzer & Vetter (2021: 113) unterscheiden dazu grundsätzlich zwei Denkströmungen. Im *Ökofeminismus* liegt das Augenmerk auf dem notwendigen Zusammenhang zwischen Kapitalismus, Patriarchat und Ausbeutung der Natur. Die *feministische Ökonomik* kritisiert a) die Denkfigur des geschlechtslosen Homo Oeconomicus und b) das BIP, in dem die (kostenlose) Hausarbeit ignoriert wird.

Vor diesem Hintergrund lässt sich darauf hinweisen, dass es die Ausblendung des Wirtschaftens außerhalb der marktwirtschaftlichen Sphäre ermöglicht, den Homo Oeconomicus zu verwenden, um damit das wettbewerbliche – auf Konkurrenz basierende – Wirtschaften als *einzig vernünftige Wirtschaftsform* zu „legitimieren“ (Schmelzer & Vetter 2021: 114). Damit erklärt sich, warum die kapitalistische Sichtweise – und ebenso die Sichtweise der vorherrschenden Ökonomik – auf die Spitze des Eisbergs konzentriert bleibt. Diese *Konzentration* wird als „Kapitalozentrismus“ bezeichnet. Dieser würde für die Konstruktion und Stabilisierung der kapitalistischen Wirtschafts- und Gesellschaftsstile sorgen (Schmelzer & Vetter 2021: 115). Dabei stellt die unsichtbare Sphäre der Wirtschaft – die nicht-kapitalistische Wirtschaft – die kostenlose Basis kapitalistischen Wirtschaftens dar und steht immer wieder in der Gefahr, kapitalistisch vereinnahmt – beziehungsweise: ausgebeutet – zu werden (Schmelzer & Vetter 2021: 115). Der Fachbegriff der „Hausfrauisierung“ beschreibt in diesem Zusammenhang zunächst die Tätigkeiten *in einem Haushalt*, die ausgeübt werden müssen, bei denen also nicht die Wahl besteht, ob und vor allem wem gegenüber sie ausgeübt werden.[54] In weiteren Arbeiten erfuhr diese Vorstellung eine Präzisierung und Erweiterung. Die Hausfrauisierung umfasst damit auch die Prekarisierung von Lohnarbeit und berücksichtigt, dass auch Männer in atypische und flexibilisierte Erwerbsverhältnisse gezwungen werden, bei denen (unausgesprochen) die Vorstellung im Raum steht, „zu Hause“ gäbe es noch einen ‚Ernährer‘ (Mies 2002: 204). Ferner wurde dieser Begriff zur Einordnung der Situation der Entwicklungsländer verwendet: Die Hausfrauisierung steht dann in diesem Kontext dafür, dass

54 In Anlehnung an Hoppe (2002: 178). „Hausfrauisierung“ ist ein Fachbegriff, der im Kontext des *Bielefelder Subsistenzansatzes* entwickelt und populär gemacht wurde.

„aufgrund des ausbeuterischen Charakters des industriellen Kapitalismus die Versorgung der Menschen in der Dritten Welt zunehmend aus nicht entlohnten Arbeitsverhältnissen resultiert. Folglich verliert der proletarische Lohnarbeiter an Bedeutung, da Löhne zum Leben nicht ausreichen. Subsistenzarbeit wird langfristig die alltägliche Situation der Menschen bestimmen“ (Hoppe 2002: 178–179).

Innerhalb der (queer-) feministischen Perspektive findet sich nicht nur Kritik am kapitalistischen und auf Wachstum basierenden Wirtschaften, sondern es existieren auch verschiedene Konzepte zur Überwindung dieser kapitalistischen Verhältnisse. Dazu zählt der *Bielefelder Subsistenzansatz*, in dem betont wird, dass ohne Subsistenzproduktion keine Warenproduktion möglich ist, und der sich mit dem Ziel verbindet, nicht-entfremdende Tätigkeiten zu stärken.[55] Die *Queer Ecologies* stehen im Versuch, die durch Geschlechterrollen geprägte (heteronormative) Dichotomie von Kultur und Natur, damit die patriarchalen Zuschreibungen und Hierarchien von Tätigkeiten und Wirtschaftssphären sowie die etablierten Unterscheidung von „produktiv und unproduktiv“ aufzubrechen.[56] Im *Konzept Vorsorgenden Wirtschaftens* wird mit der „Kernkategorie“ der *(Re)Produktivität* betont, den gesellschaftlichen Produktionsprozess „als Einheit von Produktion und Reproproduktion“ zu verstehen (Biesecker 2009: 39–40). Präziser formuliert steht (Re)Produktivität für die „prozessuale, nicht durch Abwertungen getrennte Einheit aller produktiven Prozesse in Natur und Gesellschaft, bei gleichzeitiger Unterschiedenheit“ (Biesecker & Hofmeister 2006: 19). Im Weiteren stellt das Konzept Vorsorgenden Wirtschaftens auf drei – normative – Prinzipien ab, nämlich i) die Vorsorge, ii) die Kooperation und iii) die Ausrichtung auf das gute Leben für alle (Schmelzer & Vetter 2021: 118; Biesecker 2009: 38–39).

Die Grenzen wirtschaftlichen Wachstums finden sich aus der feministischen Sicht genau genommen in den Grenzen, die der Ausbeutung der Natur, der unbezahlten Hausarbeit und der Hausfrauisierung gesetzt sind. Dort, wo es der kapitalistischen Produktionsweise nicht mehr möglich ist, die Ressourcen der unsichtbaren Ökonomie auszunutzen, findet die kapitalistische Produktion und damit auch das wirtschaftliche Wachstum ein Ende. Dies steht mehr oder minder unausgesprochen im Raum. Der eigentliche feministische Fokus liegt auf der Kritik an den kapitalistischen Verhältnissen. Diese Kritik geht mit einem normativen Gestaltungsanspruch einher. Aus ihr lassen sich normative Grenzen des wirtschaftlichen Wachstums ableiten. Dabei geht es um ein anderes Verständnis von ‚Wirtschaft‘, etwa im Sinne der (Re)Produktivität, der drei Prinzipien Vorsorgenden Wirtschaftens (Vorsorgen, Kooperation, gutes Leben) und der Überwindung patriarchaler Geschlechterrollen. Auf diese Weise wären ‚der‘ kapitalistischen Produktionsweise und dem damit verbundenen Wachstums*zwang* sehr deutliche Grenzen gesetzt.

---

55 Siehe Schmelzer & Vetter (2021: 116–117) und zur Vertiefung Bennholdt-Thomsen (2006).

56 Siehe Schmelzer & Vetter (2021: 117–118) sowie Bauhardt (2024: 60, 2018: 7–8, 2012).

4.2.6 Industrialismus- und technikkritische Perspektive

Unter „Industrialismus" lässt sich die „Gesamtstruktur einer auf maschinisierter Arbeit beruhenden modernen Industriegesellschaft" (Schmelzer & Vetter 2021: 120) verstehen. Davon ausgehend hat Industrialisierungskritik dann zum Gegenstand,

> „dass Produktivkraftentwicklung und Technik in modernen Gesellschaften großteils unabhängig von den Eigentumsverhältnissen, herrschaftsförmig sind, Selbstbestimmung einschränken und daher nicht automatisch als wünschenswert gelten können." (Schmelzer & Vetter 2021: 120)

Die Annahme, das gute Leben hinge von einer höheren Produktivität ab, wird abgelehnt (Schmelzer & Vetter 2021: 121). Ebenso steht die Vorstellung in der Kritik, „dass gesellschaftlicher Fortschritt und menschliche Emanzipation notwendig die Steigerung und Perfektionierung der Naturbeherrschung beinhalten müssen" (Schmelzer & Vetter 2021: 126). Jeder Versuch, die Natur „in herrschaftsförmiger Weise zu bearbeiten" (Schmelzer & Vetter 2021: 127), lässt den Naturzwang nicht verschwinden, sondern dieser spiegelt sich in den „Zwängen zwischen Menschen" (Rassismus, Patriarchat, Klassenunterdrückung), z. B. indem Frauen unbezahlte Hausarbeit leisten (Schmelzer & Vetter 2021: 127). Die „Naturbeherrschung in all ihren Varianten – vor allem auch im technologisch-wissenschaftlichen Fortschrittsglauben" (Schmelzer & Vetter 2021: 127) – rückt damit ins Zentrum dieser Kritik. Die Überwindung solch herrschaftsförmiger Naturbeherrschung gilt generell als Basis der Überwindung von Herrschaft.

Hinzu kommt, dass „atomisierte, technisierte und beschleunigte Arbeitsprozesse, die für eine Produktivitätssteigerung notwendig sind, zu einer Entfremdung der Menschen von ihren Tätigkeiten führen" (Schmelzer & Vetter 2021: 127). Die Autonomie, selbst über Lebenszeit, Tagesrhythmus und Art der Tätigkeiten zu entscheiden, wird untergraben. Auf diese Weise rückt auch die *Entfremdung* in den Blick der Industrialismuskritik.

Es wird betont, dass Technik *nicht neutral* ist und sich insbesondere nicht von der Profitlogik entkoppeln lässt (Schmelzer & Vetter 2021: 121). Diese Feststellung bezieht sich auf das eben beschriebene Motiv der Naturbeherrschung. Aber darüber hinaus geht es bei der Nicht-Neutralität von Technik um die nicht intendierten (unbeabsichtigten) Folgen bzw. Nebenwirkungen technologischen Fortschritts wie zum Beispiel Resistenzen oder die schädliche Wirkung von Pestiziden auf andere Tiere und auf das Grundwasser (Schmelzer & Vetter 2021: 128). Schwer wiegt in diesem Kontext auch der Umstand, dass sich Menschen nicht immer und einfach der technischen Neuentwicklung widersetzen können: Aus bestimmten Technologien heraus entwickelt sich ein *radikales Monopol*, „das die Selbstbestimmung von Menschen untergräbt, ein [...] Leben nach ihren Vorstellungen zu leben" (Schmelzer & Vetter 2021: 125). Durch das radikale Monopol werden bestimmte gesellschaftliche Institutionen zur Verpflichtung – zu denken wäre etwa an die Schulpflicht oder an Netzwerkeffekte bei Kommunikationstechnologien (Schmelzer & Vetter 2021: 125–126). Das Konzept des radikalen Monopols verdeutlich zudem, dass Postwachstumsgesellschaften nicht einfach durch Genügsamkeit bzw. Konsumzurückhaltung erreicht werden können, weil die individuelle Zurücknahme/-haltung (Genügsamkeit) nicht oder nur schwer möglich ist (Schmelzer & Vetter 2021: 126).

Schmelzer & Vetter (2021: 128–129) weisen auf eine gewisse Ambivalenz in der industrialismuskritischen Perspektive hin. *Einerseits* existieren Stimmen, die eine „Hyper-Technologisierung" der Gesellschaft ablehnen. Technik, die nicht zu Entfremdung und Ausbeutung führt, müsste sehr stark die Struktur der Produktionsmittel ändern; dazu reichen Korrekturen in den Verteilungsverhältnissen und andere Eigentumsverhältnisse nicht aus. *Andererseits* besteht die Gefahr, dass die Kritik am Industrialismus und an der Technologisierung reaktionäre und elitäre Züge annimmt:

> „Zwar ist die Erkenntnis, dass Technik, Infrastrukturen und Produktionsanlagen nicht nur angeeignet, sondern auch transformiert und (teilweise) abgewickelt werden müssen, zentral für Postwachstum. Dennoch wird Industrialismus- und Technikkritik dann problematisch, wenn technologischer Fortschritt und Arbeitsteilung pauschal abgelehnt und deren Vorteile negiert werden. […] Es besteht die Gefahr, dass Industrialismuskritik reaktionär oder elitär wird, wenn sie nicht mit andren Kritikformen, die Gerechtigkeitsaspekte stark betonen, wie sozialökonomischer Kritik, feministischer Kritik oder Süd-Nord-Kritik zusammengedacht wird." (Schmelzer & Vetter 2021: 129)

Grenzen des wirtschaftlichen Wachstums stehen unausgesprochen dort im Raum, wo die Technologisierung an Grenzen stößt und praktisch die eigenen Grundlagen aushöhlt. Das heißt, dass die Entfremdung, Ausbeutung durch technologischen Fortschritt und/oder die *nicht* beabsichtigten negativen Folgen daraus ein Ausmaß annehmen können, das einen weiteren technologischen Fortschritt nicht mehr möglich erscheinen lässt. Die deutlichen Grenzen für das wirtschaftliche Wachstum resultieren *normativ* aus der Kritik am Industrialismus: Im Sinne eines gesellschaftspolitischen Gestaltungsanspruchs führen Maßnahmen, die sich gegen die Entfremdung und Ausbeutung durch technologischen Fortschritt richten (Recht auf Nicht-Nutzung von Technik, geregelte Arbeitszeiten usw.), zu Grenzen der technologischen Entwicklung und schränken diese ein, was in dieser industrialismuskritischen Perspektive mithin als Einschränkung des wirtschaftlichen Wachstums assoziiert wird. Insofern werden Wachstumsgrenzen als möglich, aber auch nötig angesehen.

4.2.7 Süd-Nord-Perspektive

Unter der „Nord-Süd-Perspektive" verstehen Schmelzer & Vetter (2021: 30) „Formen der Wachstumskritik [..], die sich aus einer globalen Gerechtigkeitsperspektive kritisch mit den sozialen und ökologischen Folgen von Entwicklung und Wachstum auseinandersetzen". Kern der Kritik ist dabei, dass das kapitalistische Wachstum auf der Ausbeutung des globalen Südens basiert, ausgehend von der kolonialen Aneignung der Ressourcen seit dem 15. Jahrhundert bis hin zu den neokolonialen Verhältnissen, in denen der globale Süden bis heute belassen sei (Schmelzer & Vetter 2021: 130–131). Das schafft Abhängigkeiten und vertieft Ungleichheit sowie bestimmte Machtverhältnisse. Dazu werden verschiedene Denkströmungen differenziert.

Beim *Post-Development-Ansatz* handelt es sich um eine Fundamentalkritik an der Entwicklungsperspektive des globalen Nordens gegenüber den Ländern des globalen Südens, wie sie sich ab den 1980er Jahren etablierte.[57] „Entwicklung" sei ein Konstrukt und eine Ideologie ‚des Westens', um die ‚unterentwickelte' Staaten in die globale, kapitalistische Weltwirtschaft einzubetten und zwar mit dem Versprechen, daraus würden bessere Lebensbedingungen resultieren. Dabei unterstellt „Entwicklung" die durch abhängige Lohnarbeit charakterisierte Massenkonsumgesellschaft als Ziel, die aber erstens nicht für alle erreichbar sei und zweitens auch nicht wünschenswert sein muss, da sie u. a. die Vielfalt der Lebensweisen untergrabe. Unter dem Schlagwort „Konvivialität" sind damit Lebensweisen adressiert, die darauf abzielen, zwischenmenschliche Beziehungen auszuhandeln und ein gutes Zusammenleben zu ermöglichen. Im Zuge dieser Kritik wird das westliche und auf Wachstum basierte Fortschrittsnarrativ, gemäß dem sich Europa eigenständig durch Rationalität, Zivilisiertheit und Fleiß entwickelt habe, infrage gestellt. Denn dieses Narrativ, so die Kritik, würde geflissentlich ausblenden, welche Zerstörung und Aneignung vom westlichen Kolonialismus ausging. Die westliche Entwicklungspolitik wird daher als rassistisch und übergriffig empfunden. Die Kritik richtet sich nicht in erster Linie gegen den Umgang des globalen Nordens mit der Ökologie des globalen Südens, sondern zielt darauf, welche Zerstörung die westliche/europäische Aufklärung und Moderne im Zuge des Kolonialismus nach sich zog.

Unter dem Schlagwort „Buen vivir" wird das *gute Leben* der Menschen im Einklang (Harmonie) mit der Gemeinschaft und Natur thematisiert, das das Streben nach einem nachhaltigen Leben in Würde für alle umfasst.[58] Verankert ist diese Perspektive bei den indigenen Gruppen Süd-Amerikas (Bolivien, Ecuador, Peru und Kolumbien), deren Lebenspraxis als Orientierung für Alternativen zu kapitalistischen Lebensweisen gilt. Die kapitalistische Lebensweise wird aus dieser Perspektive heraus für die damit verbundenen Annahmen wie Fortschritt, Wettbewerb, Verbesserung, Rationalisierung, Produktivität, Effizienz und ihre Menschenzentrierung (Anthropozentrismus) kritisiert, die Natur

57 Diese und die nachfolgenden Ausführungen zum Post-Development-Ansatz folgen der Darstellung bei Schmelzer & Vetter (2021: 132–133).

58 Die Ausführungen zum „Buen vivir" hier im Text orientieren sich an der Charakterisierung dieser Strömung bei Schmelzer & Vetter (2021: 133–135).

und Menschen trennen (statt beides in einem Verhältnis stehend zu sehen). Aber darüber hinaus richtet sich die Kritik gegen den in diesen Annahmen verankerten patriarchalen Charakter.

Mit dem Schlagwort „Neo-Extraktivismus" ist ein rohstoffbasiertes Wirtschaftsmodell gemeint, in dem die Ausbeutung von Rohstoffen intensiviert wird, um daraus Einnahmen zu erzielen, die sich für Armuts- und Sozialprogramme einsetzen lassen.[59] Allerdings, so die Kritik, gehen davon soziale und ökologische Schäden aus (Monokulturen, Zerstörung von Regenwald usw.). Die Perspektive des *Post-Extraktivismus* greift das auf und übt Kritik an diesem Neo-Extraktivismus sowie am „Neoliberalismus": erstens für die darin assoziierte Kontinuität zur Plünderung im Kolonialismus und zweitens für die damit verbundene Ausbeutung der Natur. Dadurch sind Berührungspunkte zur DeGrowth-Debatte gegeben, vor allem findet diese Perspektive aber ihren Niederschlag in der Kritik am grünen Kapitalismus und dem instrumentellen Verständnis von Natur. Dabei wird argumentiert, dass die Klimakrise offenbar auf Kosten des globalen Südens gelöst werden soll und die Idee einer „grünen Ökonomie" in diesem Sinne als Herrschaftsprojekt erscheint, das aber nur Scheinlösungen für Probleme (Ungleichheit, Ökologie usw.) bietet:

> „So führen Versuche, die Lebensweise reicher Länder dadurch aufrechtzuerhalten, dass im Süden Agrotreibstoffe angebaut werden (Diskussion um ‚Tank oder Teller'), zu Flächennutzungskonflikten und treiben so den Aufkauf von Land im Süden durch Investoren und Konzerne voran (Landgrabbing). Und die aktuelle Praxis, Kohlendioxidausstoß im globalen Norden mit ‚Einsparungen' im globalen Süden ‚auszugleichen' (sogenannte ‚offsetts'), trägt dazu bei, neokoloniale Ungleichheiten zu verstetigen, Menschen aus ihren Territorien zu vertreiben und schützt auch das Klima nicht." (Schmelzer & Vetter 2021: 136)

In ihrer Übersicht zur kritischen Süd-Nord-Perspektive nennen Schmelzer & Vetter (2021) noch zwei akademische Konzepte, die sich kritisch damit auseinandersetzen, wie die kapitalistische Wachstums- und Wohlstandsproduktion des globalen Nordens zu ökologischer Zerstörung und Armut im globalen Süden führt.

Erstens: Unter dem Schlagwort „Externalisierung" bzw. „Externalisierungsgesellschaft" thematisiert der Soziologe *Stephan Lessenich* (*1965), dass der ‚westliche' Lebensstil und Wohlstand systematisch von der *Externalisierung* der damit verbundenen sozialen wie ökologischen Kosten abhängen.[60] Die Einverleibung von Ressourcen und Externalisierung/Auslagerung der Kosten stellen ein charakteristisches Strukturmerkmal des globalen Kapitalismus dar. Dadurch würden kapitalistische Macht- und Ausbeutungsverhältnisse stabilisiert. Unter dem Begriff „Externalisierungshabitus" werden dann allgemeine Praxen des „Nicht-wissen-*Wollens*" verstanden, die die Externalisie-

59 Für diese und die nachfolgenden Ausführungen zum Post-Extraktivismus siehe Schmelzer & Vetter (2021: 135–136).

60 Diese und die nachfolgenden Hinweise auf die „Externalisierungsgesellschaften" folgen der Darstellung bei Schmelzer & Vetter (2021: 137–138).

rung und die damit verbundene strukturelle Gewalt *systematisch* ausblenden, abspalten und auf andere projizieren. Es geht dabei um die Verteidigung eines für den globalen Norden als ‚exklusiv' angesehenen Wohlstands, der z. B. mit militärischen Grenzregimen verteidigt wird. Die Exklusivität hat dabei noch eine andere Seite, sie steht dafür, *anderen* – die nicht in Externalisierungsgesellschaften leben – Lebenschancen zu verwehren. Klimakrise, Flucht und Migration würden dafür sorgen, dass der globale Norden zunehmend mit den (globalen) Folgen des Externalisierungslebensstils konfrontiert wird.

Zweitens: Aus den Politikwissenschaften heraus verbindet sich mit dem von Ulrich Brand (*1967) und Markus Wissen (*1965) etablierten Begriff der „imperialen Lebensweisen" eine ähnliche Kritik.[61] Auch dabei wird festgehalten, dass das alltägliche Leben in den kapitalistischen Zentren – im globalen Norden – durch gesellschaftliche Verhältnisse und Naturverhältnisse andernorts ermöglicht wird. Mit Blick auf die Europäische Union heißt es etwa:

> „Die EU-Politik wird als Versuch begreifbar, einen Wohlstand, der auch auf Kosten anderer entsteht, gegen die Teilhabeansprüche ebendieser anderen zu verteidigen. Sie ist insofern die logische Konsequenz einer Lebensweise, die darauf beruht, sich weltweit Natur und Arbeitskraft zunutze zu machen und die dabei anfallenden sozialen und ökologischen Kosten zu externalisieren" (Brand & Wissen 2024: 12).

Ähnlich wie beim Externalisierungshabitus von Lessenich wird hier kritisiert, dass die imperialen Lebensweise eine Alltagspraxis im globalen Norden hervorbringt, in der jene Zerstörung, die dieser Lebensstil im globalen Süden anrichtet, ausgeblendet ist (Brand & Wissen 2024: 13). Mehr noch:

> „Es ist diese Unsichtbarkeit der sozialen und ökologischen Voraussetzungen, die die Selbstverständlichkeit des Kaufs und der Nutzung erst ermöglicht. […] Erdbeeren aus China, die im Winter in deutschen Schulküchen angeboten werden, Tomaten, die illegalisierte MigrantInnen in Andalusien für den nordeuropäischen Markt produzieren, und Garnelen, die unter Zerstörung thailändischer oder ecuadorianischer Mangrovenwälder für die Konsumentinnen im globalen Norden gezüchtet werden, sind Beispiele hierfür." (Brand & Wissen 2024: 44)

Der Begriff „imperiale Lebensweise" ist dabei bewusst breit angelegt und bezieht sich

> „auf die Produktions-, Distributions- und Konsumnormen, die tief in die politischen, ökonomischen und kulturellen Alltagsstrukturen und -praxen der Bevölkerung im globalen Norden und zunehmend auch in den Schwellenländern des globalen Südens eingelassen sind." (Brand & Wissen 2024: 44)

Die imperiale Lebensweise erstreckt sich damit z.B. auf die Nutzung des Autos („imperiale Automobilität"), auf die Ernährung sowie den Handel und Flugverkehr. Allerdings umfasst der Begriff „imperiale Lebensweise" auch und vor allem „die […] strukturellen Bedingungen und die damit verbundenen gesell-

---

61 Die nachfolgenden Ausführungen zur imperialen Lebensweise folgen im Wesentlichen der Darstellung von Schmelzer & Vetter (2021: 138–139). Zur Vertiefung siehe Brand & Wissen (2024).

schaftlichen Leitbilder und Diskurse“ (Brand & Wissen 2024: 45), die die konkrete, materielle Alltagspraxis im globalen Norden (erst) ermöglichen. Die imperiale Lebensweise verursacht Krisen (Klima, Biodiversität, Ungleichheit usw.), stabilisiert aber gleichzeitig die gesellschaftlichen Verhältnisse im globalen Norden durch Klassenkompromisse. Hinzu kommt, dass diese imperiale Lebensweise eine Verbreitung findet, damit aber das dafür notwendige Außen – das es imperialistisch zu erobern gilt – zunehmend schwindet. Der Imperialismus verliert auf diese Weise die eigene Grundlage. Als Alternativen dazu werden solidarische Lebensweisen ins Spiel gebracht.

Die Süd-Nord-Perspektive zeichnet sich durch eine kapitalismus-kritische Sicht aus. Das heißt, dass die als ‚westlich‘ oder mit ‚dem globalen Norden‘ assoziierten kapitalistischen Wirtschafts- und Lebensstile für ungerechte Machtverhältnisse, Ungleichheit und Zerstörung andernorts verantwortlich gemacht werden. Wirtschaftliches Wachstum gilt dabei als ein ‚dem‘ Kapitalismus innewohnendes Charaktermerkmal. Bezogen auf Wohlstand stellt diese kapitalistische Lebensweise eine Gefahr für nicht-kapitalistische Lebensstile dar und für alle Bereiche, die bislang nicht dem marktwirtschaftlichen Leitbild untergeordnet sind (geographisch wie auch mit Blick auf verschiedene Lebensbereiche etwa dem Non-Profit-Sektor oder der Versorgungswirtschaft). Mit Blick die Grenzen des Wachstums lässt auch hier wieder argumentieren, dass die kapitalistischen Wirtschafts- und Lebensstile des globalen Nordens das eigene Fundament untergraben, zunehmend also an Grenzen stoßen sowie die Lebensgrundlagen andernorts bedrohen oder gar zerstören. Das selbstzerstörerische Moment wird vor allem in der Argumentation der imperialen Lebensweise deutlich: Demnach verkleinert die imperialistische Lebensweise systematisch die Möglichkeiten der imperialistischen Expansion; damit gerät auch das Wachstum, das für diese Lebensweise notwendige ist, an Grenzen. Darüber hinaus stellen die Alternativen zum ‚westlichen‘ Lebens- und Wirtschaftsstil, die in der Nord-Süd-Debatte ins Spiel gebracht werden (z. B. solidarische Wirtschaftsformen oder das Konzept des guten Lebens/Buen Vivir), auch hier wieder *normative Grenzen* dar, die im Zuge der gesellschaftspolitischen Gestaltung das wirtschaftliche Wachstumsstreben einhegen.

4.3 Zur Verständigung: Begriffe und Verständnisse im Postwachstumskontext

In der wachstumskritischen Debatte gibt es verschiedene Begriffe. Bestimmte Begriffe werden aber nicht einheitlich verwendet. Andere Begriffe finden eine synonyme Verwendung. Und darüber hinaus fließen ganz unterschiedliche Perspektiven in der Diskussion zusammen. Das wiederum kann für Irritationen und Missverständnisse sorgen. Um für diese Schwierigkeiten zu sensibilisieren soll nun die Aufmerksamkeit auf die unterschiedlichen Begriffe und Begriffsverwendungen gelenkt sein. Zunächst ist zum Vergleich ein Blick darauf zu richten, wie für die Debatte relevante Begriffe im *Dictionary of Ecological Economics* (Haddad & Solomon 2023) und bei Schmelzer & Vetter (2021) verwendet werden.

„Degrowth" wird im *Dictionary of Ecological Economics* (Haddad & Solomon 2023) definiert als *Prozess einer radikal politischen und ökonomischen Reorganisation, der darauf abzielt, den Verbrauch von Ressourcen und Energie drastisch zu reduzieren und die Lebensqualität zu verbessern* (Kallis 2023). Außerdem ist „degrowth" nach dieser Definition mit der Kritik an der kapitalistischen Wirtschaftsweise verbunden: Der Kapitalismus sei ein ausbeuterisches System, das nur wachsen oder zusammenbrechen kann – und deshalb überwunden werden müsse. Grünes Wachstum – „green growth" – wird als „unmöglich" eingeschätzt. Wohl deshalb scheint „degrowth" vereinzelt auch als Ablehnung der Wachstumsidee verstanden und mit „anti-growth" gleichgesetzt zu werden (etwa van Bergh 2023).

Grünes Wachstum (green growth) wiederum steht für einen Prozess ökonomischen Wachstums, der die Effizienz des Ressourcenverbrauchs verbessert und die natürliche Umwelt erhält; andererseits steht es für die Vorstellung eines ökonomischen Wachstums und einer ökonomischen Entwicklung, bei der sichergestellt ist, dass die natürlichen Ressourcen weiterhin zum Wohlstand beitragen (Ekins 2023). Letzteres unterstellt, dass ökonomisches Wachstum vom Ressourcen-Verbrauch und den damit verbundenen Auswirkungen auf die Umwelt entkoppelt werden kann. Diese Annahme stößt aus Sicht der „degrowth"-Perspektive – wie eben erwähnt – auf Ablehnung (Kallis 2023). Die „green growth"-Perspektive wird auch im deutschsprachigen Bereich aufgegriffen, politisch etwa durch die Partei Bündnis 90/Die Grünen, die direkt vom *Grünem Wachstum* sprechen (siehe Koch 2020). Aber dazu sind verschiedene Synonyme im Gebrauch: So verbindet sich grünes Wachstum oft mit dem Begriff des „qualitativen Wachstums", der suggeriert, dass es ein nachhaltiges Wachstum innerhalb planetarer Grenzen geben kann – ein Wachstum also, das die Lebensqualität verbessert, die Umwelt schont und eine ‚bessere' Einkommensverteilung bewirkt (Koch 2020: 213–214). Teils ist dazu auch vom *grünen Kapitalismus* die Rede (dazu kritisch etwa Kaufmann & Müller 2009). In gewisser Weise bilden „degrowth" und „green growth" zwei Pole der wachstumskritischen Debatte ab.

Zwischen „degrowth" und „green growth" befindet sich eine Position, die Jeroen van den Bergh (2023) als „agrowth" beschreibt: Ausgehend von der Ablehnung des BIP als Maß für Wohlstand und Fortschritt steht „agrowth" für eine Indifferenz bzw. agnostische Haltung gegenüber ökonomischem Wachstum (siehe dazu auch Schmelzer & Vetter 2021: 162). Im Detail heißt das:

„Agrowth reflects a precautionary approach in the face of uncertainty about the feasibility of green growth. Holding an agrowth view means that one can be concerned about growth without adopting a dogmatic anti-growth position. Agrowth implies that policy decisions do not prioritize income over welfare, nor assume that growth (or degrowth) is generally required or sufficient for societal progress.“ (van Bergh 2023)

In der Postwachstumsdebatte wird diese agnostische Haltung zum Wachstum aber nicht durchweg geteilt, sondern teils auch abgelehnt:

„Da sich kapitalistische Gesellschaften dynamisch durch Wachstum stabilisieren und weil Steigerungslogiken tief in die materiellen, sozialen und mentalen Infrastrukturen von Wachstumsgesellschaften eingeschrieben sind, wäre es grob fahrlässig, agnostisch gegenüber der Wachstumsfrage zu bleiben“ (Schmelzer & Vetter 2021: 163).

„Post-growth“ ist im *Dictionary of Ecological Economics* (Haddad & Solomon 2023) mit zwei Bedeutungen belegt. Erstens steht „post-growth“ für:

„A set of normative conceptions concerning how economies should move beyond continual economic growth. As a normative concept, post-growth views contend that continued economic growth under the current dominant capitalist system is irreconcilable with ecological limits, and that future trajectories, defined by decreasing environmental impacts and increasing social welfare, are both possible and desirable alternatives.“ (Sers 2023)

Zweitens wird „post-growth“ als Oberbegriff verstanden für alle jene ökonomischen Stile und Weltanschauungen, die sich nicht im Wesentlichen durch kontinuierliches (BIP-) Wirtschaftswachstum charakterisieren.

Die Darstellung der wachstumskritischen Positionen bei Schmelzer & Vetter (2021) knüpft an das breite Verständnis von „post-growth“ an. Auch dort stellt „Postwachstum“ eine begriffliche Klammer – einen „Dachbegriff“ (Schmelzer & Vetter 2021: 146) – für die wachstumskritische Diskussion dar:

„Postwachstum […] lässt sich als Zusammendenken verschiedener Stränge der Gesellschafts- und Wachstumskritik verstehen, die aus unterschiedlichen Perspektiven die Steigerungsdynamiken moderner Gesellschaften analysieren.“ (Schmelzer & Vetter 2021: 69)

Wie bereits der Titel ihrer Einführung *Degrowth/Postwachstum* (Schmelzer & Vetter 2021) erahnen lässt, werden dort beide Begriffe nahezu synonym verwendet. Beziehungsweise erscheint „Postwachstum“ als eine im deutschsprachigen Raum etablierte Begrifflichkeit für jene Themen und Konzepte, die auf internationaler Ebene vor allem unter dem Schlagwort „degrowth“ diskutiert werden. Basierend auf den unterschiedlichen Strömungen zur Wachstumskritik (Abschnitt 4.2; Schmelzer & Vetter 2021: 69–145) identifizieren Schmelzer & Vetter (2021: 151–158) folgende Verständnisse im Postwachstumsdiskurs.

1. Als „institutionenorientiertes“ Verständnis findet sich bei Schmelzer & Vetter (2021: 151–153) die Postwachstumsperspektiven aus dem Umfeld der Umweltverbände bezeichnet, die auf die Überwindung der politischen Wachstumsfixierung durch Reformen und eine „Suffizienzpolitik“ abstellen. Nach Nawothnig et al. (2023: 3–4) steht „Suffizienz“ allgemein für das richtige Maß an Konsum und Produktion; mit *Suffizienzpolitik* sind dann politische Strategien gemeint, die sich an den vier „E“ – Entschleu-

nigung, Entflechtung, Entrümplung und Entkommerzialisierung – orientieren. Bei dieser Postwachstumsperspektive handelt es sich um eine bewusst ökologisch-liberale Ausrichtung, gemäß der gesellschaftliche Veränderungen vor allem über Marktinstrumente, Steuern und die Rahmenbedingungen für eine Soziale Marktwirtschaft zu bewirken sind. Als wesentliche Akteure werden dabei staatliche Institutionen und außerstaatliche Institutionen (Unternehmen, Verbände und Zivilgesellschaft) verstanden.

2. Das *suffizienzorientierte* Postwachstumsverständnis steht für eine Haltung, in der auf Basis der ökologischen und kulturellen Wachstumskritik sowie der Kritik am Industrialismus dem *Primat der ökologischen Grenzen* gefolgt und eine *radikale Reduzierung des Ressourcenverbrauchs* angestrebt wird (dazu und nachfolgend Schmelzer & Vetter 2021: 153–155). *Niko Paech* (*1960) der als populärer Vertreter dieser Postwachstumsperspektive im deutschsprachigen Raum gelten darf, definiert Postwachstumsökonomie als ein Wirtschaften ohne BIP-Wachstum, das über stabile Versorgungsstrukturen verfügt, die aber auf einem im Vergleich zu heute „reduzierten" Konsumniveau liegen (Schmelzer & Vetter 2021: 149). Die Idee, Wirtschaft und Wohlstand können vom Wachstum entkoppelt werden, sowie die Idee grünen Wachstums erfahren aus suffizienzorientierter Postwachstumsperspektive eine Absage. Favorisiert werden Lösungsansätze, die sich in Praktiken des „Selbermachens" (Do-it-yourself), der Etablierung von lokalen, entkommerzialisierten Subsistenzökonomien sowie im Zurückdrängen der globalisierten kapitalistischen Wirtschaftsweise finden. Kritisch anzumerken ist, dass dort die soziale Frage – gar Ethik – als nachgelagert gilt und die Gefahr besteht, ökologische Probleme zu individualisieren (Schmelzer & Vetter 2021: 154).
3. Die Kernforderung des *commonsorientierten* Postwachstumsdenkens liegt in der nach der Schaffung „alternativer Infrastrukturen, solidarischer Kooperativen und nicht-kapitalistischer Formen gemeinschaftlichen Produzierens und Auskommens" (Schmelzer & Vetter 2021: 155). Die Begrenzung (bzw. Einhegung) von Gemeingütern und die ‚kapitalistische' Landnahme werden dort als Wachstumsmotoren begriffen, die es zurückzufahren gilt. Stattdessen sind Gemeingüter – als Alternativen zu ‚Markt' und ‚Staat' – zu schaffen, zu etablieren und auszuweiten. Vor allem unter einem ‚marxistischen' Vorzeichen kann es dann um eine andere Eigentumsordnung gehen, in deren Zentrum der Besitz (als Nutzung einer Ressource bzw. eines Gutes) – statt Eigentum – steht (Schmelzer & Vetter 2021: 156).
4. In der *feministischen* Postwachstumsperspektive gilt die *reproduktive Care-Arbeit* als Basis für Gesellschaft und Leben und wird deshalb ins Zentrum gestellt (Schmelzer & Vetter 2021: 156–157). Die Trennung zwischen Produktion und Reproduktion, aber auch die für die kapitalistische Produktion typische Geschlechterhierarchien sollen überwunden werden.

Dazu wird z. B. die „radikale Verkürzung der Erwerbsarbeitszeit bei gleichzeitiger gerechter Verteilung der Sorgetätigkeiten zwischen Menschen aller Geschlechter“ (Schmelzer & Vetter 2021: 157) angestrebt. Erwähnt werden ferner die Leitprinzipien des Konzepts Vorsorgenden Wirtschaftens: Vorsorge, Kooperation und das gute Leben für alle.

5. Die *kapitalismus- und globalisierungskritische* Postwachstumsperspektive adressiert die Wachstumszwänge in kapitalistischen Gesellschaften und die Machtdynamiken sowie - asymmetrien, die damit verbunden sind (dazu und nachfolgend Schmelzer & Vetter 2021: 157–158). Es geht dort um „sehr grundlegende strukturelle Veränderungen von der Arbeitsgesellschaft bis hin zu Eigentumsformen“ (Schmelzer & Vetter 2021: 157), in denen auch harte gesellschaftliche Auseinandersetzungen gesehen werden. Gesellschaftspolitisch wird auf das Zurückdrängen der Marktmechanismen und -logiken, die *Vergesellschaftung* wichtiger Wirtschaftsbereiche und den Abbau von Machtkonzentrationen abgestellt. Die politischen Überlegungen drehen sich dabei um die Veränderung der Verteilungs- und Eigentumsverhältnisse, um Wirtschaftsdemokratie, Arbeitszeitverkürzung sowie den Rück- und Abbau bestimmter Industriesektoren. Die Mittel der politischen Umsetzung und Auseinandersetzung umfassen bewusst auch politischen Widerstand und zivilen Ungehorsam. Einen akademischen Niederschlag findet diese kapitalismus- und globalisierungskritische Postwachstumsperspektive in *Stephan Lessenichs* Arbeiten zu den Externalisierungsgesellschaften, im Konzept der imperialen Lebensweise von *Ulrich Brand* und *Markus Wissen* sowie in den Arbeiten aus dem Kreis des Kollegs *Postwachstumsgesellschaften* (Friedrich-Schiller-Universität Jena), zu dem auch Andrea Vetter und Matthias Schmelzer zählen.

Neben diesen Postwachstumsverständnissen, die sich aus den unterschiedlichen Strömungen zur Wachstumskritik speisen, gehen Schmelzer & Vetter (2021: 145–151) auch auf Versuche ein, „Postwachstum“ etwas allgemeingültiger fassen zu wollen. Zum Beispiel lässt sich Postwachstum definieren als „gerechte Reduktion von Produktion und Konsum, die sowohl menschliches Wohlergehen als auch ökologische Nachhaltigkeit umfasst“ (Schmelzer & Vetter 2021: 148). Andere Definitionen betonen den Aspekt der *Umverteilung* und wieder andere „stellen stärker den prozesshaften und politischen Charakter der angestrebten Transformation in den Vordergrund“ (Schmelzer & Vetter 2021: 148), wobei dann dort die Relevanz von Institutionen und *Werten* betont wird. Eine neuere Definition von Postwachstum stellt auf die *Verringerung des materiell-energetischen Materialdurchsatzes* ab (Schmelzer & Vetter 2021: 150), d. h. es werden Gesellschaftsstrukturen und -mentalitäten angestrebt, die weniger Material und Energie verbrauchen.

Als ein gemeinsames Element der unterschiedlichen Wachstumskritiken identifizieren Schmelzer & Vetter (2021: 70) an früherer Stelle bereits „die Dekonstruktion des hegemonialen Glaubens daran, dass Wirtschaftswachstum per se etwas Gutes sei". Das wird auch für die anderen hier vorgestellten Verständnisse von Postwachstum gelten, *jedoch mit Ausnahme* jener Perspektiven, die die Möglichkeit grünen Wachstums bzw. eines grünen Kapitalismus sehen (was vor allem auf die institutionenorientierte Perspektive zutreffen wird).

Damit verbindet sich als eine weitere charakteristische Gemeinsamkeit von Perspektiven abseits von „green growth", dass sich mit ihnen zwangsläufig eine *Systemfrage* stellt. Das lässt verständlich werden, warum viele *dieser* Postwachstumsperspektiven ‚anti-kapitalistisch' wirken. Dabei muss noch nicht einmal in ‚marxistischen Kategorien' argumentiert werden: Durch die herausgehobene Stellung vom ‚Markt' als vornehmlichen Organisationsmechanismus globalisierter Industrie- und Wachstumsgesellschaften sowie die zentrale Bedeutung, die dabei dem Wirtschaftswachstum beigemessen wird, muss jede Abweichung dazu als ‚oppositionell' und Infragestellung dieses globalen Wirtschaftssystems erscheinen. Diese Abweichungen können etwa darin bestehen, unbezahlte Hausarbeit aufzuwerten, Lohnarbeitszeit zu verkürzen und nicht-marktwirtschaftlich orientierte Wirtschaftsformen zu fördern. Mit diesen Abweichungen ist das vorherrschende Wirtschafts- und Gesellschafts*system* in Frage gestellt.

Eine weitere Gemeinsamkeit der Postwachstumsperspektiven liegt darin, dass sie mit Entwürfen für eine sozial-ökologische Transformation einhergehen: „Postwachstum" steht deshalb *auch für einen gesellschaftspolitischen Gestaltungsanspruch* sowie für konkret-utopische Politiken und reale Utopien zu einer sozial-ökologischen Transformation von Wachstumsgesellschaften (siehe Schmelzer & Vetter 2021: 146).

Wird von jenen Perspektiven abgesehen, die grünes Wachstum für möglich halten und qualitatives Wachstum anvisieren, so scheint es ein Postwachstumskonsens zu sein, die wirtschaftlichen Aktivitäten und insbesondere das Wirtschaftswachstum *zurückzufahren.* Dies kann mit Wohlfahrtsverlust, mit dem „Verlust von Einkommen und materiellem Komfort" (Schmelzer & Vetter 2021: 149) und mit ‚Verzicht' assoziiert sein. Im Detail existieren dazu aber Unterschiede. Während sich die suffizienzorientierte Postwachstumsperspektiven auf die radikale Reduzierung der Wirtschaftsleistung konzentrieren und auf Selbstgenügsamkeit bzw. Konsumverzicht setzen, gehen andere Postwachstumsperspektiven darüber hinaus. Dort ginge es um eine „Transformation der ganzen Gesellschaft" (Schmelzer & Vetter 2021: 149). Das heißt, es würden *andere* gesellschaftliche und wirtschaftliche *Strukturen* und *Aufgaben* anvisiert. Damit sind Strukturen gemeint, die eine *existenzielle* Abhängigkeit der Gesellschaft vom Wirtschaftswachstum beenden sollen. Diverse Postwachstumsperspektiven betonen, dass dabei Produktion und Konsum *demokratisch organisiert reduziert* und ökologische Grenzen eingehalten werden sollen sowie soziale Rechte *für alle* (auch auf globaler Ebene) zu sichern sind (Schmelzer & Vetter 2021: 150).

Der Hinweis auf die *Wachstumsunabhängigkeit* und die Überwindung eines *Wachstumszwangs* markiert einen wichtigen inhaltlichen Unterschied, der in der Diskussion um Postwachstum gemacht werden sollte, um mit den unterschiedlichen Postwachstumsperspektiven inhaltlich angemessen umgehen zu können: Die Überwindung der systemischen Abhängigkeit vom Wirtschaftswachstum *kann* zwar in der Konsequenz mit einer Reduzierung des Wirtschaftswachstums einhergehen, diese Reduzierung ist aber *nicht* das oberste (primäre) Ziel *solcher* Postwachstumsperspektiven.[62] In diesem Sinne sind Schmelzer & Vetter (2021: 162) zu verstehen, wenn sie betonen:

> „Wirtschaftliche Schrumpfung ist *nicht* das Ziel von Postwachstums, und ebenso wenig ist Postwachstum das Gegenteil von Wachstum. Die Reduktion von Produktion und Konsum sind vielmehr eine Konsequenz der Tatsache, dass es unmöglich ist, den Materialdurchsatz und die Emissionen in ausreichendem Maße vom Wachstum zu entkoppeln."

Dem gegenüber lässt sich aber auch die Haltung vertreten, dass Wachstumsunabhängigkeit und die Überwindung eines hegemonialen Wachstumszwangs nicht bedeuten, Wachstum per se ablehnen zu müssen![63] Inwiefern sich damit ein agnostischer Standpunkt (agrowth) verbindet, das bliebe zu klären. Aus einer anti-kapitalistischen Perspektive dürfte dies vermutlich aber auf Ablehnung stoßen (siehe Schmelzer & Vetter 2021: 163).

Jedenfalls stellt das Ziel der Gestaltung nachhaltiger und vom Wachstum unabhängiger Strukturen zur Versorgung der Gesellschaft etwas ganz anderes dar als das suffizienzorientierte Ziel, (allgemein) das Wirtschaftswachstum oder BIP zu reduzieren. Dieser Hinweis ist notwendig, weil öffentliche Debatten oft ins Polemische abzudriften drohen und Postwachstum dann auf den Dreischritt „Weniger Wachstum – weniger Bruttoinlandsprodukt – weniger Wohlstand" reduziert wird. Dann ist oft auch der zweifelhafte Höhepunkt eine derartigen Polemik nicht weit: Dieser Dreisprung führt schnurstracks zum Vorwurf eines diktatorisch angeordneten Verbotsregimes. Dem gegenüber beinhaltet die Mehrheit der hier vorgestellten Postwachstumsperspektiven deliberative, demokratische Momente – üblicherweise wird ganz bewusst eine *demokratisch organisierte* und von Grundrechten flankierte Transformation der Gesellschaft angestrebt, also alles andere als eine Öko-Diktatur!

Mit diesem Hinweis auf den absurden Verlauf, den die Diskussionen über Postwachstum in der Öffentlichkeit, in der Politik und teils auch im akademi-

---

62 Deshalb wird an anderer Stelle noch einmal klargestellt: „Postwachstum heißt nicht (auch wenn dies oft unterstellt wird), Wachstum pauschal zu kritisieren oder jede wirtschaftliche Aktivität reduzieren zu wollen" (Schmelzer & Vetter 2021: 181).

63 Ohnehin lässt sich an dieser Stelle kritisch fragen, ob sich Wachstum tatsächlich immer *vermeiden* bzw. diese Vermeidung immer effektiv planen lässt. Außerdem wäre zu überlegen, ob es nicht ‚in der Natur der Sache' einer arbeitsteilig organisierten Gesellschaft liegt, dass eine Lohnarbeitskraft mehr produziert als sie zur Existenzsicherung benötigt, also immer eine Art „Überschuss" (oder Mehrwert) anfällt. Darauf würde sich eine Art natürliches Wachstum begründen, das sich wohl auch nicht so einfach abschalten lässt.

schen Austausch nehmen können, lässt sich zusammenfassen, dass es zu kurz greift, Postwachstum, DeGrowth usw. schlagwortartig auf Kürzung des BIP, Verbot und Verzicht zu reduzieren. Wie Schmelzer & Vetter (2021) eindrücklich zeigen, steht „Postwachstum“ für einen vielschichtigen Diskurs, in dem sich unterschiedliche und unterschiedlich nuancierter Positionen, Konzepte, Argumente, Rechtfertigungen usw. finden. Wer Postwachstum ernsthaft diskutieren möchte, sollte das zur Kenntnis nehmen und differenzieren.

4.4 Wohlstand, Ethik und Wachstumskritik

In den Ausführungen zur Wachstumskritik tauchte bereits vereinzelt der Begriff „Wohlstand“ bzw. „Wohlfahrt“ auf. Tatsächlich ist die Nähe der Wachstumskritik zur Wohlstandsthematik doch schon deshalb sehr greifbar, weil das BIP heute immer noch als Wohlfahrtsindikator herangezogen wird und das wirtschaftliche Wachstum als Voraussetzung für Wohlstand gilt, was beides aber – wie gezeigt – den Gegenstand der Wachstumskritik darstellt. Zwar ist beim Postwachstumsdiskurs eine stärkere Differenzierung zwischen Wohlstand – auch unter der Chiffre *gutes Leben* (für alle) – und dessen *Voraussetzungen* einzufordern. Aber dieser kritische Einwand wäre auch gegenüber vielen anderen Debatten über Wohlstand vorzubringen. Jedenfalls verbindet sich der Diskurs zum Postwachstum nicht nur ganz klar mit der Wohlstandsthematik, sondern im Wachstumskontext stellen sich auch verschiedene ethische Fragen und Problemstellungen zum Wohlstand.

Das betrifft *erstens* den allgemeinen Umstand, dass sich auch die Wachstumskritik und das Postwachstum um *das gute Leben* drehen. Deshalb wäre zu klären, wie dieses gute Leben aussehen soll, was die Voraussetzungen dafür sind und wer in welcher Weise mit welcher ethischen Legitimität darüber befindet. Konsequent lässt sich dazu der Imperativ „Gerechtigkeit ohne Wachstum“ als normativer Kern der Postwachstumsperspektive ableiten (Schmelzer & Vetter 2021: 165). Aus Sicht von Wachstumsgesellschaften provoziert das wiederum die kritische Frage, wie Wohlstand ohne wirtschaftliches Wachstum möglich und gesichert sein soll. Genügsamkeit (Suffizienz), Konsumzurückhaltung oder Eigenarbeit (Do it yourself) – wie sie aus der Postwachstumsperspektive heraus vorgeschlagen werden – stellen Möglichkeiten dar, die aus der Sicht von Wachstumsgesellschaften auf Wohlstands*verzicht* hinauslaufen. Doch wie rechtfertigt es sich, mit der Abkehr vom Wachstumspostulat auf Wohlstand zu verzichten? Auf diese Weise scheinen die Postwachstumsperspektiven in eine argumentative Defensive gerückt. In den teils hitzig geführten Debatten kann dann schnell aus dem Blick geraten, dass es sich aus der kritischen Postwachstumsperspektive heraus ganz anders, nämlich genau anders herum, verhält: Es sind vor allem die auf wirtschaftliches Wachstum angewiesenen Wachstumsgesellschaften, die unter einem ethischen Rechtfertigungs- und Legitimationsdruck stehen. *Denn wie rechtfertigen sich Gesellschaftsentwürfe und -praxen, die auf einen Wohlstand abstellen, der zwingend auf ein wirtschaftliches Wachstum angewiesen ist, das aber andernorts Lebensgrundlagen zerstört, Wohlstand kostet oder verhindert?*

Diese Frage besitzt in gewisser Hinsicht einen rhetorischen Charakter. Denn die Zerstörung der Lebensgrundlage von Menschen anderenorts ist ganz offensichtlich ethisch *nicht* zu rechtfertigen. Dagegen mögen sich die Verhinderung von Wohlstand und/ oder das Aufbürden von Wohlstandsverlusten andernorts ethisch rechtfertigen lassen. Aber diese Rechtfertigungen erfordern mehr als nur Postulate, nämlich *ethische Abwägungen*! Die Forderung nach Verzicht auf Wohlstand in Wachstumsgesellschaften kann eine Konsequenz genau solch einer ethischen Abwägung sein. In diesem Falle würde sich eine ethische Erwägung darüber anschließen, wie eine solche Forderung in den Wachstumsgesellschaften umgesetzt werden kann. Bereits damit wird die ethische Qualität der Wachstumskritik deutlich, durch die sich die Postwachstumsperspektiven auszeichnen.

Zweitens zeigt sich eine ethische Qualität auch in den Details der Wachstumskritik. Kritisiert werden u. a. die Ausbeutung der Natur und Menschen, ungerechte Machtverhältnisse, die Macht des Patriarchats, die systematische Benachteiligung von ehemaligen Kolonial-Ländern, Rassismus, die Entfremdung des Menschen, der Verlust von Autonomie (Selbstbestimmtheit) sowie ungerechte Vermögens- und Eigentumsverhältnisse. Hinzu kommt die Kritik an den Wohlstands- und Konsummustern der Wachstumsgesellschaften. Diese und andere Kritikpunkte sind mit ethischen Wertungen (Urteilen) verbunden, die wiederum einen ethischen Wertebezug und Referenzpunkt aufweisen (oder aufweisen sollten). Diese ethische Qualität muss nicht immer ausbuchstabiert sein, ist mit Begriffen bzw. Kategorien wie „Ausbeutung“, „Entfremdung“, „Konvivialität“ usw. aber deutlich greifbar. Vereinzelt tritt diese ethische Qualität in der Wachstumskritik aber auch direkt und unzweideutig in Erscheinung, etwa wenn in der ökologischen Wachstumskritik auf die *Umweltgerechtigkeit* verwiesen wird und ethische Kategorien wie „Klimagerechtigkeit“ und „Klimaschuld“ in Anschlag gebracht werden (Schmelzer & Vetter 2021: 72, 77); oder wenn sich im Kontext der Süd-Nord-Kritik der Bezug zur globalen Gerechtigkeitsperspektive findet (Schmelzer & Vetter 2021: 130).

Drittens charakterisieren sich die Postwachstumsperspektiven als „Vorschlag und Vision für eine bessere Zukunft“ (Schmelzer & Vetter 2021: 146); sie bieten Politik-Strategien und „reale Utopien“ für eine sozial-ökologische Transformation der Gesellschaft. Damit wird ein gesellschaftspolitischer Gestaltungsanspruch geltend gemacht, der den normativen Charakter der Postwachstumsperspektiven unterstreicht: Es geht um Entwürfe, wie eine Gesellschaft zukünftig aussehen *soll*. Die Normativität tritt besonders deutlich durch Wertungen zu Tage (z. B. ‚bessere‘ Zukunft).

Tab. 4: Ethische Schnittstellen der Postwachstumsperspektiven

Postwachstums-perspektiven	*Ausgewählte ethische Schnittstellen*
Ökologische Kritik	▪ Umweltgerechtigkeit. ▪ Klimagerechtigkeit. ▪ Klimaschuld.
Sozial-ökonomische Kritik	▪ Konsum- und Wohlstandskritik. ▪ Gleichheit als wichtigster Faktor für Lebensqualität.
Kulturelle Kritik	▪ Konvivialität, d. h. die Frage nach den Formen der gesellschaftlichen Organisation, die das Aushandeln von Sozialbeziehungen und ein gutes Zusammenleben ermöglichen. ▪ Qualität weniger, aber stabiler ‚Resonanzachsen' als konkrete *Richtschnur* für gesellschaftliches und individuelles Handeln.
Anti-Kapitalistische Kritik	▪ Ausbeutung (auch als ethische Kategorie). ▪ Dépense: ‚Unproduktive' Verausgabung bzw. Aufwendung von Überschuss (Mehrwert).
Feministische Kritik	▪ Ausbeutung von Frauen. ▪ Kritik an der hegemonialen Machtstellung von Männern (Patriarchat); und am *Homo Oeconomicus* als Mittel der Legitimierung einer kapitalistischen, Frauen ausbeutenden Produktionsweise. ▪ Forderung nach Versorgungsrationalität, gerechter Verteilung von Sorgearbeit und Auflösung patriarchaler Binaritäten (queering). ▪ Prinzipien vorsorgenden Wirtschaftens (Vorsorge, Kooperation, gutes Leben für alle).
Industrialismus-Kritik	▪ Nicht-Neutralität von Technik, Entfremdung, Recht auf Suffizienz. ▪ Verantwortung für nicht-intendierte Folgen von Technik und Industrie. ▪ Demokratische Gestaltung von Technik. ▪ Kritik an reaktionärer Technik-Kritik.
Süd-Nord-Kritik	▪ Globale Gerechtigkeitsperspektive. ▪ Gutes Leben (buen vivir) ▪ Kritik an der westlichen Entwicklungsideologie und Kapitalismus, Ausbeutung von Natur und Mensch. ▪ Das Recht, nicht auf Kosten anderer Leben zu müssen.

Quelle: Eigene Darstellung auf Basis von Schmelzer & Vetter (2021).

Der normative Charakter dieser politischen Transformationsstrategien ist auch darin angelegt, dass sie Empfehlungen darstellen, die ethisch abzuwägen und zu rechtfertigen sind sowie dabei ethischer Referenzpunkte bedürfen. Zu denken ist etwa an den Begriff der *Suffizienz*, der auf Genügsamkeit oder Angemessenheit abstellt, damit aber auch eine Klärung erfordert, worin die Genügsamkeit bestehen soll und was der ethische Referenzpunkt dafür ist. Ein zweites Beispiel ist die Forderung nach einer ‚unproduktiven' Verausgabung von Mehrwehrt/Überschuss (Schmelzer & Vetter 2021: 108), die ebenfalls einer ethischen Abwägung, Klärung, Rechtfertigung und Legitimierung bedarf.

Die oben abgebildete Tab. 4 bietet einen Überblick zu verschiedenen normativen Schnittstellen von Postwachstumsperspektiven. Dies und die kurzen Anmerkungen von eben verdeutlichen, wie eng die hier thematisierte Wachstumsfrage mit dem Wohlstandskontext und ethischen Erwägungen verbunden ist. Dazu soll nachfolgend vertieft werden, a) welche ethischen Orientierungspunkte in den Postwachstumsperspektiven genannt sind, b) welche Kritikpunkte dazu im Raum stehen und c) wie mit anderen ethischen Referenzpunkten eine Postwachstumsperspektive weiter fundiert werden kann.

4.4.1 Normative Orientierungspunkte in den Postwachstumsperspektiven

Die Kritik und Bewertung von Wachstumsgesellschaften, aber auch die Empfehlungen und Rechtfertigungen von Postwachstumsalternativen benötigen ethische Referenzpunkte. Damit sind Werte, ethische Konzepte und Prinzipien gemeint. Im Detail umfasst das auch die inhaltliche Schärfung von bestimmten Begrifflichkeiten wie „Suffizienz" oder „Gerechtigkeit". Die weiter oben erwähnte ethische Abwägung bedeutet dann, zu prüfen, ob bestimmte Praktiken, Handlungsabsichten, Utopien usw. solchen Referenzpunkten oder Ethik-Konzepten genügen. Die ethischen Schnittstellen, die sich in den Postwachstumsperspektiven zeigen (Abschnitt 4.4 und Tab. 4), können solche Referenzpunkte oder Konzepte bereits beinhalten oder auf die Notwendigkeit einer entsprechenden ethischen Vertiefung hindeuten. Besonders deutlich sind diese normativen Referenzpunkte dort, wo reale Utopien für eine zukünftige Gesellschaft bzw. Strategien zur politischen Umsetzung derselben formuliert werden. Denn dort geht es um Empfehlungen, in denen – fachlich gesprochen – ein *Sollen* zum Ausdruck kommt, das auch zu rechtfertigen wäre. Damit wird der Boden ‚der' Ethik betreten, die mit Immanuel Kant um die Frage „Was soll ich tun?" kreist. Im Dickicht der unterschiedlichen Postwachstumsperspektiven bieten die *drei Zieldimensionen* von Schmelzer & Vetter (2021: 158–175) dazu eine erste Orientierung: (I) Globale ökologische Gerechtigkeit, (II) Soziale Gerechtigkeit, Selbstbestimmung und gutes Leben, (III) Wachstumsunabhängigkeit.

Zieldimension I: Globale ökologische Gerechtigkeit

Mit dem ersten normativen Orientierungspunkt, der *globalen ökologischen Gerechtigkeit*, ist zunächst „die Vision einer ökologisch nachhaltigen und sozial gleicheren Welt“ (Schmelzer & Vetter 2021: 159) gemeint. „Nachhaltigkeit“ bezieht sich dabei auf einen Wirtschaftsstil, mit dem bewusst innerhalb planetarer Grenzen gewirtschaftet wird, also unter Beachtung der Tragfähigkeit der Natur und der Begrenztheit natürlicher Ressourcen (dazu und nachfolgend Schmelzer & Vetter 2021: 159–163). Global *sollen* sich die Lebensstandards und die Naturverbräuche *angleichen*. Das erfordert die *Deprivilegierung* der Menschen in den Wachstumsgesellschaften, weil diese die Kosten ihres Lebensstils auf andere und/oder in die Zukunft verlagern. In diesem Zusammenhang wird auch von der *Abwicklung* der entsprechenden Wirtschafts- und Gesellschaftssysteme gesprochen, weil diese Wachstumsgesellschaften mit einem *nicht zu rechtfertigenden* (überproportionalen) Naturverbrauch einhergehen. Ziel ist dabei, den materiellen Stoffwechsel und damit auch die volkswirtschaftliche Produktion auf ein langfristig ökologisch nachhaltiges – und global *verallgemeinerbares* – Niveau anzugleichen. In der DeGrowth-Debatte wurde dazu das Konzept der *richtigen Dimensionierung* des Wirtschaftens (right-sizing) entwickelt: *„Right-sizing“* steht für die Reduktion des ökologischen Fußabdrucks auf ein nachhaltiges Niveau. Angelehnt an die Prinzipien der *Umweltgerechtigkeit* erfolgt dabei eine Orientierung an den Prinzipien:

- *Begrenzen und Teilen* (cap and share), was eine Begrenzung des Naturverbrauchs und eine global faire Verteilung der noch verfügbaren Ressourcen bedeutet; konkret erwähnen dazu etwa Kallis, Kerschner & Martinez-Alier (2012: 175) einen Vorschlag, die CO_2-Emissionen global zu deckeln und die dann damit erlaubte Menge an CO_2-Emissionen *pro Kopf* zu verteilen.
- *Kontraktion und Konvergenz*, was von Schmelzer & Passadakis (2011: 66) mit „Wirtschaften innerhalb der ökologischen Grenzen und eine faire Verteilung“ übersetzt wird und auf eine starke Reduktion des Umweltverbrauchs in den ‚reichen Ländern‘ hinausläuft.

Die verbleibenden Ressourcen sollen *gerecht* verteilt werden, wobei die ‚historische Schuld‘ der Wachstumsgesellschaften zu berücksichtigen ist. Diese Schuld resultiert daher, dass diese Länder wesentlich zum Klimawandel beitrugen, aber am wenigsten davon betroffen sind (Schmelzer & Vetter 2021: 161). Daraus leitet sich auch ein anderer Umgang mit den Menschen und Ländern abseits der Wachstumsgesellschaften ab. Konkret geht es dabei um den Abbau von Abschottungspraktiken, mit denen in den Postwachstumsperspektiven vor allem repressive Grenzregime und Rassismus adressiert werden. Daraus folgt zum Beispiel ein *Recht zu bleiben*, was letztlich die Bekämpfung von Fluchtursachen bedeutet, und ein *Recht zu gehen*, d. h. einen Anspruch auf globale Bewegungsfreiheit. Es wird ein grundlegender Umbau der Wachstumsgesellschaften angestrebt, bei dem (i) Effizienz, (ii) Konsistenz und (iii) Suffizienz weitere normative Orientierungspunkte in der Zieldimension der globalen Gerechtigkeit darstellen.

(i) Unter *Effizienz* wird dabei die Verbesserung des Verhältnisses zwischen Stoffverbrauch und Produktionsergebnis verstanden (Input-Output-Verhältnis).
(ii) *Konsistenz* bedeutet den Wechsel auf den Verbrauch *nachhaltiger Materialien*, Kreislaufwirtschaft und alternative – erneuerbare – Energien.
(iii) *Suffizienz* steht für die Angemessenheit im Konsum, Selbstbegrenzung, Entschleunigung und kann z. B. auf eine Konsumverminderung hinauslaufen; teils wird zur Präzisierung der Suffizienz auf die „Vier E's" verwiesen, d. h. Entschleunigung, Entflechtung, Entkommerzialisierung und Entrümpelung.[64]

Zieldimension II:
Soziale Gerechtigkeit, Selbstbestimmung und gutes Leben

Der zweite Orientierungspunkt der Zieldimensionen beim Postwachstum umfasst drei Aspekte: *soziale Gerechtigkeit, Selbstbestimmung und gutes Leben.* Mit der sozialen Gerechtigkeit wird zunächst der Umstand aufgegriffen, dass die Sozial- bzw. Wohlfahrtsstaaten der Wachstumsgesellschaften auf einem hohen Wirtschaftswachstum basieren, das im Wesentlichen auf den Verbrauch fossiler Brennstoffe zurückgeht (Schmelzer & Vetter 2021: 164). Die Abschaffung der Abhängigkeit vom Wirtschaftswachstum bedarf deshalb vor allem der Antworten auf die Frage *sozialer Gerechtigkeit*, d. h. wie sich soziale Gerechtigkeit *ohne Wirtschaftswachstum* realisieren lässt: *Gerechtigkeit ohne Wachstum* sei daher das Kernthema der Postwachstumsperspektiven (Schmelzer & Vetter 2021: 165). Ein dazu vertiefender normativer Fluchtpunkt vieler Akteure der Postwachstumsdebatte findet sich in der Vorstellung und Forderung nach einer *egalitären Gesellschaft*, was sich aus sozialökonomischer Perspektive insbesondere mit „mehr materielle[r] Gleichheit innerhalb von Gesellschaften" (Schmelzer & Vetter 2021: 165) übersetzt.

In diesem Zusammenhang liegt es nahe, *Verteilungsgerechtigkeit* anzustreben: eine ‚gerechte' Verteilung des bestehenden Reichtums und der Produktionsmittel. Allerdings wird kritisch darauf hingewiesen, dass es bei dieser Umverteilung vielmehr um *Bedarfsgerechtigkeit* gehen müsse. Vereinzelt wird dazu kritisiert, dass Umverteilung auch eine Wachstumsstrategie – ein ökologisch schädliches Konjunkturprogramm – sein kann, weil damit der Konsum

64 Für die Punkte i) bis iii) siehe Schmelzer & Vetter (2021: 163) und zur Suffizienz (iii) Nawothnig et al. (2023: 3–4).

angeregt wird. Schmelzer & Vetter (2021: 166–167) betonen, dass dies an der Postwachstumsvorstellung von *umfassender Gleichheit* (Egalität) vorbeigeht. Deshalb können selbst radikale Umverteilungsmaßnahmen *nur im Verbund* mit anderen Maßnahmen wie etwa Arbeitszeitverkürzung, Verbrauchsobergrenzen und/oder Maximaleinkommen Teil von Strategien zur Transformation hin zu Postwachstumsgesellschaften sein. Unmissverständlich heißt es auch, dass Postwachstumsgesellschaften unter dem Aspekt der Gerechtigkeit „nicht hinter erkämpfte Standards wirtschaftlicher, sozialer und kultureller Rechte zurückfallen sollen“ (Schmelzer & Vetter 2021: 167). Konkret geht es um die wachstumsunabhängige, nachhaltige und global gerechte Gestaltung dieser Standards und darüber hinaus um den Abbau von Machtstrukturen und Diskriminierung (Klassismus, Rassismus, Sexismus, Ableismus etc.).

„Selbstbestimmung“ steht für *kollektive Selbstbestimmung*, was auf eine Weiterentwicklung und Vertiefung *demokratischer Prozesse* und die Ausweitung *demokratischer Mitbestimmung* hinausläuft – und damit die Vergesellschaftung wichtiger Wirtschaftsbereiche, Formen der Wirtschaftsdemokratie sowie die Selbstbestimmung über die Verwendung der eigenen Arbeitskraft umfasst (Schmelzer & Vetter 2021: 168). Es wird auf Formen der gesellschaftlichen Selbstverwaltung abgestellt, die transparent und kontrollierbar sind sowie ihre ständige kritische Hinterfragung und Weiterentwicklung ermöglichen (Schmelzer & Vetter 2021: 167). Die Selbstbestimmung (Autonomie) gilt ebenfalls als Möglichkeit der *kollektiven Selbstbegrenzung*, „mit der sich Individuen, Kollektive und ganze Gesellschaften Regeln, Werte und Normen setzen“ (Schmelzer & Vetter 2021: 168). Die konkrete Ausgestaltung dieser Demokratisierungsprozesse, so Schmelzer & Vetter (2021: 168), bleibt in den Postwachstumsdiskussionen noch unklar und markiert einen Klärungsbedarf. Ausdrücklich betont wird aber, dass Selbstbestimmung nicht ökonomisch reduktionistisch als „individuelle Selbstverwirklichung“ missverstanden werden darf: Selbstbestimmung ist hier zu verstehen „als in Notwendigkeiten eingebettete ‚bezogene Freiheit‘, die nur in und durch interdependente Beziehungsgeflechte verwirklicht werden kann“ (Schmelzer & Vetter 2021: 168).

Das *gute Leben* steht in der Tradition der latein-amerikanischen, indigenen Vorstellung vom „buen vivir“ und damit für ein Leben im Einklang (Gleichgewicht) mit den Mitmenschen und der Natur (Schmelzer & Vetter 2021: 169). Allerdings lässt sich dazu auch auf das *gute Leben* verweisen, wie es heute in einer aufgeklärten Distanz und Anlehnung an die Vorstellung vom „Oikos“ bzw. der „Ökonomik“ als Lehre vom Haushalt im griechisch-antiken Denken oder mit der Befriedigung grundlegender Bedürfnisse assoziiert werden kann.[65] Zentral für sowohl die normative Orientierung als auch die Perspektive auf Wohlstand scheinen folgende zwei Punkte:

65 In Anlehnung an zum Beispiel die Vorstellungen vom Guten Leben bei Berger (2021: 27–29), Praetorius (2021: 200–202) und Biesecker & Kesting (2003).

„Der Begriff des guten Lebens löst zum einen die Diskussion um ein gelingendes Leben aus der Sphäre einer suggerierten Quantifizierbarkeit heraus. […] Zum anderen löst er sich als normativer Begriff vom liberalen Verständnis, wonach das gute Leben nur subjektiv bestimmbar sei“ (Schmelzer & Vetter 2021: 169)

Die Orientierung an der regulativen Idee des guten Lebens gestattet es, Wohlstand auch jenseits von quantifizierbarem Wohlstand zu denken. Damit ist es ebenfalls möglich, ein Verständnis von Individuum und individueller Freiheit zu entwickeln, in dem beides nicht losgelöst von anderen Menschen steht, sondern in dem Freiheit *im Verhältnis zu anderen* und *mit diesen erst denkbar* wird. Das gute Leben steht damit für „die Suche nach umfassenden Wohlfahrtsverständnissen, von denen die materielle Ausstattung nur ein Teil ist“ (Schmelzer & Vetter 2021: 169). Es geht also um ein *prozesshaftes* und offenes Verständnis von Wohlstand wie es etwa den Kern der sozial-ökologischen Perspektive von Biesecker & Kesting (2003) ausmacht.

Damit steuert diese sozial-ökologische Perspektive normativ zwangsläufig darauf zu, sich mit den Bedingungen einer gelingenden Verständigung über die Grundfragen von Wohlstand auseinanderzusetzen. Dies beinhaltet die Klärung, wodurch sich Wohlstand im Kern auszeichnen soll, und umfasst die Berücksichtigung a) des Menschen als Beziehungswesen, b) des Zusammendenkens von Produktion und Reproduktion und c) vor allem jener Bedürfnisse, „die nicht steigerungs- und optimierungsorientiert sind“ (Schmelzer & Vetter 2021: 169). Hinzu tritt die Orientierung an einer *solidarischen Lebensweise*, d. h. die Frage danach: „wie sich leben lässt, ohne dass dies auf Kosten anderer geschieht“ (Schmelzer & Vetter 2021: 169). Als weitere normative Orientierungspunkte gelten in diesem Zusammenhang die Konzepte Resonanz, Konvivialität und Zeitwohlstand.

1. *Resonanz* geht auf die Überlegungen des Soziologen Hartmut Rosa zurück und beschreibt eine „Form der Weltbeziehung, in der sich Subjekt und Welt gegenseitig berühren und zugleich transformieren“ (Rosa 2016: 298).[66] Für Schmelzer & Vetter (2021: 169–170) leitet sich daraus das Ziel ab, wenige, aber stabile „Resonanzachsen“ zu etablieren. Rosa (2016: 296) beschreibt „Resonanzachsen“ als etablierte und stabilisierte Formen der Bezugnahme zwischen Subjekt und Welt bzw. Weltausschnitt. Anders formuliert sind damit stabile *wechselseitige Antwortverhältnis*se gemeint, in denen sich Menschen selbst erfahren können, konkret etwa intensive Freundschaften, aber auch der „Flow“, der sich bei einer als befriedigend empfunden Tätigkeit – wie Musizieren, Schreiben, Bühnenpräsentation, Wandern usw. – einstellt (siehe dazu Schmelzer & Vetter 2021: 170).

66 An anderer Stelle wird Resonanz beschrieben als ein „Modus des *In-der-Welt-Seins*, das heißt eine spezifische Art und Weise des In-Beziehung-Tretens zwischen Subjekt und Welt“ (Rosa 2016: 285).

2. *Konvivialität* beschreibt eine Haltung (ein *Ethos*), die auf gegenseitigem Respekt und der Wertschätzung sozialer Beziehungen beruht; sie zielt auf „ein alltagsweltliches Zusammenleben und gelebte kollektive Selbstbestimmung“ (Schmelzer & Vetter 2021: 170) ab.
3. *Zeitwohlstand* nimmt sich des Umstands an, dass ‚Zeit‘ in Wachstumsgesellschaften eine knappe Ressource darstellt (Schmelzer & Vetter 2021: 170). Dies impliziert eine ethische Abwägung der ‚gerechten‘ Verteilung von unbezahlter Sorgearbeit und bezahlter Lohnarbeitszeit, aber auch den Anspruch auf ein ‚angemessenes‘ und ‚gerechtes‘ Maß an ‚Zeit‘ für soziale Beziehungspflege, Zuwendung und in der professionalisierten Sorgearbeit (im Alten- oder Pflegeheim).

Zieldimension III:
Wachstumsunabhängigkeit

Als dritte Zieldimension im Postwachstumsdenken geht es um die *Unabhängigkeit vom Wachstum*. Die für Wachstumsgesellschaften systematischen Momente der Wachstumsabhängigkeit, die es zu überwinden gelte, werden dabei auf vier miteinander verwobenen Ebenen identifiziert.

Erstens: Auf der Ebene der *materiellen Infrastruktur* – Energienetze, Verkehr usw. – geht es um die Überwindung bzw. das Aufbrechen von technologisch-wachstumsorientierten *Pfadabhängigkeiten* und *Steigerungsimperativen*, etwa durch Biodiversitätsreservate, Lastenradkooperativen oder gemeinschaftliche Wiederaufforstungsprojekte (Schmelzer & Vetter 2021: 171–172)

Zweitens: Auf der Ebene *gesellschaftlicher Institutionen* sind soziale, politische und wirtschaftliche Einrichtungen (Arbeitsmärkte, Finanzmärkte, Bildungseinrichtungen, Gesundheitsvorsorge etc.) „so umzugestalten, dass sie ohne Wirtschaftswachstum stabil funktionieren können, oder neue wachstumsunabhängige Institutionen zu schaffen, die die Funktionen der bisherigen erfüllen können“ (Schmelzer & Vetter 2021: 173).

Drittens: Auf der Ebene der *„mentalen Infrastrukturen“* geht es um jene *Haltungen* in den Wachstumsgesellschaften, die sich durch Steigerungs- und Beschleunigungslogiken charakterisieren (dafür und nachfolgend Schmelzer & Vetter 2021: 173–174). Gemeint sind damit die für Wachstumsgesellschaften charakteristischen Arbeits- und Konsummuster, „konkurrenzbasierte Subjektivierungsweisen“ (Wettbewerbsdenken, Selbstoptimierung) und das, was im Kontext der imperialen Lebensweisen als Fortschrittsdenken und Mensch-Natur-Hierarchie kritisiert wird. Auf dieser Ebene bedeutet die Überwindung der Wachstumsabhängigkeit letztlich eine *ethische Aufklärungs-, Reflexions- und Abwägungsarbeit*. Das zeichnet sich deutlich ab, wenn es bei Schmelzer & Vetter (2021: 173–174) heißt, es ginge „um eine Befreiung der gesellschaftlich durchgesetzten und weithin geteilten Vorstellungen, Überzeugungen, Werte, das fundamentale Selbstverständnis einer Gesellschaft, das diese zusammenhält und ihre Strukturen, Institutionen und Praktiken legitimiert". In Detail käme es darauf an, sich mit den Postwachstumskonzepten, den Begriffen und Vorschlägen dort auseinanderzusetzen. Darüber hinaus wäre es erforderlich, andere Möglichkeiten der Subjektivierung zu entwickeln, „d.h. andere Arten, sich selbst in der Welt und im Verhältnis zu anderen zu verstehen und zu positionieren" (Schmelzer & Vetter 2021: 174). Als konkrete Orientierungspunkte für eine solche Subjektivierung wurden dort *Relationalität*, *Konvivialität* und *Resonanz* genannt.[67]

Viertens: Auf der Ebene des Wirtschaftssystems bzw. gesellschaftlichen Wirtschaftsstils geht es um die wachstumsabhängigen Grundstrukturen, die für Wachstumsgesellschaften charakteristisch sind (siehe dazu und nachfolgend Schmelzer & Vetter 2021: 172–175). Ein Teil der Fachleute aus der Postwachstumsszene geht davon aus, dass die Wachstumsabhängigkeit vor allem im Bereich ‚Wirtschaft' zu verorten ist: zum Beispiel in der technischen Rationalisierung, dem auf Schulden basierten Geldsystem, der internationalen Konkurrenz und dem Expansionszwang von Unternehmen. Die partielle Überwindung dieser (partiellen) Abhängigkeiten vom Wachstum wird dann z. B. in radikaler Arbeitszeitverkürzung, der Reduzierung des Finanzsektors oder in kürzen Wertschöpfungsketten gesehen. Im Gegensatz dazu argumentieren andere Teile der Postwachstumsszene, dass *jegliche* Form ‚des' Kapitalismus *nicht* mit einer Postwachstumsgesellschaft vereinbar wäre. Die „Funktionsweise des Kapitalismus [sei] selbst strukturell wachstumsabhängig und kapitalistische Gesellschaften könnten sich nur dynamisch – also über Wachstum – stabilisieren" (Schmelzer & Vetter 2021: 175). Damit wäre die Unabhängigkeit vom Wirtschaftswachstum allein durch die Überwindung kapitalistischer Wirtschaftsstile hin zu postkapitalistischen Wirtschaftsstilen zu erlangen, was den Fokus auf nicht-kapitalistische Wirtschaftsformen wie etwa Commons und Wirtschaftsdemokratie als wünschenswerte Orientierung legt.

Die wesentlichen Aspekte zu den hier thematisierten normativen Referenz- und Orientierungspunkten jener drei Zieldimensionen, die Schmelzer & Vetter (2021) in der Perspektiven auf das Thema „Postwachstum" identifizieren, finden sich nachfolgend noch einmal in einer Tabelle zusammengefasst (Tab. 5).

67 Die Begriffe „Konvivialität" und „Resonanz" wurden bereits im Text erwähnt (siehe Unterabschnitt 4.2.7). „Relationalität" wird in der Aufzählung bei Schmelzer & Vetter (2021: 174) nicht näher erläutert. Es liegt aber nahe, mit „Relationalität" die oben im Zusammenhang mit dem guten Leben beschriebene Vorstellung von individueller – relationaler – Freiheit zu verstehen, d. h. als Freiheit des Menschen, die nicht losgelöst von anderen (isoliert) existiert, sondern immer erst im Verhältnis zu anderen und mit diesen möglich ist.

Tab. 5: Zieldimensionen der Postwachstumsperspektiven

Zieldimensionen	*Ausgewählte ethische Referenzpunkte*
Globale ökologische Gerechtigkeit	▪ Vision einer ökologisch nachhaltigen und sozial gleicheren Welt. ▪ Planetare Grenzen, Tragfähigkeit der Natur. ▪ Globale Angleichung der Lebensstandards und Naturverbräuche. ▪ Deprivilegierung des globalen Nordens. ▪ *Right-Sizing*: Reduktion des globalen ökologischen Fußabdrucks auf ein nachhaltiges Niveau. ▪ Das Recht zu bleiben, das Recht zu gehen. ▪ Prinzipien: *Cap and share, Kontraktion und Konvergenz, Effizienz, Konsistenz, Suffizienz.*
Soziale Gerechtigkeit, Selbstbestimmung & gutes Leben	▪ Egalität, Verteilungsgerechtigkeit und Bedarfsgerechtigkeit. ▪ Abbau von Machtstrukturen und Diskriminierung. ▪ Vertiefung demokratischer Prozesse, demokratische Mitbestimmung. ▪ Relationales Verständnis von Freiheit. ▪ Prozesshaftes Verständnis vom guten Leben, das Menschen als Beziehungswesen sowie die Einheit von Produktion und Reproduktion berücksichtigt, orientiert an: Resonanz, Konvivialität und Zeitwohlstand.
Wachstumsunabhängigkeit	▪ Überwindung von technologisch-wachstumsorientierten Pfadabhängigkeiten und Steigerungsimperativen. ▪ Institutionelle Wachstumsunabhängigkeit: gesellschaftliche Institutionen, die ohne Wachstum funktionieren. ▪ Überwindung eines gesellschaftlichen Wachstumsethos, orientiert an Prinzipien: Relationalität, Konvivialität und Resonanz. ▪ Je nach Postwachstumsperspektive, a) Alternativen im Kapitalismus oder b) postkapitalistische Wirtschaftsstile (Utopien).

Quelle: Eigene Darstellung auf Basis von Schmelzer & Vetter (2021: 159–175).

Weitere normative Orientierungspunkte

In den drei von Schmelzer & Vetter (2021: 158–175) erläuterten Zieldimensionen zeigen sich zwar Kernelemente, an denen sich die Antworten auf die Wachstumskritik messen zu lassen hätten (Schmelzer & Vetter 2021: 175). Im

Kontext konkreter Vorschläge für eine Umsetzung der sozial-ökologischen Transformation werden aber weitere Konzepte mit entsprechenden Kriterien zur Bewertung solcher Postwachstumsalternativen genannt.

Dazu gehören die drei Kriterien des Soziologen *Erik Olin Wright* (1947–2019): Wünschbarkeit, Gangbarkeit und Erreichbarkeit. Die *Wünschbarkeit* würde sich hauptsächlich aus den hier vorgelagert genannten drei Zieldimensionen ergeben (Schmelzer & Vetter 2021: 176). Zur *Gangbarkeit* von Postwachstumskonzepten wird auf makroökonomische Forschungen verwiesen, die widerlegen, „dass nur wachsende Ökonomien stabil seien und Wohlfahrt generieren könnten" (Schmelzer & Vetter 2021: 176). Stattdessen könnten sich Wirtschaftssysteme auch mit einem abnehmenden BIP als stabil erweisen, *wenn* das von gesellschaftlichen und institutionellen Veränderungen begleitet wird. Zu diesen Veränderungen zählen:

- Lohnarbeitszeitverkürzung
- die Zunahme der Bedeutung sozialer Güter (vor allem Dienstleistungen)
- der Konsum aller Einkommen
- die Konzentration des technologischen Fortschritts auf Ressourceneffizienz (statt Verkürzung von Lohnarbeitszeit),
- ein Netz von Non-Profit-Genossenschaften als *Grundlage* (Basis) ‚des' Wirtschaftssystems und
- die Vergesellschaftung der Versorgung mit Grundgütern (Schmelzer & Vetter 2021: 176–177).

Die *Erreichbarkeit* wird von Schmelzer & Vetter (2021: 181–206) anhand konkreter Vorschläge wie die der Demokratisierung ‚der' Wirtschaft, der Umverteilung, der Maximaleinkommen oder Lohnarbeitszeitverkürzung diskutiert. Dazu betonen Schmelzer & Vetter (2021), dass die Erreichbarkeit der Postwachstumskonzepte bzw. der konkreten Vorschläge dazu „von den gesellschaftlichen Kräfteverhältnissen und Krisendynamiken ab[hängt]" (Schmelzer & Vetter 2021: 205). Insofern scheint das Kriterium der Erreichbarkeit offen und situations- bzw. kontextbedingt.

Weitere normative Orientierungspunkte für die Bewertung von Postwachstumskonzepten finden sich im „Acht-R-Programm" des französischen Ökonomen und Philosophen *Serge Latouche* (*1940), das entlang von acht Verben formuliert ist, und in den „Vier Es" nach *Wolfang Sachs* (*1946).[68] Empirisch (deskriptiv) lassen sich in der Forschung zu Postwachstumsgesellschaften folgende drei normative Schwerpunkte identifizieren:

1. Reduzierung des menschlichen Umwelteinflusses;
2. Umverteilung von Einkommen und Vermögen innerhalb und zwischen Ländern, einschließlich der Schaffung eines gerechten Zugangs zu Gütern und Dienstleistungen;

68 Zum Überblick siehe unten Tab. 6, sowie Schmelzer & Vetter (2021: 177).

3. Abkehr von einer auf intensiven Materialverbrauch und Konkurrenz basierenden Wirtschaft hin zu kooperativen und konvivialen Gesellschaftsformen, die vor allem auf Verkürzung von Erwerbsarbeitszeit und einer größeren Bedeutung informeller und unbezahlter Tätigkeiten basieren (siehe dazu Schmelzer & Vetter 2021: 178).

Tab. 6: Bewertungskriterien für Postwachstumskonzepte

Konzepte	*Kriterien*
Erik O. Wright	▪ Wünschbarkeit ▪ Gangbarkeit ▪ Erreichbarkeit
Acht-R-Programm (Serge Latouche)	▪ neu-bewerten ▪ neu-konzeptionalisieren ▪ neu-strukturieren ▪ umverteilen ▪ relokalisieren ▪ reduzieren ▪ wiederverwenden ▪ recyceln
Vier Es (Wolfang Sachs)	▪ Entschleunigung ▪ Entflechtung ▪ Entkommerzialisierung ▪ Entrümpelung

Quelle: Eigene Darstellung auf Basis von Schmelzer & Vetter (2021: 176–177).

Abseits der Zieldimensionen der Postwachstumsgesellschaften und der Kriterien zu ihrer Bewertung stellen Schmelzer & Vetter (2021: 194–196) im Zusammenhang mit *der Demokratisierung der technischen Entwicklung* das Konzept der „konvivialen Technik" vor, das auf folgenden fünf *Werten* beruht und damit eine normative Orientierung für eine mehrdimensionale Bewertung von Technik und Technikeinsatz gibt: (i) *Verbundenheit* bezieht sich darauf, inwiefern Technik die Beziehungen zwischen Menschen beeinflusst (z. B. mit Blick auf Arbeitsbedingungen zur Gewinnung von Rohstoffen); spiegelbildlich dazu adressiert (ii) die *Bio-Interaktion* die Wechselwirkungen zwischen Mensch und Natur, wobei ganze Produktlebenszyklen (Herstellung und Entsorgung) in den Blick genommen werden und die Orientierung an einer möglichst vollständigen Kreislaufwirtschaft erfolgt (komplette Wiederverwertung der Rohstoffe und Rückführung abbaubarer Rohstoffe in den ökologischen Kreislauf); mit (iii) der *Zugänglichkeit* verbindet sich die Frage „wo, von wem und unter welchen Umständen eine Technik (weiter-) entwickelt, und genutzt werden kann" (Schmelzer & Vetter 2021: 195); (iv) die *Anpassungsfähigkeit* bezieht sich darauf, „inwiefern eine Technik eigenständig genutzt werden kann, aber auch […] wie einfach sie erweitert und mit anderen Techniken gekoppelt und wie dies durch allgemein verbindliche Standardisierung von Grundbauteilen erleichtert werden kann“ (Schmelzer & Vetter 2021: 195); und (v) die *Angemessenheit* verbindet sich mit der Abwägung des Nutzens, d. h. inwiefern der Aufwand an Zeit und Ressourcen in einem sinnvollen (angemessenen) Verhältnis zum Ergebnis steht.

Damit lässt sich abschließend festhalten, dass sich in der Postwachstumsdebatte nicht einfach nur Schnittstellen zum Bereich ‚der‘ Ethik zeigen, sondern dass auch ganz konkrete normative Referenzpunkte thematisiert werden, die bei der Bewertung und Gestaltung von Postwachstumsgesellschaften und Strategien zur sozial-ökologischen Transformation von Wachstumsgesellschaften Orientierung geben sollen.

4.4.2 Kritische Überlegungen

Die Existenz von ethischen Orientierungspunkten und Argumenten für eine Postwachstumsgesellschaft, die sich in der Literatur finden lassen und die dort teils sehr deutlich ausgewiesen sind, muss nicht zwangsläufig bedeuten, dass damit bereits eine schlüssige ethische Erörterung, Begründung oder Rechtfertigung gegeben ist. Der teils vage wirkende Charakter dieser ethischen Momente dort mag aber auch ein Stück weit dem Umstand geschuldet sein, dass die Diskussion über „Postwachstum“ als offener, unabgeschlossener, politisch umkämpfter und teils widersprüchlicher Suchprozess verstanden wird, in dem Begriffe erst noch entwickelt werden müssen und politische Vorschläge zu erarbeiten sind (so etwa Schmelzer & Vetter 2021: 175). Das gilt im Besonderen für die *demokratischen Aushandlungsprozesse*, auf deren Relevanz in der Postwachstumsdebatte immer wieder in ganz unterschiedlichen Zusammenhängen hingewiesen wird.[69] Darauf ist später noch einmal zurückzukommen. Aber schwierig wirkt darüber hinaus auch, wie die entsprechenden Erörterungen z. B. bei Schmelzer & Vetter (2021) oft vom Hundertsten ins Tausendfache abschweifen und die ethischen Momente dann eher beiläufig in den Forderungen und Vorschlägen oder neben anderen Referenzpunkten auftreten: Das mag Irritationen verursachen, hat aber vor allem zur Folge, dass die eigentlichen normativen Momente dann vage in der Luft hängen und teils an andere Begriffe weitergeleitet werden, ohne dass der Faden einer ethischen Rechtfertigung wirklich greifbar ist.

Zur Veranschaulichung ein paar kursorische Beispiele für solche Irritationen. So erwähnen Schmelzer & Vetter (2021: 161) in der Diskussion zur Zieldimension der globalen ökologischen Gerechtigkeit die Prinzipien der Um-

69 Zum Beispiel mit Blick auf Commons/Gemeingüter oder den Rückbau klimaschädlicher Industrien.

weltgerechtigkeit und führen die ‚Grundsätze' „Begrenzen und Teilen" sowie „Kontraktion und Konvergenz" an, die u. a. durch den Hinweis auf eine gerechte Verteilung von Rohstoffen, Ressourcen und Emissionsrechten ergänzt werden. Es bleibt dort aber unklar, woran sich eine gerechte Verteilung bemisst. Zwar wird dazu einleitend das Ziel formuliert, dass sich die Lebensstandards und Naturverbräuche global angleichen sollen (Schmelzer & Vetter 2021: 160), womit an dieser Stelle bereits die Orientierung am normativen Ziel *umfassender Gleichheit* bzw. *Egalität* aufblitzt (Schmelzer & Vetter 2021: 166). Aber was das ganz konkret, also auf welche Weise mit sozialer Gerechtigkeit zu tun hat oder wie Egalität als ethisch wünschenswert gerechtfertigt wird, das bleibt unklar. An anderer Stelle greifen Schmelzer & Vetter (2021: 186) die Forderung nach einem gerechten Welthandelssystem und nach gerechten Zugängen für gemeinwohlorientierte Unternehmen auf (Schmelzer & Vetter 2021: 186). Aber was bedeutet in diesem Kontext ‚Gerechtigkeit'? Die Verkürzung der Lohnarbeitszeit soll zu einer ausgeglichenen Verteilung der Erwerbsbeschäftigung führen (Schmelzer & Vetter 2021: 198), doch was heißt ‚ausgeglichen'? Mit Blick auf solidarische Wirtschaftsformen wird von den ‚Kernwerten' a) „Kooperation statt Konkurrenz" und b) „Sinn vor Gewinn" geschrieben (Schmelzer & Vetter 2021: 191). Es bleibt aber auch hier unklar, wie sich die Orientierung an diesen Kernwerten ethisch rechtfertigt. Ähnliches trifft auf die Orientierung an den fünf Werten für die Technikentwicklung zu (Verbundenheit, Bio-Interaktion, Zugänglichkeit, Anpassungsfähigkeit und Angemessenheit): Dabei sticht besonders ins Auge, dass für die Angemessenheit auf den angemessenen Nutzen abgestellt wird, für den wiederum der Verweis auf ein *sinnvolles* Verhältnis zwischen Aufwand und Ergebnis (Input/Output) erfolgt (Schmelzer & Vetter 2021: 196), dabei aber im Unklaren bleibt, woran sich die Angemessenheit oder Sinnhaftigkeit bemisst (und wodurch sich dies dann rechtfertigt). Ein letztes Beispiel: Unter der Zielsetzung einer gerechten Verteilung von Einkommen und Vermögen wird in der Postwachstumsdebatte auch die Idee eines maximalen Einkommens diskutiert, das zwischen dem Zwei-, Fünf- oder Zwanzigfachen des niedrigsten Grundeinkommens liegen kann (Schmelzer & Vetter 2021: 203). Zwar findet sich an gleicher Stelle der Verweis auf das normative Ziel, für gleichere Einkommen und Vermögen zu sorgen. Aber erstens wird nicht vermittelt, was ‚gleichere' konkret heißen – was das Maß dafür sein – soll und inwiefern mit dem Zwei-, Fünf- oder Zwanzigfachen des niedrigsten Einkommens in der Gesellschaft dem Ziel gleicherer Einkommen und Vermögen Genüge getan ist. Und zweitens wäre überhaupt ethisch abzuwägen, warum die Unterschiede in den Einkommen in Höhe des Zwei- bis Zwanzigfachen ethisch legitim sein sollen. Genau solche ethischen Erörterungen scheinen in den Debatten oft zu fehlen.[70]

70 Diese ethischen Fragen zur Verteilung werden später noch einmal – beim Thema „Ungleichheit" und vor allen in den Abschnitten zu Einkommensobergrenzen (6.6) und Vermögensobergrenzen (6.7) – aufgegriffen und ausführlich erörtert.

An diesem Punkt wird sich vielleicht der Einwurf aufdrängen, dass es die Postwachstumsdiskussion überfordern würde, allen Postwachstumsakteuren auch noch die Arbeit der ethischen Reflexion, Abwägung und Rechtfertigung abzuverlangen. In der Tat mag es überzogen wirken, wirklich von allen Akteuren zu erwarten, dass sie über eine Fachexpertise in ethischen Belangen verfügen. Die ethische Grundlagenreflexion ist zwar von elementarer Bedeutung, weil die ethische Legitimierbarkeit von Postwachstumsutopien auch ihre politische Akzeptanz und Realisierbarkeit bedingt.[71] Aber es wäre ebenso falsch, die Postwachstumsdebatte darauf reduzieren zu wollen. Schließlich geht es in dieser Debatte auch um die Vermittlung der Einsicht in die Notwendigkeit einer Transformation von Wachstumsgesellschaften, die mit Sachargumenten aus anderen akademischen Fachbereichen zu unterlegen ist (z. B. Zusammenhänge von Wachstum und Umweltschädigung oder planetare Grenzen). Im Sinne der akademischen Arbeitsteilung und der Freiheit in Forschung und Lehre spricht nichts dagegen, die ethische Grundlagenreflexion in die Obhut jener Fachleuten zu legen, die über eine entsprechende Expertise verfügen.

Alles das ändert aber wenig an dem Eindruck, dass die Postwachstumsdiskussionen – wie hier skizziert – schwerpunktemäßig durch Sachargumente und eine gewisse Oberflächlichkeit im Umgang mit ethischen Fragen geprägt sind. Das wirkt insoweit etwas paradox als sich in diesen Debatten durchaus – und teils ganz bewusst – die Sensibilität für normative Momente zeigt und, wie Schmelzer & Vetter (2021: 233) schreiben, „sich Teile des Postwachstumsspektrums vorwiegend mit kulturellen Aspekten und Wertediskussionen" befassen. Es stellt aber einen Unterschied dar,

- ob *über* Werte gesprochen wird und/oder sie lediglich als empirisch fassbare Einflussfaktoren eine Berücksichtigung finden, *oder*
- ob – darüber hinaus auch – eine Erörterung über den ethischen Gehalt von Werten, ihre Rechtfertigung und ihre Einbettung in Rechtfertigungskonzepte (Ethiken, Konzepte der Sittlichkeit) erfolgt.

Hinzu kommt, dass es nicht selten den Anschein hat, eine sachliche Begründung und Kritik würde bereits mit einer ethischen Abwägung und Rechtfertigung von Postwachstumsutopien oder gesellschaftlichen Transformationsstrategien verwechselt. Aber aus Sachständen (Sein) lassen sich bekanntlich nicht so einfach Forderungen (Sollen) ableiten (sonst läge ein *naturalistischer Fehlschluss* vor). Zwar mag eine Wachstumskritik auf ein ethisches Kriterium verweisen (etwa Gerechtigkeit, Menschenwürde oder Solidarität), das sich auch zur ethischen Rechtfertigung einer bestimmten Postwachstumsutopie heran-

71 Das heißt, dass sich kaum über eine Transformation der Gesellschaft diskutieren lassen wird, die erkennbar in höchstem Maße als „sozial ungerecht" erscheint.

ziehen lässt. Aber eine solche Kritik selbst stellt nicht bereits unmittelbar die ethische Rechtfertigung für eine Postwachstumsutopie dar.[72]

Diese kritischen Anmerkungen zum Umgang mit den ethischen Fragen und normativen Momenten in der Postwachstumsdebatte sollten – das sei an dieser Stelle mit Nachdruck betont – nicht darüber hinwegtäuschen, dass es dort eine Sensibilität für diese normativen Moment gibt und teils ganz bewusst ethische Aspekte im Kontext von Wachstumskritik und Postwachstumsutopien thematisiert werden. Die Schnittstellen zum Feld ‚der Ethik' und die normativen Orientierungspunkte, die hier im Vorfeld ausführlich Thema waren, legen ein beredtes Zeugnis darüber ab. Hinzu kommt, dass sich in der Postwachstumsdebatte, wie sie Schmelzer & Vetter (2021) skizzieren, *erstens* übergreifende ethische Grundsätze bzw. *Basisnormen* (Pieper 2017) identifizieren lassen, die eine normative Orientierung geben können; und *zweitens* dort auch Momente existieren, die es zulassen, den Bezug zu bereits bestehenden Ethik-Konzepten zu suchen, um die ethische Argumentation von Postwachstum zu präzisieren. Das soll nun nachfolgend vertieft werden.

4.4.3 Rechtfertigung, Basisnormen und Dogma

Bevor es aber um die ethischen Basisnormen als normative Referenzpunkte in der Postwachstumsdebatte gehen kann, ist es notwendig, sich Klarheit zu verschaffen darüber, was damit eigentlich gemeint ist. Als Basisnorm soll nachfolgend ein Wert, ein normatives Prinzip, ein Grundsatz o. Ä. bezeichnet sein, der bzw. das als *hypothetischer normativer Ausgangspunkt* bzw. vorläufiger normativer Endpunkt eines ethischen Rechtfertigungskonzepts dient. Es handelt sich um die umgangssprachlichen „Dreh- und Angelpunkte" einer Argumentation, die fachlich auch als „archimedischer Punkt" oder als „Axiom" bezeichnet sein mögen. Es sind die Gründe, auf die eine Rechtfertigung zurückführt – sie bilden das Fundament, auf dem die Rechtfertigungen ruhen.

Der Hinweis auf den *hypothetischen Charakter* dieser normativen Endpunkte soll dem Umstand Rechnung tragen, dass Rechtfertigungen und Argumentationen, die eine Konsistenz aufweisen sollen, auf normativen Grundsätzen bzw. Prinzipien beruhen, die häufig als ‚gesetzt' angenommen und deshalb im Prozess der Argumentation nicht oder nicht noch einmal grundsätzlich hinterfragt werden (wie zum Beispiel die Menschenwürde oder der Kategorische Imperativ). Gleichzeitig weist der hypothetische Charakter darauf hin, sich *grundsätzlich nicht* einer Hinterfragung, Vertiefung usw. dieser Grundsätze zu

72 Aus der Kritik, dass sich zum Beispiel die imperialen Lebensweisen in Wachstumsgesellschaften nicht ‚universalisieren' (verallgemeinern) lassen, da sie immer darauf beruhen, die Lebensgrundlagen und den Wohlstand von Menschen andernorts negativ zu beeinträchtigen, folgt nicht automatisch, dass eine bestimmte Postwachstumsutopie ethisch gerechtfertigt ist. Die ethische Rechtfertigung einer bestimmten Postwachstumsutopie müsste erst erwogen werden, zum Beispiel ebenfalls unter Rückgriff auf das Kriterium der Universalisierbarkeit.

verschließen. Dieser Aspekt ist deshalb besonders wichtig, weil sich mit der Rechtfertigung das Problem der *letzten Begründung* verbindet (Letztbegründung): Wird für alles eine Rechtfertigung verlangt, so muss das – in der konsequenten Anwendung dieses Prinzips – auch für die Erkenntnisse oder Argumente – also die letzten Gründe – gelten, die zur Rechtfertigung herangezogen werden (in Anlehnung an Albert 1991: 14–15). Bekanntermaßen führt das in die Situation, die seit dem Soziologen und Philosophen *Hans Albert* (1921–2023) als *Münchhausen-Trilemma* bekannt ist:

1. Entweder geht die Rechtfertigung unendlich weiter (infiniter Regress) oder
2. es erfolgt der Rückgriff auf ein bereits existierendes Argument, das dann aber die Argumentation im Kreis drehen lässt (Zirkelschluss), oder
3. es wird ein *Dogma* gesetzt, das die Rechtfertigung *abbricht* (Albert 1991: 15).

Beim Dogma handelt es sich um

> „eine Überzeugung oder Aussage, die selbst nicht zu begründen ist, aber dabei mitwirken soll, alles andere zu begründen, und die als sicher hingestellt ist, obwohl man eigentlich alles – also auch sie – grundsätzlich bezweifeln kann, eine *Behauptung*, deren *Wahrheit gewiß* und die daher *nicht der Begründung bedürftig* ist […].“ (Albert 1991: 16)

Dogmen sind problematisch, weil sich praktisch jedes Argument ‚dogmatisieren‘ lässt und das Dogma in der Argumentationspraxis als *immun* gegen Kritik und damit gegen ein argumentatives Scheitern angesehen wird (Albert 1991: 36). Wer ein Argument als Dogma und somit als normativen Endpunkt einer Rechtfertigung *setzt*, der oder die möchte, dass dieses dann die Rechtfertigung ‚abschließende‘ Argument als ‚unfehlbar‘ und damit als ‚nicht mehr zu hinterfragen‘ gilt. Der so verstandenen Dogmatisierung haftet damit etwas Willkürliches, ein autoritärer Charakter an. Das eigentliche Problem besteht darin, dass auf diese Weise der Rechtfertigungsprozess willkürlich abgebrochen wird und in diesem Sinne auch ein Diskurs einfach abgebrochen werden kann. Wer dogmatisiert, will keine Argumente austauschen. Eine ethische Erörterung, die auf einen Austausch von Argumenten basiert, ist damit nicht möglich. Aber wenn die Rechtfertigung auf ‚letzten‘ Gründen basiert und somit zwangsläufig auf Dogmatisierung hinausläuft, wie ist dann damit umzugehen?

In Anlehnung an Albert (1991: 90, insb. Fußnote 29) ließe sich dieser Situation auf dem oben beschriebenen Weg entgegentreten: Die in der Rechtfertigung angegebenen letzten Gründe sollten nicht als Dogmen, sondern als *Hypothesen*, als *vorläufig letzte Gründe* – oder vorläufige normative Endpunkte – angesehen werden. Es wird ein bewusst *vorläufiger* Reflexionsstopp und kein endgültiger Abbruch der rechtfertigenden Argumentation vorgenommen.

Dies soll eine Sicht auf die Rechtfertigungsprozesse ermöglichen, wie sie sich vor allem in verschiedenen Situationen des alltäglichen Lebens zeigen, wenn auf bestimmte Grundsätze, Prinzipien oder Werte, aber auch auf bestimmte Ethik-Konzeptionen Bezug genommen wird, um Handlungsabsichten oder Situationen ethisch zu bewerten. Gleichzeitig verschließt sich dieses Verständnis nicht einer Grundlagenreflexion, in der diese Basisnormen – also Werte, Grundsätze oder auch Ethik-Konzepte – grundsätzlich hinterfragt werden können. Solch eine Grundlagenreflexion unterscheidet sich dann aber von der Praxis einer ethischen Erörterung, in der diese Basisnormen als ‚gesetzt' und ‚gerechtfertigt' vorausgesetzt sind. Die damit beabsichtigte *praxisbezogene Perspektive* ermöglicht darüber hinaus eine gewisse Perspektiven-Pluralität, weil bestimmte Rechtfertigungen auf Grundsätzen, Werten usw. beruhen können, die sich wiederum ganz unterschiedlich – durch unterschiedliche Werte oder Ethik-Konzepte – weiter fundieren lassen. Das, was im Diskurs als Basisnorm erscheint, mag im Ergebnis einer weiteren ethischen Erwägung durch eine *tiefer liegende Sub-Basisnorm* gerechtfertigt sein. Auf diesem Weg können übrigens Möglichkeiten für Dialoge und Kompromisse eröffnet werden. Zum Beispiel ist es dann möglich, sich auf Grundsätze wie die Achtung der Menschenwürde zu einigen, die dann aber im Detail aber aus ganz unterschiedlichen religiösen oder auch weltanschaulichen Perspektiven (weiter) unterlegt sein mögen. Das wiederum wird vor allem für die politische Praxis und gesellschaftliche Gestaltung von Bedeutung sein.

4.4.4 Egalität, Universalisierung und potenzielle Anknüpfungspunkte zu Ethik-Konzepten

In ihrem Überblick zur Postwachstumsdebatte lassen Schmelzer & Vetter (2021) zwei ethische Basisnormen greifbar werden, die über die verschiedenen Perspektiven auf Postwachstum hinweg eine normative Orientierung bieten: Egalität und Universalisierung. Die regulative Idee der *Egalität*, d. h. der politischen und sozialen *Gleichheit, Gleichwertigkeit* und Gleichberechtigung von Menschen in der Gesellschaft, taucht in unterschiedlichen Kontexten der Postwachstumsdebatte auf und wird teils deutlich ausbuchstabiert. So zum Beispiel, wenn die Forderung im Raum steht, Lebensstandards und Naturverbrauch auf globaler Ebene anzugleichen (Schmelzer & Vetter 2021: 160), oder wenn von „der auf umfassende Gleichheit abzielenden Postwachstumsdiskussion" (Schmelzer & Vetter 2021: 166) gesprochen wird.

> „Fast alle wachstumskritischen Autorinnen sprechen sich für eine egalitärere Gesellschaft aus." (Schmelzer & Vetter 2021: 165)

> „Ziel dieser Vorschläge für soziale Gerechtigkeit ist es, im Prozess der sozial-ökologischen Transformation und der Abwicklung großer Teile ‚der Wirtschaft' eine egalitärere Gesellschaft zu erreichen […]. […] Politische Legitimität gewinnt das Projekt nur dann, wenn ein Mehr an sozialer Gerechtigkeit und Gleichheit wirklich für alle spürbar wird […]." (Schmelzer & Vetter 2021: 205)

Indirekt kommt die regulative Idee der Gleichheit im Verständnis einer Bedarfsgerechtigkeit zum Ausdruck, die sich an „der Erfüllung grundlegender Bedürfnisse" (Schmelzer & Vetter 2021: 165) orientiert. Bedarfsgerecht würde in diesem Sinne bedeuten, dass es allen Menschen möglich sein soll, ihre Grundbedürfnisse zu befriedigen – darin wären sich dann alle Menschen gleich. Die regulative Idee der Gleichheit schwingt auch mit, wenn von bedarfsorientierter Daseinsvorsorge die Rede ist, die öffentlich oder auf *Commons* basierend organisiert sein kann (Schmelzer & Vetter 2021: 166). Denn auf diese Daseinsvorsorge – die u. a. kostenfreien Nahverkehr und den Zugang zur öffentlichen Gesundheitsversorgung umfassen kann – werden *alle* Menschen einen Anspruch haben. Die Überlegungen zu Instrumenten wie einem bedingungslosen Grundeinkommen, einem ökologischen Grundeinkommen, einer kostenlosen Autonomieabgabe bzw. - ausstattung und einem Maximal-Einkommen (Schmelzer & Vetter 2021: 202–205) atmen ebenso den Geist der Egalität.

Möglicherweise kommt dazu nun die Frage auf, wie sich wiederum dieser Grundsatz der Gleichheit rechtfertigt. Dazu mag sich in den Postwachstumsdebatten tatsächlich ein Rechtfertigungsbedarf zeigen. Allerdings scheint es sich nicht so zu verhalten, dass dieser sich nicht bewältigen ließe. Freilich fehlt hier an dieser Stelle der Raum, um dies ausführlich zu erörtern. Aber es können zumindest einzelne Hinweise auf Konzepte und Überlegungen angeführt werden, die ein grobes Bild vermitteln darüber, wie und wodurch sich Gleichheit rechtfertigen lässt.

Erstens könnte für eine Präzisierung, Differenzierung und weitere Vertiefung von Gleichheit zum Beispiel die Integrative Wirtschaftsethik von Peter Ulrich (2008) aufgesucht werden, in der u. a. mit Blick auf Menschen- und Bürgerrechte von der prinzipiellen Gleichwertigkeit und der moralischen Gleichheit aller Menschen die Rede ist (Ulrich 2008: 259). Zudem werden dort die Dimensionen moralischer Gleichheit adressiert – Anspruch auf private Autonomie, politische Partizipation und Existenz – (Ulrich 2008: 263), und es ist auch eine kritische ethische Erörterung von Ungleichheit zu finden.

Zweitens lässt sich ebenfalls zum Beispiel die *Katholische Soziallehre* heranziehen, um den Grundsatz der Gleichheit zu differenzieren, zu präzisieren und zu fundieren. Zum Beispiel wird im Kontext des Sozialprinzips der *Personalität* betont, dass „jeder Mensch ein Abbild Gottes ist und daher unveräußerlicher Würde hat" (Schlagnitweit 2021: 89) und die Achtung der Personenwürde jedes Menschen die Richtschnur zur Beurteilung sozialer Verhältnisse und Institutionen sein soll (Schlagnitweit 2021: 89–90). Orientierung bietet auch der Hinweis im Rahmen der *Solidarität*, dass alle Menschen wechselseitig aufeinander angewiesen sind und sie sich deshalb als Mitglieder eines gemeinsamen umfassenden Haftungsverbunds wiederfinden (Schlagnitweit 2021: 96).

Drittens sei als letztes Beispiel die *Theorie der Gerechtigkeit* von Amartya Sen (2017: 318–343) genannt. Sen übersetzt dort die „Gleichheit“ mit der „Nicht-Diskriminierung“ und argumentiert, dass Normativität ohne den Bezug zur Gleichheit voreingenommen und willkürlich wäre:

> „Dass man aber eine egalitäre Formel braucht, um eine Theorie verteidigen zu können, zeigt, welche Aussagekraft der Nicht-Diskriminierung zugeschrieben wird, und das Motiv dafür könnte die Vorstellung sein, dass eine normative Theorie voreingenommen und willkürlich wäre, wenn sie die Bedingung der Nicht-Diskriminierung nicht erfüllen würde.“ (Sen 2017: 319–320)[73]

In diesem Sinne lässt sich Sen verstehen, wenn er wenige Seiten davor festhält:

> „In jeder Theorie *wird* Gleichheit in irgendeinem […] ‚Bereich‘ angestrebt, der in der entsprechenden Theorie eine zentrale Rolle spielt.“ (Sen 2017: 318–319)

Bei der ‚Gleichheit‘ handelt es sich also um eine durchaus weit verbreitete ethische Basisnorm, die sehr deutlich auch in der Postwachstumsdebatte als normativer Ausgangs- und Orientierungspunkt in Erscheinung tritt. Die Postwachstumsperspektiven stellen mit der Bezugnahme auf ‚Gleichheit‘ also keine exotische Ausnahme dar, sondern bewegen sich im Rahmen einer gewissen Tradition. ‚Gleichheit‘ steht in den Postwachstumsperspektiven auch auf vielfältige Weise im Zusammenhang mit dem Thema ‚Wohlstand‘, z. B. in Form von Ansprüchen wie dem auf Existenz oder dem auf Mobilität, die für alle Menschen als gleich zu betrachten sind, oder als Ziel sich global angleichender Lebensstandards und Naturverbräuche.

Als *zweite Basisnorm* der Postwachstumsperspektiven kristallisiert sich bei Schmelzer & Vetter (2021) die *Universalisierung* bzw. *Verallgemeinerung* heraus. Das zeigt sich sehr deutlich, wenn es z. B. im Abschnitt zur globalen ökologischen Gerechtigkeit heißt, dass eine sozial-ökologische Transformation zu einer Lebensweise führen soll, die „langfristig ökologisch nachhaltig und global verallgemeinerbar ist“ (Schmelzer & Vetter 2021: 159). Mit dieser Verallgemeinerbarkeit lässt sich *zunächst* auf die bekannten Universalisierungsprinzipien abstellen. Dazu gehört die *Goldene Regel*, wie sie sich in verschiedenen Religionen findet: „Behandle andere so, wie Du selbst von ihnen behandelt werden willst“ (zitiert nach Ulrich 2008: 61). Besonders populär ist sie in der negativen Fassung von *Wilhelm Busch* (1832–1908):

> „Was Du nicht willst, das man Dir tu’, das füg’ auch keinem andern zu.“ (ebenfalls zitiert nach Ulrich 2008: 61)

---

73 An dieser Stelle zeigt sich auch ein Zusammenhang zur Universalisierung ethischer Forderungen: Die Prüfung auf Universalisierbarkeit, d. h. ob eine bestimmte Handlungsabsicht auch gegenüber einer davon betroffenen, anderen Person als ethisch legitim erachtet werden kann, stellt fiktiv ‚Gleichheit‘ her; im Akt dieses Perspektivwechsels stellt sich die ethisch reflektierende Person mit einer anderen (der betroffenen) Person gleich.

Geläufig sind auch der Kategorische Imperativ von *Immanuel Kant* (1724–1804) und die „sympathy“ bei *Adam Smith* (1723–1790) wie sie hier bereits an anderer Stelle erwähnt waren (siehe Unterabschnitt 2.5.4). Die Universalisierungsprinzipien laufen darauf hinaus, Handlungsabsichten durch einen Perspektivwechsel ethisch zu legitimieren: Eine Handlungsabsicht gilt dann als ethisch legitim, wenn die Konsequenzen einer Handlungsabsicht auch an Stelle einer anderen – davon betroffenen Person – als zumutbar oder akzeptabel eingeschätzt wird.

Noch deutlicher tritt der Bezug der Postwachstumsperspektiven zur Universalisierung in Erscheinung, wenn dessen konsequente Weiterentwicklung zur diskursethischen Perspektive berücksichtigt wird.[74] Denn dann dechiffrieren sich die vielfältigen Verweise auf Demokratie, die Vertiefung der Demokratie und auf demokratisch-partizipative Teilhabe als Formen der Universalisierung durch *Dialog* bzw. *Diskurs*. Fachlich gesprochen handelt es sich beim Diskurs um ein Verfahren,

> „in dem die intersubjektive Austauschbarkeit der Perspektiven in der Gemeinschaft von Subjekten, die an der rationalen Begründbarkeit von Geltungsansprüchen interessiert sind, durch den verständigungsorientierten Austausch von Argumenten (guten Gründen) *praktisch* geprüft wird“ (Ulrich 2008: 82).

Die praktische Prüfung, von der bei Peter Ulrich die Rede ist, stellt den Test auf *Universalisierung von Geltungsansprüchen* dar. Dabei sollen „normative Geltungsansprüche *gegenüber jedermann* argumentativ begründbar und insofern konsensfähig sein“ (Ulrich 2008: 84). Auf die Details und Bedingungen von gelingenden Diskursen und der damit verbundenen Ethik soll an dieser Stelle nicht näher eingegangen sein (siehe dafür Thieme 2024b). Stattdessen kann der Hinweis genügen, dass die Basisnorm der *Universalisierung* darauf abstellt, andere Perspektiven zu berücksichtigen und a) ethisch im Zwiegespräch mit sich selbst sowie b) möglichst im Austausch mit anderen abzuwägen. Damit verbindet sich die bewusste Bezugnahme zu demokratischen Prozessen. Konsequent zu Ende gedacht sind es diese demokratischen Prozesse, in denen dann bestimmt und legitimiert wird, wie eine sozial-ökologische Transformation zu gestalten ist und wodurch sich Wohlstand konkret charakterisieren soll.

Mit der Basisnorm der Universalisierung kann dann an verschiedene konkrete Ethik-Konzepte und Prinzipien angeknüpft werden. Darauf wurde hier bereits mit der *Goldenen Regel* und dem *Kategorischen Imperativ* hingewiesen. In der Postwachstumsdebatte zeigt sich aber auch eine besondere Nähe

- zum *Dialog*, wie er in der Katholischen Soziallehre von Relevanz ist (siehe Schlagnitweit 2021: 150–156), und
- zum *Diskurs* in der Integrativen Wirtschaftsethik von Peter Ulrich (2008).

74 Zur Entwicklung des diskursethischen Gedankens siehe Ulrich (2008: 59–99).

Im Zusammenhang mit der Integrativen Wirtschaftsethik sei nochmals auf die sozial-ökologische Perspektive von Biesecker & Kesting (2003) hingewiesen. Mit Adelheid Biesecker zeigt dieses Konzept bereits eine persönliche Verbindung zur feministischen Postwachstumsperspektive auf (Reproduktivität, Netzwerk Vorsorgendes Wirtschaften) und inhaltliche Schnittstellen zur Postwachstumsperspektive (planetare Grenzen, multiperspektivisches und ethisches Verständnis von Wohlstand, Suffizienz usw.). Die Besonderheit dieser sozial-ökologischen Perspektive liegt nun aber darin, dass dort auch bewusst die Integrative Wirtschaftsethik *ins Zentrum* gestellt wird (Thieme 2024b). Damit handelt es sich also um eine sozialökonomische Konzeption, die Postwachstum und Integrative Wirtschaftsethik *bewusst* miteinander verzahnt.

Mit dem Dialog der Katholischen Soziallehre und dem Diskurs der Integrativen Wirtschaftsethik wäre auch eine *weitere ethische Fundierung der Universalisierung* seitens der Postwachstumsperspektiven möglich. Zur Illustration dessen sei an die *dreistufige Verantwortungskonzeption* bei Peter Ulrich (2008: 94) erinnert:

1. Dort, wo die Voraussetzungen für einen offenen Diskurs *ungefähr* gegeben sind, handeln jene verantwortlich, die tatsächlich versuchen, einen Diskurs zu führen.
2. Dort, wo die Verständigung aus prinzipiellen Gründen heraus nicht gegeben ist, handeln jene verantwortlich, die sich in einen fiktiven Perspektivwechsel begeben (Goldene Regel, Kategorischer Imperativ usw.) und anstelle der anderen die legitimen Ansprüche gegen die eigenen Interessen abwägen.
3. Wenn die Verständigung nur aus pragmatischen Gründen vorübergehend nicht möglich ist, handeln jene verantwortlich, die sich in einem fiktiven Perspektivwechsel begeben, die legitimen Ansprüche gegen die eigenen Interessen abwägen und zusätzlich auch darauf hinwirken, die pragmatischen und vorübergehenden Hürden eines Diskurses abzubauen (Ulrich 2008: 94).

Die Postwachstumsperspektiven können aber auch *über die Universalisierung hinaus* weiter ethisch fundiert werden. Auch dazu bietet die Integrative Wirtschaftsethik von Ulrich (2008) interessante Anknüpfungs- und Vertiefungspunkte. Zu denken wäre an die ganzheitliche „Lebenskunst des *Genug-haben-Könnens*" (Ulrich 2008: 229), die Vorstellung des unternehmerischen Strebens nach Gewinn als ein *„stets moralisch begrenztes Gewinnstreben*" (Ulrich 2008: 450) oder Ulrichs Argumentation für eine *emanzipatorische Zeitpolitik*, die eine Verkürzung der Lohnarbeitszeit sowie weitestgehende Zeitsouveränität umfasst und damit zum Zeitwohlstand beiträgt (Ulrich 2008: 247).

Zur *weiteren* ethischen Orientierung und Vertiefung lädt ebenfalls die erwähnte *Katholische Soziallehre* ein. Hier wäre zu denken an das abgeleitete

Prinzip der Nachhaltigkeit, das sich mit Schlagnitweit (2021: 145–146) wie folgt auf den Punkt bringen lässt:

„Wirtschaftliches Handeln kann ohne Rücksicht auf soziale Gerechtigkeit und die gesellschaftliche Entwicklung keinen dauerhaften Erfolg haben; und keine Gesellschaft kann dauerhaft in Frieden leben und sich im Sinne des Gemeinwohls entwickeln, wenn sie nicht schöpfungsverantwortlich lebt – also ohne sich bzw. den kommenden Generationen die eigenen Lebensgrundlagen dauerhaft zu zerstören, die göttliche Bestimmung der irdischen Güter für *alle* Menschen zu missachten und somit anderen die Lebensgrundlage zu entziehen."

Wirtschaft gilt dort prinzipiell als ein Subsystem, das der Versorgung der Menschen mit lebensnotwendigen Gütern und Dienstleistungen dient. Wirtschaft ist nicht losgelöst, sondern eingebettet in Gesellschaft, Kultur usw. Daher wird Ökologie dort konsequent umfassend verstanden:

„Ökologie meint immer zugleich Umwelt-, Wirtschafts-, Sozial-, Kultur-, Alltags- und Humanökologie." (Schlagnitweit 2021: 146)

Das Sozialprinzip der Nachhaltigkeit leitet sich aus den Grundprinzipien der Personalität, Solidarität und des Gemeinwohls ab (Schlagnitweit 2021: 143), die jeweils für sich genommen ebenfalls eine normative Orientierung geben können. Zum Beispiel räumt das Prinzip des *Gemeinwohls* den „vitalen Grundbedürfnissen" aller Menschen einen *Vorrang* ein (Schlagnitweit 2021: 121), der in der Anwendung zu einem spezifischen Umgang mit lebensnotwendigen Gütern auffordert: Diese Güter und Dienstleistungen sind „dem allgegenwärtigen und umfassenden Kommerzialisierungsinteresse der kapitalistischen Marktwirtschaft" (Schlagnitweit 2021: 127) zu entziehen. Daraus leiten sich bestimmte Grundrechte ab (wie ein Grundrecht auf Wasser oder auf Wohnraum). Die konkrete Umsetzung solcher Grundrechte kann je nach Situation und gesellschaftlichem Kontext unterschiedlich gestaltet sein, zum Beispiel durch privatwirtschaftlich organisierte Akteure, Genossenschaften oder durch die öffentliche Hand (Schlagnitweit 2021: 128). Aber egal, wie diese Umsetzung letztendlich aussieht, die Katholische Soziallehre lässt keinen Zweifel daran, dass dies *stets* im Interesse der vitalen Grundbedürfnisse *aller* Menschen und des Schöpfungsauftrags zu stehen hat.

Diese wenigen Beispiele sollten genügen, um zu darzustellen, dass sich die normative Orientierung, die sich bereits in den Postwachstumsperspektiven findet, weiter fundieren lässt. Der Bereich der Wirtschafts- und Unternehmensethik bietet dazu weitere Konzepte, die neben der hier genannten Integrativen Wirtschaftsethik zum Beispiel auch eine Republikanische Unternehmensethik und kulturalistische Wirtschaftsethiken umfassen (siehe van Aaken & Schreck 2015). Anhaltspunkte und Anregungen zur weiteren normativen Fundierung einer Postwachstumsperspektive bieten aber ebenso die Forschung zur „moral economy" (Thompson 1980 und Scott 1976), das Konzept der *Sozialen Irenik* im Rahmen der *Sozialen Marktwirtschaft* (Müller-Armack 1981) oder die Perspektive einer modernen *Subsistenzethik* (Thieme 2012, 2017b).

4.5 Abschließende Gedanken

Unter einer marktwirtschaftlichen Vorstellung von Wohlstand ist dieser systematisch mit dem Ziel wirtschaftlichen Wachstums verknüpft: Ohne Wachstum kein Wohlstand. Die Wachstumskritik aus der Postwachstumsperspektive zieht das in Zweifel und führt dazu verschiedene Gründe an:

- *sachliche Gründe* wie planetare Grenzen, die Unmöglichkeit grünen, nachhaltigen Wachstums usw., aber auch
- *ethische Argumente* wie zum Beispiel Ausbeutung, Externalisierung und die Ausblendung der negativen Folgen von Wachstum im globalen Norden für den globalen Süden.

Die Postwachstumsperspektiven selbst sind deutlich von normativen Momenten getragen, in der Kritik aber auch in den jeweils formulierten Postwachstumsutopien und den Strategien zur sozial-ökologischen Transformation der Gesellschaft. Damit führt genau diese Wachstumskritik deutlich vor Augen, dass Wohlstand immer auch mit Ethik im Zusammenhang steht. Selbst die Vorstellung von Wohlstand in den Wachstumsgesellschaften ist aus dieser Sicht rechtfertigungsbedürftig und wirft ethische Fragen auf. In den öffentlich geführten Debatten zu Wachstum und Wohlstand, wie sie üblicherweise geführt werden, spielen diese ethischen Fragen aber kaum eine Rolle. Im Gegensatz dazu stellen sich die Postwachstumsperspektiven diesen Schwierigkeiten: Etwa, wenn die Kompensation der Schuld ‚des globalen Nordens' für die Verbrechen der Kolonialisierung im ‚globalen Süden' thematisiert wird, die unbezahlte Sorgetätigkeit aufgewertet und gerecht aufgeteilt werden soll oder knappe Ressourcen zu verteilen sind.

Weil es in der Erörterung der ethischen Momente im Diskurs um Wachstum bzw. Postwachstum aus dem Blick geraten kann, sei an dieser Stelle noch einmal auf den Bezug zum Wohlstand hingewiesen: Sowohl in den Diskussionen um Wachstum als auch in Postwachstumsdiskursen geht es letztlich um die Vorstellung, a) welche Ressourcen notwendig sind und b) was das konkrete historische, sozio-kulturelle und natürliche Lebensumfeld beinhalten muss, *um* die menschlichen Lebensgrundlagen (Existenz) und darüber hinaus ein *gutes Leben* zu gewährleisten.[75] Es geht immer um Vorstellungen über Wohlstand als eine *regulative Idee*, wobei aber dem wirtschaftlichen Wachstum eine jeweils unterschiedliche Bedeutung beigemessen wird. Wie eingangs beschrieben, basieren Wachstumsgesellschaften auf dem Narrativ, Wohlstand durch Wachstum zu ermöglichen und dazu auch auf Wachstum angewiesen zu sein. Die Postwachstumsgesellschaften stehen dagegen für einen Entwurf, in dem die Realisierung von Wohlstand nicht auf wirtschaftliches Wachstum angewiesen sein soll.

---

75 Siehe dazu die Definition von Wohlstand im Abschnitt 1.1.

Obwohl sich die Postwachstumsperspektiven sensibel für die ethischen Fragen zum Wohlstand unter Wachstum und begrenztem Wachstum zeigen und dort Basisnormen anzutreffen sind, die ethisch Orientierung geben (Egalität/Gleichheit und Universalisierung), so haben die hier vorgelagerten Ausführungen ebenfalls spürbar werden lassen, dass dort noch Raum für eine ethische Fundierung und Vertiefung existiert. Damit verbindet sich aber insoweit kein grundsätzliches Problem als die Postwachstumsdebatte verschiedene Momente bietet, an die sich mit ethischer Fachexpertise und mit Ethik-Konzepten anknüpfen lässt (siehe Unterabschnitt 4.4.4).

Die hier vorgelagerten Ausführungen sollten zwar am Beispiel der Diskussion um Postwachstum im Wesentlichen ausleuchten, wie stark Fragen des Wohlstands und Wachstums auch mit ethischen Fragen im Zusammenhang stehen. Aber es sollte ebenfalls in aller Kürze eine Vorstellung vermittelt werden über die inhaltliche Breite der Argumente in der Postwachstumsdebatte. Schmelzer & Vetter (2021), auf denen diese Ausführungen hier basieren, führen eindrücklich vor Augen, welche sachlichen Argumente im Postwachstumsdiskurs vorgebracht werden, welche ethischen Fragen dort leitend sind und wie selbstkritisch das Nachdenken über Postwachstumsperspektiven sein kann. Das bisweilen polemisch ins Feld geführte Argument, Postwachstum liefe auf eine Ökodiktatur hinaus, lässt sich damit getrost als Strohpuppe entlarven. Mag es in einzelnen Beiträgen zum Postwachstum vielleicht nicht immer betont sein, so lassen Schmelzer & Vetter (2021) doch keinen Zweifel daran, dass die sozial-ökologische Transformation in den Diskussionen über Postwachstumsgesellschaften auf einem *demokratischen Wege* zu legitimieren und umzusetzen ist. Wer es ganz konkret mag, sollte die sozial-ökologische Perspektive von Biesecker & Kesting (2003) heranziehen, die das auch betont und dazu den Diskurs der Integrativen Wirtschaftsethik von Peter Ulrich (2008) ins Zentrum stellt (dazu ausführlich Thieme 2024b). Insofern ist zu hoffen, dass diese wenigen Ausführungen hier dabei helfen, etwaige Vorbehalte gegenüber der Postwachstumsdiskussion abzubauen und selbst bei inhaltlichem Dissens zu einer Versachlichung in der Auseinandersetzung mit Postwachstum beizutragen. In diesem Sinne lässt sich dieses Kapitel beschließen mit der Feststellung, dass Wohlstand *stets* eine ethische Qualität besitzt und sowohl in Wachstumsgesellschaften als auch in Postwachstumsgesellschaften mit ethischen Fragen konfrontiert ist.

5 Wohlstand und seine Voraussetzungen: Wohlfahrtspolitik zur Sicherung der Lebensgrundlagen

Das Verständnis von Wohlstand bleibt unvollständig, wenn Wohlstand auf seine materiellen Aspekte reduziert wird. Schließlich tragen auch immaterielle Aspekte wie Bildung, Gesundheit und Muße zum individuellen Wohlstand bei. Doch es lässt sich ebenfalls nicht von der Hand weisen, dass Wohlstand eben auch eine materielle Seite hat. Diese findet sich in Gesellschaften, in denen Arbeitsteilung und ‚Märkte' von großer Bedeutung sind, vor allem in den Einkommen und Vermögen. In diesen Arbeits- und Marktgesellschaften stellen Einkommen und Vermögen eine ganz zentrale *materielle Ressource* für a) die Sicherung der eigenen Existenz und b) die Ermöglichung eines *guten Lebens* dar. Diese doppelte Bedeutung, die die Einkommen und Vermögen besitzen, hält zu einer analytischen Differenzierung von Wohlstand an wie sie hier bereits angeregt wurde (Abschnitt 1.1). Es ist zu differenzieren zwischen den *Voraussetzungen* für Wohlstand und *Wohlstand selbst*, zwischen den Überlebensnotwendigkeiten und den Möglichkeiten eines guten Lebens.

Tab. 7: Differenzierung und Assoziationen: Wohlstand und seine Voraussetzungen

Differenzierung	*Assoziationen*
Voraussetzungen für Wohlstand	▪ Überleben ▪ Absolute (Über-) Lebensnotwendigkeiten ▪ Soziokulturelle Existenz ▪ Minimum Disaster Level
Wohlstand im eigentlichen Sinne	▪ Gutes Leben ▪ Selbstbestimmtes Leben, ohne Prekarität und ohne Existenznot ▪ Gestaltung des eigenen Lebens ▪ Selbsthilfe und Möglichkeit zur proaktiven Selbsthilfe ▪ Subsistenz/Subsistieren
Wohlstand im umfassenden Sinne	▪ Voraussetzungen für Wohlstand ▪ Wohlstand im eigentlichen Sinne

Quelle: Eigene Darstellung.

Die Vorstellung von Wohlstand muss notwendigerweise seine Grundlagen umfassen (soziokulturelle Existenz), reduziert sich aber nicht darauf, sondern adressiert darüber hinaus die Möglichkeiten, ein selbstbestimmtes Leben in Würde und ohne Existenznot zu führen. Wenn Wohlstand das Leben ohne Sorgen und Existenznot darstellt, bedarf es offenkundig auch einer Vorstellung davon, welche Dinge notwendig sind für die Existenz und wann die Existenz bedroht ist. Daher besteht ein *systematischer* Zusammenhang zwischen den *Voraussetzungen für Wohlstand* und *Wohlstand im eigentlichen Sinne* (Tab. 7).

Bezogen auf die Einkommen, auf die in diesem Kapitel abgestellt sein soll, folgt daraus die Frage, auf welcher betragsmäßigen Höhe die Einkommen liegen müssen, um die Voraussetzungen für Wohlstand sicherzustellen. Ab diesem Punkt wäre Wohlstand im eigentlichen Sinne und damit auch die Bildung von Vermögen denkbar: Wohlstand im eigentlichen Sinne basiert auf Vermögen, d. h. Rücklagen oder Ressourcen, die nicht permanent gebraucht werden.

Diese Differenzierung mag abstrakt und trocken wirken, ist aber notwendig, um unterschiedliche Problem- und Fragestellungen zum Wohlstand *angemessen* erörtern zu können. Das lässt sich mit Blick auf die Wirtschafts- und Sozialpolitik gut illustrieren: Eine Wohlfahrtspolitik zur Sicherstellung der soziokulturellen Existenz beinhaltet ganz andere Dinge als wenn sie darauf abzielt, über Besteuerung die Ungleichheit von Vermögen und Einkommen abzubauen. In dem allgemeinen Reden über „Wohlfahrt" und „Wohlfahrtspolitik" mag das untergehen. Aber es liegt auf der Hand, dass sich damit auch unterschiedliche ethische Problem- und Fragestellungen ergeben. Diese ethischen Fragestellungen im Kontext der Wohlfahrtspolitik, die der Sicherung der Lebensgrundlagen dient, sollen in diesem Kapitel das Thema sein.

5.1 Standardökonomische Perspektive auf die Wohlfahrtspolitik

In ihrem ökonomischen Lehrbuch definieren Paul Krugman und Robin Wells den Wohlfahrtsstaat als „die Gesamtheit der staatlichen Maßnahmen, die darauf abzielen, wirtschaftliche Härten und Notlagen abzumildern" (Krugman & Wells 2017: 542). Die damit verbundene Wohlfahrtspolitik wird in „wohlhabenden Volkswirtschaften" überwiegend über *Transferzahlungen* abgewickelt, also „Zahlungen des Staates an einzelne Personen oder Familien – in Form von finanziellen Hilfen für Einkommensschwache, Arbeitslosenunterstützung, Rentenzahlungen und vielem mehr" (Krugman & Wells 2017: 542). Das entspricht im Grunde dem *System der sozialen Sicherung* in der Bundesrepublik Deutschland, wie es Mankiw & Taylor (2024) im Abschnitt zur Armutsbekämpfung in ihrem ökonomischen Lehrbuch darstellen:

„Das System der sozialen Sicherung im engeren Sinne umfasst alle Einrichtungen und Maßnahmen, die darauf abzielen, die Mitglieder der Gesellschaft gegen diejenigen Risiken zu schützen, die mit dem Verlust von Arbeitseinkommen und mit unplanmäßigen Ausgaben im Fall von Krankheit, Mutterschaft, Unfall, Alter, Arbeitslosigkeit oder Tod verbunden sind, und gegen die durch private Versicherungen nicht oder nicht in ausreichendem Maß vorgesorgt werden kann.“ Mankiw & Taylor (2024: 563)

Zum System der Sozialsicherung im *weiteren Sinne* zählen Mankiw & Taylor (2024: 563) u. a. auch Sozialtransfers wie Wohngeld (Wohnungspolitik) oder Kindergeld (Familienpolitik). Dabei wird das *vorranginge Ziel* dieser Sozialtransfers „im Ausgleich von Einkommensausfall [...] (Lohnersatzfunktion von Sozialeinkommen)“ (Mankiw & Taylor 2024: 563) gesehen.

Diese beiden Beispiele sollen genügen, um zu illustrieren, dass die Sicherung der Lebensgrundlagen offenbar eine auch im ökonomischen Denken weit verbreitete *Selbstverständlichkeit* darstellt. Damit, dass ‚der‘ Wohlfahrtsstaat die soziokulturelle Existenz gewährleisten soll, sichert er gleichzeitig die Voraussetzungen für Wohlstand. Das leuchtet unmittelbar ein, wenn die Existenzsicherung über Sozialtransfers – wie bei Mankiw & Taylor (2024: 562–566) – im Kontext der Armutsbekämpfung thematisiert wird: Denn wer ‚arm‘ ist, lebt nicht im Wohlstand; erst ab dem Moment, ab dem Armut – wie auch immer bemessen – beseitigt ist, fängt die Lebenssituation an, wohlständig zu werden.

Die wohlfahrtsstaatliche Aufgabe, die existenziellen Lebensgrundlagen von Menschen zu sichern, ist also eine breit akzeptierte Selbstverständlichkeit und scheint allgemein auch *nicht* bestritten zu werden. Das gilt selbst angesichts der in ökonomischen Fachkreisen weit verbreiteten Bedenken, dass von solchen Sozialtransfers auch negative Anreize ausgehen können, Wohlfahrtspolitik also Wohlstand gefährden könne. Selbst dort steht die sozialpolitische Aufgabe der Existenzsicherung nicht grundsätzlich in Frage. Allerdings wird vor diesem Hintergrund kaum bis gar kein Wort darüber verloren, *warum* die soziokulturelle Existenz gesichert werden soll. Wie rechtfertigt sich also die Existenzsicherung?

Diese Frage mag den Einwand provozieren, dass es sich doch um eine Banalität handelt, Menschen in Not zu helfen. Alles andere wäre doch gefühlskalt, brutal und grausam – kurz, einer modernen, aufgeklärten Gesellschaft schlicht unwürdig. So erfreulich dieses Argument ist und so einleuchtend es auf dem ersten Blick erscheint, so sehr fehlt ihm die ethische Substanz. Das ist nicht nur intellektuell unbefriedigend, sondern diese Oberflächlichkeit droht auch den Blick auf die moralische Ambivalenz moderner Gesellschaften einzutrüben. Denn wer die moralischen Grundsätze, aus denen heraus sich z. B. die Existenzsicherung ableiten lässt, übergeht oder sie nur oberflächlich behandelt, kann damit auch leicht darüber hinwegblicken, wo gegen sie verstoßen wird. Das ist kein abstrakter Gedankengang aus der Studierstube, sondern bittere Realität. Damit wird zum Beispiel erklärbar, dass trotz der Selbstverständlichkeit, mit der im ökonomischen Denken die Existenzsicherung als Aufgabe des Sozialstaats akzeptiert wird, dort eine Anreiz-Argumentation dominiert, die ganz bewusst die Existenznot von Menschen als offenbar ‚legitimes' Instrument der Arbeitsmarkt- und Sozialpolitik begreift (siehe z. B. Thieme 2013, 2021). Mit der Frage nach der ethischen Rechtfertigung der Existenzsicherung werden nicht nur die entsprechenden Basisnormen und Ethik-Konzepte sichtbar. Diese Frage sorgt auch dafür, dass sich verschiedene ethische Konflikte ausbuchstabieren lassen und eine angemessene – weil ethisch fundierte – Diskussion über Wohlfahrtspolitik und Wohlstand möglich wird. Darum richtet sich der nachfolgende Blick zunächst erst einmal auf die grundsätzlichen Argumente für die Sicherung der Lebensgrundlagen.

5.2 Ethische Selbstverständlichkeiten: Grundsätzliche Argumente für die Sicherung der Lebensgrundlagen

Moderne Wohlfahrtsstaaten basieren auf rechtlichen Grundlagen (Menschenrechte, Verfassung, Sozialrecht usw.), auf die als erste Reaktion zur Frage nach der Rechtfertigung der Sicherung von Lebensgrundlagen in der Gesellschaft verwiesen sein mag. Zum Beispiel liegt für Deutschland der Hinweis auf Artikel 1 des *Grundgesetzes* nahe (Menschenwürde).[76] Es könnte aber auch mit der *Allgemeinen Erklärung der Menschenrechte* argumentiert werden, wo im Artikel 3 u. a. ein *Recht auf Leben* festgeschrieben ist (Generalversammlung der Vereinten Nationen 1948). In Ergänzung dazu lässt sich auch der *Sozialpakt der Vereinten Nationen* heranziehen, der

- in der Einleitung auf die „dem Menschen innewohnende Würde" hinweist,
- in Artikel 11 Absatz 1 „das Recht eines jeden auf einen angemessenen Lebensstandard für sich und seine Familie einschließlich ausreichender Ernährung, Bekleidung und Unterbringung, sowie auf eine stetige Verbesserung der Lebensbedingungen" betont und
- in Artikel 13 auch ein Recht auf kulturelle Teilhabe einfordert (dafür und für die zitierten Stellen siehe Vereinte Nationen 1966).

Als letztes Beispiel sei die revidierte *Europäische Sozialcharta* (von 1996) angeführt, wo Artikel 12 explizit ein *Recht auf Soziale Sicherheit* erwähnt, das die Vertragsstaaten zur Einführung oder Aufrechterhaltung eines Systems der sozialen Sicherheit verpflichtet und auffordert, diese Systeme weiterzuentwickeln (Bundestag 2020).

Auf solche gesetzlichen Normen zu verweisen, das mag in der politischen Auseinandersetzung als ausreichend gelten. Viel argumentiert ist damit aber

76 Art. 1 Abs. 1 GG im Wortlaut: „Die Würde des Menschen ist unantastbar. Sie zu achten und zu schützen ist Verpflichtung aller staatlichen Gewalt" (Parlamentarischer Rat 1949).

nicht.[77] Die argumentative Substanz läge lediglich in dem Verweis darauf, dass die Sicherung existenzieller Lebensgrundlagen eine weit verbreitete und geteilte Praxis darstellt. In diesem Sinne ließe sich ergänzend darauf aufmerksam machen, dass sich die Existenzsicherung durch einen Sozialstaat auch aus dem *Moralprinzip* eines *Rechts auf Selbsterhaltung* – eines Subsistenzrechts (right to subsistence) – ableiten lässt, das wiederum ebenfalls weit verbreitet ist, sowohl historisch wie etwa auch in der Geschichte des ökonomischen Denkens (Thieme 2012: 250). Dazu drängt sich der Gedanke an die „moral economy" auf, wie sie bei Thompson (1980) erwähnt ist oder von Scott (1976) unter konkreter Bezugnahme auf ein ‚right to subsistence' weiterentwickelt wurde. Aber auch diese Verweise stellen lediglich klar, dass es sich um eine weit verbreitete, gar traditionell anmutende Praxis handelt, wenn sich die Gesellschaft um die Existenznotwendigkeiten ihrer Mitglieder kümmert. Wie könnte also eine darüber hinausreichende Argumentation aussehen?

5.2.1 Basis-Rechtfertigungsmuster: Existenzsicherung als Grundrecht

Eine Argumentation, die auf die Begründung eines Rechts auf Selbsterhaltung – ein ‚right to subsistence' – als *Grundrecht* (basic right) abstellt, bietet der amerikanische Philosoph und Politikwissenschaftler Henry Shue (*1940). Selbsterhaltung bzw. „Subsistenz" setzt Shue (1996: 23) mit *minimaler ökonomischer Sicherheit* gleich und präzisiert die Vorstellung der damit verbundenen Lebensgrundlagen wie folgt:

> „By minimal economic security, or subsistence, I mean unpolluted air, unpolluted water, adequate food, adequate clothing, adequate shelter, and minimal preventive public health care. […] [T]he basic idea is to have a available consumption what is needed for a decent chance at a reasonably healthy and active life of more or less normal length, barring tragic interventions." (Shue 1996: 23)

Shue (1996: 24–26) argumentiert, dass ein Subsistenzrecht deshalb ein Grundrecht sei, weil es die *Voraussetzung* für alle weitere Rechte ist. So heißt es bei ihm:

> „No one can fully, if at all, enjoy any right that is supposedly protected by society if he or she lacks the essentials for a reasonably healthy and active life." (Shue 1996: 24)

An späterer Stelle schreibt er nicht minder deutlich zur Sicherheit und Subsistenz als Grundrechte:

---

77 Im Kern bricht sich hier der Vorwurf einer rechtspositivistischen Sichtweise Bahn, die darauf beharrt, dass das Recht sei, was von der Gesetzgebung als Recht beschlossen wird, und sich jede moralische Bewertung verbiete (Alexy et al. 2023: Rechtspositivismus).

„Security and subsistence are basic rights, then, because of the roles they play in both the enjoyment and the protection of all other rights. Other rights could not be enjoyed in the absence of security or subsistence […]. And other rights could in any case not be protected if security or subsistence could credibly be threatened." (Shue 1996: 30)

Und weiter wird präzisiert:

„The fulfillment of both basic and non-basic moral rights consists of effective, but not infallible, social arrangements to guard against standard threats like threats to physical security and threats to economic security or subsistence. […] The fulfillment of a basic right is a successful defense against a standard thread to rights generally. That is precisely why basic rights are basic. That to which they are rights is needed for the fulfillment of all other rights." (Shue 1996: 34)

Ohne die Gewährleistung der minimalen ökonomischen Sicherheit (Selbsterhaltung/Subsistenz) sind weder ökonomische Rechte (z. B. Eigentumsrechte) möglich noch können andere Rechte zur Geltung gebracht werden. Deshalb sei es auch eine Aufgabe der Gesellschaft, Grundrechte wie ein Recht auf soziokulturelle Existenz zu gewährleisten. Vor diesem Hintergrund lässt sich aus einem ‚right to subsistence' die wohlfahrtsstaatliche Aufgabe ableiten, für die Sicherstellung der notwendigen Lebensgrundlagen zu sorgen. Die hier vorgeschlagene Differenzierung zwischen den Voraussetzungen für Wohlstand und Wohlstand im eigentlichen Sinne (Tab. 7) folgt der Argumentation von Henry Shu, der ausdrücklich unterscheidet zwischen einem ‚right to subsistence' als Grundrecht und den Rechten auf ein ökonomisches Wohlergehen, das über das Subsistenzniveau hinausreicht (Shue 1996: 23).

Henry Shue (1996) entwickelt zwar kein Ethik-Konzept wie es sich etwa in einer der verschiedenen Wirtschafts- und Unternehmensethiken (siehe van Aaken & Schreck 2015) oder der Katholischen Soziallehre (siehe Heimbach-Steins 2004 und Schlagnitweit 2021) findet. Aber *erstens* lässt sich zeigen, dass andere Ethik-Konzepte eine ähnliche Argumentation aufweisen oder zumindest zu den Überlegungen von Henry Shue anschlussfähig sind. Das soll gleich am Beispiel der ‚alten' ‚klassischen' Vertragsethik – so wie heute häufig auf sie Bezug genommen wird – skizziert sein. Außerdem beziehen sich moderne wirtschaftsethische Konzepte wie die Integrative Wirtschaftsethik von Peter Ulrich (2008) sogar direkt auf Henry Shue. *Zweitens* bietet die Grundrechtsargumentation von Henry Shue ein schlüssiges Rechtfertigungsmuster für eine Wohlfahrtspolitik zur Sicherung der Lebensgrundlagen. Und *drittens* liefert Shue mit seiner Unterscheidung zwischen Grundrechten und darüber hinausreichenden Rechten einen wichtigen Beitrag dafür, die Thematisierung von Wohlstand zu versachlichen und analytisch zu schärfen: Die Voraussetzungen für Wohlstand zu rechtfertigen hat eine andere ethische Qualität als die Rechtfertigung von darüber hinausreichenden Ansprüchen auf Wohlstand im eigentlichen Sinne. Das heißt, dass dann jeweils andere Basisnormen (Werte, Moralprinzipien usw.) als Bezugspunkt gelten werden: Bei der Sicherung der soziokulturellen Existenz geht es um Bedarfsgerechtigkeit, während Wohlstand im eigentlichen Sinne auf darüber hinausreichende Verteilungsgerechtigkeit abstellt. In diesem Zusammenhang darf übrigens auch geschlussfolgert werden, dass eine umfassende Verteilungsgerechtigkeit nur möglich ist, wenn auch Bedarfsgerechtigkeit herrscht.

5.2.2 Vertragsethische Rechtfertigung

Der bei Henry Shue ausformulierte Gedanke, bestimmten Ansprüchen – hier denen auf die Sicherung der Existenz – einen Vorrang einzuräumen, ist nicht neu. Ähnliche Überlegungen lassen sich aus den ‚klassischen' vertragsethischen Konzeptionen von *Thomas Hobbes* (1588–1679) und *John Locke* (1632–1704) ableiten.[78] Gemeint sind damit jene Konzepte, in denen die Menschen miteinander einen *Gesellschaftsvertrag* schließen. Ein zentraler Bezugspunkt für diese Überlegungen ist ein hypothetischer Naturzustand, in dem keine Rechtsordnung existiert. Dieser Naturzustand gleicht – nach Hobbes – einem *Kriegszustand*, in dem bekanntlich jeder Mensch des Menschen ein Wolf sei. Auf die Details und Unterschiede der damit verbundenen Überlegungen zum Gesellschaftsvertrag lässt sich hier verzichten. Stattdessen soll die Aufmerksamkeit auf die elementare Bedeutung der *individuellen Selbsterhaltung* in diesen Konzepten gelenkt sein. Es ist nicht falsch, hier von einem moralischen Recht bzw. Anspruch auf ein Leben – *und der Pflicht* zur Aufrechterhaltung dessen – zu sprechen. Diese Selbsterhaltung ist es, aus der heraus es vernünftig erscheint, dass die Menschen im Naturzustand miteinander einen Gesellschaftsvertrag schließen, der die Unsicherheit des ursprünglichen Kriegszustands beendet und damit Frieden und Sicherheit schafft. Das bedeutet aber auch, dass die Sicherstellung der Selbsterhaltung Teil des Gesellschaftsvertrages sein muss. Im Ergebnis hat dann ein Gesellschaftsvertrag dafür Sorge zu tragen, dass das Leben der Menschen geschützt wird, und er muss es ihnen ermöglichen, sich am Leben halten können. Immer dann, wenn das nicht (mehr) möglich ist, also Leib und Leben bedroht sind, darf Widerstand geleistet werden – der Gesellschaftsvertrag *zerbricht*. Das Recht auf Leben stellt damit *das* Kriterium dar, kraft dem ein Gesellschaftsvertrag geschlossen wird, kraft dem er aber auch aufgekündigt werden kann. Darin kommt der eben erwähnte Vorrang des Rechts auf Leben bzw. Selbsterhaltung zum Ausdruck, durch den sich auch Grundrechte bei Henry Shue (1996) charakterisieren.

Übertragen auf die Wohlfahrtspolitik, um die es hier gehen soll, entspricht die Sicherung der Lebensgrundlagen durch den Wohlfahrtsstaat der Gewährleistung eines Rechts auf Leben bzw. Selbsterhaltung. Die wohlfahrtsstaatliche

---

78 Für die nachfolgenden Ausführungen siehe Thieme (2012: 69–97). Eine allgemeine Darstellung zur Vertragsethik bietet Nusser (1992). Einen Eindruck, wie heute auf Hobbes Bezug genommen wird, vermitteln zum Beispiel Holzmann (2019: 54–59), Rommerskirchen (2019: 64–66) sowie Keul & Schumann (2011: 12–13).

Sorge um die Existenznotwendigkeiten ist dann elementarer Bestandteil von Gesellschaftsverträgen. In der sozialpolitischen Debatte werden verschiedene Möglichkeiten diskutiert, wie ein Wohlfahrtsstaat in modernen Gesellschaften dem Anspruch auf Selbsterhaltung Rechnung tragen kann.[79] Wie ein Recht auf Selbsterhaltung dann konkret umgesetzt wird, das hängt von vielen verschiedenen Dingen – auch kulturellen Werten – ab und muss im politischen Prozess geklärt werden. Für die Bewertung der ethischen Legitimität einer Wohlfahrtspolitik mag auch ihre *Form* – wie sie umgesetzt wird – relevant sein. Aber zur ethischen Legitimität existiert noch ein anderer Punkt, der im Vergleich zur Form viel grundsätzlicher ist: Immer dann, wenn eine Wohlfahrtspolitik dem Anspruch auf Existenzsicherung nicht oder nur ungenügend Folge leistet und die Menschen in ihrer Existenz bedroht sind (oder werden), kommt dies dem Aufkündigen des Gesellschaftsvertrages gleich. Dazu lässt sich mit dem philosophischen Brückenprinzip *Kein sollen ohne Können!* Argumentieren, dass es den Menschen unter einem Recht auf Selbsterhaltung – und vor allem zur Pflicht dazu – gar nicht zuzumuten ist, einem Gesellschaftsvertrag zuzustimmen oder in ihm zu verbleiben, der ihnen dieses Recht abspricht (und der es ihnen verwehrt, der Pflicht zur Selbsterhaltung nachzukommen).

Die Konsequenzen, die sich aus einem solchen Bruch des Gesellschaftsvertrages ergeben, können sehr tiefgreifend und umfassend sein. Denn damit stehen letztlich die öffentliche Ordnung, das politische System und die gesellschaftlichen Eigentumsverhältnisse in Frage. Solch ein Bruch muss nicht sofort zu einem Aufruhr, zu Revolten oder zu einem gewaltsamen Umsturz führen. Nein, solch ein Bruch kann auch in einen langsamen, schleichenden Prozess der Entfremdung, Verrohung und Desintegration münden, der die Gesellschaftsordnung Stück für Stück erodieren lässt. Dabei wird übrigens entscheidend sein, wie die betroffenen Mitglieder einer Gesellschaft selbst ihre Existenzbedrohung einschätzen – und nicht, wie Menschen aus der Politik, Verwaltung, Forschung usw. die Bedrohungslage der Betroffenen bewerten. Aber davon abgesehen sollte nun deutlich geworden sein, dass sich die wohlfahrtsstaatliche Sicherung von Lebensgrundlagen aus *vertragsethischer Sicht* vor allem aus einem überpositiven Anspruch auf Existenz, Subsistenz, Leben usw. rechtfertigen lässt und aus der Vermeidung der Aufkündigung eines Gesellschaftsvertrages. Dazu ist noch einmal an die Differenzierung zwischen Bedarfsgerechtigkeit und Verteilungsgerechtigkeit zu erinnern. Denn ein Gesellschaftsvertrag *kann* auch beinhalten, bestimmte als ‚ungerecht' empfundene Gesellschaftsverhältnisse als ‚zumutbar' zu dulden, *sofern* die Bedarfsgerechtigkeit gegeben ist. Er steht aber zweifellos zur Disposition und kann dann als ‚ungerecht' und ‚unzumutbar' bezeichnet werden, wenn der Bedarfsgerechtigkeit nicht mehr Rechnung getragen wird.

---

79 Maßnahmen zur Sicherung der Lebensgrundlagen können z. B. Lohnersatzzahlungen, Lohnarbeitsplatzgarantie und Mindestlohn sein. Siehe nachfolgend Abschnitt 5.3.

5.2.3 *Rechtfertigung im Rahmen der Integrativen Wirtschaftsethik*

Als nächstes Beispiel für eine Orientierung in der Rechtfertigung einer wohlfahrtsstaatlichen Sicherung der Lebensgrundlagen sei die Aufmerksamkeit auf die *Integrative Wirtschaftsethik* von Peter Ulrich gelenkt. Teils wird dort direkt auf die erwähnte Grundrechtsargumentation von Henry Shue (1996) Bezug genommen (z. B. Ulrich 2008: 256, 264), aber es finden sich dort weitere Momente der Rechtfertigung. Mit den nachfolgenden Ausführungen soll nicht das gesamte Konzept vorgestellt werden.[80] Stattdessen konzentriert sich der nachfolgende Blick auf jene Teile der Argumentation dort, welche die Rechtfertigung der Existenzsicherung durch ‚den' Wohlfahrtsstaat (bzw. ‚die' Gesellschaft) betreffen. Dazu lassen sich dort drei Argumentationsstränge identifizieren, die sich teils überlagern bzw. ergänzen, aber für unterschiedliche Nuancen in der Rechtfertigung stehen. Der Ausgangspunkt, von dem aus sich verschiedene Rechtfertigungen der wohlfahrtsstaatlichen Sicherung der Lebensgrundlagen entfalten, ist das, was Ulrich (2008) als *Universalität der Grundbedingungen humaner Existenz*, die Notwendigkeit der menschlichen Bedürfnisnatur bzw. die universale *conditio humana* anführt.[81]

Eine *erste* Argumentationslinie besteht darin, *aus den Grundbedingungen humaner Existenz* den elementaren Sinneszusammenhang jeglichen Wirtschaftens abzuleiten, die *Sicherung der elementaren Grundbedürfnisse*:

> „Der Mensch steht unter unabweisbaren physischen und psychischen *Notwendigkeiten seiner Bedürfnisnatur*, ohne die die elementare Lebenserhaltung nicht möglich ist: Satt sein (Nahrung), es warm haben (Kleidung), gesund bleiben (medizinische Versorgung) und irgendwo ‚zu Hause' sein (Wohnung) gehören zweifellos zu den elementaren Grundbedürfnissen jedes Menschen; sie sind menschheitlich universal und unbestreitbar, wenn auch jeweils kulturspezifisch differenziert [...]. Der grundlegende lebensdienliche Sinn des Wirtschaftens besteht also in der Versorgung aller Menschen mit den notwendigen ‚Lebensmitteln' im weiteren Sinn." (Ulrich 2008: 224)

Der *soziale Sinn* ‚des' Wirtschaftens lässt sich damit auch in „der *allgemeinen* Abwendung von existenzieller Not" (Ulrich 2008: 225) sehen. Aus diesem sozialen und lebensdienlichen Sinn des Wirtschaftens und der Universalität der Grundbedingungen der menschlichen Existenz ergibt sich für Ulrich (2008: 225), dass „jedem Individuum ein universales *moralisches Recht auf die Gewährung des Lebensnotwendigen* gemäss der Bestimmung des kulturellen

---

80 Zur Vertiefung der Integrativen Wirtschaftsethik sei das entsprechende Grundlagenwerk (Ulrich 2008) empfohlen oder die verschiedenen Beiträge, in denen Ulrich sein Konzept skizziert (z. B. Ulrich 2024, 2015, 2000).

81 Den Begriff ‚conditio humana' definiert Balmer (1994: 337) wie folgt: „Der Begriff C. steht für die dem Menschen eigene Grundverfassung, dann auch für Situation, Stand, Bereich, Bestimmung, Problematik des Menschen. Er ist Sammelbezeichnung für Bedingungen und Aspekte des Menschseins; Inbegriff der Grenzen, Strukturen und Gesetze, die dem Menschenwesen seiner eigenen Natur gemäß auferlegt sind. Er umfaßt den Umkreis der menschlichen Dinge, Angelegenheiten, Schicksale, Interessen".

Existenzminimums in der jeweiligen Gesellschaft zuzusprechen ist". Ulrich (2008: 225) betont, dass die Sicherung der Lebensgrundlagen für alle – als elementarer Sinn ‚des' Wirtschaftens – auf Grundrechts- und Gerechtigkeitsfragen verweist. Damit kommt Ulrich von der Universalität der menschlichen Bedürfnisnatur zu den Grundrechten, die er später durch Wirtschaftsbürgerrechte spezifiziert und die das hier erwähnte moralische Recht auf die Gewährung der Lebensgrundlagen umfassen (darauf ist gleich zurückzukommen). In Abgrenzung vom Leistungsprinzip betont Ulrich (2008: 225) dann das für jede arbeitsteilige Gesellschaft *notwendige* „Bedürfnisprinzip der Güterverteilung", das für ihn eine „moralische Pflicht der Gemeinschaft" darstellt, die in zivilisierten Gesellschaften auch nicht bestritten würde (Ulrich 2008: 226). Bezogen auf die Wohlfahrtspolitik, um die es hier gehen soll, ist relevant, dass Ulrich (2008: 227) deshalb für eine *emanzipatorische Sozialpolitik* plädiert, die vorrangig das Ziel verfolgt, „alle erwerbsfähigen Menschen mittels der Gewährung von Arbeits- oder Einkommensrechten, Allgemeinbildung und realen Arbeitsangeboten präventiv zur wirtschaftlichen Selbstbehauptung zu befähigen und zu ermächtigen". Für diese erste Rechtfertigungslinie zur wohlfahrtsstaatlichen Existenzsicherung lässt sich festhalten, dass die Grundbedingungen der menschlichen Existenz den normativen Referenzpunkt bilden, der zur Sinnfrage des Wirtschaftens führt, aus der sich wiederum eine *emanzipatorische Sozialpolitik* ableitet, die auch die Lebensgrundlagen garantiert.

Eine *zweite* Argumentationslinie zur Sicherung von Lebensgrundlagen entfaltet sich aus den Überlegungen zur *ethischen Legitimität*. Die Frage nach der ethischen Legitimität von Ansprüchen, Interessen und Handlungsabsichten zielt darauf ab, zu prüfen, ob und in welcher Weise davon die *moralischen Rechte* anderer Personen betroffen sind (in Anlehnung an Ulrich 2008: 251). Zur ethischen Legitimität heißt es dann:

> „Als legitim kann eine Handlungsweise bezeichnet werden, wenn sie unter Berücksichtigung ihrer gesamten erkennbaren Folgen die moralischen Rechte aller Handlungsbetroffenen (auch die des oder der Handelnden selbst) wahrt. Sofern das der Fall ist, lässt sich auch sagen, dass die entsprechenden Handlungsfolgen gegenüber allen Betroffenen als *verantwortbar bzw. zumutbar* gerechtfertigt sind." (Ulrich 2008: 251–252)

Mit diesen moralischen Rechten sind unantastbare Grund- und Menschenrechte gemeint. Unter Rückgriff auf die *Universalität der Grundbedingungen des Menschseins* betont Ulrich, dass die Kernidee universeller Menschenrechte in der Vorstellung *prinzipieller Gleichwertigkeit* (Gleichheit) aller Menschen liegt:

> „Aus der unbezweifelbaren Universalität der Grundbedingungen des Menschseins (Conditio humana) folgt ohne weiteres die normative Idee der gleichen Unverletzlichkeit und Unantastbarkeit jedes humanen Subjekts und der prinzipiellen Gleichwertigkeit aller Menschen, oder kürzer: der *moralischen Gleichheit* aller Menschen; die legitimen Ansprüche aller Individuen verdienen gleiche Berücksichtigung und zählen daher *gleichermassen*." (Ulrich 2008: 259)

Ulrich spezifiziert dazu *Wirtschaftsbürgerrechte*, die sich auch als „sozioökonomische Existenz- und Teilhaberechte“ (Ulrich 2008: 263) übersetzen lassen und in den Aufgabenbereich des Sozialstaats fallen. Dabei folgt Ulrich der Idee des Fähigkeiten-Ansatzes von *Amartya Sen* (capability approach) und hebt hervor, dass die Wirtschaftsbürgerrechte u. a. „auf die umfassenden Grundfähigkeiten zur Selbstbehauptung im ökonomischen System *und* zur autonomen Selbstverwirklichung in der Lebenswelt auszurichten“ sind (Ulrich 2008: 290). Wirtschaftsbürgerrechte umfassen damit

> „alle Fähigkeiten und Berechtigungen, die [...] zum Verfolgen eines kohärenten und gelingenden Lebensentwurfs mitsamt der dazugehörenden wirtschaftlichen Existenz und Tätigkeitsform erforderlich sind.“ (Ulrich 2008: 292)

Im Kern betrifft das u. a.

- „die Fähigkeit, seine wirtschaftliche Existenz wenn immer möglich aus eigener Kraft sichern zu können“ (Ulrich 2008: 291) und
- „die Fähigkeit, auch in wirtschaftlichen Notlagen ein menschenwürdiges Leben in Selbstachtung führen zu können (Recht auf Existenzsicherung und soziale Betreuung)“ (Ulrich 2008: 292).

Auch diese Rechtfertigungslinie für die wohlfahrtsstaatliche Sicherung von Lebensgrundlagen greift auf die Universalität der Grundbedingungen menschlichen Existierens zurück, führt diese aber zur damit verbundenen *moralischen Gleichheit aller Menschen.* Diese moralische Gleichheit bedeutet, dass sich die Menschen wechselseitig moralische Grundrechte – hier: Wirtschaftsbürgerrechte als Grundrechte – zugestehen, an deren Achtung sich dann die *ethische Legitimität* von Handlungsabsichten, Interessen usw. entscheidet. Ohne die Berücksichtigung des grundlegenden Anspruchs auf Existenz, der jedem Mensch zusteht, kann keine Absicht, kein Interesse usw. ethisch legitim sein. Die Sicherung der Lebensgrundlagen ist damit Ausdruck des universellen Anspruchs auf Existenz. Gleichzeitig bezeugt die Universalität dieses Anspruchs die moralische Gleichheit aller Menschen. In der wohlfahrtsstaatlichen Existenzsicherung wiederum kommt dann *institutionell* zum Ausdruck, dass sich die Menschen in der Gesellschaft wechselseitig das moralische Grundrecht der Existenz zugestehen.

Die Sicherung von Lebensgrundlagen als Kriterium ethischer Legitimität lässt noch eine *dritte* Rechtfertigungslinie zu, die sich methodologisch und binnenlogisch aus dem Universalisierungsprinzip entfaltet. Dazu ist zu berücksichtigen, dass eine intrapersonelle und eine interpersonelle Universalisierung unterschieden werden kann. Mit der *intrapersonellen Universalisierung* ist ein fiktiver Rollentausch – ein ‚Zwiegespräch mit sich selbst‘ – im Sinne des Kategorischen Imperativs oder der Goldenen Regel gemeint (Unterabschnitt 4.4.4). Die *interpersonelle Universalisierung* ist die konsequente Fortführung dessen und besteht im Austausch unterschiedlicher Perspektiven *zwischen den Men-*

schen, der fachlich als „Diskurs" bezeichnet wird.[82] Im Diskurs ist zu prüfen, ob die Interessen, Absichten und Ansprüche, die im Zwiegespräch mit sich selbst (intrapersonell) auf Universalisierbarkeit geprüft wurden, sich auch in der Gemeinschaft von moralisch integren Personen als universalisierbar erweisen und ob dort darüber Einvernehmlichkeit zu erreichen ist. Entscheidend für die ethische Legitimierbarkeit im Diskurs ist die Bereitschaft zur Akzeptanz des *besseren Arguments* (Ulrich 2008: 86). Bezogen auf die Universalisierung in der Integrativen Wirtschaftsethik lassen sich dann folgende Gründe für die Sicherung der Lebensgrundlagen anführen.

1. Die Sicherung der Lebensgrundlagen ist ein Ausdruck der *moralischen Gleichheit aller Menschen*, deren Akzeptanz und Realisierung die fundamentale *Voraussetzung* sowohl für einen fiktiven Rollentausch als auch einen Diskurs darstellt. Das gilt auch materiell mit Blick auf die geistige und körperliche Befähigung zum Rollentausch und zum Diskurs. Ohne die Sicherung der Lebensgrundlagen würde ein fiktiver Rollentausch wenig Sinn ergeben und wäre ein echter Diskus nicht möglich.
2. Sowohl im fiktiven Rollentausch als auch im Diskurs stellt die Sicherung der Lebensgrundlagen ein moralisches Recht dar und ist damit ein Kriterium für ethische Legitimität. Handlungsabsichten, Interessen usw., die die Lebensgrundlage anderer Menschen beeinträchtigen, sind weder ethisch legitim noch legitimierbar.
3. Weder im fiktiven Rollentausch noch im offenen Diskurs lässt sich anderen Personen die Sicherstellung ihrer Lebensgrundlagen versagen, ohne dabei in einem Widerspruch zu landen. Das heißt: Ich kann mir keine Ansprüche zugestehen, die ich anderen abspreche.
4. Die wohlfahrtsstaatliche Sicherung der Lebensgrundlagen lässt sich als ein Baustein verstehen, mit dem die für den Diskurs notwendige normative Offenheit und strukturelle Machtfreiheit ermöglicht werden soll. Denn wer sich in seiner Existenz bedroht sieht, ist unter dieser Existenzbedrohung auch ‚erpressbar' und ‚politisch korrumpierbar' – unter diesen Bedingungen ist ein zwischenmenschlicher Austausch, der nur unter dem berühmten zwanglosen Zwang des besseren Arguments steht, nicht möglich.

Damit lässt sich zur Integrativen Wirtschaftsethik zusammenfassen, dass die ethische Rechtfertigung der wohlfahrtsstaatlichen Existenzsicherung aus der Universalität der Grundbedingungen der menschlichen Existenz abgeleitet werden kann, aus der sich die *moralische Gleichheit aller Menschen* ergibt. Diese Gleichheit findet ihren Ausdruck in Grundrechten und Wirtschaftsbürgerrechten, deren Achtung wiederum als Voraussetzung für ein legitimes Wirtschaften angesehen wird. Die moralischen Rechte, die Grundrechte im Allgemeinen und die Wirtschaftsbürgerrechte im Speziellen gewähren *direkt* einen

82 Siehe dazu ausführlich Ulrich (2008: 81–99) und zur Vertiefung Thieme (2024b).

Anspruch auf die Sicherstellung von Lebensgrundlagen. Damit verbindet sich die wohlfahrtsstaatliche Aufgabe zur Existenzsicherung. Darüber hinaus stellt die Sicherung der Lebensgrundlagen nicht nur die Voraussetzung für den fiktiven Rollentausch und den Diskurs dar, sondern ist gleichsam als moralisches Recht ein Kriterium für die ethische Legitimität: Handlungsabsichten, die gegen die Sicherung von Lebensgrundlagen verstoßen, können weder im fiktiven Rollentausch, noch im Diskurs ethisch legitimiert werden. Es handelt es sich in diesen Fällen um ethisch *nicht* legitime Ansprüche, Interessen und Handlungsabsichten. Letztlich stellt die wohlfahrtsstaatliche Sicherung von Lebensgrundlagen eine institutionelle Rahmenbedingung für den offenen Diskurs dar. Sie ist notwendig, um im Diskurs die Barrieren für normative Offenheit und strukturelle Machtfreiheit abzubauen.

5.2.4 Rechtfertigung im Rahmen der Katholischen Soziallehre

Zur Rechtfertigung der wohlfahrtsstaatlichen Sicherung von Lebensgrundlagen bietet auch die *Katholische Soziallehre* (KSL) – als ein Beispiel für eine religiöse Ethik – normativ Orientierung.[83] Von zentraler Bedeutung ist dort das Sozialprinzip der *Personalität*, das jeden Menschen als Sozialwesen mit unveräußerlicher Würde versteht:

> „Die Personenwürde eines Menschen ist unverfügbar, unteilbar und kann also nicht verdient, verhandelt oder verkauft werden. Sie kommt jedem Menschen bedingungslos zu – ohne Vorleistung und ohne Blick auf geschlechtliche, religiöse, soziale, ethnische oder kulturelle Zuschreibungen. Das ist das zentrale Prinzip der KSL [Katholischen Soziallehre, Anm.d.Verf.] und das normative Zentrum, aus dem sich alle anderen Prinzipien ableiten" (Schlagnitweit 2021: 89).

Dieses Gebot zur Achtung der Menschenwürde umfasst *stets* zwei Aspekte: Es ist die Würde anderer Menschen zu achten, aber gleichzeitig steht dieser Akt auch im Dienst der eigenen Menschenwürde. Negativ formuliert: Wer die Würde anderer Menschen missachtet, vergeht sich auch an der eigenen Menschenwürde. Denn es ist auch sich selbst gegenüber menschenunwürdig, andere Menschen unwürdig zu behandeln. Aus dieser Achtung der Menschenwürde folgt unmittelbar i) ein Anspruch auf die Sicherung von Lebensnotwendigkeit, weil ohne diese keine menschenwürdige Existenz möglich ist, und ii) die moralische Verpflichtung, diese Ansprüche zu realisieren. Der Schutz der Würde beschränkt sich dabei nicht alleine auf die Sicherung des Überlebens, sondern umfasst die Gestaltung der sozialen Bedingungen dafür, dass alle Menschen ihre Personalität frei entfalten können (Schlagnitweit 2021: 90).

83 Die nachfolgenden Ausführungen zu den Sozialprinzipien der Katholischen Soziallehre orientieren sich an der Darstellung bei Schlagnitweit (2021). Für eine weitere Vertiefung siehe die Ausführungen bei Heimbach-Steins (2004) und für einen kritischen Überblick Thieme (2017b: 47–89).

Eine wohlfahrtsstaatliche Politik, die in diesem Sinne für die Sicherung der menschlichen Lebensgrundlagen sorgt und die Würde schützt, ist damit Ausdruck des Prinzips der Personalität.

Das Sozialprinzip der *Solidarität* nimmt als *Seinsprinzip* die erfahrbare Tatsache zum Ausgangspunkt, dass Menschen als Sozialwesen *stets* in wechselseitigen Beziehungsverhältnissen zu allen anderen Menschen stehen (Schlagnitweit 2021: 96). Der Mensch entwickelt und erfährt sich und seine Persönlichkeit – seine Würde – in der Gemeinschaft. Daraus leitet sich Solidarität als *Sollensprinzip* ab, das von *allen* Menschen eine wechselseitige Verantwortung füreinander und die Ausgestaltung der Gesellschaft als eine *Solidargemeinschaft* (solidarische Gesellschaft) einfordert (Schlagnitweit 2021: 99). Schasching (2003: 5–6) machte in diesem Zusammenhang darauf aufmerksam, dass Solidarität *gestuft* zu verstehen sei: Das Pflichtbewusstsein gegenüber der wechselseitigen Verantwortung mag mit der Distanz in den Sozialbeziehungen abnehmen, so dass die Solidarität gegenüber den nächsten Verwandten größer ist als gegenüber Menschen außerhalb des Verwandtschaftskreises – und Solidarität dann durch Pflichtversicherungen, Steuern, Verordnungen usw. *abgerungen* werden muss. Damit erweist sich die Sicherung der Lebensgrundlagen allgemein und spezifisch in der Form einer entsprechenden Wohlfahrtspolitik als Ausdruck von Solidarität, der Verpflichtung der Menschen als Sozialwesen, gegenseitig Verantwortung dafür zu tragen, dass alle (Mit-) Menschen ihre Persönlichkeit und Würde in der Gesellschaft erfahren und entfalten *können*.

Die *Subsidiarität* wird als Strukturprinzip begriffen, das die Erfahrung und Entfaltung der unveräußerlichen Persönlichkeit vor der Einmischung durch die Gesellschaft schützt (*Nichteinmischungsgebot*), aber gleichzeitig auch ganz klar und deutlich die *Hilfe zur Selbsthilfe* gebietet (Schasching 2003: 110–111). Praktisch ergänzt das Hilfsgebot das Solidaritätsprinzip. Denn die Solidargemeinschaft wird darauf verpflichtet, notleidenden Menschen zu helfen. Das heißt, dass immer dann, wenn sich Menschen nicht mehr aus eigener Kraft helfen können, diese Menschen wieder zur selbstbestimmten Selbsthilfe zu befähigen sind. Es liegt auf der Hand, dass sich aus der Subsidiarität die wohlfahrtsstaatliche Sicherung der Lebensgrundlagen ableiten lässt (Schlagnitweit 2021: 117–120).

Das Sozialprinzip des *Gemeinwohls* stellt auf „das Wohl *aller* Einzelnen" (Schlagnitweit 2021: 121) ab, das jedoch nicht utilitaristisch als Nutzen aller Menschen – als größtes Glück der größten Zahl – missverstanden werden darf. Das Gemeinwohl rückt unmissverständlich die vorrangige Bedeutung der *vitalen Grundbedürfnisse aller Menschen* ins Zentrum. Es verschränkt sich mit der Subsidiarität insoweit als das Gemeinwohl subsidiär zu verwirklichen ist, d. h.:

> „die Einzelnen bzw. die kleineren sozialen Einheiten haben ihre Ziele eigenverantwortlich, eigenberechtigt und eigeninitiativ zu verwirklichen; die jeweils übergeordneten sozialen Einheiten haben dafür die nötigen Voraussetzungen zu schaffen bzw. zu garantieren und im Falle einer Überforderung Hilfestellung zu geben." (Schlagnitweit 2021: 123)

Damit ist die wohlfahrtsstaatliche Sicherung der Lebensgrundlagen durch die vorrangige Bedeutung der vitalen Grundbedürfnisse aller Menschen und den subsidiären Charakter der Realisierung des Gemeinwohls angezeigt.

Als abgeleitetes und unverzichtbares Sozialprinzip der KSL gilt die *Vorrangige Option für die Armen*, „der zufolge in allen Entscheidungen und Maßnahmen das Wohl und die Teilhabe von durch Armut und Benachteiligung betroffenen Menschen zu priorisieren sind" (Schlagnitweit 2021: 131–132). Die Vorrangige Option für die Armen stellt ein Kriterium zur Beurteilung für die *gerechte* Gestaltung der Gesellschaft und des Gemeinwohls dar: Es hält dazu an, zu hinterfragen, ob tatsächlich das Wohlergehen *aller* Einzelnen unter Berücksichtigung ihrer vitalen Grundbedürfnisse gesichert ist (Schlagnitweit 2021: 133). Damit bietet dieses Prinzip eine Handlungsorientierung und verbindet sich mit einem gesellschaftspolitischen Gestaltungsanspruch: Die Gesellschaft ist so zu gestalten, dass die vitalen Grundbedürfnisse aller Menschen – und die der benachteiligen Menschen im Besonderen – sowie deren soziale Teilhabemöglichkeiten gesichert sind (Schlagnitweit 2021: 133). Es geht dabei u. a. um die Realisierung von *Bedarfsgerechtigkeit*. Aus der *Vorrangigen Option für die Armen* leitet sich die traditionelle Bedeutung der Armutsbekämpfung in der Katholischen Soziallehre ab (Schlagnitweit 2021: 139). Die wohlfahrtsstaatliche Sicherung der Lebensgrundlagen steht in dieser Tradition und ist dementsprechend Ausdruck der Vorrangigen Option für die Armen.

5.2.5 Ökonomi(sti)scher Rechtfertigungsversuch

Die wohlfahrtsstaatliche Sicherung der Lebensgrundlagen ließe sich auch aus einer ökonomischen Sicht heraus rechtfertigen. Daraus geht streng genommen eine *ökonomistische* Denkhaltung hervor, die zu Empfehlungen und Bewertungen führt, welche teilweise mit ethischen Basisnormen wie Menschenwürde oder dem Kategorischen Imperativ im Konflikt stehen und deren ethische Legitimität sich damit aus Sicht anderer Ethik-Konzepte (KSL, Integrative Wirtschaftsethik usw.) in Zweifel ziehen lässt. Insofern ist die ökonomistische Perspektive nicht unstrittig und ethisch problematisch. Den ethischen Schwierigkeiten einer ökonomistischen Perspektive steht gegenüber, dass diese als normativer Bezugspunkt jene Debatten prägt, wie sie in einer zunehmend ökonomisierten Gesellschaft üblich sind. Damit ließe sich aus einer wirtschaftsethischen Sicht erstens die Aufgabe ableiten, über die ethischen Konflikte einer ökonomistischen Sichtweise aufzuklären. In diesem Sinne ist es zu verstehen, wenn es Peter Ulrich (2008: 14, 130) im Rahmen der Integrativen Wirtschaftsethik um Aufklärung und Ideologiekritik geht und er die etablierte ökonomische Rationalität zur Vernunft bringen möchte; oder wenn Thielemann (2010: 130–134) von Werterhellung und Kritik als Aufgaben einer integrativ verstanden Wirtschaftsethik schreibt. Zweitens ließe sich in Anlehnung an Steinmann

& Löhr (2015: 296) auch nach jenen (seltenen) „Komplementärfällen“ suchen, in denen sich die Berücksichtigung ethischer Gesichtspunkte unternehmerisch oder volkswirtschaftlich „auszahlt“. Daher könnte es wirtschaftsethisch durchaus als geboten angesehen werden, nach solchen „Komplementärfällen“ als Schnittstellen zu schauen, um

1. die Realisierung von Handlungsabsichten, die aus anderen ethischen Perspektiven ethisch legitim sind, zu ermöglichen;
2. den politischen Diskurs dort offenzuhalten, wo aus ideologischen Gründen eine Sackgasse droht, in der Sache aber Einvernehmlichkeit denkbar ist; und
3. damit Momente der ökonomistischen Perspektive zu finden, die sich offen für andere ethische Positionen zeigen und damit ein ethisches Transformations- und Aufklärungspotenzial markieren.

Vor diesem Hintergrund kann die Frage gestellt werden, ob in der etablierten ökonomischen Perspektive eine plausible Argumentationslinie denkbar ist, mit der sich die wohlfahrtsstaatliche Sicherstellung der Lebensgrundlagen rechtfertigen lässt.

Vor dem Hintergrund dieser Frage kann zunächst auf eine einfache *Kosten- bzw. Nutzen-Überlegung* verwiesen werden (siehe dazu Thieme 2012: 265): Die Situation ohne eine wohlfahrtsstaatlichen Sicherung der Existenz mag sich als teurer oder weniger nützlich erweisen als eine Situation mit einem solchen Wohlfahrtsstaat (sogenannte Opportunitätskosten). Wenn in einer Gesellschaft die Existenz ihrer Mitglieder nicht gesichert ist, sehen diese sich vielleicht dazu angehalten, ihr Dasein über den informellen Wirtschaftssektor (die Schattenwirtschaft) zu bestreiten, es bestehen Anreize für Korruption usw., was für eine Volkswirtschaft auch wieder mit Kosten verbunden sein mag (Steuerausfälle, Kosten für Korruptionsbekämpfung usw.), die in der Summe höher ausfallen als eine Wohlfahrtspolitik der Existenzsicherung.

Daran lässt sich mit dem Argument anknüpfen, dass die wohlfahrtsstaatliche Sicherung der Existenz als *Preis für die Stabilität einer (bestimmten) gesellschaftlichen Ordnung* begriffen werden kann (in Anlehnung an Thieme 2012: 265–270). Das ist, was in den Diskussionen häufig mit dem ‚sozialen Frieden‘ assoziiert wird. Ökonomisch betrachtet geht es dabei aber vor allem um den ökonomischen Nutzen, der aus der gesellschaftlichen Stabilität resultiert. Das betrifft im Detail die allgemeine Rechtssicherheit, die Sicherung und Garantie privaten Eigentums und mithin ein erwartungsstabiles Investitionsklima. Das lässt sich institutionenökonomisch als Voraussetzung für das Wirtschaften im Allgemeinen und für Marktwirtschaften im Speziellen begreifen. Volkswirtschaftlich betrachtet handelt es sich dabei auch um Faktoren, aus denen sich im internationalen Wettbewerb ein *wirtschaftlicher Standortvorteil* bestimmen kann. Davon abgesehen, lässt sich anführen, dass es die gesellschaftliche Ordnung beeinträchtigen kann, wenn sich die Mitglieder dieser Gesellschaft in ihrer Existenz bedroht sehen. Aus der etablierten ökonomischen Perspektive heraus können die eben genannten Gründen angeführt werden, um solch eine Infragestellung der gesellschaftlichen Ordnung zu vermeiden. Die Stabilität der gesellschaftlichen Ordnung lässt sich damit auch als öffentliches Gut verstehen. Die wohlfahrtsstaatliche Sicherung der Lebensgrundlagen wäre dann der *Preis*, der für dieses öffentliche Gut – das zentral für das Funktionieren von Gesellschaft und Wirtschaft angesehen werden kann – zu zahlen wäre. Mit anderen Worten: *Der Wohlfahrtsstaat ist der Preis für sozialen Frieden.*

5.2.6 Abschließende Gedanken

Sicherlich lassen sich weitere Gründe finden, aus denen heraus sich die wohlfahrtsstaatliche Existenzsicherung rechtfertigt. Schließlich existieren weit mehr Ethik-Konzepte als die, die hier genannt waren. Ebenso ließe sich den jeweiligen Argumentationen zur Rechtfertigung intensiver auf den Grund gehen. Das war hier jedoch nicht der Anspruch. Die entsprechenden Ausführungen verfolgten das Ziel, an ausgewählten Beispielen für Basisnormen und Argumentationslinien zu *sensibilisieren*, mit denen die Forderung nach einem Wohlfahrtsstaat, der die soziokulturelle Existenz sichert, ethisch gerechtfertigt werden kann. Es sollte eine Vorstellung vermittelt werden darüber, wie sich die Sicherung der Lebensgrundlage vor allem ethisch rechtfertigen lässt. Zum Beispiel zeigt sich, dass bei der Rechtfertigung der Existenzsicherung häufig der Bezug zu Grund- und Menschenrechten gesucht wird, die wiederum dem Rechtfertigungsmuster von Henry Shue (1996) folgen oder mit Bezug auf Shue weiter plausibilisiert werden können. Die Beispiele wie die Katholische Soziallehre und die Integrative Wirtschaftsethik vermitteln wiederum einen Eindruck davon, wie sich die Rechtfertigung dazu vertiefen lässt: Die Sicherung der Lebensgrundlagen stellt dann etwa eine Voraussetzung für einen Diskurs dar, ist Kriterium für ethische Legitimität, lässt sich nicht ohne Widerspruch anderen absprechen, zeigt sich als Ausdruck der Solidarität innerhalb der gemeinsamen Haftungsgemeinschaft aller Menschen und resultiert vor allem als Konsequenz aus der Achtung der Menschenwürde.

Tab. 8: Überblick zur Rechtfertigung der Sicherung von Lebensgrundlagen

Perspektive	*Referenzpunkte zur Rechtfertigung der wohlfahrtsstaatlichen Sicherung von Lebensgrundlagen*
Gesetzlich: Grundrechte/ Menschenrechte	▪ Menschenwürde (Art. 1 GG, Präambel AEM, Einleitung VN-Sozialpakt). ▪ Recht auf Leben (Art. 3 AEM). ▪ Recht auf angemessenen Lebensstandard (Art. 11 VN-Sozialpakt). ▪ Recht auf soziale Sicherheit (Art. 12 Europäische Sozialcharta).
Grundrechts-konzept (Henry Shue)	▪ Vorrang eines Rechts auf Selbsterhaltung/Subsistenzrecht (right to subsistence), Subsistenz im Sinne minimaler ökonomischer Sicherheit. ▪ Gewährleistung eines ‚right to subsistence' als Notwendigkeit für ein Staats- und Rechtssystem.
Vertragsethisch	▪ Überpositives Moralprinzip des Rechts auf Selbsterhaltung (Subsistenzrecht/right to subsistence). ▪ Gesellschaftsvertrag aus Vernunftgründen, der die Achtung der Selbsterhaltung beinhaltet.
Integrative Wirtschaftsethik	▪ Universalität der Grundbedingungen menschlicher Existenz. ▪ Sicherung der Lebensgrundlagen als Ausdruck der moralischen Gleichheit aller Menschen. ▪ Sicherung der Lebensgrundlagen als Kriterium für ethische Legitimität. ▪ Grundrechte/Wirtschaftsbürgerrechte als notwendiger Bestandteil einer ethisch legitimen Gesellschaft. ▪ Sicherung der Lebensgrundlage als Voraussetzungen für normative Offenheit und strukturelle Machtfreiheit im Diskurs. ▪ Die Sicherung der Lebensgrundlagen lässt sich weder im Rollentausch noch im Diskurs ohne (Selbst-) Widerspruch verneinen/verweigern/ablehnen.
Katholische Soziallehre	▪ Personalität, Solidarität, Subsidiarität und Gemeinwohl. ▪ Vorrangige Option für die Armen.
Ökonomistische/ wirtschafts-theoretische Perspektive	▪ Opportunitätskosten des Wohlfahrtsstaats: Die wohlfahrtsstaatliche Sicherung der Lebensgrundlagen ist ‚günstiger' als eine Situation ohne Wohlfahrtsstaat. ▪ Staatliche Existenzsicherung als Preis für ‚Sozialen Frieden'.

Anmerkungen: GG: Grundgesetz, AEM: Allgemeine Erklärung der Menschenrechte, VN: Vereinte Nationen.

Quelle: Eigene Darstellung.

5.3 Die Bestimmung der Lebensgrundlagen als zentrales Problem der Wohlfahrtspolitik

Es gibt verschiedene Möglichkeiten, die Sicherung der Lebensgrundlagen wohlfahrtsstaatlich umzusetzen. Das fängt bei den unterschiedlichen Formen der Sozialtransfers an. Dazu gehören die typischen Lohnersatzzahlungen, die je nach Bedürftigkeit mit einer Bedürftigkeitsprüfung gewährt werden; aber dazu gehören auch die Vorschläge für ein bedingungsloses Grundeinkommens (siehe z. B. Blaschke 2012). Hinzu können ergänzende Sozialtransfers kommen wie etwa das Wohngeld oder Kindergeld. Darüber hinaus wäre auch an die Befreiung vom Beitrag für den öffentlichen Rundfunk und von Rezeptgebühren zu denken, sofern entsprechende Voraussetzungen vorliegen (niedriges Einkommen, körperliche Beeinträchtigung usw.), sowie an bestimmte Sozialtarife wie beim öffentlichen Personennahverkehr oder bei Eintritten in die Oper und das Theater. Letztlich sichert vor allem die soziale Infrastruktur bzw. die *öffentliche Daseinsvorsorge* verschiedene Lebensgrundlagen (z. B. durch Schulen, öffentlichen Personennahverkehr, Müllabfuhr, Wasser- und Elektrizitätsversorgung, Krankenhäuser, Friedhöfe und Schwimmbäder). Die Sicherung der Lebensgrundlagen in einer Gesellschaft erfolgt in aller Regel über ein Zusammenwirken dieser verschiedenen Formen. Das heißt, dass Sozialtransfers von ergänzenden Sozialtransfers begleitet sind und parallel dazu die öffentliche Daseinsvorsorge wichtige Dienste zur Existenzsicherung und zur Teilhabe an der Gesellschaft bietet. Die unterschiedlichen Möglichkeiten zur Sicherung der soziokulturellen Existenz selbst, aber auch die unterschiedlichen Formen, wie sie dann konkret umgesetzt werden können, werfen viele Fragen auf, die sich von unterschiedlichen ethischen und sozialpolitischen Gesichtspunkten aus erörtern lassen. Das lässt sich hier aber nicht leisten, weshalb davon bewusst Abstand genommen sei. Stattdessen soll die Aufmerksamkeit auf einen Problemkreis gerichtet sein, der von übergeordneter Bedeutung für die wohlfahrtsstaatliche Sicherung von Lebensgrundlagen ist: Wodurch zeichnen sich die Lebensgrundlagen aus? Was gehört zu einem soziokulturellen Existenzminimum? Wer legt das mit welcher ethischen Legitimität fest?

Als eine erste Reaktion auf diesen Problemkreis mag sich der Blick auf die Armutsforschung richten, da diese sich naturgemäß mit der Frage, was zur Existenz in einer Gesellschaft notwendig ist, befasst. Geben also nicht die unterschiedlichen Armutsmaße eine Antwort auf die Frage, was zum soziokulturellen Existenzminimum gehört? Tatsächlich finden sich dort – wie sich nachfolgend zeigen lässt – verschiedene Ansätze, die auch sozialpolitisch von Bedeutung sind (etwa das Statistikmodell zur Bestimmung des Existenzminimums). Die Ausführungen von *Richard Hauser* im *Handbuch Armut und soziale Ausgrenzung* (Huster, Boeckh & Mogge-Grotjahn 2018) mahnen jedoch zur Zurückhaltung und kritischen Distanz. Denn die statistischen Kennziffern mögen einen ‚objektiven' Eindruck vermitteln, sind aber mit ethischen Fragen verbunden:

„Armut kann nicht objektiv nur aufgrund statistisch erhobener Fakten festgestellt werden; denn letztlich stehen hinter jeder Interpretation des Armutsbegriffs und hinter jedem darauf beruhenden Messverfahren Wertüberzeugungen, über deren Richtigkeit im ethischen Sinn nicht allgemein gültig geurteilt werden kann. Aus diesem Grund kann jedes Ergebnis einer empirischen Armutsmessung von einer anderen Wertbasis aus angegriffen werden." (Hauser 2018: 150)

Bereits die absolute und relative Armut, wie sie typischerweise in der Armutsforschung unterschieden werden, provozieren Kritik.

„Absolute Armut liegt vor, wenn Menschen das zum Überleben Notwendige an Nahrung, Wasser, Kleidung, Heizung, Obdach und Hilfen gegen leicht heilbare Krankheiten fehlt. Dann droht der frühe Tod durch Verhungern, Verdursten, Erfrieren oder durch Krankheiten. Diese Menschen erreichen nicht einmal das absolute Existenzminimum." (Hauser 2018: 151)

„Von *relativer Armut* spricht man, wenn in einem Land der Lebensstandard und die Lebensbedingungen von Menschen zu weit nach unten vom durchschnittlichen Lebensstandard und den durchschnittlichen Lebensbedingungen abweichen. Diese Menschen müssen unterhalb des in diesem Land geltenden *soziokulturellen Existenzminimums* leben." (Hauser 2018: 152)

Zum Beispiel lässt sich zur absoluten Armut kritisch festhalten, dass eine allgemeingültige Grenze dafür nicht festzulegen ist, weil absolute Armut von der natürlichen Umgebung und der Gesellschaft abhängt und darüber hinaus z. B. Menschen mit körperlichen und/oder geistigen Beeinträchtigungen höhere Bedarfe haben (Hauser 2018: 151). Bei der relativen Armut bleibt ethisch zu klären, wodurch sich ein soziokulturelles Existenzminimum auszeichnen soll, wie es sich bestimmen und dann ethisch legitimieren lässt.

5.3.1 Normative Momente in den Konzepten zur Armut

Die Schwierigkeiten bei der Bestimmung dessen, was Lebensgrundlagen sind, lässt sich auch an den verschiedenen Konzepten ablesen, mit denen versucht wird, die Vorstellung über Armut weiter zu systematisieren und zu präzisieren (Lebens- bzw. Verwirklichungschancen-Ansatz von Amartya Sen oder das Lebenslagenkonzept). Trotz der begrifflichen Präzisierungen zeigt sich auch dort ein weiterer Bedarf an Spezifizierung (siehe Hauser 2018: 152–156).

1. Es sind Mindeststandards für die jeweiligen Armutsaspekte (Einkommen, Gesundheit, Ernährungszustand, Bildung usw.) festzulegen.
2. Es müssen Abwägungsregeln bestimmt werden, mit denen sich über Armut und Nicht-Armut urteilen lässt.
3. Es ist zu klären, wie sich die Armutsaspekte messen lassen bzw. welche Indikatoren es dafür braucht (Operationalisierungsproblem).

Diese Spezifizierungsbedarfe verbinden sich im Kern mit ethischen Entscheidungen, die zu rechtfertigen sind. Das gilt auch für die *Einkommensarmut*, die sich am verfügbaren Einkommen orientiert:

> „*Einkommensarmut* liegt bei einer Person mit *normalen* Bedürfnissen vor, wenn ihr verfügbares Einkommen unterhalb einer *Einkommensarmutsgrenze* liegt" (Hauser 2018: 156).

Erstens muss die Einkommensgrenze, auf die dort Bezug genommen wird, festgelegt werden. Und zweitens besteht das Problem, dass damit die Grenze zur Einkommensarmut von Menschen mit besonderen Bedürfnissen (Behinderung, Pflegebedürftigkeit usw.) *nicht* zutreffend erfasst werden kann (Hauser 2018: 156–157). Das ist ein schwerwiegendes Problem für die Bedarfsgerechtigkeit, *wenn* die Sicherung der Lebensgrundlagen das garantieren soll, was die Menschen tatsächlich auch benötigen.

Hinzu kommt die Frage, ob und wie bei der Beurteilung der Lebensgrundlagen zwischen dem Leben als Einzelperson und dem Leben in einer Bedarfsgemeinschaft unterschieden werden soll. Im Grunde ist das ebenfalls eine ethische Entscheidung. In der sozialpolitischen Praxis wird jedenfalls häufig davon ausgegangen, dass zwischen beiden Situationen zu unterscheiden ist. Als Bezugspunkt dient dann der *Haushalt* (Pool) bzw. die *Bedarfsgemeinschaft*, für die wiederum bestimmte Annahmen getroffen werden:

1. *Pool-Annahme*, d. h., dass alle Einkommen der Mitglieder im Haushalt in einen gemeinsamen Topf fließen.
2. *Wohlfahrtsgleichverteilungsannahme*, d. h. die Einkommen werden so verwendet, dass jedes Haushaltsmitglied das gleiche Wohlfahrtsniveau erreicht.
3. *Rationalisierungs- bzw. Kostenvorteilsannahme*, d. h., dass das gemeinsame Wirtschaften im Haushalt Einsparungen ermöglicht (die Menschen in Einpersonenhaushalten nicht möglich sind).
4. *Annahme geringer Kinderbedürfnisse*, d. h., dass die Bedürfnisse von Kindern geringer ausfallen als die von Erwachsenen.
5. *Ethische Gleichwertigkeit aller Menschen*, d. h., dass auch im Haushalt jeder Mensch als ethisch gleichwertig gilt und deshalb ein armer Mehrpersonenhaushalt nicht wie ein armer Einpersonenhaushalt gezählt wird (zu diesen Annahmen siehe Hauser 2018: 158).

Die weitere Orientierung erfolgt am gewichteten Pro-Kopf-Einkommen, dem *Nettoequivalenzeinkommen*: Dabei werden die Haushaltsmitglieder mit jeweils einer unterschiedlichen *Gewichtung* berücksichtigt (Hauser 2018: 158). Doch diese Gewichtungen lassen sich „nicht rein empirisch bestimmen":

> „Sie unterliegen einer wertenden Einschätzung darüber, welches zusätzliche Nettoeinkommen erforderlich ist, um einer zum Haushalt hinzukommenden Person ein gleich hohes Wohlfahrtsniveau wie den bisherigen Haushaltsmitgliedern zu ermöglichen" (Hauser 2018: 158–159).

5.3.2 *Methoden zur Festlegung von Mindeststandards für die soziale Grundsicherung*

In der sozialpolitischen Praxis werden Mindeststandards zur Grundsicherung und zu Einkommensgrenzen entweder durch Fachleute festgelegt (*Expertenstandards*) oder über den politischen demokratischen Prozess (Hauser 2018: 160). Dazu lassen sich im Wesentlichen vier Methoden unterscheiden.

1. Bei der *Warenkorbmethode* legen Fachleute aus der Forschung und Praxis einen Warenkorb fest, der jene Güter und Gütermengen enthält, die *ihrer Einschätzung* nach notwendig sind, um ein soziokulturelles Existenzminimum zu erreichen. Dieser Warenkorb muss regelmäßig angepasst werden (Hauser 2018: 161).
2. Das *Statistikmodell* basiert auf einer repräsentativen Umfrage mit umfangreichen Angaben zum Beispiel zu Haushaltsgröße, Alter, Wohnsituation sowie Einnahmen und Ausgaben, aus denen dann ein soziokulturelles Existenzminimum abgeleitet wird. Dazu sind aber folgende – wertende – Entscheidungen zu treffen: 1) es muss eine Entscheidung über die Abgrenzung der unteren Bevölkerungsschicht getroffen werden; 2) es ist eine Gewichtung (Äquivalenzskala) für die Einordnung und den Vergleich verschiedener Haushaltstypen und -größen festzulegen; 3) es ist zu bestimmen welche der durchschnittlichen Ausgaben der unteren Bevölkerungsgruppe voll oder nur teilweise zu berücksichtigen sind; und 4) es ist zu entscheiden, wie das abgeleitete soziokulturelle Existenzminimum an Änderungen des Preisniveaus und das Wirtschaftswachstum angepasst werden soll (Hauser 2018: 161–162).
3. Es lässt sich ein *Befragungsmodell* unterscheiden, das ebenfalls (wie das Statistikmodell) auf einer repräsentativen Umfrage basiert, aber direkt auf Einkommen und Ausgaben abzielt (siehe dazu und nachfolgend Hauser 2018: 162–163). Ein konzeptioneller Vorschlag konzentriert sich dazu auf die Mindesteinkommen, die für notwendig gehalten werden, um in einer Gesellschaft ‚bescheiden' leben zu können. Daraus und aus den Angaben zum verfügbaren Einkommen wird eine Wohlfahrtsfunktion geschätzt, aus der sich dann ein soziokulturelles Existenzminimum ableiten lässt. Bei einem anderen Konzept (Townsend-Methode) wird das verfügbare Einkommen mit der Erreichung bestimmter – als relevant erachteter – Mindeststandards zur Lebensführung verglichen und daraus ein soziokulturelles Existenzminimum abgeleitet.
4. Beim *Armutsgrenzenmodell* erfolgt die Festlegung einer Einkommensgrenze als Armutsgrenze, für die in der sozialwissenschaftlichen Forschung üblicherweise 40, 50 oder 60 Prozent des mittleren Nettoäquivalenzeinkommens angesetzt sind (siehe dazu und nachfolgend Hauser 2018: 163). Als mittlerer Wert wird dabei entweder das arithmetische Mit-

tel (einfacher Durchschnitt) oder der Medianwert der Einkommen herangezogen.[84] Zwar basiert diese Einkommensgrenze auf Plausibilitätsüberlegungen darüber, was für einen bestimmten Einkommensbetrag gekauft werden kann. Aber es handelt sich *nicht* um ein Existenzminimum, das sich systematisch aus z. B. einem bewerteten Warenkorb ableitet.

Hauser (2018: 154) kommt noch auf einen Aspekt zu sprechen, der generell für die Festlegung von Mindeststandards zur Existenzsicherung eine Rolle spielt: Die Sicht der Fachleute – die mit dem Anspruch ‚neutraler' Beobachter und damit ‚objektiv' zu sein einhergeht – kann mit der Sichtweise der Betroffenen auseinanderfallen. Zu ergänzen wäre, dass die Sicht der Fachleute auf die Lebensnotwendigkeiten zwar am Anspruch der ‚Objektivität' orientiert sein mag, sie aber selbst immer noch unter der Prägung durch Kultur, Milieu, Sozialisation usw. stehen und sich dem wohl auch nicht vollends entziehen können. Das wiederum mag die Diskrepanz zur Perspektive der tatsächlich betroffenen Personen vergrößern. Diese Unterschiede in der Bewertung der Lebensgrundlagen sind unmittelbar für die Sozialpolitik und die sozialpolitische Debatte relevant. Zur Illustration dessen sei die Aufmerksamkeit auf folgende zwei Instrumente gelenkt: die *Mindestsicherung* in Österreich und das *Bürgergeld* in Deutschland.

In Österreich soll die *Mindestsicherung* den allgemeinen Lebensunterhalt und den Wohnbedarf abdecken, wenn kein eigenes Einkommen existiert oder dieses als zu niedrig ausfällt, um das eigene Leben zu bestreiten. Von der Basisleistung sind nach Lichtenberger & Staudinger (2024: 3) 60 Prozent für den allgemeinen Lebensunterhalt und 40 Prozent für die Wohnkosten gedacht. Die Basisleistung für alleinstehende volljährige Personen lag 2024 bei maximal brutto 1.156,00 Euro, die für die Deckung der Wohnkosten *je nach Bundesland* um 30 Prozent auf etwa 1.503,00 Euro aufgestockt werden konnten (Bundesministerium für Soziales, Gesundheit, Pflege und Konsumentenschutz 2024). Im Jahr 2025 lag diese Basisleistung bei maximal 1.209,00 Euro bzw. 1.572,00 Euro (Bundesministerium für Soziales, Gesundheit, Pflege und Konsumentenschutz 2025). Im Vergleich dazu lag das von der Dachorganisation der staatlich anerkannten Schuldenberatung ermittelte *Referenzbudget* für Ein-Personen-Haushalte im Jahr 2024 bei 1.730,00 Euro, die dazu ausgewiesene Armutsgefährdungsschwelle (nach EU-SILC 2023) bei 1.572,00 Euro und die Pfändungsfreigrenze bei 1.420,00 Euro (ASB Schuldnerberatungen 2024). Aus der Perspektive des Referenzbudgets ließe sich mit Blick auf die Basisleistung für 2024 in Höhe von 1.156,00 bis 1.503,00 Euro eine Unterdeckung des soziokulturellen Existenzminimums für Alleinstehende zwischen 574,00 bis 227,00 Euro feststellen.

84 Der Medianwert ist der Wert, der genau in der Mitte einer Verteilung liegt. Beim Beispiel der Einkommen bezieht sich der Median auf jenes Einkommen, über das eine Person verfügt, die sich genau in der Mitte (bei 50 Prozent) der Bevölkerung befindet.

Mit der österreichischen Mindestsicherung vergleichbar ist das deutsche *Bürgergeld* (vormals unter der Chiffre „HartzIV" bekannt), das jenen, deren Lebenssituation als hilfsbedürftig eingeschätzt wird, den Lebensunterhalt absichern soll (siehe dazu und nachfolgend Bundesagentur für Arbeit 2024). Als hilfsbedürftig gelten Personen, die ihren Lebensunterhalt – und ggf. den von Angehörigen im Haushalt (Bedarfsgemeinschaft) – nicht oder nicht ausreichend aus eigenem Einkommen und Vermögen bestreiten können. Der Sozialtransfer *pro Monat* setzt sich zusammen aus dem *Regelbedarf*, der durch Mehrbedarfe ergänzt werden kann, und den Kosten für Unterkunft und Heizung (KdU), die in tatsächlicher und für angemessen befundene Höhe übernommen werden. Für die KdU ließe sich zwar statistisch ein Durchschnittswert ermitteln, der für 2012 bei 390,00 Euro (Steffen 2013) und 2023 bei 427,00 Euro (Zink 2023) liegt. Doch sind diese Werte insoweit irreführend als es bei der Sicherung der soziokulturellen Existenz über die KdU um die tatsächlichen und als angemessen betrachteten Wohnkosten geht. Diese Kosten können von Wohnort zu Wohnort ganz erheblich schwanken. So lässt sich für 2012 bereits auf Ebene der Bundesländer eine Differenz der tatsächlich anerkannten KdU zwischen 314,00 Euro (Thüringen) und 466,00 Euro (Hamburg) ausmachen, in den Bundesländern finden sich Orte mit KdU in Höhe von 260,00 Euro (Landkreis Freyung-Grafenau, Bayern) und 291,00 Euro (Landkreis Mansfeld-Südharz, Sachsen-Anhalt) bis 580,00 Euro (Landkreis München, Bayern); 2023 lagen die KdU etwa für Hildburghausen (Thüringen) bei 355,00 Euro und für Fürstenfeldbruck (Bayern) bei 620,00 Euro (für die entsprechenden Angaben siehe Zink 2023 und Steffen 2013). Deshalb seien hier die KdU als Bestandteil der Existenzsicherung ausgeklammert und stattdessen die Aufmerksamkeit auf den *Regelsatz* im Bürgergeld gelenkt.

Dieser war für das Jahr 2024 für Alleinstehende auf 563,00 Euro festgesetzt worden. Dieser Regelsatz gilt auch für 2025 unverändert (Bundesregierung 2024). Dem gegenüber ermittelte der Paritätische Wohlfahrtsverband für das Jahr 2024 einen Regelbedarf für Alleinstehende in Höhe von 813,00 Euro (Aust & Schabram 2023: 8). Diese Diskrepanz zum Regelsatz ergibt sich daraus, dass der Paritätische Wohlfahrtsverband deutlich höhere Bedarfe für ein soziokulturelles Existenzminimum identifiziert: Während in der ministerialen Berechnung der monatlichen Regelsätze etwa 50,50 Euro für Ausgaben zur Mobilität (Verkehr) veranschlag wurden, rechnete der Paritätische mit 115,10 Euro; für Freizeit, Unterhaltung und Kultur werden von deutschen Ministerien 54,90 Euro als ausreichend angesehen, während der Paritätische mit 112,00 Euro rechnet; Ausgaben für Versicherungen (private Haftpflicht, KfZ und Hausrat) werden von den deutschen Ministerien als nicht notwendig angesehen, der Paritätische berücksichtigt diese in Höhe von 26,90 Euro (Aust & Schabram 2023: 10). Gemessen am Regelsatz für Alleinstehende, den der Paritätische Wohlfahrtsverband 2024 ermittelte (813,00 Euro), lag mit dem Bürgergeld in Höhe von 563,00 Euro eine Unterversorgung der Betroffenen in Höhe von 250,00 Euro vor.

Die erwähnten Unterschiede in der Bewertung, was zum Leben notwendig ist, bestimmen die Sichtweise auf die Wohlfahrtspolitik sowie Armutsbekämpfung – und damit auch die Perspektiven auf den Wohlstand in einer Gesellschaft: Wer den administrativ – durch eine Regierung – festgelegten Standard zur Sicherung der Lebensgrundlagen als ausreichend erachtet, wird von *bekämpfter Armut* sprechen, während die Menschen in diesen Sozialleistungen als arm zu identifizieren sind, wenn die Sozialleistungen nicht als ausreichend eingeschätzt werden (Hauser 2018: 165). Letzteres ist in der deutschen Sozialstaatsdebatte der Fall:

> „Aus der Sicht von Wohlfahrtsverbänden und von vor Ort tätigen Hilfsorganisationen sowie von vielen Sozialwissenschaftlerinnen und Sozialwissenschaftlern sind diese Mindestsicherungsleistungen auch nach der aufgrund des Bundesverfassungsgerichtsurteils erforderlich gewordenen Neuberechnung immer noch zu knapp bemessen, so dass auch deren Bezieherinnen und Bezieher noch zu den Armen zu zählen sind." (Hauser 2018: 170)

Die Diskussion um die Lebensnotwendigkeiten und ihre Vermessung mag abstrakt wirken und sich akademisch anhören. Dieser Eindruck darf aber nicht darüber hinwegtäuschen, dass sich damit ein für viele Menschen existenzielles Thema verbindet: Wer die Unterstützung zur Sicherung der eigenen Existenz benötigt, ist erheblich davon abhängig, wie die Standards zur Existenzsicherung gesetzt werden. Die eben erwähnten Diskrepanzen in der Bewertung des Existenzminimums konfrontieren die Betroffenen mit einer real erfahrbaren Unterversorgung (siehe Tab. 9).

Tab. 9: Vergleich Sicherung der Lebensgrundlagen und Unterversorgung (2024)

Sicherung der Lebensgrundlagen eines Ein-Personen-Haushalts durch…	*Basisleistung (pro Monat)*	*Alternative Bedarfsrechnung (pro Monat)*	*Unterdeckung (pro Monat)*
Mindestsicherung (Österreich)	1.156 bis 1.503 €[a] [693,60 €][b]	1.730 €[d] [982 €][e]	574 bis 227 € [288,40 €]
Bürgergeld (Deutschland)	563 €[c]	813 €[f]	250 €

Anmerkungen: a: inkl. Wohnkosten | b: 60% der Basisleistung, *ohne* Wohnkosten (40%) | c: ohne Wohnkosten (KdU) | d: Referenzbudget 2024 (ASB Schuldnerberatungen 2024) | e: abzgl. Wohnkosten (748€) | f: Paritätischer Wohlfahrtsverband (Aust & Schabram 2023).

Quelle: Eigene Darstellung.

Die unterschiedliche Bewertung des Existenzminimums zeigt nicht nur ein empirisches wie sachliches Problem. Denn diese Standards der Lebenssicherung stehen vor allem mit ethischen Prinzipien im Zusammenhang (Menschenwürde, Gemeinwohl usw.). Die Diskrepanz zwischen den festgelegten Standards und der realen Bedürftigkeitserfahrung von Betroffenen wirft deshalb ethische Fragen auf, die in fundamentaler Weise die Glaubwürdigkeit und Akzeptanz des Wohlfahrtsstaats und der gesellschaftlichen Arrangements betreffen.

5.3.3 Die ethische Dimension der wohlfahrtsstaatlichen Sicherung von Lebensgrundlagen

Der Überblick zur Bestimmung eines Existenzminimums im Kontext der Armutsdebatte zeigt, dass die wohlfahrtsstaatliche Sicherung der Lebensgrundlagen *immer* im Zusammenhang mit ethischen Fragen steht. Das liegt intuitiv auf der Hand, wenn berücksichtigt wird, dass die wohlfahrtsstaatliche Sicherung der soziokulturellen Existenz auch einer Rechtfertigung bedarf (zu den ethischen Rechtfertigungsmöglichkeiten siehe Abschnitt 5.2). Die hier vorgelagerten Ausführungen ließen deutlich werden, dass auch auf verschiedenen Ebenen der Bestimmung des Existenzminimums *immer* wertenden Entscheidungen zu treffen sind, die einer ethischen Reflexion und Rechtfertigung bedürfen. Das mag in Debatten zum Sozialstaat, bei Kennziffern wie den Armutsschwellen oder angesichts technischer bzw. methodologischer Diskussionen über empirische Indikatoren aus dem Blick geraten. Dann drohen die entsprechenden Diskussionen sich nur noch um ‚Beträge' bzw. reine Zahlen zu drehen, völlig losgelöst von der Frage, inwiefern diese ihrem eigentlichen Zweck gerecht werden (Existenzsicherung, Bedarfssicherung, Bedarfsgerechtigkeit, Menschenwürde usw.). Genau deshalb ist daran zu erinnern, dass sich eine ethische Erwägung nicht einfach durch eine empirische Kennziffer oder eine technische Regel ersetzen lässt. Auch solche Kennziffern oder Regeln müssen erwogen und gerechtfertigt werden.

Im Kern geht es dabei um die Prüfung, ob sich eine bestimmte Vorstellung über die Lebensnotwendigkeiten als ethisch legitimierbar erweist. Dies betrifft zunächst die *persönliche Ebene*. Das heißt, dass die jeweiligen Akteure in der Forschung, bei der Festlegung von Mindeststandards für die Lebensgrundlagen oder in der politischen Debatte (Parlament, Ausschüsse, Medien usw.) anhand ethischer Kriterien abwägen müssen, inwiefern eine bestimmte Vorstellung von Existenzminimum diesen Kriterien entspricht oder nicht. Ethisch integer und verantwortungsvoll handelt, wer von Vorstellungen, Handlungsabsichten usw. ablässt, die gegen die ethischen Kriterien verstoßen, die für die Entscheidung zu Grunde gelegt werden.

Auf der persönlichen Ebene handelt es sich aber lediglich um Eindrücke, die aus dem eigenen Reflexionsraum resultieren. Um eine allgemeine Verbindlichkeit für eine bestimmte Vorstellung von Lebensgrundlagen zu erlangen, wäre es notwendig, diese auf der persönlichen Ebene gewonnenen Eindrücke im *zwischenmenschlichen Austausch miteinander* – im Diskurs bzw. Dialog – abzugleichen, d. h. auf ethische Legitimität hin zu prüfen. Ethisch verantwortlich handelt, wer von Vorstellungen, Handlungsabsichten usw. ablässt, über deren ethische Legitimität im Diskurs mit anderen keine Einvernehmlichkeit zu erreichen ist. Ethisch legitime Interessen sind jene, die sich im Diskurs als ethisch legitim erweisen. Das ist auch der Weg, den diverse moderne Ethik-Konzept beschreiten, z. B. die Integrative Wirtschaftsethik (Ulrich 2008), die Republikanische Unternehmensethik (Steinmann & Löhr 2015) und die Katholische Soziallehre (Schlagnitweit 2021). Das kommt z. B. für den Dialog in der Katholischen Soziallehre deutlich zum Ausdruck, wenn es heißt, die

> „Wahrheit müsse vielmehr im dialogischen und diskursiven Austausch mit allen – insbesondere mit Andersdenkenden! – gesucht und gefunden werden“ (Schlagnitweit 2021: 150).

Die konkreten Kriterien für die Prüfung auf ethische Legitimität finden sich in den Basisnormen und/oder Ethik-Konzepten, die als Bezugspunkte dienen sollen. Die Ausführungen zur ethischen Rechtfertigung der wohlfahrtsstaatlichen Existenzsicherung (Abschnitt 5.2) legen dazu als erste Orientierung nahe, die Grund- und Menschenrechte, das Prinzip der Menschenwürde bzw. der Personalität sowie das Moralprinzip eines ‚right to subsistence‘ (Subsistenzrecht) heranzuziehen. Die ethische Abwägung – ob im Rollentausch, im Diskurs oder Dialog – hat auch die Perspektive der jeweils Betroffenen zu berücksichtigen. In der Katholischen Soziallehre wird dies durch die *vorrangige Option für die Armen* (Schlagnitweit 2021: 131–141), gemäß der die Situation der Armen und Benachteiligten in der Gesellschaft eine vordringliche Aufmerksamkeit erfahren soll, besonders nachhaltig und nachdrücklich betont. Bei der Berücksichtigung der Betroffenen handelt es sich um ein wesentliches Element für die Frage der ethischen Legitimität von Mindeststandards der Existenzsicherung. Denn sonst würde im Diskurs bzw. Dialog nur über, aber nicht mit den Menschen – um die es bei der Existenzsicherung geht – gesprochen. Der Dialog bzw. Diskurs und damit der ethische Legitimationsprozess wären mangelhaft.

Die Konsequenzen aus dem Mangel an ethischer Legitimation können vielfältig sein: So können Sozialstaat, Staatswesen, Gesellschaft, Politik usw. an Glaubwürdigkeit einbüßen. Das kann mit Politikverdrossenheit und Demokratieentleerung einhergehen. Eine Unterversorgung kann dazu führen, dass sich Korruption und/oder informelle Wirtschaftsformen – von der Eigenarbeit (Do it yourself) bis zu kriminellen Betätigungen (u. a. Schwarzarbeit) – ausbreiten und verfestigen. Da eine Unterversorgung das soziokulturelle Existenzminimum betrifft, könnte auch mit gesundheitlichen Folgen gerechnet werden, die sich volkswirtschaftlich in höheren Kosten für Gesundheitsversorgung oder einer niedrigeren Produktivität niederschlagen können. Der Mangel an ethischer Legitimation kann zu sozialer Desintegration, zu zivilen Widerstandsformen bis hin zu zivilem Ungehorsam führen. Es ist sicher nicht falsch, allgemein davon auszugehen, dass Standards zur Existenzsicherung, die ethisch in Frage stehen, soziale Reibungsverluste und Konfliktpotenzial bedeuten.

Vor diesem Hintergrund sollte klar geworden sein, dass Forschenden, aber auch den Verantwortlichen in Verwaltungen und in der Politik eine ethische Reflexion abzuverlangen ist, wenn sie den Anspruch erheben, dass die von ihnen entwickelten wohlfahrtsstaatlichen Mindeststandards zur Sicherung der Lebensgrundlagen ethisch legitim sein sollen. Forschende oder auch Ministerialbeamte haben sich dann auf den verschiedenen Stufen der Bestimmung solcher sozialen Mindeststandards zu fragen, ob diese den entsprechenden ethischen Kriterien genügen (z. B. der Achtung der Menschenwürde und der Subsidiarität). Im Sinne der *Goldenen Regel* oder des *Kategorischen Imperativs* (siehe die Unterabschnitte 2.5.4 und 4.4.4) sollten sie dann kein Existenzminimum empfehlen, das sie sich selbst nicht zumuten würden. Das würde vor allem für die Einschätzung der bedarfsrelevanten Güter im Rahmen eines Warenkorbmodells oder der bedarfsrelevanten Ausgaben auf Basis eines Statistik-Modells bedeuten, für jedes Gut oder jede Ausgabe zu fragen, ob dieses Gut oder diese Ausgabe auch ethisch als bedarfsrelevant einzuschätzen ist. Das betrifft vor allem die Frage, welche Güter oder Ausgaben als *nicht* bedarfsrelevant gelten können: Würde ich an Stelle anderer auf diese Güter und Ausgaben verzichten wollen? Wie zentral der damit verbundene Anspruch auf Rechtfertigung ist, das ließ sich prominent an der Ermittlung der Regelsätze im deutschen „Hartz-IV"-System ablesen. So stellte das Bundesverfassungsgericht im Urteil vom neunten Februar 2010 zur Ermittlung der Regelsätze klar:

> „Die wertende Entscheidung, welche Ausgaben zum Existenzminimum zählen, hat der Normgeber sachgerecht und vertretbar zu treffen. […] Eine Schätzung auf fundierter empirischer Grundlage ist dabei nicht ausgeschlossen; Schätzungen ‚ins Blaue hinein' laufen jedoch einem Verfahren realitätsgerechter Ermittlung zuwider und verstoßen deshalb gegen Art. 1 Abs. 1 GG in Verbindung mit dem Sozialstaatsprinzip […]. Damit geprüft werden kann, ob die […] getroffenen Wertungen und Entscheidungen der verfassungsrechtlichen Garantie eines menschenwürdigen Existenzminimums entsprechen, trifft den Normgeber die Obliegenheit, sie nachvollziehbar zu begründen; das ist vor allem zu fordern, wenn er von seiner selbst gewählten Methode abweicht." (Bundesverfassungsgericht 2010: Nr. 171)[85]

Tatsächlich rügte das deutsche Bundesverfassungsgericht die Gesetzgebung u. a. dafür, bei der damaligen Regelsatzberechnung „einen Anteil angeblich nicht der Sicherung des Existenzminimums dienender Ausgaben ohne hinreichende Tatsachengrundlage ‚ins Blaue hinein' geschätzt und abgezogen" (Bundesverfassungsgericht 2010: Nr. 175) zu haben. Auch die Änderung der Bedarfsrechnung (2011), die durch das Bundesverfassungsgericht erzwungen wurde, blieb nicht frei von Kritik: So stellten die Gutachten von Becker (2011: 50) und Münder (2011: 94) u. a. fest, dass die Begründungen für Einschätzung

85 Der Hinweis auf Artikel 1 Abs. 1 Grundgesetz bezieht sich auf die Achtung der Menschenwürde, die staatlich zu schützen und zu achten ist.

von nicht regelbedarfsrelevanten Gütern und Dienstleistungen teils nicht sachgerecht, nicht stichhaltig bzw. nicht nachvollziehbar sei. Auch 2017 wurde die Berechnung der Regelsätze als unsystematisch und intransparent kritisiert (Aust & Schabram 2018: 6–7).

Die ethische Reflexion und Rechtfertigung sind auch für die Debatte in ‚der' Politik und in den Medien relevant. Dort könnte bereits die Goldene Regel helfen, das Debattenklima zu versachlichen. Darüber hinaus wäre zu überlegen, inwiefern sich die Perspektive der Betroffenen in angemessener Weise und wirksam berücksichtigen lässt. Praktisch kann das dadurch geschehen, dass bei der Bestimmung solcher Mindeststandards für die Existenzsicherung die potenziell Betroffenen direkt involviert werden. Es ließe sich aber auch die Expertise einer sachverständige Interessenvertretung der Betroffenen hinzuziehen (Wohlfahrtsverbände, nationale Armutskonferenzen usw.).

Im Gegensatz zu dem hier formulierten ethischen Anspruch vermitteln die fachlichen und gesellschaftspolitischen Debatten zum Sozialstaat – und speziell zu den wohlfahrtsstaatlichen Leistungen für die Existenzsicherung – üblicherweise *nicht* den Eindruck, dass dort ein großes Interesse an einer ethischen Rechtfertigung besteht. Diese Debatten zeigen jedenfalls oft nicht das erkennbare Bemühen um die ethische Legitimität von sozialen Maßnahmen und Mindeststandards. Die Perspektive jener Menschen, die auf die wohlfahrtsstaatliche Unterstützung zur Sicherung ihrer Lebensgrundlagen angewiesen sind, scheint weithin unterrepräsentiert. Daher ist es verständlich, wenn sich die Betroffenenverbände um die Sichtbarkeit dieser Menschen bemühen: Zu denken ist dazu an die vielen Expertisen vom deutschen Paritätischen Wohlfahrtsverband, an Beiträge der Tafel in Deutschland (Tafel Deutschland 2023) oder an die Plattform „Sichtbar werden“ in Österreich.[86]

Wie die Berücksichtigung der Betroffenen-Perspektive bei der Festlegung eines Standards zur Existenzsicherung aussehen kann, dafür liefert die Idee des *Referenzbudgets* aus Österreich eine Vorstellung:

> „Referenzbudgets sind Ausgabenraster für die Kosten, die in Privathaushalten unterschiedlicher Konstellationen und Größe anfallen. Grundlage für die Entscheidung, welche Posten in die Ausgabenraster aufgenommen werden, bilden Überlegungen, was Haushalte benötigen, um einen – im Sinne sozialer Inklusion – angemessenen Lebensstandard halten zu können, und nicht nur jene Ausgaben, die als ‚überlebensnotwendig' gelten könnten.“ (Moser 2020: 38)

Dazu werden Statistiken – Primärdaten und Sekundärdaten (z. B. von der Statistik Austria, der Wirtschaftskammer, der Arbeiterkammer usw.) – herangezogen sowie die Erkenntnisse aus Workshops/Diskussionen mit Betroffenen (Fokusgruppen) und Fachleuten aus der Sozialen Arbeit und der Schuldenberatung (Moser et al. 2010: 19; ASB Schuldnerberatungen 2025).

86 Zur Plattform „Sichtbar werden“ siehe online: https://www.sichtbar-werden.at/ (20.02.2025).

5.4 Der Mindestlohn als wohlfahrtsstaatliches Instrument?

In einer marktwirtschaftlich und arbeitsteilig organisierten Gesellschaft, in der die *Erwerbsnorm* gilt, *sollen* erwerbsfähige Menschen ihre Arbeitskraft am ‚Arbeitsmarkt' verwerten und ihren Lebensunterhalt im Wesentlichen durch den Lohn bestreiten. Das dürfte ein weit verbreitetes Leitbild in den modernen Gesellschaften sein, die mit dem ‚globalen Norden' oder mit Wachstumsgesellschaften assoziiert werden (etwa Frankreich, Italien, Österreich und Deutschland). Stillschweigend ist damit unterstellt, die Marktprozesse würden schon dafür sorgen, dass der Verkauf der eigenen Arbeitskraft die Existenz in der Gesellschaft sichert. Im Grunde steckt dieser Gedanke auch hinter der Forderung, von der eigenen Hände Arbeit auch leben zu können. Praktisch handelt es sich dabei um das Moralprinzip eines Subsistenzrechts (‚right to subsistence'), das Shue (1996) auch als Grundrecht (basic right) begründet. Damit liegt die Überlegung nahe, dass ein Gesellschaftsvertrag einen *gesetzlichen Mindestlohn* und ein *Recht auf Lohnarbeit* beinhalten muss. Beides ist für die ethische Legitimität einer entsprechenden Arbeits- und Marktgesellschaft mit Erwerbsnorm notwendig: Es lässt sich von keinem Menschen erwarten, freiwillig an einem marktwirtschaftlich und arbeitsteilig organisierten Gesellschaftssystem mit einer Erwerbsnorm teilzunehmen, wenn nicht sichergestellt ist, dass

1. über den Lohn bzw. das Gehalt auch tatsächlich die eigene Existenz bestritten werden *kann*, und
2. überhaupt die Möglichkeit auf eine existenzsichernde Lohnarbeit besteht.

Da in der erfahrbaren Lebenswirklichkeit die Bedingungen dazu nicht gegeben sind (perfekte Marktprozesse usw.), hätte ein solcher Gesellschaftsvertrag *wohlfahrtspolitisch* zur Konsequenz, im Zweifel – wenn ‚der Markt' für Lohnarbeit nicht genügend Arbeitsplätze zur Verfügung stellt – von staatlicher Seite her für entsprechende Lohnarbeitsplätze zu sorgen. Die entsprechenden politischen Maßnahmen können zum Beispiel sein

- öffentliche Beschäftigung (Verwaltung, Bildungsbereich etc.),
- eine freiwillige Arbeitsplatzgarantie (Schultheiss & Theurl 2021) oder
- der zweite Arbeitsmarkt (staatlich geförderte Beschäftigungsverhältnisse, z. B. Ein-Euro-Jobs oder Arbeitsbeschaffungsmaßnahmen/ABM bzw. Arbeitsgelegenheiten mit Mehraufwandsentschädigung).

Eine weitere Möglichkeit besteht in der wohlfahrtsstaatlichen *Subventionierung* jener regulären Arbeitsverhältnisse, die *zu niedrig* entlohnt werden. Das Ziel wäre dabei, es mit dieser Subvention zu ermöglichen, dass die Arbeitskräfte dann ihre eigene Existenz mit Lohnarbeit sichern können. Teils ist das unter dem Begriff „Kombilohn-Modell" bekannt. Im deutschen „Bürgergeld-

System“ werden die entsprechenden Personen als „Aufstocker“ bezeichnet (Bundesagentur für Arbeit 2025a, 2025b). Das heißt, dass ihr nicht existenzsichernder Lohn aus privatwirtschaftlichen Arbeitsverhältnissen durch den wohlfahrtsstaatlichen Transfer auf das Niveau angehoben wird, das politisch als ‚existenzsichernd‘ definiert wurde. Damit zeigt sich übrigens, welche Bedeutung die Definition von wohlfahrtsstaatlichen Mindeststandards zur Sicherung der Lebensgrundlagen auch auf für ‚den‘ ‚Arbeitsmarkt‘ hat.

Solche wohlfahrtsstaatlichen Regelungen und Instrumente rechtfertigen sich aus der ethischen Notwendigkeit, für die Existenzsicherung der Menschen in der Gesellschaft Sorge zu tragen. Für die ethische Rechtfertigung der Existenzsicherung selbst lassen sich zusätzlich auch wieder die bereits genannten Argumente anführen (siehe ausführlich Abschnitt 5.2). Das muss nicht wiederholt werden. Der springende Punkt ist, dass auch eine Arbeits- und Marktgesellschaft mit Erwerbsnorm einer ethischen Rechtfertigung bedarf. Ein *existenzsichernder Mindestlohn* und ein *Recht auf Erwerbsarbeit* sind dann als Folge einer arbeitsteilig organisierten Marktwirtschaft zu verstehen, die mit dem Anspruch einhergeht, ethisch legitimierbar zu sein. Das mag plausibel erscheinen. Aber mit Blick auf die Wohlfahrtspolitik und die wohlfahrtspolitischen Debatten steht vor allem der Mindestlohn vor Schwierigkeiten, auf die nachfolgend einzugehen ist.

5.4.1 Der Mindestlohn als Gerechtigkeitskonvention

In den sozialstaatlichen Debatten scheint oft nicht wirklich berücksichtigt zu werden, dass es sich beim Mindestlohn um eine *Gerechtigkeitskonvention* und einen sozialen Mindeststandard für die Qualität von Erwerbsverhältnissen handelt. Häufig dominiert ein mainstreamökonomisches Verständnis oder es melden sich Fachleute ‚der‘ Ökonomik zu Wort, die einen Mindestlohn auf Basis (nur) dieser ökonomischen Perspektive bewerten wollen: Dann reduziert sich der Blick darauf, die Entscheidung zum Mindestlohn oder zur Höhe eines Mindestlohns von ökonomische Kennziffern wie die der Produktivität und der Wirkung auf die volkswirtschaftliche Beschäftigung abhängen zu lassen.

Nun mag es für die praktische Wirtschafts- und Sozialpolitik in der Tat hilfreich sein, zu wissen, welche Beschäftigungseffekte aus einem Mindestlohn resultieren könnten (z. B. Erwerbslosigkeit oder Zunahme der gesamtwirtschaftlichen Beschäftigung). Das ändert aber nichts daran, dass der Mindestlohn *kein* Instrument zur Beschäftigungspolitik darstellt. Der Mindestlohn ist eine Gerechtigkeitskonvention und bezieht sich als sozialer Mindeststandard auf die Qualität von Erwerbsverhältnissen, nicht auf die Quantität von Lohnarbeitsplätzen. Es wäre auch reichlich absurd, die Existenzsicherungsfunktion eines Mindestlohns davon abhängig zu machen, wie hoch der volkswirtschaftliche Beschäftigungstand – die Zahl der Erwerbslosen – ist. Das, was zum Überleben in der Gesellschaft benötigt wird (Existenzminimum), das verändert sich doch nicht damit, dass mehr oder weniger Menschen erwerbslos sind! Für Einzelne mag es sich unter dem Eindruck hoher Erwerbslosigkeit mental ‚leichter' hungern lassen, weil ihnen bewusst ist, dass nicht nur sie hungern müssen. Doch an Hunger gelitten wird trotzdem. Die Zahl der Erwerbslosen bzw. der Beschäftigungsstand ist also etwas ganz anderes als die Qualität der Beschäftigungsverhältnisse, in denen sich die Erwerbstätigen befinden. Wer das verwechselt, begeht einen folgenreichen Kategoriefehler.

Unter einem solchen Kategoriefehler besteht die Gefahr, dass sich die Debatte zum Mindestlohn nur um Zahlen – um symbolhafte Beträge – dreht, ohne aber den ethischen Kern des Mindestlohns zu treffen. Die Debatten über den Mindestlohn bleiben dann ohne Substanz! Das hat nicht nur spürbare Konsequenzen für die, die auf einen existenzsichernden Mindestlohn angewiesen sind. Sondern das unterminiert auch das Instrument eines Mindestlohns an sich. Denn wenn der Mindestlohn eine soziale Gerechtigkeitskonvention darstellt, die u. a. darauf abzielt, sicherzustellen, dass die Existenz in der Gesellschaft durch Erwerbsarbeit bestritten werden kann, dann wird genau dieses ethische Kriterium fundamental in Frage gestellt, falls diese Existenzsicherungsfunktion zur Disposition steht.

Das ist übrigens keine Problematik, die nur den akademischen Elfenbeinturm beschäftigt. Nein, damit verbindet sich handfeste Probleme, vor denen zum Beispiel der deutsche Mindestlohn immer wieder steht: Denn bislang (Stand August 2025) träg dieser Mindestlohn nicht wirklich der Vorstellung einer sozialen Gerechtigkeitskonvention Rechnung. Im entsprechenden Mindestlohngesetz werden keine dazu passenden Mindestlohnfunktionen definiert. Das führte in der Vergangenheit mehrmals dazu, dass die Höhe des Mindestlohns politisch (von außen) festgelegt werden musste, weil sich der Mindestlohn als nicht existenzsichernd erwies (siehe z. B. Thieme 2024a, 2022).

5.4.2 Mindestlohnfunktionen: Zwischen Bedarfs- und Verteilungsgerechtigkeit

Aus wohlfahrtspolitischer Perspektive lässt sich der Mindestlohn jedoch nicht ganz einfach bewerten. Das ist dem Umstand geschuldet, dass er als soziale Gerechtigkeitskonvention mehr als nur die Existenzsicherung zu gewährleisten hat. Sicher, die Existenzsicherungsfunktion ist fundamental für einen Mindestlohn. Aber zu berücksichtigen ist, dass sich der Mindestlohn auf *Situationen in einem Erwerbsverhältnis* bezieht – und er damit eine andere Situation adressiert als jene, vor der Menschen in der Erwerbslosigkeit stehen. Daraus lassen sich mindestens *zwei weitere* Funktionen ableiten, die ein Mindestlohn erfüllen muss (Tab. 10).

Tab. 10: Mindestlohnfunktionen

Mindestlohnfunktionen	*Gerechtigkeitsaspekt*	*Erläuterung*
Existenzsicherung (Fundamentalfunktion)	Bedarfsgerechtigkeit	Sicherung der soziokulturellen Existenz in der Gesellschaft.
Kompensation	Verteilungs-gerechtigkeit	Kompensation von Einschränkungen, die spezifisch vom Erwerbsverhältnis herrühren (Wegzeiten usw.).
Beteiligung	Verteilungs-gerechtigkeit	Garantie eines Mindestanteils an der gemeinsam erzielten realen Wertschöpfung im Produktionsprozess.

Quelle: Eigene Darstellung.

Erstens muss ein Mindestlohn den Aufwand kompensieren, der den Arbeitskräften entsteht, um im Erwerbsverhältnis stehen zu können. Etwas pathetisch ließe sich auch vom Verzicht auf Freiheit sprechen, der notwendigerweise mit einem Erwerbsverhältnis einhergeht, z. B. Wegzeiten (Anfahrt vom Wohnort zum Arbeitsplatz usw.). *Zweitens* aber steht der Mindestlohn für den Anspruch auf einen Mindestanteil an der gemeinsam erzielten Wertschöpfung, die im volkswirtschaftlichen Produktionsprozess entsteht, an dem die Arbeitskräfte im Erwerbsverhältnis unmittelbar beteiligt waren/sind.

Als soziale Gerechtigkeitskonvention adressiert der Mindestlohn damit die *Bedarfsgerechtigkeit* im Sinne der Existenzsicherung und die *Verteilungsgerechtigkeit* (Kompensation und Beteiligung), die beide *unmittelbar mit Beschäftigungsverhältnissen im Zusammenhang* stehen. Deshalb gestaltet es sich schwierig, den Mindestlohn nur unter dem Blickwinkel der Sicherung von Lebensgrundlagen zu betrachten. Sicher, ein Mindestlohn hat diese Fundamentalfunktion zu erfüllen. Und deshalb stellt der Mindestlohn eine wohlfahrtspolitische Möglichkeit dar, um die Lebensgrundlagen in einer arbeitsteiligen Marktgesellschaft zu sichern. Doch der Mindestlohn ist eben ein sozialer Mindeststandard für Bedarfsgerechtigkeit *und* Verteilungsgerechtigkeit *zugleich.* Das ist deshalb analytisch zu unterscheiden, weil die Bedarfsgerechtigkeit und Verteilungsgerechtigkeit auf unterschiedliche Sachverhalte abstellen und dafür auch auf unterschiedliche ethische Kriterien und Überlegungen Bezug genommen werden mag. In der wohlfahrtspolitischen Debatte, wie sie oft etwa in den Medien oder der Politik geführt wird, kann dieser Punkt untergehen. Dann besteht die Gefahr, dass der Mindestlohn – wenn überhaupt – auf die Fundamentalfunktion der Existenzsicherung reduziert wird. Werden die verteilungsethischen Aspekte ignoriert, unterminiert das die ethische Substanz des Mindestlohns, der dann an Glaubwürdigkeit und Akzeptanz einbüßen wird.

Hinzu kommt, dass ein auf die Existenzsicherung reduzierter Mindestlohn mit der Existenzsicherung bei Erwerbslosigkeit im Konflikt steht. Ein *echter* Mindestlohn würde dagegen von sich aus eine Art *Lohnabstand* schaffen, weil er eben auch Aspekte der Verteilungsgerechtigkeit berücksichtigt und damit höher ausfallen muss als ein Sozialtransfer bei Erwerbslosigkeit.

Dieser Konflikt lässt auch ein sehr fundamentales Problem deutlich werden, mit dem sogenannte Kombilohn-Modelle (Aufstocker) konfrontiert sind: Streng genommen reicht es nämlich nicht aus, einen zu niedrigen Lohn auf ein Existenzminimum aufzustocken, weil es sich in diesem Falle um eine Situation in einem Erwerbsverhältnis handelt, aus dem heraus verteilungsethische Ansprüche resultieren. Aber wie ist dann mit diesen verteilungsethischen Aspekten umzugehen? Wirkt es nicht absurd, wenn der Wohlfahrtsstaat Löhne aufstockt, die noch nicht einmal bedarfsgerecht (existenzsichernd) sind, und dann auch dort noch für jene Verteilungsgerechtigkeit sorgen soll, die in einem zu niedrig entlohnen Beschäftigungsverhältnis vernachlässigt wird? Wie rechtfertigt sich dann überhaupt solch ein Beschäftigungsverhältnis? Hier kann durchaus ein Grund gesehen werden, um solchen Kombilohn-Modellen mit Zurückhaltung bis Skepsis zu begegnen. Aber nichtsdestotrotz gehören diese Modelle zur wohlfahrtspolitischen Realität, sie werden praktiziert (z. B. im deutschen Bürgergeld-System). Angesichts dieser sozialstaatlichen Praxis soll der Hinweis auf die verteilungsethischen Aspekte bei der Entlohnung in Erwerbsverhältnissen dafür sensibilisieren, dass sich die Diskussion um Lohnabstände zur Existenzsicherung bei Erwerbslosigkeit nicht auf diese Existenzsicherung und eine simple Anreizmechanik reduzieren lässt. Es sind auch Fragen zur Verteilungsgerechtigkeit zu klären.

5.5 Wohlfahrtspolitik im ethischen Konflikt

Die wohlfahrtsstaatliche Sicherung von Lebensgrundlagen steht in modernen westlichen Markt-Gesellschaften eigentlich nicht in Frage. Das Bekenntnis zu einem solchen Wohlfahrtsstaat scheint selbstverständlich. Die soziokulturelle Existenzsicherung durch den Wohlfahrtsstaat wird offenbar breit akzeptiert. Darüber hinaus lassen sich verschiedene Gründe anführen, aus denen heraus diese soziokulturelle Existenzsicherung ethisch gerechtfertigt werden kann (Abschnitt 5.2). Dennoch zeigen sich in den öffentlichen und fachlichen Diskussionen zum Wohlfahrtsstaat immer wieder Konflikte, in denen sich bestimmte Weltanschauungen und Werthaltungen gegenüberstehen und in denen das selbstverständliche Bekenntnis zum Existenz sichernden Wohlfahrtsstaat auf einmal relativiert und zur Disposition gestellt zu werden droht.

Eine Ursache für diese Konflikte und Widersprüchlichkeiten lässt sich auf den bereits mehrfach erwähnten Umstand zurückführen, dass es oft an der

Wahrnehmung und Sensibilität gegenüber den ethischen (normativen) Gesichtspunkten, die sich mit Wohlstand und dem Wohlfahrtsstaat verbinden, zu mangeln scheint. Das betrifft im Besonderen den Bereich des ökonomischen Denkens und ‚der' Ökonomik, wo die fachliche Expertise üblicherweise weder das Wissen über (wirtschafts-) ethische Grundlagen noch den angemessenen Umgang mit ethischen Fragen umfasst.[87] Vor allem das in ‚der' Ökonomik weit verbreitete utilitaristische Denken in ‚trade-offs' kann zu schwerwiegenden Missverständnissen führen.

Unter ‚trade-offs' sind wechselseitige Abhängigkeitsverhältnisse zwischen zwei oder mehreren Zielen zu verstehen, die in der ökonomischen Praxis einer Kosten-Nutzen-Abwägung und einer Marginalanalyse (auch Grenzprinzip genannt) zugeführt werden.[88] Aber Grundrechte, moralischen Prinzipien oder ethische Basisnormen wie die Menschenwürde lassen sich nicht etwas mehr oder weniger realisieren. Sie lassen sich weder ausrechnen noch gegeneinander *verrechnen.* Auf etwas Menschenwürde zu verzichten, um etwas mehr wirtschaftliche Freiheit zu gewinnen, ist eine Verletzung der Menschenwürde. Darin liegt die Schwierigkeit des ökonomischen ‚Trade-off'-Denkens:

- Ein ethischer Zielkonflikt ist keine Optimierungsaufgabe.
- Eine ethische *Güterabwägung* ist keine ökonomische Marginalanalyse wie sie für Konsumgüter oder Investitionen durchgeführt werden mag.

Solche Fehler und Missverständnisse bergen ein ethisches Konfliktpotenzial. Doch die Defizite in der Beschäftigung und Expertise mit der ethischen Dimension des Wohlstands können nicht einfach nur ethische Konflikte zur Konsequenz haben, sondern sie stellen *grundsätzliche* Hindernisse dafür dar

1. ethische Momente und Konflikte im Wohlstandskontext zu suchen, zu erkennen, zu klassifizieren/einzuordnen und zu thematisieren;
2. ethisch verantwortungsvoll zu urteilen und zu entscheiden, im Kern also eine Prüfung auf ethische Legitimierbarkeit vorzunehmen und bezogen auf Wohlstand jene Aspekte, Dinge, Kalküle usw. zu unterlassen oder als problematisch auszuweisen, die ethisch nicht legitimierbar sind (die Verletzung der Menschenwürde, Missachtung von Grundrechten, Schaden für das Gemeinwohl usw.);
3. nicht auflösbare oder scheinbar nicht auflösbare Konflikte zu benennen und dort, wo nötig, zu versuchen, diese einer *Güterabwägung* zu unterzie-

87 Dieser Zustand wird auch in wirtschaftsethischen Arbeiten immer wieder thematisiert (z. B. Thielemann 2010 und Ulrich 2008); er zeigt sich z. B. darin, dass in der kritischen Auseinandersetzung mit dem Zustand ‚der' Ökonomik seit 2000 (Pluralismus-Diskussion) standardmäßig mehr wirtschaftsethische – aber auch ideengeschichtliche – Inhalte in ökonomischen Studienfächern gefordert werden. Die Studie von Fauser & Kaskel (2016) zeigt, dass sich „reflexive Inhalte", zu denen u. a. die Wirtschaftsethik gehört, allenfalls 1,36 Prozent der Lehrinhalte in der deutschen Bachelor-Ausbildung (Ökonomik) ausmachen.

88 Siehe dazu bereits Unterabschnitt 2.5.4 (Fragen zur ethischen Legitimität).

hen, d. h. die unterschiedlichen im Konflikt stehenden Ziele und ethischen Kriterien transparent und begründet in eine konsistente Ordnung zu bringen, die es ermöglicht, innerhalb dieser Ordnung zu urteilen und zu entscheiden.

Für die Sicherstellung der Lebensgrundlagen durch den Wohlfahrtsstaat sticht vor diesem Hintergrund vor allem ins Auge, dass innerhalb einer marktwirtschaftlichen Perspektive und unter dem Eindruck des Leitbilds einer Arbeits- und Marktgesellschaft diese Existenzsicherung häufig *direkt* angegriffen wird oder dort Konflikte angelegt sind, die diese Existenzsicherung zur Disposition stellen.

5.5.1 Konflikte mit Markt und Wettbewerb

Die Konflikte mit einer wohlfahrtsstaatlichen Sicherung von Lebensgrundlagen fangen bereits unverdächtig bei Begriffen wie „Markt“ und „Wettbewerb“ an. Denn Wettbewerb ist Rivalität, Konkurrenz, das Aufeinandertreffen von Kontrahenten, und darauf angelegt, unter den Menschen die Spreu vom Weizen zu trennen: also Siegende und Verlierende auszusortieren. Auf dem Arbeitsmarkt treten dann Menschen *gegeneinander* an – und wer sich dabei als nicht konkurrenzfähig erweist und nicht vermarkten kann, der oder die scheidet aus ‚dem‘ Markt aus (Thieme 2013: 43). Gerade weil ‚der Markt‘ als Wettbewerbsprozess darauf abzielt, die konkurrenzfähigen Akteure auszusortieren und gegeneinander antreten zu lassen, hat dort so etwas wie soziale Sicherheit eigentlich keinen Platz. Denn wäre es noch ein ‚Markt‘, wenn die Verlierenden weiter im Markt verbleiben und es so praktisch keinen Austritt aus ‚dem Markt‘ gibt? Fachleute ‚der‘ Ökonomik würden das vermutlich verneinen, da ohne solche Marktaustritte der Wettbewerbs- bzw. Konkurrenzdruck und damit das marktwirtschaftliche ‚Anreizsetting‘ fehlt (Thieme 2013: 47). Im Grunde beruht auch das Narrativ, Märkte würden für Qualität sorgen, auf dieser Form der sozialen Auslese: Würden die Verlierenden ‚im Markt‘ verbleiben, dann würde dies nur das Qualitätsniveau absenken.

Diese soziale Auslese wirkt misanthropisch und verschärft sich im Leitbild einer Arbeits- und Marktgesellschaft, worauf gleich einzugehen ist. Was sich auf dieser abstrakten Ebene aber bereits zeigen lässt, das sind die grundlegenden Konflikte, in die eine Idee der sozialen Sicherheit führt: Die wohlfahrtsstaatliche Sicherung der Lebensgrundlagen greift fundamental in das Ergebnis des Wettbewerbsprozesses – der sozialen Auslese – ein und wirkt sich negativ auf die Qualitätsfunktion des Wettbewerbs aus. Hier stehen also jene ethischen Rechtfertigungsgründe für die Existenzsicherung (Grundrechte, Menschenwürde, Personalität, Subsidiarität, ‚right to subsistence‘ usw.) im Konflikt mit dem Leitbild einer wettbewerblich organisierten Marktordnung.

5.5.2 *Arbeits- und Marktgesellschaft*

In der regulativen Leitidee einer *Arbeits- und Marktgesellschaft*, wie sie Karl Polanyi (1977|1944) beschrieb, spitzt sich der eben beschriebene Konflikt zwischen Wettbewerb und Wohlfahrtsstaat radikal zu: Im Ideal der Arbeits- und Marktgesellschaft soll der Mensch *absolut* abhängig vom Erwerbslohn sein. Das heißt, der Mensch *soll* gezwungen sein, die eigene Arbeitskraft auf dem ‚Arbeitsmarkt' zu verkaufen und davon den eigenen Unterhalt zu bestreiten; jegliches Zugeständnis an soziale Sicherheit würde die Konkurrenzprozesse schmälern, weshalb es keine anderen Einkommensquellen als die des Lohns geben soll (Thieme 2013: 46–47). Die Idee einer wohlfahrtsstaatlichen Existenzsicherung hat in einem solchen gesellschaftlichen Leitbild keinen Platz und steht deshalb mit ihm in Konflikt.

Dieses gesellschaftliche Leitbild klingt hart und menschenfeindlich. Es sollte davon ausgegangen werden, dass die überwiegende Mehrheit der Fachleute aus ‚der' Ökonomik – aber auch aus anderen akademischen Disziplinen, ‚der' Politik und ‚den' Medien – diese radikale und misanthropische Arbeits- und Marktgesellschaft ablehnt. Die wohlfahrtstaatliche Unterstützung von Erwerbslosen darf selbst unter Fachleuten ‚der' modernen Ökonomik als allgemein anerkannt gelten. Wo liegt dann also das Problem? Wo liegen die Konflikte, die eine Sicherung der Lebensgrundlagen aus ökonomischer Sicht provoziert? Die Antwort wird vor allem Fachleuten ‚der' Ökonomik nicht erfreuen. Denn trotz dem Bestürzen und der Abscheu, die gegenüber einer radikalen Arbeits- und Marktgesellschaft zum Ausdruck gebracht sein mögen, scheint das zeitgenössische ökonomische Denken eben doch in wesentlichen Zügen mit beiden Beinen auf diesem Leitbild zu stehen.

Erstens: Die ökonomischen Modelle lassen in ihrer Künstlichkeit und Abstraktion wahrscheinlich vergessen, dass sie häufig genau dieses Ideal einer Arbeits- und Marktgesellschaft nachempfinden. Das fällt vermutlich deshalb nicht auf, weil Existenz und Existenzsicherung keine Rolle bei der ökonomischen Modellierung spielen und die Modell-Akteure im abstrakten Markt wie Spielfiguren auf dem Schachbrett wirken, die einfach vom Spielbrett verschwinden (zur Bedeutung der Existenz in ‚der' Ökonomik siehe Thieme 2012, 2017b, 2018). Die Konsequenzen eines Marktaustritts werden nicht ausbuchstabiert oder – wie im neoklassischen Arbeitsmarkt (Thieme 2013: 27–31) – als Vorliebe (Präferenz) für Freizeit definiert. Damit gerät dann die Existenznot real erfahrbarer Erwerbslosigkeit aus dem Blick. Wer meint, dass sich diese Modellökonomik lediglich auf Lehrbücher beschränkt, darf über das Jahresgutachten 2010/2011 des Sachverständigenrats zur Begutachtung der gesamtwirtschaftlichen Entwicklung in Deutschland (SVR) staunen. Denn dort wird ohne Umschweife der neoklassische Arbeitsmarkt in Anschlag gebracht und mit freiwilliger Arbeitslosigkeit und fehlenden Arbeitsanreizen argumentiert (SVR 2010: 279–290).

Zweitens: In der regulativen Leitidee einer Arbeits- und Marktgesellschaft wird davon ausgegangen, dass Sozialtransfers bei Erwerbslosigkeit (Lohnersatzzahlungen) die Erwerbslosen dazu anregen, ihre Arbeitskraft *nicht* auf dem Arbeitsmarkt anzubieten. Hier scheinen die Übergänge zu negativen Vorbehalten gegenüber Erwerbslosen fließend (zum Beispiel soziale Hängematte, Faulheit, das Erschleichen von Sozialleistungen/Leistungsbetrug und selbstverschuldete Armut). Genau das wird in einer ‚neutral' und unverdächtig erscheinenden Anreizrhetorik zum Beispiel auch in ökonomischen Lehrbüchern vermittelt, wenn etwa

- Mankiw (2012: 432) erwähnt, dass Armutsprogramme mit hohen Leistungen eine Kultur der Armut („culture of poverty") begünstigen können; oder andernorts Mankiw & Taylor (2024: 565–566) ebenfalls das Argument bemühen, bei hohen Lohnersatzzahlungen bestünde kein Anreiz, Arbeitskraft auf dem Arbeitsmarkt anzubieten; oder
- Krugman & Wells (2017: 544) im Kontext der Armutsbekämpfung durch den Wohlfahrtsstaat beiläufig erwähnen, dass „umfangreiche staatliche Hilfen" negativ auf die Anreize zur Arbeitsaufnahme wirken und zu Wohlfahrtsverlusten führen (können); und
- Blanchard & Illing (2017: 235, 239) in ihrem Lehrbuch argumentieren, dass höhere Lohnersatzzahlungen den Schrecken der Erwerbslosigkeit reduzieren und den „Reservationslohn" (Lohnanspruch) erhöhen, was das allgemeine Lohnniveau steigen lässt.

Auch wenn sich dort nicht direkt die Forderung nach einer Arbeits- und Marktgesellschaft findet, so werden doch ihre Argumentationsmuster bedient.

Drittens: Teils findet die Existenzsicherung tatsächlich eine Berücksichtigung, dann aber in Form von *Existenznot*, die ganz bewusst als Anreiz zum Verkauf von Arbeitskraft auf dem Arbeitsmarkt eingesetzt wird. Existenznot erscheint dann als legitimes Mittel der Arbeitsmarktpolitik. In extremer Form zeigte sich das im Jahresgutachten 2010/2011 des SVR, in dem argumentiert wird, dass eine Absenkung des Grundsicherungsniveaus „bedeutsame Wirkungen" (SVR 2010: 289) auf den Umfang des Arbeitskraftangebots (Beschäftigung) haben würde. Gleichzeitig erfolgt der Hinweis, dass trotz der Absenkung des Grundsicherungsniveaus „das Existenzminimum bei Arbeitswilligkeit" (SVR 2010: 289) gesichert sein müsse. Genau hier liegt aber ein fundamentales Problem. Mit dem Grundsicherungsniveau sind die Regelsätze gemeint, die im deutschen Sozialsystem das soziokulturelle Existenzminimum gewährleisten sollen. Das ist den Wirtschaftsweisen sehr wohl bewusst. Wie soll dann aber ein Absenken des verfassungsrechtlich gebotenen soziokulturellen Existenzminimums aussehen, wenn gleichzeitig genau dieses soziokulturelle Existenzminimum gesichert sein muss? Wie sieht eine verfassungsrechtlich gebotene Existenz unterhalb des verfassungsrechtlich gebotenen soziokulturellen Existenzminimums aus? Die Wirtschaftsweisen behelfen sich dazu mit einem fast unscheinbar wirkenden Trick, wenn sie von der Gewährleistung des Existenzminimums „bei Arbeitswilligkeit“ (SVR 2010: 288, 289) schreiben. Ihr Vorschlag läuft darauf hinaus, das Grundsicherungsniveau abzusenken und bei Aufnahme eines Jobangebots („Bürgerarbeit“), das der Staat im Zweifel auf dem zweiten Arbeitsmarkt vorhalten soll, den Lohn bis zum Existenzminimum aufzustocken. So ist es zu verstehen, wenn die Wirtschaftsweisen dazu meinen, dass das soziokulturelle Existenzminimum *dann* „durch Arbeitsleistungen [...] immer erreicht werden kann“ (SVR 2010: 288). Dieser in neutraler Wissenschaftssprache gekleidete Trick ändert nichts daran, dass damit das Verständnis von Menschenwürde nonchalant umdefiniert und damit dieselbe auf akademische Weise angetastet wird. Menschenwürde gilt unter dem Vorzeichen nicht mehr absolut, unteilbar und unveräußerlich gegenüber allen Menschen, sondern nur jene haben einen Anspruch darauf, die sich *arbeitswillig* zeigen. Die regulative Leitidee der Arbeits- und Marktgesellschaft kommt darin zum Ausdruck, dass die verfassungsrechtlich gebotene Sicherung der Lebensgrundlagen unterlaufen und damit eine Existenznot bewirkt wird, die ganz bewusst als Instrument der Arbeitsmarktpolitik zum Einsatz kommen soll.

Eine ähnliche Problematik zeigt sich in der Diskussion um die existenzbedrohlichen Sanktionen im deutschen System der Sozialtransfers. Dort geht es um die Reduzierung der Regeltransfers, wenn sich Menschen im Sozialtransfer nicht den Weisungen der Sozialbehörden entsprechend verhalten.[89] Auch diese Sanktionen unterlaufen das Existenzminimum, was nicht unumstritten ist und zumindest rein vom Verständnis her widersprüchlich wirkt (Existenz unterhalb eines Existenzminimums?). Aber wesentlich ist hier, dass damit ganz bewusst ebenfalls Existenznot als ein ‚akzeptables‘ Instrument der Arbeitsmarktpolitik begriffen wird. Das ist deshalb ein wichtiger Punkt in der Debatte, weil sich theoretisch auch für ein Sanktionsregime argumentieren ließe, dass als Bonussystem funktioniert – also belohnt statt bestraft – und das soziokulturelle Existenzminimum *nicht* antastet. Fachleute ‚der‘ Ökonomik plädieren aber überwiegend für Sanktionen, die existenzbedrohlich wirken (zum Überblick siehe Thieme 2021: 224–225). Damit liegen sie wieder voll auf der Linie einer Arbeits- und Marktgesellschaft.

Dieser Überblick zum Leitbild einer Arbeits- und Marktgesellschaft zeigt, dass dieses in seiner Radikalität zwar abschreckend und fern wirken mag, die damit verbundenen Argumentationsmuster jedoch überaus relevant sind für die sozialpolitischen Diskussionen und für die Fachdebatten zum Wohlfahrtsstaat. Kurz, das Leitbild einer Arbeits- und Marktgesellschaft hat einen praktischen Niederschlag im Alltag. Die Skizze zur Arbeits- und Marktgesellschaft hier führt vor Augen, wie die wohlfahrtsstaatliche Existenzsicherung dazu im Konflikt steht: Denn diese Existenzsicherung soll es in einer Arbeits- und Marktgesellschaft nicht geben, sie greift die arbeits- und marktgesellschaftliche Er-

89 Zu solch einem ‚unkooperativen‘ Verhalten gegenüber den Sozialbehörden können zum Beispiel Meldeversäumnisse oder die Ablehnung von Arbeitsangeboten gehören.

werbsnorm an. Die Gründe, aus denen heraus sich eine wohlfahrtsstaatliche Sicherung der Lebensgrundlagen rechtfertigen lässt (Abschnitt 5.2), präzisieren, in welchen ethischen Konflikten eine Arbeits- und Marktgesellschaft dann steht. Um Wiederholungen zu vermeiden, sollen zur Illustration folgende Stichpunkte genügen.

1. Unter der Existenznot als Moment einer Arbeits- und Marktgesellschaft käme kein Gesellschaftsvertrag zu Stande, zielt dieser doch darauf ab, die Selbsterhaltung zu sichern.
2. Die systematisch gewollte Existenznot in einer Arbeits- und Marktgesellschaft lässt sich weder im Rollentausch (Kategorischer Imperativ, Goldene Regel usw.) noch im Dialog/Diskurs rechtfertigen. Sie widerspricht fundamental den Voraussetzungen, die für einen offenen und machtfreien Diskurs notwendig sind (im Besonderen die Achtung von Wirtschaftsbürgerrechten, die einen Anspruch auf soziokulturelle Existenz beinhalten).
3. Gewollte Existenznot und damit auch existenzbedrohliche Sanktionen verstoßen gegen die Menschenwürde und das Prinzip der Personalität (Katholische Soziallehre). Menschenwürde steht *allen* Menschen zu, ist unteilbar und unveräußerlich. Dabei hat Menschenwürde stets zwei Seiten. Wer die Menschenwürde anderer missachtet und verletzt, verletzt und missachtet auch die eigene Menschenwürde.
4. Ein Gesellschaftsbild, das auf Existenznot basiert, verstößt auch gegen verschiedene weitere Prinzipien der Katholischen Soziallehre (für diese siehe Schlagnitweit 2021: 95–141). Das bezieht sich, wie eben gezeigt, auf die Personalität. Aber die gewollte Existenznot widerspricht auch der *Subsidiarität*, die Hilfe zur Selbsthilfe gebietet. Ebenso steht diese Existenznot dem Gedanken einer gemeinsamen Haftungsgemeinschaft aller Menschen, die wechselseitig Verantwortung füreinander übernehmen, und damit dem Prinzip der *Solidarität* entgegen. Die gewollte Existenznot kündigt die Solidarität auf und steht damit für eine *systemisch und systematische Entsolidarisierung*. Die instrumentalisierte Existenznot der Arbeits- und Marktgesellschaft steht auch dem *Gemeinwohl* entgegen, weil dann eben nicht die *vitalen Grundbedürfnisse aller* vorrangig beachtet werden (Schlagnitweit 2021: 121), sondern sie im Gegenteil ganz bewusst angegriffen sind. Es ist offensichtlich, dass die instrumentalisierte Existenznot in einer Arbeits- und Marktgesellschaft auch gegen das abgeleitete Sozialprinzip der *vorrangigen Option für die Armen* verstößt, weil die Akzeptanz der Existenznot der Akzeptanz jener Betroffenheit gleichkommt, deren Linderung sich die vorrangige Option für die Armen verschreibt. In elementarer Weise widerspricht die systemische Existenznot dem Streben nach Bedarfsgerechtigkeit, das ebenfalls Gegenstand der vorrangigen Option für die Armen ist.

Die Wirkmächtigkeit des hier thematisierten Leitbilds der Arbeits- und Marktgesellschaft sollte nicht unterschätzt werden. Egal, ob es um die Idee einer Jobgarantie geht, um Zumutbarkeitsregeln und Sanktionen im Sozialsystem, um den Lohnabstand zum Sozialtransfer oder gar um die Idee eines bedingungslosen Grundeinkommen – viele der Konflikte in diesen Debatten um den Wohlfahrtsstaat lassen sich entlang der hier skizzierten ethischen Konfliktlinien ausbuchstabieren. Diese sind als solche jedoch nicht sichtbar, wenn die ethischen Gesichtspunkte zum Wohlstand grundsätzlich ausgeblendet werden und sich die sozialpolitischen Diskussionen dann auf Kennzahlen (BIP, Produktivität usw.), fiskalpolitische Gesichtspunkte (Sozialausgaben usw.) oder ökonomische Anreizlogiken reduzieren.

5.5.3 Der wohltemperierte Gang im Widerspruch: Zum Umgang mit Markt, Wettbewerb und Erwerbsnorm

Wie lässt sich mit Märkten, Wettbewerb und einer *Erwerbsnorm* umgehen, wenn sie doch Anlass für erhebliche ethische Bedenken geben? Anders als es diese Frage vielleicht einzelnen Lesenden suggerieren mag, muss die Antwort nicht in der kategorischen Ablehnung von Märkten, Wettbewerb und der Erwerbsnorm liegen. Ein versöhnlicher (irenischer) Umgang könnte darin bestehen, die Befolgung und Realisierung marktwirtschaftlicher Prinzipien in ihrer jeweils konkreten Form unter einen *ethischen Legitimationsvorbehalt* zu stellen. Konkret ginge es dann um die Frage, ob und wie weit Markt, Wettbewerb und Erwerbsnorm *zumutbar* sind. Die Geltung von Markt, Wettbewerb und Erwerbsnorm wäre dann eingeschränkt. Das würde bedeuten, die gut begründeten fundamentalen ethischen Probleme der marktwirtschaftlichen Prinzipien von Markt, Wettbewerb und Erwerbsnorm zur Kenntnis zu nehmen, zu akzeptieren und sich dann aber *im bewussten Widerspruch* zu ihnen zu bewegen. Die wohlfahrtsstaatliche Sicherung der Lebensgrundlagen würde dann in einem Bewusstsein realisiert, das ethischen Basisnormen – z. B. der Menschenwürde und der politischen Gleichheit aller Menschen – *den Vorrang* einräumt, damit aber auch absichtlich Wettbewerbs- und Marktprozesse beeinträchtigt und im Widerspruch zu einer radikalen Erwerbsnorm im Sinne einer Arbeits- und Marktgesellschaft steht. Es ginge dann um ein bewusstes Bewegen in marktwirtschaftlichen Widersprüchen zu ethischen Basisnormen. Marktwirtschaftliche Prinzipien wie Markt, Wettbewerb oder die Erwerbsnorm werden dann nicht abgelehnt, sondern ihre Befolgung wird ethisch diszipliniert und eingehegt.

5.5.4 *Lohnarbeit, persönliche Vervollkommnung und Menschenwürde*

Aus Sicht der katholischen Soziallehre (KSL) entfaltet die menschliche Person „ihr soziales und sittliches Wesen bereits im gemeinschaftlichen Ringen und Arbeiten an einer dem Gemeinwohl verpflichteten, subsidiär organisierten, solidarischen Form gesellschaftlichen Zusammenlebens"; das irdische wie himmlische Glück des Menschen wirkt in der Mitarbeit am göttlichen Schöpfungswerk (dafür und für die zitierte Stelle Schlagnitweit 2021: 86). Der Mensch als Sozialwesen erfährt und entfaltet sich im gesellschaftlichen Zusammenleben mit anderen. Im Sozialhirtenbrief der Katholischen Bischöfe Österreichs wurde das wie folgt auf den Punkt gebracht:

> „Indem der Mensch auch durch seine Arbeit an der Vollendung des Werkes Gottes mitwirkt, verschafft er sich nicht nur seinen Lebensunterhalt, sondern entfaltet zugleich sich selbst. Im schöpferischen Tun weckt er die verborgenen Talente, die der Schöpfer ihm geschenkt hat. Durch die Arbeit verwirklicht der Mensch nicht nur den Plan Gottes mit der Welt, sondern auch den Plan Gottes mit den Menschen: mehr Gott ähnlich werden, ‚mehr Mensch werden'." (Sekretariat der Österreichischen Bischofskonferenz 1990: 13)

Arbeit ist hier nicht auf Erwerbsarbeit reduziert. Aber ihr kommt eine große Bedeutung zu. Wie der Ökumenische Rat der Kirchen in Österreich im Sozialwort betont, ermöglicht die *Erwerbsarbeit* über das Erwerbseinkommen eine soziale Absicherung und ist sowohl „ein zentraler Schlüssel zur Teilhabe am gesellschaftlichen Leben" als auch „prägender Teil der Identität einer Person" (Ökumenischer Rat der Kirchen in Österreich 2003: 69). In diesem Sinne lässt sich mit Anna Noweck die *Berufsarbeit* in den Kontext der Beteiligungsgerechtigkeit stellen. Diese charakterisiert sich durch folgende zwei Punkte:

1. Die Menschen sind als Freiheits- und Sozialwesen in den Mittelpunkt zu stellen, d. h. die Gesellschaft soll so gestaltet sein, dass die einzelnen Menschen sich in Freiheit und Eigenverantwortung beteiligen *können*;
2. bei mangelnder Möglichkeit zur Beteiligung an der Gesellschaft soll die Gemeinschaft den Menschen die Hilfe leisten, die für diese Teilhabe und Teilnahme an der Gesellschaft nötig ist (Noweck 2023: 79).

Für Noweck hat Erwerbsarbeit die zentrale Funktion der Existenzsicherung und dient damit der Selbsterhaltung, aber darüber hinaus – ideal gedacht – auch der Selbstverwirklichung; Berufsarbeit wird von ihr „als Teil sinnvoller Lebensgestaltung" (Noweck 2023: 80) gesehen. Berufsarbeit selbst ist bereits Beteiligung, eröffnet aber auf vielfältigem Weg darüber hinausreichende Möglichkeiten zur Beteiligung am Gesellschaftsleben (Beteiligungsdynamik). Aus sozialethischer Sicht sei es deshalb geboten, a) die Beteiligung *an* Berufsarbeit zu ermöglichen und b) für menschenwürdige und beteiligungsorientierte Strukturen *in* der Berufsarbeit zu sorgen (Noweck 2023: 81).

Aus der zentralen Bedeutung der Erwerbsarbeit für das Alltagsleben und für eine im sozialethischen Sinne wohlgeordnete Gesellschaft lässt sich einerseits ein *Recht auf Erwerbsarbeit* ableiten; aber gleichzeitig folgt aus den katholischen Sozialprinzipien auch eine Pflicht – das Gebot – zur Erwerbsarbeit (Sekretariat der Österreichischen Bischofskonferenz 1990: 20). Letzteres begründet sich nicht zuletzt auch auf der Personalität bzw. Menschenwürde: Es gehört zur Menschenwürde, tätig zu sein und sich in der Gesellschaft selbst zu erfahren sowie die eigene Persönlichkeit zu entfalten und zu vervollkommnen. In arbeitsteiligen Gesellschaften kann die Lohnarbeit ein Weg dazu sein. Diese Ausführungen zeigen, dass sich eine *Erwerbsnorm* auch in einer Weise rechtfertigen lässt, die nicht zwangsläufig jene misanthropische Form annehmen muss, wie sie im Leitbild einer Arbeits- und Marktgesellschaft angelegt ist.

Die Pflicht zur Erwerbsarbeit provoziert die Frage, ob denn diese Erwerbsarbeit auch *erzwungen* werden darf. Analog dazu, wie Schasching (2003: 5) darauf hinweist, Solidarität müsse in bestimmten Situationen abgerungen werden, lässt sich argumentieren, dass auch die Teilnahme an der Erwerbsarbeit *abgerungen* werden muss. Ein solcher Zwang *kann* also ethisch gerechtfertigt werden und legitim sein. Das ist insofern von Bedeutung für die Debatte um den Wohlfahrtsstaat als soziale Sicherungssysteme üblicherweise – aber mit freilich anderen Argumenten – in diesem Sinne Zwangsmaßnahmen vorsehen, um erwerbslose Menschen in eine abhängige Beschäftigung zu bringen. Die ethische Legitimität der konkreten Zwangsmaßnahmen hängt aber von bestimmten Voraussetzungen ab: So muss die Erwerbsarbeit, die aufgezwungen sein soll, zum Beispiel den ethischen Kriterien für ‚gute' Lohnarbeit genügen – sie muss also vom Inhalt her menschenwürdig und menschenwürdig entlohnt sein sowie unter menschenwürdigen Bedingungen stattfinden (Arbeitsschutz, Arbeitszeit usw.). Der Zwang selbst darf auch nicht im Widerspruch zu ethischen Basisnormen, wie denen der Menschenwürde, stehen. Kritisch ließe sich hier einwenden, dass sich auch der Standpunkt vertreten lassen könnte, jede Form von Zwang sei wider die Menschenwürde. Unter diesem Gesichtspunkt wäre der Zwang zur Erwerbsarbeit natürlich abzulehnen. Ein anderer Standpunkt könnte aber darin bestehen, zu unterscheiden zwischen

1. einem *zumutbaren Zwang*, der bestimmte Entbehrungen (‚Opfer') abverlangt, aber basale ethische Basisnormen nicht antastet, etwa das Recht auf Leben, Gesundheit und auf körperliche Unversehrtheit; *und*
2. einen nicht zumutbaren und damit ungerechten Zwang, der ethische Basisnormen deutlich in Frage stellt.

Zwang könnte sich also nur dann als ethisch legitim erweisen, wenn er zumutbar gestaltet ist. Darin findet sich im Grunde genommen eine Antwort auf die Frage, wo die Grenzen für den Zwang liegen: Sie liegen dort, wo basale ethische Basisnormen verletzt werden. Das heißt ganz konkret, Zwangsmaßnahmen dürfen nicht

- physische Gewalt ausüben
- das soziokulturelle Existenzminimum beinträchtigen oder in Frage stellen, und
- Selbsthilfe verunmöglichen.

Vom Gemeinwesen her kann zwar eine Arbeitspflicht verlangt werden, gleichzeitig muss aber *immer* die Menschenwürde geachtet und damit die soziokulturelle Existenz garantiert sein. Hier bahnt sich ein scheinbarer Grundkonflikt an, der für die Debatte um den Wohlfahrtsstaat charakteristisch ist: Denn steht es nicht im Widerspruch zur Berufsarbeitspflicht, wenn der Zwang, ihr nachzukommen, bei der Garantie der soziokulturellen Existenz halt machen muss?

Das ist deshalb ein *scheinbarer* Grundkonflikt, weil dabei übersehen wird, dass die Menschenwürde eine ethische Basisnorm darstellt, die Vorrang vor anderen ethischen Prinzipien hat. Die Pflicht zur Arbeit mag als Gebot zur Arbeit auch aus der Menschenwürde abgeleitet sein, aber die Menschenwürde ist nicht darauf zu reduzieren. Menschenwürde steht absolut, unteilbar und unveräußerlich *allen* Menschen zu, auch jenen, die wenig sympathisch erscheinen oder sich etwas zu Schulden kommen lassen haben. Wer dem Gebot zur Lohnarbeit nicht nachkommt, vergeht sich zwar an der eigenen Menschenwürde, weil die Entfaltung der eigenen Persönlichkeit vernachlässigt wird. Aber das rechtfertigt es nicht, die Menschenwürde dieser Person zusätzlich – also noch weiter – durch Zwangsmaßnahmen zu missachten. Hinzu kommt: Wer andere Menschen menschenunwürdigen Zwangsmaßnahmen aussetzt, vergeht sich an der eigenen Menschenwürde. Es ist menschenunwürdig, andere Menschen menschenunwürdig zu behandeln. Der Grundkonflikt zwischen Arbeitspflicht und Menschwürde tritt dann auf, wenn keine Güterabwägung zwischen beiden durchgeführt wird und Unklarheit über die Tragweite des Prinzips der Menschenwürde existiert. Tatsächlich lässt sich anderen gegenüber durch Zwangsmaßnahmen das Gebot zur Erwerbsarbeit zwar abringen, aber eben nur in dem Umfang und in den Grenzen, die das Prinzip der Menschenwürde hergeben.

5.6 Zusammenfassende Gedanken

Die Sicherstellung der Lebensgrundlagen ist eine Voraussetzung dafür, um überhaupt wohlständig leben und über Wohlstand sprechen zu können: Gutes Leben setzt Leben und Überleben voraus. Es lassen sich verschiedene ethische Gründe für die Rechtfertigung der wohlfahrtsstaatlichen Sicherstellung der soziokulturellen Existenz finden. Dabei sollte deutlich geworden sein, dass die konkrete Rechtfertigung jeweils von dem ethischen, kulturellen bzw. politischen und ideologischen Kontext abhängt, vor dem die Wohlstandsfragen gestellt werden. Mit Blick auf diesen ideologischen Kontext können dann in der wohlfahrtsstaatliche Praxis und in den entsprechenden Debatten zum Wohlfahrtsstaat ethische Konflikte auftreten. Auch dazu sollte deutlich geworden sein, dass ethische Basisnormen einer Güterabwägung zugeführt werden können, sie sich aber nicht verrechnen bzw. aufwiegen lassen. Eine ethische Güterabwägung ist keine mathematische Optimierungsaufgabe. Ferner ist *erstens* klarzustellen, dass es sich aus vielen ethischen Gründen heraus als fragwürdig erweist, Existenznot als arbeits- und sozialpolitische Maßnahme zu instrumentalisieren, die Sozialtransfers zur Sicherung der soziokulturellen Existenz zu kürzen oder andere repressive Maßnahmen in Anschlag zu bringen, um eine Arbeitspflicht durchzusetzen. Und *zweitens* bezieht sich die hier thematisierte Sicherung von Lebensgrundlagen durch den Wohlfahrtsstaat auf Gesichtspunkte der Bedarfsgerechtigkeit. In einer Wohlfahrtspolitik, die Kombilöhne gewährt bzw. zu niedrig entlohnte Erwerbsbeschäftigung auf das soziokulturelle Existenzminimum aufstockt, überlagern sich dagegen die beiden Aspekte der Bedarfs- und Verteilungsgerechtigkeit. In diesem Falle müssen dann auch Fragen der gerechten Verteilung, der gerechten Teilhabe an der gemeinsam zu Wege gebrachten Wertschöpfung beantwortet werden. Das sind qualitativ andere Fragen als die zur Bedarfsgerechtigkeit. Die Fragen, die mit der Verteilung von Einkommen und Vermögen im Zusammenhang stehen, werden nun im nächsten Kapitel vertieft.

6 Wohlstand im Kontext der Ungleichheit von Einkommen und Vermögen

Wenn von Ungleichheit in der Gesellschaft die Rede ist, dann kann sich das auf verschiedene Sachverhalte und Bereiche beziehen, etwa die Bildung, Diskriminierung im Alltag und im Beruf, die Wohnsituation, Armut oder die soziale Mobilität, d. h. die Möglichkeit von Personen, zum Beispiel in eine sozial und finanziell bessere Situation aufzusteigen. Dabei handelt es sich ganz klar um Fragen zum Wohlstand. Schließlich werden damit die Möglichkeiten zum Führen eines guten Lebens adressiert. Nachfolgend soll sich der Blick aber bewusst auf die Ungleichheit in der Verteilung von Einkommen und Vermögen konzentrieren. Diese Ungleichheit in der Gesellschaft zu thematisieren, das war nach dem zweiten Weltkrieg lange Zeit auch in ‚der' Ökonomik nicht mehr üblich (Krämer 2015: 62). Dafür gibt es verschiedene Gründe. Vor allem aber war dieser Zustand ideologisch bedingt durch den weit verbreiteten *Glauben* daran, etwaige Klassenunterschiede überwunden zu haben. Diesseits und jenseits des Eisernen Vorhangs dominierte damit die Haltung, sich nicht mehr mit Ungleichheit befassen zu müssen (siehe dazu ausführlich Milanović 2023). Einen maßgeblichen Anteil daran, dass sich diese Situation änderte und „die Verteilung von Einkommen und Vermögen einen größeren Stellenwert auf der ökonomischen und politischen Agenda erhielt" (Bofinger et al. 2015: 1), hatte *Thomas Piketty* (*1971) mit seinem Werk *Das Kapital im 21. Jahrhundert*, das erstmals 2013 im französischen Original erschien und danach weltweit Verbreitung fand (zur Einordnung siehe Milanović 2023: 290–293). Seit dem erfahren Verteilungsfragen wieder deutlich mehr Aufmerksamkeit. Das lässt sich prominent an den 17 Nachhaltigkeitszielen der Vereinten Nationen – den *Sustainable Development Goals* – ablesen, die als zehntes Ziel „Weniger Ungleichheit" ausweisen, wozu z. B. in den entsprechenden Berichten auch auf die Verteilung von Einkommen und *Wohlstand* geblickt wird (United Nations 2023: 23). Darin zeigt sich die eben erwähnte Bedeutung, welche der Ungleichheit auch für die Einschätzung der Wohlstandssituation zukommt. Davon abgesehen liegt diese Bedeutung aber schon deshalb auf der Hand, weil die Verteilung von Einkommen und Vermögen *direkt* auf Wohlstand wirkt: Einkommen und Vermögen haben einen direkten Einfluss auf die Möglichkeiten, mit denen sich die eigene Existenz bestreiten und ein gutes Leben führen lässt. Darüber hinaus kann die Ungleichheit in der Verteilung von Einkommen und Vermögen die Wohlstandssituation in einer Gesellschaft vor Schwierigkeiten stellen und ethische Fragen aufwerfen: Schadet die Konzentration von Vermögen ab einem bestimmten Grad dem Wohlstand in der Gesellschaft?

Wie sähe dann eine Rechtfertigung von Vermögensobergrenzen aus? Diese und anderen Fragen sollen nachfolgend vertieft werden. Doch davor ist eine Vorstellung zu vermitteln, was mit der Ungleichheit von Einkommen und Vermögen gemeint ist und wie sich das empirisch erfassen lässt. Dies soll an Lagebildern zur Ungleichheit – mit Schwerpunkt auf Österreich und Deutschland – illustriert werden.

6.1 Ungleichheit erfassen und exemplarische Lagebilder

In der Beschäftigung mit der ökonomischen Ungleichheit, um die es nachfolgend gehen soll, wird grundsätzlich zwischen der Ungleichheit von *Einkommen* und der Ungleichheit von *Vermögen* unterschieden. Mit Einkommen sind finanzielle Zuflüsse gemeint, die regelmäßig anfallen und für viele Menschen im Einkommen aus Lohnarbeit bestehen. Unterschieden wird zwischen

- dem Primäreinkommen, das den Zuflüssen aus ‚dem Markt' – normalerweise also den Löhnen und Gehältern – entspricht, und
- dem Sekundäreinkommen, das eventuelle Zuflüsse aus sozialpolitischen Maßnahmen – wie zum Beispiel Kindergeld und Wohngeld – berücksichtigt (Bundesministerium für Arbeit & Soziales 2021: 528).

Vermögen beschreibt den Vermögenswert bzw. salopp das ‚Kapital', das durch Erbschaften, Schenkungen und andere Einkommenszuflüsse über die Zeit angesammelt wird: Dazu gehören das Geldvermögen, etwa Bargeld, das Bankguthaben sowie Wertpapiere (Aktien, Fonds usw.); und das Sachvermögen wie etwa Kunstwerke, Patente und Lizenzen, vor allem aber auch Immobilien (siehe Bundesministerium für Arbeit & Soziales 2021: 535).

6.1.1 Gini-Maße zu Einkommen und Vermögen

Ein weit verbreitetes – etabliertes – Maß zur Beurteilung von Ungleichheit ist der *Gini-Koeffizient*, dessen Werte zwischen

- 0 (völlige Gleichverteilung, alle Haushalte besitzen gleichviel) und
- 1 (völlige Ungleichheit, d. h. eine Person besitzt alles)

liegen.[90] Oft wird auch vom *Gini-Index* gesprochen, bei dem der Gini-Koeffizient auf 100 umgerechnet (skaliert) ist und dann zwischen 0 und 100 liegt. Die Gini-Größen sind ein Standard in der Analyse von Ungleichheit und wer-

90 Siehe Krugman & Wells (2017: 549) und Bundesministerium für Arbeit & Soziales (2021: 529–530).

den von vielen Institutionen erhoben bzw. ausgewiesen, zum Beispiel von dem statistischen Amt der Europäischen Union (Eurostat), der Bundesanstalt Statistik Österreich (Statistik Austria), dem statistischen Bundesamt in Deutschland (Destatis), dem Deutschen Institut für Wirtschaftsforschung (DIW) in Berlin, von der Weltbank (bzw. World Bank Group) oder der Schweizer Großbank UBS/Credit Suisse mit ihren *Global Wealth Reports*. Die entsprechenden Angaben können auf unterschiedlichen Daten basieren und dazu führen, dass die ausgewiesenen Gini-Größen im Vergleich voneinander abweichen. Zum Beispiel wird vom Budgetdienst (2023: 48) des österreichischen Parlaments für die Verteilung der Einkommen in Österreich im Jahr 2023 ein Gini-*Koeffizient* in Höhe von 0,257 (ohne Sozialtransfers) bzw. 0,250 (mit Sozialtransfers) ausgewiesen, während Eurostat (2025) für das verfügbare Äquivalenzeinkommen vor Sozialleistungen in Österreich im gleichen Jahr einen Gini-*Index* von 33,8 angibt.[91] Solch ein Rückgriff auf Gini-Kennziffern von unterschiedlichen Institutionen und Forschungseinrichtungen sollte deshalb *stets* im Bewusstsein erfolgen, dass die jeweilige Datengrundlage, der Datenfokus usw. unterschiedlich sein können. Damit ist die Aussagekraft solcher Gini-Kenngrößen und Vergleiche zwar eingeschränkt. Aber nichtsdestotrotz sind sie dazu geeignet, um eine grobe – vorsichtige – Vorstellung über Tendenzen in der Entwicklung und Größenordnung von Ungleichheit zu vermitteln.

Wer auf die Situation der *Einkommen* schaut, wird im internationalen Vergleich Gini-Indexe finden, die von 26,6 (Belgien, Referenzjahr 2021) über 31,9 (Ägypten, Referenzjahr 2021) und 41,9 (USA, Referenzjahr 2022) bis 54,8 (Kolumbien, Referenzjahr 2022) reichen (Angaben laut World Bank Group 2025). Im Europa des Jahres 2023 lag der Gini-Index für das verfügbare Äquivalenzeinkommen *vor* Sozialleistungen zwischen 25,7 (Slowakei) bis 40,6 (Bulgarien) – und befand sich für die Mitgliedsländer der EU bei 34,7 (Eurostat 2025). Laut dem Budgetdienst (2023: 48) des österreichischen Parlaments lag der Gini-*Koeffizient* in Österreich für das Jahr 2023 bei 0,257 (ohne Sozialleistungen) bzw. 0,250 (mit Sozialleistungen).

Tab. 11: Entwicklung Gini-Koeffizient für Einkommen in Österreich (2019–2024)

Jahr	*2019*	*2020*	*2021*	*2022*	*2023*	*2024*
Gini-K. ohne Sozialtransfers	0,256	0,253	0,254	0,255	0,257	0,257
Gini-K. mit Sozialtransfers	0,256	0,249	0,242	0,244	0,250	0,251

Quelle: Daten aus Tabelle 11 im Budgetdienst (2023: 48).

91 Es kann etwas irritieren, dass Eurostat (2025) von Gini-Koeffizienten schreibt, diese dann aber skaliert von 0 bis 100 skaliert, so dass es sich im Grunde um die Gini-Indexe handelt.

Für das benachbarte Deutschland lassen sich Gini-Koeffizienten der Einkommensverteilung finden, die auch im Zeitverlauf deutlich höher ausfallen als die in Österreich (siehe Brülle & Spannagel 2024: 7; Tab. 12).

Tab. 12: Gini-Koeffizient der Einkommen in Deutschland (2010–2021)

Jahr	*Gini-Koeffizient*
2021	0,310
2020	0,304
2019	0,295
2018	0,291
2017	0,291
2016	0,292
2015	0,293
2014	0,288
2013	0,292
2012	0,285
2011	0,285
2010	0,282

Quelle: Daten aus Tabelle 1 in Brülle & Spannagel (2024: 7).

Gemessen an den Gini-Maßen sind die Einkommen in Österreich gleicher verteilt als in Deutschland. Im internationalen Vergleich zeigt sich, dass Österreich zu jenen Ländern gehört, in denen die Einkommen gleicher verteilt sind, während Deutschland eines der Länder darstellt, in denen die Verteilung der Einkommen ungleicher ausfällt – dabei herrschen aber freilich nicht die Ausmaße an Ungleichheit vor wie sie etwa in Litauen (40,4), Bulgarien (40,6), den USA (41,9) oder in Kolumbien (54,8) zu beobachten sind (für die Zahlen siehe Eurostat 2025 und World Bank Group 2025).

Wird nun der Blick auf die *Vermögen* gerichtet, so lassen sich im internationalen Vergleich Gini-*Indexe* finden, die von 50,8 (Slowakei, 2022) bis 91,1 (Leshoto, 2022) reichen können (UBS 2023b). Im *Global Wealth Report* der Schweizer Großbank UBS/Credit Suisse, auf den für die Vermögensverteilung häufig Bezug genommen wird, sind für das Jahr 2023 Gini-Indexe zwischen 46 (Belgien) und 82 (Südafrika) ausgewiesen; darunter befinden sich z. B. die USA mit einem Gini-Index in Höhe von 75, Großbritannien in Höhe von 61, Frankreich in Höhe von 59 und Italien in Höhe von 57 (UBS 2024: 21). In Österreich lag der Gini-Index für die Vermögensverteilung im Jahr 2022 bei 76,1 (siehe Domke Seidel 2024; Tab. 13).

Das deutsche Bundesministerium für Wirtschaft und Klimaschutz (2024: 20) geht für die Jahre ab 2014 (bis 2023) von einem relativ stabilen (quartalsweisen) Gini-Koeffizient für Vermögen von 0,77 aus. Das findet sich auch in anderen Studien, die darüber hinaus für den Zeitverlauf von 1993 bis 2021 zeigen, dass der Gini-Index für Vermögen in Deutschland – je nach Datengrundlage – zwischen etwa 73 (1993) und knapp über 76 (2018) lag (Bartels & Neef 2024: 446).

Tab. 13: Entwicklung Gini-Index zur Vermögensungleichheit in Österreich (2012–2022)

Jahr	*Gini-Index*
2022	76,1
2021	74,2
2020	73,5
2019	73,9
2018	76,4
2017	78,8
2016	78,5
2015	77,9
2014	77,9
2013	77,8
2012	69,3

Quelle: Tabelle gleichen Namens in Domke Seidel (2024).

Allerdings scheint es nach wie vor schwierig zu sein, das Vermögen vor allem von sehr wohlhabenden Haushalten zu ermitteln. Wie stark dies den Gini-Koeffizienten beeinflusst, das zeigt eine Daten-Korrektur, die das DIW Berlin 2020 durch eine zusätzliche (Sub-)Stichprobe aus dem Jahr 2019 vornahm: Lag der Gini-Koeffizient für die Vermögensverteilung in Deutschland im Jahr 2017 *vor* der Korrektur bei 0,769, so stieg dieser durch die Korrektur mit Daten aus der neuen Stichprobe (2019) auf 0,809 – und nach Berücksichtigung von Angaben aus dem Manager-Magazin (Reichenliste im Jahr 2017) auf 0,836 (Schröder et al. 2020: 515). Gemessen an den Gini-Kenngrößen deutet sich im internationalen Vergleich an, dass zum Beispiel Deutschland und Österreich mit Gini-Koeffizienten, die schon länger deutlich über 0,7 liegen, zu jenen Ländern gehören, in denen das Vermögen besonders ungleich verteilt ist.

6.1.2 Weitere Möglichkeiten zur Darstellung von Vermögensungleichheit

Die eben erwähnten Gini-Kenngrößen stellen nur eine Möglichkeit dar, um die Ungleichheit von Vermögen empirisch zu erfassen und darzustellen. In der

Forschung zur Vermögensungleichheit wird darüber hinaus auf Befragungen zurückgegriffen, die weitere Analysen ermöglichen. So zum Beispiel Befragungen, die im Rahmen des *Eurosystem Household Finance and Consumption Survey* (HFCS) von der Europäischen Zentralbank und den Europäischen Nationalbanken durchgeführt werden. Alternativ dazu ist es auch üblich, auf

- Listen von Reichen (Forbes 400, Forbes World's Billionaires, Listen vom *Manager Magazin* und von *trend*),
- Steuerdaten und
- makroökonomische Daten der VGR

zurückzugreifen (Heck et al. 2024: 5). Insbesondere die Reichenlisten können helfen, Informationen über die Vermögenssituation von besonders vermögenden (superreichen) Haushalten zu schätzen (siehe z. B. Schröder et al. 2020: 515). Diese Möglichkeiten haben aber auch jeweils Nachteile. Zum Beispiel lässt sich nur dann sinnvoll auf Steuerdaten zurückgreifen, wenn die entsprechenden Vermögensgegenstände auch tatsächlich steuerlich erfasst werden. Eine besondere Herausforderung stellt die Analyse der sehr wohlhabenden Haushalte dar, also die obersten zehn bis ein Prozent der Bevölkerung. Denn diese sind weniger gut über freiwillige Befragungen – wie im Rahmen der erwähnten HFCS – zu erreichen, so dass entsprechende Angaben häufig geschätzt werden müssen (Arbeiterkammer Wien 2020: 6; Ferschli et al. 2017: 8).

Was lässt sich nun jenseits der Gini-Maße über die Verteilung, hier vor allem über die Verteilung des Vermögens, sagen? Exemplarisch sei dazu auf die Situation in Österreich geblickt. Auf Basis der Befragungen des HFCS lassen sich für *Österreich im Jahr 2021* folgende Eckdaten ermitteln:

- das Gesamtvermögen lag bei 1.192 Mrd. Euro,
- das durchschnittliche Vermögen umfasste 293.031 Euro, und
- das Medianvermögen – also das Vermögen jenes Haushalts, der genau in der Mitte der Bevölkerungsverteilung liegt – bezifferte sich auf 128.080 Euro (Heck et al. 2024: 7).

Darüber hinaus lässt sich die Vermögensverteilung nach verschiedenen Gesichtspunkten darstellen. Zum Beispiel kann die Gesamtbevölkerung in fünf gleichgroße Bevölkerungsgruppen aufgeteilt (Quintile) und dann analysiert werden, ab welchem Schwellwert des Jahreseinkommens ein Haushalt zu dieser entsprechenden Gruppe gehört. Auf diese Weise lässt sich für Österreich im Jahre 2021 zeigen, dass

- ein Haushalt mit einem Einkommen (inflationsbereinigt) von bis zu 9.835 Euro zu den unteren 20 Prozent der Bevölkerung gehörte und
- ein Haushalt ab 408.133 Euro den oberen 20 Prozent der Bevölkerung zuzurechnen war (Heck et al. 2024: 8).

Letzteres bedeutet, dass 80 Prozent aller Haushalte in Österreich im Jahr 2021 über ein Nettovermögen verfügten, das *unter* 408.000 Euro lag (Heck et al. 2024: 8). Es lässt sich auch danach fragen, welcher prozentuale Bevölkerungsteil wie viel am Gesamtvermögen hält. Für Österreich im Jahr 2021 zeigt sich dann, dass die obersten zehn Prozent der Bevölkerung 614 Mrd. Euro von insgesamt 1.192 Mrd. Euro und damit 51,51 Prozent des Gesamtvermögens besaßen; die unteren 50 Prozent der Bevölkerung verfügten dagegen über 4,53 Prozent des Gesamtvermögens (siehe Tab. 14).

Tab. 14: Verteilung der Vermögen in Österreich 2021 nach HFCS

Verteilungsgröße	*Absolut (in Mrd. €)*	*relativ (%)*
Gesamtvermögen	1.192	100
Vermögen oberste 10%	614	51,51
Vermögen untersten 90%	578	48,49
Vermögen untersten 50%	54	4,53

Quelle: Eigene Darstellung auf Basis von Tabelle 3 in Heck et al. (2024: 10).

Wie viel Vermögen von welchem Bevölkerungsteil gehalten wird, das ist in der Forschung und Debatte zur Vermögensungleich eine fest etablierte Frage. Dieser widmet sich auch die *Deutsche Bundesbank*. In ihrem Monatsbericht vom Juli 2022 stellte sie fest, dass über den Zeitraum von 2009 bis 2021 hinweg „die obersten 10 % der Vermögensverteilung [...] mehr als 50 % des gesamten Nettovermögens der Haushalte in Deutschland hielten“, während „auf die untere Hälfte der Vermögensverteilung mit durchschnittlich 0,6 % ein äußerst geringer Anteil“ entfiel (für die zitierten Stellen Deutsche Bundesbank 2022: 22). Das DIW Berlin, das sich regelmäßig mit Verteilungsfragen befasst, veröffentlichte im Jahr 2019 einen Bericht, in dem es darüber informierte, dass – auf Basis der Daten von 2017 – die reichsten zehn Prozent der Deutschen über 50 Prozent des deutschen Nettovermögens besaßen, während der ärmeren Hälfte der deutschen Bevölkerung lediglich 1,3 Prozent davon gehörte (Grabka & Halbmeier 2019). Da die Menschen mit Millionen-Vermögen in den Auswertungen des DIW Berlin unterrepräsentiert waren, wurde – wie bereits erwähnt – im Jahr 2020 die Methodik um eine Zusatz-Stichprobe ergänzt: Die so korrigierten Daten zeigten, dass das reichste Prozent der deutschen Bevölkerung etwa 35 Prozent des Nettovermögens in Deutschland besaß, während vor dieser Korrektur von 22 Prozent ausgegangen wurde (Schröder et al. 2020). Eine ähnliche Tendenz zeigten auch Neef & Chancel (2022: 38) auf Basis des *World Inequality Reports 2022*: Laut ihnen besaß das reichste eine Prozent in Deutschland „fast 30 Prozent des gesamten Privatvermögens“.

Wie es um die Verteilung des Vermögens im *internationalen Vergleich* bestellt ist, das versucht der *Global Inequality Report 2022* (Chancel et al. 2022) darzustellen. Dort lässt sich nachzulesen, dass im Jahr 2021

- das reichste *eine* Prozent der *Weltbevölkerung* im Besitz von 38 Prozent des Gesamtvermögens war,
- die reichsten zehn Prozent der Weltbevölkerung (Top-10) 76 Prozent des Gesamtvermögens besaßen, während
- die unteren 50 Prozent der Weltbevölkerung über einen Anteil von *zwei* Prozent des Gesamtvermögens verfügten (Chancel et al. 2022: 10, 27).

Im Vergleich zeigt sich für das Jahr 2021, dass fast überall auf der Welt die obersten zehn Prozent der Bevölkerung eines Landes über etwa 60 bis 80 Prozent des jeweiligen Gesamtvermögens verfügten (Chancel et al. 2022: 37).

Eine weitere – relativ neue – Möglichkeit zur Erfassung von Ungleichheit besteht in der *Wealth-Income-Ratio*, die das Gesamtvermögen der Haushalte zu ihrem jährlichen Gesamteinkommen (Nationaleinkommen) ins Verhältnis setzt: Diese Wealth-Income-Ratio wurde erstmals von Piketty & Zucman (2014) „für Industrieländer über das 20. Jahrhundert bis heute zusammengetragen" (Bartels & Neef 2024: 441). In ihrer Studie zur Verteilung des Reichtums in Deutschland (1895–2018) ermittelten Albers, Bartels & Schularick (2022: 15) eine Wealth-Income-Ratio im Jahr 2018

- für Deutschland von 600 Prozent
- für Schweden von 500 Prozent
- für die USA von 540 Prozent
- für Frankreich von 580 Prozent und
- für Großbritannien von 640 Prozent.[92]

Zur Einordnung dieser Zahlen gehört aber auch der Hinweis, dass der Anteil, den die reichsten ein Prozent am Gesamtvermögen hielten, von 1895 bis 2018 abnahm: Für Deutschland zeigt sich, dass der Anteil des reichsten Prozents am Gesamtvermögen von etwas mehr als 45 Prozent im Jahr 1895 auf 27 Prozent im Jahr 2018 zurückging (Albers, Bartels & Schularick 2022: 14). Diese Tendenz ist im internationalen Vergleich als globaler Trend zu beobachten: Zum Beispiel lag der Anteil des reichsten Prozents am Gesamtvermögen im Großbritannien des Jahrs 1895 bei etwa 70 Prozent und 2015 bei etwa 27 Prozent; in Frankreich um etwa 1900 lag dieser Anteil bei etwa 53 Prozent und 2015 bei ca. 24 Prozent; in Schweden zeigte sich um etwa 1907 ein Anteil von 54 Prozent, der 2015 bei 24 Prozent lag (Albers, Bartels & Schularick 2022: 15).

92 Zur Interpretation: Wenn für Deutschland im Jahr 2018 eine Wealth-Income-Ratio von 600 Prozent ermittelt wurde, bedeutet dies, dass in Deutschland sechs Jahre lang gespart und auf Konsum verzichtet werden müsste, um das Gesamtvermögen vom Jahr 2018 anzusammeln.

6.1.3 *Zusammenfassende Gedanken zur Erfassung von Ungleichheit*

Sicher lässt sich zur Ungleichheit von Einkommen und Vermögen noch viel mehr anführen und analysieren als das, was in der vorgelagerte Skizze zusammengetragen wurde.[93] Aber diese wenigen Ausführungen sollten ausreichen, um zu vermitteln, dass Einkommen und Vermögen tatsächlich ungleich verteilt sind, Ungleichheit also existiert und dazu geforscht wird. Es dürfte auch deutlich geworden sein, dass die Einkommen in aller Regel weniger ungleich verteilt sind als die Vermögen: Die Ungleichheit bei der Verteilung der Vermögen fällt in aller Regel höher aus als die Ungleichheit in der Verteilung der Einkommen (so auch die Feststellung von Robeyns 2024: 63). Es ist insofern verständlich und aus analytischen Gründen heraus berechtigt, die Verteilung von Einkommen und Vermögen zu unterscheiden.

Diese guten Gründe sollten aber nicht darüber hinwegtäuschen, dass die analytische Unterscheidung in politischen Debatten und in Fachdiskursen als rhetorische Finte ins Feld geführt werden kann, um die Ungleichheit in der Verteilung von Vermögen zu relativieren und Fragen nach politischen Maßnahmen zur Reduzierung von Vermögensungleichheit zu vereiteln. Im Kern handelt es sich dann natürlich um einen schweren Fehler, die niedrigere Ungleichheit in der Verteilung von Einkommen anzuführen, wenn eigentlich die Ungleichheit in der Verteilung von Vermögen gemeint ist!

Darüber hinaus existiert ein systematischer Zusammenhang zwischen Vermögen und Einkommen. Denn Vermögen wird durch Einkommen gebildet. Streng genommen lassen sich auch Erbschaften und Schenkungen im Moment der Vererbung und Schenkung als Einkommenszufluss darstellen – umgangssprachlich wird dann aber eher von Vermögensübertragung gesprochen. Aber davon abgesehen taucht selbst unter Forschenden, die zur Ungleichheit arbeiten, dieser Aspekt auf, wenn sie zum Beispiel für Deutschland eine Neuausrichtung der *Vermögensbildungspolitik* fordern, um die Vermögensungleichheit durch Vermögensaufbau bei ‚vermögensarmen' Haushalten abzubauen (Grabka & Halbmeier 2019: 744). Solch ein Aufbau von Vermögen wird aber selbst unter staatlichen Zuschüssen im Wesentlichen durch Einkommen zu bewerkstelligen sein. Insofern mag die Unterscheidung von Einkommen und Vermögen seinen sachlichen Grund haben, darf aber über die systematische Verbindung zwischen beiden nicht hinwegtäuschen.

Außerdem können die Einkommen aus der Vogelperspektive heraus zwar gleicher verteilt sein als die Vermögen. Aber unter solchen Gini-Kenngrößen zu den Einkommen liegen im Detail vielleicht auch Unebenheiten verborgen, die ethische Fragen zur Verteilung aufwerfen. Zu denken ist dazu an die soge-

---

93 Mit diesen weiteren Gesichtspunkten ist zum Beispiel die Zahl der Menschen gemeint, die über eine Million USD, Euro usw. verfügt, und wo diese Menschen beheimatet sind; vertiefen lässt sich ebenfalls die Verteilung innerhalb der Spitze der Vermögenden wie etwa im *Global Wealth Report 2024* (UBS 2024).

nannte *Manager to Worker Pay Ratio*. Damit ist das Verhältnis der Vergütung von leitenden Angestellten im Unternehmen zur Vergütung der normalen Angestellten dort gemeint. 2017 konnte dieses Verhältnis in Deutschland zwischen dem 20-Fachen bis zum 159-Fachen liegen (Weckes 2018: 4). Das führt zu der Frage, ob und wenn ja, wie solche Unterschiede in der Vergütung ethisch zu rechtfertigen sind. Das heißt, dass ein Gini-Koeffizient für die Einkommensverteilung im Deutschland des Jahres 2017 von 0,291 (Brülle & Spannagel 2024: 7) noch nichts darüber aussagt, wie ‚gerecht' die Einkommensverhältnisse tatsächlich sind oder empfunden werden. Das wäre durch weitere Analysen und Erwägungen zu bestimmen. Damit lässt sich zu der Frage überleiten, wann und warum Ungleichheit ein Problem darstellt. Dazu soll nachfolgend zunächst allgemein gefragt sein, worin die Probleme mit der Ungleichheit gesehen werden können, bevor dann spezifisch ethische Probleme vertieft werden.

6.2 Sachliche Gründe, warum Ungleichheit ein Problem ist

Die Ungleichheit in der Verteilung von Einkommen und Vermögen ist in der rein ökonomischen Modell-Perspektive eigentlich nicht vorgesehen. In der Regel wird von gleicher Anfangsausstattung ausgegangen, womit alle Akteure theoretisch mit den gleichen Chancen in den *Marktwettbewerb* starten. Vor allem die Modell-Annahmen vollständiger Konkurrenz und Transparenz führen zu dem verblüffenden Ergebnis, dass im Marktgleichgewicht auch keine Gewinne entstehen (können). Denn jeder Gewinn stellt eine verschenkte Möglichkeit dar, die Preise zu senken und darüber Marktanteile zu gewinnen – die wiederum die Konkurrenz gerne wahrnehmen wird (und damit jene, die diese Möglichkeit nicht wahrnehmen, aus dem Markt drängt). Das ist eine sehr idealistische Modell-Situation. Die Fachleute der Ökonomik wissen natürlich, dass das echte Wirtschaftsleben anders aussieht. Diese idealistische Modell-Situation hält aber einen Gedanken bereit, der nichtsdestotrotz sehr nachhaltig die reale Wirtschaftspolitik prägt: Wenn es zu Ungleichheit kommt, wird dies daran liegen, dass die Marktprozesse nicht frei wirken (können). Ungleichheit hat dann seine Ursache in *Marktverzerrungen* oder im *Marktversagen*. Monopole (ein Unternehmen am Markt) oder Oligopole (wenige Unternehmen am Markt) sind typische Beispiele dafür. Oft wird auch davon ausgegangen, dass ‚der Staat' zu stark in die marktwirtschaftlichen Prozesse eingreift und Marktverzerrungen provoziert. Das gibt dann Anlass, der Wirtschaftspolitik zu empfehlen, Märkte zu ‚deregulieren' oder staatlich organisierte Wirtschaftsakteure zu privatisieren (Liberalisierung). Aus dieser mainstreamökonomischen Sicht heraus lassen sich mindestens zwei ökonomische Gründe anführen, aus denen heraus Ungleichheit als ein Problem anzusehen ist.

1. Allgemein steht Ungleichheit für Fehlfunktionen oder Verzerrungen der Marktprozesse, die Wohlfahrtsverluste zur Folge haben.[94]
2. Ungleichheit ist Ausdruck einer Machtkonzentration, die die Marktprozesse zu Gunsten der Mächtigen verzerrt und damit den Wettbewerb sowie die effiziente Verteilung der Produktionsfaktoren (Allokation) beeinträchtigt. Dies führt zu allgemeinen Wohlfahrtsverlusten. Die Beseitigung von Machtkonzentrationen – die Bekämpfung von Monopolen und Kartellen (Preisabsprachen) – ist deshalb eine geradezu traditionelle Forderung von Fachleuten ‚der' Ökonomik.

Dem gegenüber steht der Umstand, dass Fachleute ‚der' Ökonomik den Wirtschaftsakteuren üblicherweise Nutzenmaximierung unterstellen und im Einkommen eine wichtige Anreizfunktion sehen: Dort, wo mehr Einkommen winkt, besteht der Anreiz, sich noch mehr anzustrengen, noch mehr Leistung zu zeigen und auf diese Weise ein höheres Einkommen zu erzielen. Die Ungleichheit hält die Wirtschaftsakteure auf Trab. Aus ökonomischer Sicht stellt sie deshalb keine Fehlfunktion dar, ist also nicht problematisch, sondern sie zeigt sich – im Gegenteil – als *das* zentrales Merkmal (Feature) marktwirtschaftlicher Systeme. Ungleichheit ist marktwirtschaftliche Motivation.

Doch mit dieser Anreizargumentation wird letztlich psychologischer Boden betreten, der es auch erlaubt, kritisch zu fragen, ob Ungleichheit nicht auch *demotivieren* kann. Der Grad an Ungleichheit in den Einkommen könnte so groß werden, dass effektiv höhere Einkommen für durchschnittliche Wirtschaftsakteure unerreichbar erscheinen. Warum soll sich dann eine Person überhaupt anstrengen, wenn höhere Einkommen nicht in Aussicht stehen? Damit wäre volkswirtschaftlich die Produktivität das Faktors (Lohn-) Arbeit beeinträchtigt, möglicherweise auch die Kreativität und der Erfindungsgeist, was auch wieder mit Wohlfahrtsverlusten einhergehen kann. Insgesamt ist es also gut möglich, die Ungleichheit in den Einkommen mainstreamökonomisch in einem Spannungsfeld zwischen wohlfahrtsförderlicher Motivation und wohlfahrtschädlicher Demotivation zu verorten.

Aus mainstreamökonomischer Sicht lässt sich ein weiterer Punkt anführen: Ungleichheit kann den *sozialen Frieden* in Frage stellen. Sozialer Frieden ist aus mehreren Gründen ökonomisch sinnvoll und wichtig. Dazu die folgenden kursorischen Gedanken:

- Sozialer Frieden geht mit Rechtstreue einher, die sich auch auf die Achtung des Privateigentums und dessen Schutz erstreckt. Letzterem wird in marktwirtschaftlichen Systemen eine elementare Bedeutung beigemessen. Das übersetzt sich in niedrige Kosten, die andernfalls zum Schutz des privaten Eigentums anfallen würden.

94 Zur Erinnerung: Im Gleichgewicht der Modelle einer idealen Marktwirtschaft ist die Wohlfahrt maximal bzw. optimal. Jedes Abweichen von diesem Idealpunkt steht für Nettowohlfahrtsverluste.

- Sozialer Frieden sorgt für eine sichere und planbare Wirtschafts- und Investitionsökologie. Unternehmen können in diesem Umfeld wirtschaftliche Investitionen tätigen, ohne befürchten zu müssen, dass ihre Investitionsprojekte durch soziale Unruhen usw. gefährdet werden. Abhängig Beschäftigte haben das planbare Umfeld, um in ihr Humankapital zu investieren. Konsumentinnen und Konsumenten können größere Anschaffungen planen, die in einem unsicheren Umfeld unterbleiben würden. Das wiederum stärkt und verstetigt die volkswirtschaftliche Nachfrage.
- Sozialer Frieden ermöglicht niedrige Transaktionskosten, also Kosten zur Anbahnung, Durchführung und Kontrolle von wirtschaftlichen Geschäften (einschließlich Investitionen).

Die wirtschaftlichen Akteure haben deshalb ein ökonomisches Interesse am sozialen Frieden. Nimmt die Ungleichheit in der Gesellschaft einen Grad an, der den sozialen Frieden gefährdet, sind gleichfalls die ökonomischen Vorteile aus diesem sozialen Frieden in Gefahr – und mithin auch aller gesellschaftlicher (ökonomischer) Wohlstand, der damit in Verbindung steht.

Insgesamt bleibt die Beurteilung der Ungleichheit aus Sicht ‚der' modernen Ökonomik ambivalent: Sie schwankt zwischen der positiven Einschätzung (als Anreiz) und der negativen Konsequenzen (Marktverzerrung). Davon abgesehen lässt sich aber festhalten, dass diese ökonomischen Argumente überwiegend dem modellökonomischen Denken verhaftet sind und sie deshalb recht abstrakt wirken mögen.

In der Diskussion zur Ungleichheit werden aber vor allem *polit-ökonomische Probleme* angeführt. Das heißt, dass dort Ungleichheit im Zusammenwirken von ökonomischen, sozialen, politischen und ethischen Aspekten thematisiert wird. Dazu gehört der Hinweis darauf, dass Vermögen – in einer modernen, arbeitsteiligen und über Geld vermittelten Gesellschaft – *Macht* bedeutet. Macht kann zum Beispiel negativ auf die demokratischen Entscheidungsprozesse wirken. Dementsprechend schreiben Rehm & Schnetzer (2015: 69):

> „Die Vermögensverteilung steht [..] in engem Zusammenhang mit Macht – hier verstanden als die Möglichkeit, politische Entscheidungsprozesse zu beeinflussen. Der Verteilung von Vermögen kommt daher eine zentrale Rolle im Funktionieren demokratischer Institutionen zu."

Eine Vermögenskonzentration steht für Machtasymmetrien. Und Vermögensdiskrepanzen können demokratischen Prozessen, Grundrechten und Freiheiten entgegenstehen. Zu denken wäre an den medialen, publizistischen oder parteipolitischen Einfluss, den große Vermögen ermöglichen können (siehe WUG-Redaktion 2021). In diesem Sinne ist der Armutsforscher Butterwegge (2020: 110) zu verstehen, wenn er darauf hinweist, dass sich ökonomische Ungleichheit in sozialer Ungleichheit niederschlage und dies zu politischer Ungleichheit führen könne. Mit Lindberg & Lundstedt (2022) lässt sich dazu ergänzen:

„Es ist allgemein bekannt, dass demokratische Partizipation Ressourcen erfordert. Klassischerweise werden drei Komponenten genannt – Zeit, Geld und staatsbürgerliche Kompetenzen oder Fähigkeiten –, die in der Gesellschaft ungleich verteilt sind.[FN] Nicht nur Geld, sondern auch Zeit und zivilgesellschaftliche Ressourcen sind in den unteren Schichten der Einkommens- und Vermögenspyramide knapp. Entsprechend gibt es eine ganze Reihe von Belegen dafür, dass wirtschaftliche Benachteiligung unterschiedlichste Aspekte der demokratischen Beteiligung behindert." (Lindberg & Lundstedt 2022: 25)

Große Vermögen bieten die Möglichkeit, gesellschaftliche und ökonomische Privilegien sowie den sozialen Status auszubauen; sehr große Vermögen

„eröffnen zudem Zugang zu politischer Macht, indem die politische Entscheidungsfindung oder sogar die öffentliche Meinungsbildung mittels ökonomischer Ressourcen beeinflusst werden können" (Rehm & Schnetzer 2015: 72).

Dazu zeigen zum Beispiel Studien zur Situation in den USA,

„dass Einkommenseliten und organisierte Interessenvertretungen der Kapitalseite einen substantiellen Einfluss auf die US-amerikanische Politik ausüben, während Interessenvertretungen für große Bevölkerungsteile sowie DurchschnittsbürgerInnen kaum bzw. kein Gehör für ihre Anliegen finden." (Rehm & Schnetzer 2015: 75)

Mit Lindberg & Lundstedt (2022: 25) lässt sich ergänzen, dass „wohlhabende Menschen nicht nur einen größeren Einfluss auf einzelne politische Entscheidungen ausüben können, sondern auch die politische Agenda so gestalten können, dass sie ihren Interessen dient und die Interessen anderer Gruppen unter den Tisch fallen". Hinzu kommt, dass „Einkommensungleichheit bei allen Bürgerinnen und Bürgern zu einer Verringerung von politischem Interesse, politischem Engagement und der Wahlbeteiligung führt – mit Ausnahme der Vermögenden" (Lindberg & Lundstedt 2022: 25). Dies erweist sich als problematisch, weil der „Grundsatz der Gleichheit im Recht auf politische Beteiligung [..] ein Grundpfeiler der Demokratie [ist]" (Lindberg & Lundstedt 2022: 25). Mit der Ungleichheit besteht die Gefahr, sich „zu weit vom Ideal der politischen Gleichheit" (Lindberg & Lundstedt 2022: 25) zu entfernen und damit die Legitimität des politischen Systems in Frage zu stellen.

Die Funktionen von Vermögen können je nach Umfang variieren. Zum Beispiel bietet Vermögen eine ökonomische Absicherung gegenüber unvorhergesehenen Dingen, so dass Vermögende besser geschützt sind vor existenziellen Nöten (Rehm & Schnetzer 2015: 72). Eine Vermögenskonzentration steht deshalb auch für den ungleich verteilten Schutz vor existenzieller Not.

Rehm & Schnetzer (2015) nennen einen weiteren Wirkungskanal von Ungleichheit: die Konzentration von Unternehmensvermögen und -macht. Konzernmacht, so Rehm & Schnetzer (2015: 75), könne einen Einfluss darauf haben, wie Gesellschaft funktioniert. Zunehmende Konzernmacht mag dann mit zunehmender Ökonomisierung (Kommodifizierung) einhergehen, aus der heraus dann seitens der Vermögenden die Privatisierung bisher öffentlich und nicht-marktwirtschaftlich bereitgestellter Güter eingefordert würde. Das ist deshalb wohlstandsrelevant, weil öffentliche Güter der Definition nach allen Menschen zugänglich sind. Sobald diese einstmals öffentlich zur Verfügung stehenden Güter und Dienstleistungen privatwirtschaftlich organisiert werden, stehen sie als ‚Privatgut' nur jenen zur Verfügung, die dafür zahlen (können).

Konzernmacht kann außerdem dazu führen, nationale Steuersysteme und somit die finanzielle Basis staatlicher Wohlfahrtspolitik zu untergraben (Rehm & Schnetzer 2015: 75). Letztlich besteht die Gefahr, einstmals öffentliches Vermögen zu Gunsten privaten Vermögens zu verdrängen. Das scheint sich in dem *globalen* Trend zu bestätigen, dass öffentliches Vermögen in reichen Ländern sehr gering ausfällt:

> „Der Anteil des von öffentlichen Akteur*innen gehaltenen Vermögens geht in den reichen Ländern gegen Null oder ist negativ, was bedeutet, dass sich das gesamte Vermögen in privaten Händen befindet" (Neef & Chancel 2022: 33–34).

Dazu führen Neef & Chancel (2022: 34) weiter aus:

> „Das gegenwärtig geringe Vermögen der öffentlichen Hand hat weitreichende Auswirkungen darauf, inwiefern ein Staat in Zukunft imstande ist, Ungleichheit zu bekämpfen und sich den zentralen Herausforderungen des 21. Jahrhunderts anzunehmen."

Neben den verschiedenen Macht-Aspekten zeigt die Forschung, dass eine hohe Ungleichheit *negativ* auf viele sozioökonomischen Merkmale in der Gesellschaft wirkt: So geht hohe Ungleichheit zum Beispiel mit einer geringeren Lebenserwartung von ‚vermögensarmen' Menschen und steigender Kriminalität einher, aber ebenso mit mangelndem Vertrauen zueinander in der Gesellschaft (Willkinson 2010). Weil Menschen Sozialwesen sind, ist die Qualität der Sozialbeziehungen wichtig für ihr Wohlbefinden. Die Ungleichheit sorgt dagegen für Stress, vor allem durch Statusdruck und die Verstärkung von Vorurteilen (Willkinson 2010: 18–19). Das alles ist der Lebensqualität der Mehrheit der Menschen in einer Gesellschaft – und damit ihrem Wohlbefinden und Wohlstand – abträglich.

Ungleichheit ist auch in den Diskussionen über globale Klimaveränderungen und die ökologische Transformation von Gesellschaft und Wirtschaft ein Thema. Zu Beispiel richten die CO_2-Emissionen aus den reichen Ländern der Welt in den ärmeren Ländern ökonomischen Schaden an (geringeres BIP und Einkommen), sorgen dort für Ernteausfälle und sind damit auch für Hunger verantwortlich; hinzu kommen durch CO_2-Konsum verursachte gesundheitliche Schäden wie Hitzeerschöpfung und Hitzeschlag (Alestig et al. 2024: 14–26). Prinzipiell zeigt sich, dass die Emissionen von Kohlendioxid (CO_2) ganz unterschiedlich über die jeweiligen Einkommensgruppen verteilt sind: Die oberen zehn Prozent der nach Einkommen gruppierten Weltbevölkerung emittieren *deutlich* mehr CO_2 als die unteren 50 Prozent (Tab. 15; Neef & Chancel 2022: 36). Dabei handelt es sich um einen *globalen* Trend.

Tab. 15: Pro-Kopf-Emissionen nach Regionen 2019

Bevölkerungsanteil (gemessen am Einkommen)	*CO_2-Emissionen pro Kopf in Tonnen* Ostasien	Europa	Nordamerika
Untere 50 Prozent	3,1	5,1	9,7
Mittlere 40 Prozent	7,9	10,6	21,7
Oberste 10%	38,9	29,2	73

Quelle: Eigene Darstellung auf Basis von Figure 6.4a in Chancel et al. (2022: 121).

Die Nichtregierungsorganisation Oxfam ging in ihrem Bericht 2023 davon aus, dass die reichsten zehn Prozent der Weltbevölkerung für etwa die Hälfte der gesamten CO_2-Emissionen verantwortlich sind, während die ärmsten 50 Prozent der Weltbevölkerung acht Prozent der weltweiten CO_2-Emissionen verursachen (Khalfan et al. 2023: 11). Die hohen CO_2-Emissionen der reichen „Verschmutzungselite" (Neckel 2023) bzw. „polluter elite" (Alestig et al. 2024) gehen unter anderem auf den dort übliche *Statuskonsum* zurück, auf die Nutzung von Privatjets und Superjachten.

- Im Durchschnitt emittiert jeder Privatjet der 23 superreichsten Menschen 2.074 Tonnen CO_2 im Jahr. Auf diese CO_2-Emissionen, kommt ein normaler Mensch in 300 Jahren und wer zu den ärmsten 50 Prozent der Weltbevölkerung gehört, hat 2.000 Jahre Zeit, um diese CO_2-Menge auszustoßen (Alestig et al. 2024: 9).
- Die 23 von Oxfam identifizierten Superjachten der Superreichen charakterisieren sich durch einen CO_2-Fußabdruck von 5.672 Tonnen pro Jahr (Alestig et al. 2024: 10).

Aber den mit Abstand größten Einfluss auf die CO_2-Emissionen haben die *Investments* der Superreichen: Die durchschnittlichen CO_2-Emissionen, die mit den Investitionen der 50 reichsten Milliardäre („billionaires") im Zusammenhang stehen, beträgt etwa 2,6 Millionen Tonnen CO_2-Äquivalente; etwa 40 Prozent der von Oxfam untersuchten Investitionen entfielen auf umweltschädliche Industriezweige wie Öl, Bergbau, Schifffahrt und Zement (Alestig et al. 2024: 12). Die Ungleichheit erweist sich vor diesem Hintergrund vor allem deshalb als Problem, weil die Superreichen mit ihren Investitionen die Produktionsprozesse kontrollieren und gestalten können, aber auch von genau diesen umweltschädlichen Produktionen finanziell profitieren; dagegen verfügen normale Menschen für gewöhnlich *nicht* über dieses Ausmaß an Kontrolle des eigenen Energie- und CO_2-Verbrauchs und haben auch weitaus weniger Einfluss auf die Welt (Alestig et al. 2024: 11). Ungleichheit steht in diesem Sinne für unterschiedliche Entscheidungs- und Gestaltungmöglichkeiten über die Dinge, die den Alltag und das globale Weltgeschehen betreffen. Jedenfalls wird im *World Inequality Report 2022* festgehalten, dass der Anstieg der CO_2-Emissionen heute zu etwa *zwei Dritteln* auf die Ungleichheit innerhalb der

Länder zurückgeht (Chancel et al. 2022: 126). Dazu lassen sich drei Dimensionen der sozialen und ökologischen Ungleichheit unterscheiden:

1. Ungleichheit im Zugang zu Ressourcen,
2. Ungleichheit in der Betroffenheit von ökologischen Schäden und
3. Ungleichheit in der Verantwortlichkeit für Umwelt- und Klimaschäden (Neckel 2023: 50).

Ungleichheit ist mitverantwortlich für ökologische Verluste, die das Erdsystem bedrohen, die Biodiversität reduzieren, schlimmstenfalls ganze Ökosysteme zerstören und z. B. zur Auflösung von kleinbäuerlichen Mischwirtschaften führen (Neckel 2023: 48, 53-54). Den Soziologen *Sighard Neckel* (*1956) führt diese Ungleichheit in Form von zerstörerischem Reichtum deshalb auch zur kritischen Auseinandersetzung mit Wohlstand:

> „Zieht man alle diese Aspekte zusammen, so stellt sich […] die Frage, ob der zerstörerische Reichtum nicht Rückwirkungen auf das haben müsste, was wir heute unter ‚Reichtum' verstehen. Kann es im Zeitalter der ökologischen Katastrophen, der globalen Erwärmung und des massenhaften Artensterbens noch richtig sein, höchsten privaten Reichtum als Ausdruck potenzierten Wohlstands zu verstehen? Oder steht dieser Reichtum nicht vor allem für einen allgemeinen Verlust an Wohlstand, Glück und Lebenschancen, den moderne Gesellschaften schon um ihres Bestands willen nicht länger hinnehmen sollten?" (Neckel 2023: 56)

Die im Zitat aufgeworfenen Fragen zum Verständnis von Wohlstand rühren von den ökologischen Folgen der Vermögensungleichheit her. Sie stellen sich aber auch angesichts der anderen hier erwähnten negativen Konsequenzen der Ungleichheit, die sie etwa für die Demokratie, die Versorgung mit öffentlichen Gütern, die Lebenserwartung oder das Vertrauen zueinander in der Gesellschaft hat. Damit lässt sich zusammenfassen, dass sich viele Forschende in ihren Arbeiten mit Ungleichheit befassen und aufzeigen, auf welchen unterschiedlichen Wegen sie den Wohlstand beeinträchtigen kann. Diese Beeinträchtigungen sind sachliche Gründe, die dazu drängen, sich mit der Frage zu beschäftigen, wie sich Ungleichheit reduzieren, begrenzen und vermeiden lässt. Dies wiederum ist aber mit einem Gestaltungsanspruch verbunden, der es erfordert, sich aus ethischer Sicht mit Ungleichheit, ihrer Reduktion, Begrenzung und Vermeidung zu befassen. Darum soll es nachfolgend gehen.

6.3 Ethische Gründe für Beschäftigung mit Ungleichheit

Nach Wohlstand zu streben, das scheint eine breit akzeptierte und moralisch nicht verwerfliche Absicht zu sein. Im Gegenteil, das Wohlergehen der Menschen ist Gegenstand von Sozial- und Wirtschaftspolitik, aber auch verschiedener Ethik-Konzepte und religiöser Moralvorstellungen. Ethisch und gesellschaftlich problematisch wird das Streben nach Wohlstand aber dort, wo das

Wohlstandsstreben von einzelnen Personen den Wohlstand von vielen Menschen einschränkt, bedroht oder verunmöglicht. Das ist eine Situation, die mit der Ungleichheit in der Verteilung von Einkommen und Vermögen im Zusammenhang stehen kann. Deshalb wird Ungleichheit häufig in diesem Sinne mit *Ungerechtigkeit* assoziiert. Aber was heißt das genau? Der schlagwortartige Verweis auf die Ungerechtigkeit liefert noch keine zufriedenstellende Antwort darauf, warum Ungleichheit aus ethischer Sicht problematisch ist.

Dazu lässt sich an die verschiedenen Sachgründe erinnern, die hier im Vorfeld thematisiert wurden und die Anlass gaben, die Ungleichheit als problematisch einzuschätzen, etwa die Konzentration von Macht oder die Beeinträchtigung demokratischer Prozesse (Abschnitt 6.2). Diese Sachgründe lenken das geistige Auge vielleicht spontan auf das Thema „Ungerechtigkeit". Zu denken wäre an Situationen, in denen besonders vermögende Menschen („Superreiche") mit ihrem Konsum- und Investitionsverhalten die Umwelt schädigen oder Menschen ohne Vermögen – statistisch gesehen – eine geringere Lebenserwartung haben. Auch die Existenz von Armut und Reichtum mag spontan an ‚ungerechte' Lebensverhältnisse denken lassen. Damit ist ‚Ungerechtigkeit' in einen konkreten Kontext gestellt. Doch worauf basiert die Bewertung ‚ungerecht' in diesen Fällen? Welche ethischen Kriterien, welche ethischen Konzepte, welche Vorstellungen von ‚Gerechtigkeit' können herangezogen werden, um zu solchen Bewertungen und Einschätzungen zu gelangen. Wenn zum Beispiel die Einkommensverteilung als ‚ungerecht' empfunden wird, dann kann das daran liegen, dass Löhne nicht existenzsichernd und damit nicht bedarfsgerecht sind. Ungleiche Löhne können aber auch aus Verstößen gegen die Verteilungsgerechtigkeit und im Detail aus Defiziten in der Leistungsgerechtigkeit resultieren. Insofern ist zu spezifizieren, worin konkret die Ungerechtigkeit unter Ungleichheit besteht.

Zwar mag Ungleichheit mit Ungerechtigkeit einhergehen. Doch es wäre verkürzt, die ethischen Probleme der Ungleichheit auf das Schlagwort „Ungerechtigkeit" zu reduzieren. Im Wohlstandskontext ist z. B. auch das soziale Klima von Bedeutung. Führt dann die Ungleichheit dazu, dass in der Gesellschaft das Vertrauen zueinander abnimmt, dann mag das mit ungerechten Lebensverhältnissen zusammenfallen (Vorurteilen gegenüber anderen usw.). Aber die ethische Problematik der Ungleichheit wird in diesem Falle mit dem Schlagwort „Ungerechtigkeit" nur unvollständig, möglicherweise auch nicht sachgerecht eingefangen.

Jedenfalls wirft die Ungleichheit der Verteilung von Einkommen und Vermögen im Wohlstandskontext verschiedene ethische Fragen auf. Zum Beispiel: Wann ist Wohlstand durch Ungleichheit unzumutbar eingeschränkt? Wo sind die Voraussetzungen für Wohlstand durch Ungleichheit in Gefahr? Wann steht Ungleichheit mit welchen ethischen Kriterien und Konzepten im Konflikt? Wo lassen sich aus ethischer Sicht Wohlstandsgrenzen ziehen? Wie rechtfertigt sich dann die Begrenzung von materiellem Wohlstand im Detail?

Vor diesem Hintergrund soll es nachfolgend zunächst erst einmal darum gehen, zu vermitteln, wie sich *systematisch, analytisch* und *konzeptionell* aus ethischer Sicht auf Ungleichheit blicken lässt. Damit wird die Frage adressiert, welche ethischen Konzepte und Kriterien sich *ganz allgemein* zur Orientierung für die ethische Auseinandersetzung mit Ungleichheit heranziehen lassen; und was das für die Beurteilung von Ungleichheit bedeuten kann. Danach sollen ethische Momente und Argumentationslinien aus der praktischen Auseinandersetzung mit der Ungleichheit diskutiert werden. Es geht dort um Argumentationen, die sich weniger bewusst und systematisch auf dem Boden spezifischer Ethik-Konzepte und Prinzipien bewegen, aber dennoch wertend sind und/oder ethische Fragen aufwerfen.

6.3.1 Ethisch systematische Bewertung von Ungleichheit: Ethische Kriterien, Prinzipien und Konzepte

Zur *systematischen* Erörterung von Ungleichheit aus ethischer Sicht lassen sich verschiedene Moralprinzipien, ethische Basisnormen und Ethik-Konzepte heranziehen. Situationen, in denen die Ungleichheit in der Verteilung von Einkommen und Vermögen eindeutig die Sicherung der Lebensgrundlagen bedroht, können auf Basis des breit akzeptierten *Anspruchs auf Menschenwürde* – als moralisches Grundprinzip oder Grundrecht – eindeutig beurteilt werden. Denn in diesen Fällen liegt es auf der Hand, dass Ungleichheit als ‚unzumutbar' und ‚ethisch nicht legitim' einzuschätzen ist. Letztlich kann dazu auf all die Argumente zurückgegriffen werden, die bereits zur wohlfahrtsstaatlichen Existenzsicherung thematisiert wurden (Abschnitt 5.2). Aber Ungleichheit muss nicht immer, nicht sofort und nicht immer eindeutig die Existenz bedrohen – und kann dennoch ethische Konflikte provozieren. Worauf lässt sich also noch Bezug nehmen, um Ungleichheit ethisch zu beurteilen?

Eine Orientierung bietet die Prüfung auf Universalisierung der mit Ungleichheit verbundenen Ansprüche und Konsequenzen, inklusive der unter deren Eindruck stehenden gesellschaftlichen Verhältnisse. Diese Prüfung läuft auf die Anwendung z. B. der *Goldenen Regel,* des *Kategorischen Imperativs* oder der *sympathy* von Adam Smith hinaus (siehe die Unterabschnitte 2.5.4 und 4.4.4). Dazu hat etwa eine wohlhabende Person im fiktiven Rollentausch die Perspektive von anderen einzunehmen und sich zu fragen, ob sie *an deren Stelle* und *in deren Situation* die Ungleichheitsverhältnisse akzeptieren würde:

- Ist es aus Sicht anderer Personen akzeptabel, dass ich im Vergleich zu ihnen mehr Einkommen beziehe und/oder Vermögen besitze? Ist das zu beanstanden? Wenn ja, woran ermisst sich das? Welche Argumente werden angeführt? Halte ich diese Argumente – warum – für stichhaltig?
- Ist mein wohlständiger Lebensstil anderen gegenüber akzeptabel? Wo schränkt mein Wohlstand die Lebensgestaltung und die Lebensmöglich-

keiten von anderen in nicht akzeptabler Weise ein? Welche Gründe werden genannt? Erachte ich sie für überzeugend? Und wenn ich sie nicht für überzeugend halte, warum?

Immer dann, wenn aus dieser Reflexion der Schluss zu ziehen ist, dass die eigene Wohlstandssituation anderen gegenüber als ‚nicht zumutbar' oder ‚ethisch nicht legitim' erscheint, existiert ein ethisches Problem mit Ungleichheit. Ethisch verantwortlich zu handeln würde dann bedeuten, die Handlungen, die zu dieser Ungleichheit führen oder diese begünstigen, abzuschalten, Ungleichheit zu verringern und/oder über ethisch legitime Handlungsalternativen nachzudenken.

In dem Beispiel eben wurde auf eine wohlhabende Person abgestellt – also ein Mensch, der auf der Sonnenseite der Ungleichheit steht und deren Vorteile genießt. Natürlich können sich auch jene, die von Ungleichheit benachteiligt sind, in einen fiktiven Rollentausch begeben. Der Rollentausch stellt aber nur eine Methode bzw. einen spezifischen Erwägungsprozess dar. Zur daraus resultierenden inhaltlichen Rechtfertigung sind weitere ethische Konzepte und Kriterien heranzuziehen (Menschenwürde, Leistungsgerechtigkeit, Subsidiarität usw.).

Da der fiktive Rollentausch im eigenen Gedankenraum stattfindet und deshalb auch nur ‚subjektive' Eindrücke vermittelt, wäre der nächste konsequente Schritt, diese Eindrücke über die Zumutbarkeit und ethische Legitimierbarkeit von Ansprüchen im *Dialog* bzw. *Diskurs* mit anderen abzugleichen. Dort würde sich die Prüfung auf ethische Legitimität der Ungleichheitsverhältnisse am erwogenen ‚besseren' Argument entscheiden.[95] Es ginge dabei um die Universalisierung im *interpersonellen (zwischenmenschlichen) Austausch.*

Zur Beurteilung von Ungleichheit können auch verschiedene *Gerechtigkeitsvorstellungen* herangezogen werden, wie sie sich in der Literatur finden lassen. Exemplarisch für andere seien dazu folgende Beispiele angeführt.[96]

- Das Prinzip der *Bedarfsgerechtigkeit* (auch Bedarfsprinzip) steht für eine *Verteilungssituation*, in der alle Menschen über die Ressourcen verfügen oder Zugang zu ihnen haben, die notwendig sind, um in einer Gesellschaft existieren zu können (soziokulturelle Existenz). In der Literatur wird dazu auch von der angemessenen Versorgung mit Gütern zur Befriedigung von

---

95 Siehe dazu im Detail die Rechtfertigung im Diskurs der Integrativen Wirtschaftsethik bei Ulrich (2008) sowie zum Überblick die Ausführungen im Abschnitt 5.2 und nachfolgend 6.3.

96 Über die hier ausgewählten Beispiele hinaus werden in der Literatur weitere Gerechtigkeitsvorstellungen thematisiert. Zum Beispiel wird typischerweise auf die Verteilungsgerechtigkeit bei Aristoteles verwiesen, wozu sich in austeilende (distributive) und ausgleichende (kommutative) Gerechtigkeit unterscheiden lässt; weiter können globale Gerechtigkeit, Tauschgerechtigkeit, Strafgerechtigkeit usw. diskutiert werden. Von dieser Vertiefung sei hier aber bewusst abgesehen und stattdessen auf das *Handbuch Gerechtigkeit* von Goppel, Mieth & Neuhäuser (2016) verwiesen.

Grundbedürfnissen gesprochen (siehe Krämer & Werding 2018; Schlothfeldt 2016: 143; Veith 2004: 322).

- Das Prinzip der *Leistungsgerechtigkeit* bedeutet, dass es gerecht sei, die Einkommen gemäß der erbrachten Leistung auf die Individuen zu *verteilen*. Das Markteinkommen würde demnach zur wirtschaftlichen Leistung passen (in Anlehnung an Krämer 2018a und Veith 2004: 322).
- Das Prinzip der *Lohngerechtigkeit* umfasst die gerechte Entlohnung a) gemäß der Arbeitsleistung (Leistungsgerechtigkeit) und b) die Angemessenheit der Entlohnung gemessen an der Möglichkeit, den eigenen Lebensunterhalt bestreiten zu können (Hollstein 2011).
- Die *Chancengleichheit* ist ein normatives Kriterium, bei dem davon ausgegangen wird, dass alle Menschen über die gleichen Chancen verfügen *sollen* darauf, Zugang zu ‚sozial attraktiven' Positionen (Ämter, Berufe usw.) zu haben (Meyer 2016: 164). In diesem Sinne lässt sich auch die *Chancengerechtigkeit* bei Veith (2004: 322) verstehen, der auf „die prinzipielle Gleichheit von Ausgangssituationen" und die Zurückweisung „jeder Form der Diskriminierung" abstellt. Die *formale* Chancengleichheit besteht darin, dass prinzipiell alle Menschen einen Zugang zu diesen ‚attraktiven' Positionen haben sollen, die für diese Positionen qualifiziert sind (Meyer 2016: 164). *Faire* Chancengleichheit bedeutet über die formale Chancengleichheit hinaus, dass alle die gleichen Chancen haben sollten, sich für die ‚attraktiven' Positionen in der Gesellschaft zu qualifizieren (Meyer 2016: 165).
- Das *Prinzip gleicher Achtung* konkretisiert die *Verteilungsgerechtigkeit (distributive Gerechtigkeit)* dahingehend, „dass die Güter und Lasten sozialer Gemeinschaftsverhältnisse auf die beteiligten Personen *gleich* zu verteilen sind, sofern ihre Ungleichverteilung nicht durch triftige, d. h. bei rechter Erwägung allgemein akzeptable Gründe gerechtfertigt erscheint" (Koller 2016: 119).

Die Gerechtigkeitsvorstellungen müssen im Detail durch weitere Kriterien spezifiziert werden. Das betrifft technische bzw. methodologische Fragen. Zum Beispiel wäre mit Blick auf die Leistungsgerechtigkeit zu klären, ob und wie Leistung gemessen und zugerechnet wird. Aber zu spezifizieren ist auch das ethische Kriterium für Gerechtigkeit. In diesem Sinne lässt sich Hinsch (2016: 80) verstehen, wenn er zur Verteilungsgerechtigkeit darauf hinweist, dass anzugeben ist, woran sich diese Gerechtigkeit bemessen soll. Bei der Bedarfsgerechtigkeit wäre anzugeben oder festzulegen, was die ethisch legitimen Grundbedürfnisse sind, die gedeckt sein sollen. Insoweit verwundert es auch nicht, wenn in den Gerechtigkeitsvorstellungen auf andere ethische Kriterien oder Prinzipien verwiesen wird (siehe z. B. oben im Prinzip der Lohngerechtigkeit). Teils findet sich auch der Bezug zu Konzepten bzw. Ansätzen, um eine Gerechtigkeitsvorstellung zu konkretisieren (zu nennen sind hier z. B. der Lebenschancenansatz von Amartya Sen und die Gerechtigkeitskonzeption von

John Rawls). Der Rundblick zu verschiedenen Gerechtigkeitskonzepten (oben) lässt außerdem die normative Orientierungswirkung erahnen, die der Idee der *Gleichheit* – etwa als Chancengleichheit – vereinzelt zukommt. In diesen Fällen liegt es auf der Hand, dass das Verhältnis zwischen Ungleichheit und Gerechtigkeit konfliktbeladen ist.

Gemessen an solchen Kriterien erweist sich Ungleichheit immer dann als ethisches Problem, wenn sie und die mit ihr verbundenen gesellschaftlichen Verhältnisse diesen Gerechtigkeitsvorstellungen zuwiderlaufen. Ethisch fragwürdig ist es z. B., wenn die am Markt gezahlten Löhne nicht der dafür erbrachten Leistung entsprechen oder wenn die Lasten bzw. Verantwortlichkeiten in der Gesellschaft ungleich verteilt sind und es keine Rechtfertigung für diese ungleiche Lastenverteilung gibt. Die Ungleichheit geht dann mit Ungerechtigkeit einher.

Die systematische Bewertung von Ungleichheit und des ethisch legitimen Umgangs mit ihr kann auch direkt im Rahmen einer bestimmten Ethik-Konzeption erfolgen. Zur Illustration dessen sei zunächst wieder auf die *Integrative Wirtschaftsethik* von Peter Ulrich (2008, 2024) verwiesen.[97] Die Ungleichheit in der Verteilung von Einkommen und Vermögen sowie die dadurch bedingten gesellschaftlichen Verhältnisse müssen dann *ethisch legitimierbar* bzw. *zumutbar* sein. Das heißt, dass über einen redlichen *Rollentausch* (Universalisierung) und dann möglichst im *offenen Diskurs* zu bestimmen ist,

- ob die ungleiche Verteilung in Einkommen und Vermögen auf ein ethisch legitimes Interesse zurückgeht bzw. ob die Interessen, die zur Ungleichheit führen, ethisch legitim sind;
- ob diese Ungleichheit und die damit verbundenen Gesellschaftsverhältnisse die ethisch legitimen Interessen von anderen berühren und wenn ja, inwiefern diese dann in diesen Fällen zumutbar oder in ethisch nicht legitimer Weise beeinträchtigt sind.

Das individuelle Streben nach Wohlstand, Einkommen und Vermögen findet dort eine ethische Grenze, wo die ethisch legitimen Interessen der Mitmenschen in nicht zumutbarer und ethisch nicht legitimierbarer Weise verletzt sind. Zweifelsohne kann das individuelle Wohlstandsstreben und damit Ungleichheit als *unzumutbar* gelten, wenn dadurch zum Beispiel

- der moralische Anspruch aller Menschen auf die Sicherung der Lebensnotwendigkeiten angetastet ist
- jene natürlichen Ressourcen (Natur), auf die andere zur Sicherung ihrer Existenz angewiesen sind, reduziert, unbrauchbar gemacht oder zerstört werden
- die prinzipielle moralische Gleichheit aller Menschen verletzt wird

97 Für eine kurze Übersicht siehe auch die entsprechenden Ausführungen zur Integrativen Wirtschaftsethik im Abschnitt 5.2.

- die absolut und unteilbar geltenden Grund- und Menschenrechte, im weiteren Sinne die *Wirtschaftsbürgerrechte* (sozioökonomische Existenz- und Teilhaberechte, die Fähigkeit zum Führen eines menschenwürdigen Lebens), angetastet sind.

Darüber hinaus ist Ungleichheit auch dann problematisch, wenn sie dazu führt, die Realisierung eines offenen und machtfreien Diskurses zu beeinträchtigen. Dazu zählt alles das, was den „öffentliche[n] Vernunftgebrauch freier und mündiger Bürger" (Ulrich 2008: 333) einschränkt. Das betrifft vor allem die Meinungs- und Pressefreiheit. In diesem Zusammenhang lässt sich darauf hinweisen, dass nach Ulrich die wirtschaftliche Macht im öffentlichen Diskursraum möglichst weitgehend rechtsstaatlich zu neutralisieren sei, damit

> „das persönliche wirtschaftsbürgerliche Engagement nicht von wirtschaftlichen Machtträgern, denen solches Tun aufgrund ihrer Interessenlage missfällt und von denen die Bürger existenziell abhängen (z. B. Arbeitgeber oder Wohnungsvermieter), mit offenen oder verdeckten Sanktionsandrohungen ausgehebelt werden kann" (Ulrich 2008: 345).

Ungleichheit, die in diesem Sinne „wirtschaftliche Macht" bedeutet, ist also ethisch problematisch und nicht legitim, wenn sie den Deliberations- bzw. Abwägungsprozess in der Gesellschaft beeinträchtigt. Die Wirtschaftsbürgerrechte, die für Ulrich (2008: 346) zur „rechtsstaatlichen Ausstattung der Bürger" gehören (hier im Besonderen: Informations-, Kommunikations- und Klagerechte), sind in diesem Sinne *Abwehrrechte* und dienen der Ermächtigung. Sie sollen die Menschen

> „in die Lage versetzen, als real gleichberechtigte und sachkundige Bürger an öffentlichen Debatten teilzunehmen und ihre legitimen Ansprüche zu vertreten" (Ulrich 2008: 346).

Werden diese Wirtschaftsbürgerrechte durch Ungleichheit eingeschränkt, gilt sie als ‚ethisch nicht legitim' und ‚nicht zumutbar'. Zumutbar ist es dagegen, das eigene Wohlstandsstreben unter einen ethischen Legitimationsvorbehalt zu stellen. Damit umfasst die bereits erwähnte Prüfung auf ethische Legitimierbarkeit (fiktiver Rollentausch und Diskurs);

- eine Haltung des „Genug-haben-Könnens" (Ulrich 2008: 355), d. h.: Gewinnerzielung statt Gewinnmaximierung (um jeden Preis); nicht alles, was sich rein formal (rechtlich) realisieren lässt, muss auch realisiert werden; und
- ein angemessenes Maß an Mitverantwortung für die Konsequenzen des gesellschaftlichen Handelns und speziell für nicht beabsichtigte Folgen der eigenen Aktivitäten.

Dem materiellen Wohlstandsstreben und mithin der Ungleichheit sind auf diese Weise ethische Grenzen gesetzt. Ungleichheit kann also ethisch legitim und zumutbar sein, aber eben nur unter den genannten Bedingungen und in den dadurch bedingten Grenzen.

Als ein zweites Beispiel für eine ethische Konzeption, die Orientierung zur Bewertung von Ungleichheit gibt, sei der Blick erneut auf die *Katholische Soziallehre* (KSL) gerichtet.[98] Dazu ist vor allem an die Sozialprinzipien zu denken: Personalität, Solidarität, Subsidiarität, Gemeinwohl – und davon abgeleitet Nachhaltigkeit, die vorrangige Option für die Armen und der Dialog. Die KSL bekennt sich zwar zum Privateigentum und lässt damit auch ein gewisses Maß an Ungleichheit zu (Schlagnitweit 2021: 128–129). Aber Privateigentum – und dort einbezogen Vermögen – ist *sozialpflichtig*, d. h. dem Gemeinwohl unterstellt:

> „Das Recht auf Privateigentum bedeutet insofern weder ein Recht auf uneingeschränkte Akkumulation von materiellen Gütern noch begründet es eine prinzipielle Unantastbarkeit von Privateigentum. Vielmehr unterstellt die KSL das Recht auf Privateigentum zum einen dem zentralen Satz von der ‚universalen Bestimmung der Güter für alle Menschen' [...] und zum anderen dem Prinzip des Gemeinwohls: Wo also z. B. die Akkumulation von begrenzten Gütern in den Händen weniger die Befriedigung von Grundbedürfnissen anderer Gesellschaftsmitglieder behindert, findet das Recht auf Privateigentum ebenso eine Grenze wie dort, wo Privateigentum die Verwirklichung von Gemeinwohlinteressen behindert." (Schlagnitweit 2021: 129)

Es wird in der KSL anerkannt, dass Privateigentum der individuellen Entfaltung und Verwirklichung dient und beides auch nicht behindert werden darf. Sollte Privateigentum vergesellschaftet werden (müssen), dann hat das deshalb *verhältnismäßig* zu sein und in der konkreten Realisierung im Interesse am Gemeinwohl zu geschehen (Schlagnitweit 2021: 129). Zugleich existiert aber ein klares Bewusstsein dafür, dass sich das Privateigentum (Grund und Boden, Vermögen, Kapital) auf wenige konzentrieren kann und diese Ungleichheit dann ethische Fragen aufwirft.

Die ethischen Probleme der Ungleichheit lassen sich darauf verdichten, dass Ungleichheit im Konflikt mit den Sozialprinzipien stehen kann. Zum Beispiel wäre es denkbar, dass Ungleichheit die vitalen Grundbedürfnisse aller Menschen beeinträchtigt und damit das Sozialprinzip des Gemeinwohls verletzt. Das wäre etwa der Fall, wenn durch privatwirtschaftliche Nutzungsrechte nicht (mehr) sichergestellt ist, dass alle Menschen Zugang zu Trinkwasser haben (in Anlehnung an Schlagnitweit 2021: 127–128). Ähnliches wird für den Zugang zu leistbarem Wohnraum gelten. Die Ungleichheit kann auch mit einem Konsum- und Investitionsverhalten einhergehen, das andernorts Natur zerstört oder auch global negativ auf das Klima wirkt. Dann liegt eine Verletzung des Sozialprinzips der Nachhaltigkeit vor, weil eben nicht verantwortlich mit der Natur umgegangen wird und im schlimmsten Falle die Lebensgrundlagen sowie Entfaltungsmöglichkeiten für zukünftige Generationen zerstört

98 Zur Katholischen Soziallehre siehe im Detail Schlagnitweit (2021), Heimbach-Steins (2004) und Thieme (2017b: 47–89); siehe auch die entsprechenden Ausführungen im Abschnitt 5.2.

werden (Schlagnitweit 2021: 145–146). Damit deutet sich bereits an, dass Ungleichheit verschiedene Sozialprinzipien verletzen mag, zum Beispiel:

- das Prinzip der *Personalität*, wenn durch Ungleichheitsverhältnisse die Menschenwürde verletzt und die Möglichkeiten zur freien Entfaltung der Persönlichkeit unangemessen beeinträchtigt sind;
- das Prinzip der *Solidarität*, wenn Ungleichheit dazu führt, dass vermögende Menschen keine oder nur unvollständig Verantwortung im gemeinsamen Haftungsverbund aller Menschen übernehmen;
- das Prinzip der *Subsidiarität*, wenn unter der gesellschaftlichen Ungleichheitsverhältnisse die Selbsthilfe in unangemessener Weise eingeschränkt ist und keine Hilfe zur Selbsthilfe geleistet wird (was zugleich einen Verstoß gegen die Verantwortung im Rahmen der Solidarität darstellt);
- das Prinzip der *Vorrangigen Option für die Armen*, wenn Ungleichheit im Privatbesitz und Gewinnstreben es etwa verhindern, dass wirtschaftlich nicht mehr verwertbare Lebensmittel an Arme verteilt werden können.

Auch im Kontext der Katholischen Soziallehre lässt sich festhalten, dass dem Streben nach materiellem Wohlstand und damit der Ungleichheit ethische Grenzen gesetzt sind. Ethisch legitim kann Ungleichheit nur sein, wenn sie nicht gegen die Prinzipien und Grundsätze der KSL verstößt. Im Grunde lässt sich zuspitzen, dass auch die Ungleichheit sozialpflichtig ist, also dem Gemeinwohl dienen muss – und dort, wo das nicht der Fall ist, zum Problem wird.

Zur systematischen ethischen Beurteilung der Ungleichheit lassen sich auch andere ethische Konzepte heranziehen, zum Beispiel die *Republikanische Unternehmensethik* (Steinmann & Löhr 2015) oder die moderne *Subsistenzperspektive* (Thieme 2012, 2017b).[99] Die Erläuterungen zu den genannten Prinzipien (Universalisierung, Gerechtigkeit) und den beiden ethischen Konzeptionen (Integrative Wirtschaftsethik und KSL) sollten aber genügen, um eine grobe Vorstellung davon zu vermitteln, was eine ethische Abwägung und Beurteilung von Ungleichheit beinhalten kann. Die ethische Reflexion von Ungleichheit ist also keine simple Angelegenheit, die sich einfach so nebenbei erledigen lässt, sondern sie hat viele verschiedene Gesichtspunkte abzuwägen. Damit lässt sich nun der Bogen zurück zu den ursprünglich erwähnten empirischen negativen Folgen von Ungleichheit (Abschnitt 6.2) schlagen und skizzieren, wie diese ethisch beurteilt werden können:

- Die erwähnte Ungleichheit in den Einkommen kann *ungerecht* sein, wenn sie zum Beispiel die Leistungsgerechtigkeit, Bedarfsgerechtigkeit, Lohngerechtigkeit und Chancengleichheit verletzt.

99 Für weitere Konzepte aus dem Bereich der Wirtschafts- und Unternehmensethik siehe ausführlich van Aaken & Schreck (2015) und Aßländer (2011); für einen Überblick zu verschiedenen Gerechtigkeitsprinzipien und -theorien siehe Goppel, Mieth & Neuhäuser (2016).

- Wenn Vermögensungleichheit mit wirtschaftlicher Machtkonzentration einhergeht, kann sie die – im integrativ wirtschaftsethischen Sinne – freie Meinungsbildung und damit den offenen Diskurs beeinträchtigen. Sofern die Möglichkeiten zur Partizipation an den demokratischen Entscheidungsprozessen in der Gesellschaft gestört sind, kann von einem Verstoß gegen die Chancengleichheit ausgegangen werden. Geht die Konzentration von Vermögen mit Konzernmacht und entsprechenden Geschäftsinteressen einher, dann kann es zur *kreativen Steuervermeidung* kommen. Diese mag zwar formal erlaubt sein, aber im Endeffekt untergräbt sie die finanzielle Basis eines Wohlfahrtsstaates. Ethisch gesehen wird damit das Gemeinwohl angetastet, die Armutsbekämpfung (Subsidiarität, Vorsorgende Option für die Armen) eingeschränkt und unter Umständen die Bildungsgerechtigkeit (im Sinne von Chancengleichheit) beeinträchtigt (wenn öffentliche Finanzen dafür fehlen oder dort gespart werden muss).
- Wenn die Ungleichheit auch ungleiche Lebenserwartungen bedeutet, dann sind das ungerechte Gesellschaftsverhältnisse, weil sie gegen die Chancengleichheit verstoßen und die Menschenwürde antasten. Führt die Ungleichheit dazu, dass die Menschen sich weniger gegenseitig vertrauen, damit also Misstrauen wächst und sich die Menschen praktisch entsolidarisieren, so sind dann der soziale Friede sowie das Gemeinwohl gefährdet und das Sozialprinzip der Solidarität angetastet.
- Führt Ungleichheit zu einem unterschiedlichen Konsumverhalten, bei dem z. B. wohlhabende Haushalte in höherem Maße als der Durchschnitt die Umwelt schädigen und sie *nicht* entsprechend ihrer Schäden zur Verantwortung gezogen werden, dann liegt ein Verstoß gegen das *Prinzip gleicher Achtung* im Rahmen der *Verteilungsgerechtigkeit* vor. Ungleichheit ist dann mit *ungerechten* Verhältnissen verbunden. Das gilt besonders, wenn Status-Konsum und Investitionsverhalten die natürlichen Lebensgrundlagen andernorts zerstören. Damit würden z. B. die vitalen Grundbedürfnisse aller Menschen (Gemeinwohl), Wirtschaftsbürgerrechte, die Achtung der Menschenwürde, Personalität, die Möglichkeit der Hilfe zur Selbsthilfe (Subsidiarität) und das Prinzip der Solidarität angetastet.

Diese Überlegungen können vertieft werden, was aber an anderer Stelle geschehen muss. Der Anspruch dieses Rundblicks lag nur darin, eine Vorstellung zu vermitteln, wie sich die ethischen Konflikte, die mit den sachlichen Probleme der Ungleichheit (Abschnitt 6.2) einhergehen, *systematisch* adressieren und ausbuchstabieren lassen. Das ist deshalb von Bedeutung, weil die ethischen Konflikte der Ungleichheit zwar üblicherweise den eigentlichen Anlass für gesellschaftspolitische Debatten über Ungleichheit geben, die ethische Problematik in den Debatten dann aber eher selten weiterverfolgt zu werden scheint. Stattdessen fallen diese Debatten auf rechtliche Fragen, empirische Sachstände oder Kennziffern zurück, ohne den ursprünglich ethischen Kern wirklich zur Sprache zu bringen.

6.3.2 *Ethische Momente und Argumentationslinien in der praktischen Auseinandersetzung mit Ungleichheit*

Die Auseinandersetzung mit Ungleichheit wird üblicherweise mit Sachargumenten – aus empirischen Analysen und Kennziffern, Befragungen usw. – geführt. Aber vereinzelt drängen die präsentierten Sachverhalte dann doch zu Aussagen mit normativem – ethischem – Charakter. Das zeigt sich auch – um ein Beispiel heranzuziehen – in den Diskussionen zur Ungleichheit im Kontext der globalen Klimaveränderungen. So weisen etwa Neef & Chancel (2022) darauf hin, dass sich der Ausstoß von klimaschädlichen Treibhausgasen unter den Einkommensgruppen unterschiedlich verteilt:

> „Während die ärmsten 50 Prozent der Bevölkerung in den wohlhabenden Ländern die von diesen Ländern für 2030 gesetzten Klimaziele bereits mehr oder weniger einhalten (wenn diese Ziele pro Kopf umgerechnet werden), ist dies bei der einkommensstärkeren Hälfte der Bevölkerung nicht der Fall." (Neef & Chancel 2022: 35–37)

Direkt im Anschluss wird auf die Klimapolitik Bezug genommen und erklärt:

> „Bislang haben klimapolitische Maßnahmen wie CO_2-Steuern oft unverhältnismäßig starke Auswirkungen auf Gruppen mit niedrigem und mittlerem Einkommen, während die Konsumgewohnheiten der wohlhabenden Bevölkerungsschichten unverändert bleiben. Hier könnte sich die Klimapolitik stärker auf reiche Verschmutzer*innen ausrichten." (Neef & Chancel 2022: 37)

Kritisch lässt sich dazu zwar fragen, was der normative Referenzpunkt dafür ist, die Auswirkungen der Klimasteuern auf niedrige und mittlere Einkommensgruppen als „unverhältnismäßig stark" zu beurteilen. Aber deutlich kommen hier eine Kritik und eine Forderung zum Ausdruck – beides besitzt eine ethische Qualität. Der normative Charakter der Kritik ist ihr zwar deutlich anzusehen, er bleibt jedoch unspezifisch. Der Soziologe *Sighard Neckel* wirft in einem Text zum gleichen Sachverhalt, allgemein die Frage *nach der Gerechtigkeit* auf:

> „Kann es da gerecht sein, von denjenigen, die schon jetzt auf dem angestrebten Emissionsniveau sind, erheblich größere materielle Anstrengungen für den Klimaschutz zu verlangen als von jenen, die hundertfach darüber liegen und die von der Klimaschädigung, die sie selbst herbeiführen, finanziell auch noch profitieren?" (Neckel 2023: 56)

Bezogen auf die eben vorgestellten ethischen Referenzpunkte lässt sich die von Neckel und bei Neef & Chancel (2022: 37) geäußerte Kritik zum Beispiel wie folgt konkretisieren.

- Es liegt offenbar ein Verstoß gegen die *Verteilungsgerechtigkeit* im Sinne des *Prinzips der gleichen Achtung* vor. Denn die Lasten der Klimaschädigung werden nicht gleich – entsprechend ihrer Verursachung – verteilt. Es kommt offenbar zur begründungsbedürftigen Ungleichbehandlung.

- Ebenso liegt es nahe, einen Verstoß gegen die *Solidarität* im Sinne der Katholischen Soziallehre zu sehen. Dabei spielt der eben genannte Aspekt der ungleichen Lastenverteilung eine Rolle. Außerdem ist hier relevant, dass sich die wohlhabenderen Einkommensschichten offenbar nicht in einer Haftungsgemeinschaft stehen sehen. ‚Reiche' übernehmen damit offenbar keine Verantwortung für die von ihnen verursachten Klimaschäden, was jedoch nur teilweise in ihren Händen liegt (dazu müsste die Politik beschließen, diese Gruppen stärker zu belasten). Aber schwer wiegt vor allem, dass sie ihr Konsumverhalten offenbar nicht wirklich ändern. Das wird verschärft durch den von Neckel (2023: 56) erwähnten Umstand, von diesen Verhältnissen auch noch finanziell zu profitieren.
- Das unveränderte Konsumverhalten der wohlhabenden Schichten verstößt nicht nur gegen das Prinzip der Solidarität, sondern auch gegen das Prinzip der *Nachhaltigkeit*, weil deren Klimaschädigung alles andere als einen sorgsamen Umgang mit der Natur darstellt und die Lebensgrundlagen zukünftiger Generationen bedroht.

Der Vorschlag, „die Klimapolitik stärker auf reiche Verschmutzer*innen" (Neef & Chancel 2022: 37) auszurichten, zeigt sich damit nicht nur als konsequenter Versuch, das Sachproblem (die Klimaschädigung) zu beseitigen. Denn darüber hinaus steht er im Versuch, die eben genannten ethischen Probleme der Ungleichheit zu lösen. Ungleichheit sorgt in diesem Kontext auf verschiedene Weise für *Ungerechtigkeiten*, die abzuschalten sind.[100]

Wenn Sighard Neckel (2023: 56) am Ende seines Beitrags zur *Verschmutzungselite* schlussfolgert, dass die Gefahren der Klimaschädigungen durch Ungleichheit dazu drängen, das Verständnis von ‚Reichtum' und ‚Wohlstand' neu zu bestimmen, dann hat auch das einen ethischen Charakter. Denn *erstens* sind es offenbar die Ungerechtigkeiten durch die Ungleichheit, die den Anlass zu dieser Forderung geben *Zweitens* zielt die Forderung auf die Beseitigung dieser Ungerechtigkeiten und der entsprechenden (ungerechten) gesellschaftlichen Verhältnisse. Die Forderung selbst ist normativ, kommt in ihr doch ein Gestaltungswille – ein Sollen – zum Ausdruck. Und *drittens* wird die Bestimmung eines anderen Verständnisses von ‚Reichtum' und ‚Wohlstand' wiederum eine ethische Reflexion und Abwägung erfordern sowie Bezug auf Basisnormen usw. nehmen.

Bewusst wertend und in ein Plädoyer für die Begrenzung von Reichtum und extremen Reichtum (Superreichtum) eingebettet ist die Argumentation der belgisch-niederländischen Philosophin und Wirtschaftswissenschaftlerin

100 Dies ist – unausbuchstabiert – auch bei Neckel (2023: 50) zum Greifen nahe, wenn er auf die drei Dimensionen der Ungleichheit hinweist, d. h.: „der ungleiche Zugang zu Umweltressourcen, die ungleiche Betroffenheit von ökologischen Risiken sowie das ungleiche Ausmaß in der Verantwortlichkeit für Umweltverschmutzung und Treibhausgasemissionen." Dies lässt sich in ähnlicher Weise wie hier im Text ethisch dechiffrieren z. B. als Verstoß gegen das Prinzip gleicher Achtung (im Rahmen der Verteilungsgerechtigkeit).

Ingrid Robeyns (*1972). Auf den *Limitarismus*, für den Robeyns (2024) plädiert, wird später zurückzukommen sein (in Abschnitt 6.7). Hier sollen erst einmal die Gründe interessieren, die sie anführt, um die Begrenzung von Reichtum zu rechtfertigen. Schließlich sind Reichtum und Superreichtum Ausdruck von Ungleichheit und Robeyns führt Gründe an, warum *diese* Ungleichheit als problematisch einzuschätzen ist.

Ein bereiter Problemkomplex, den Robeyns (2024) dazu thematisiert, lässt sich darauf verdichten, dass extremer Reichtum auf eine Weise zu Stande kam und kommt, die ethisch als ‚nicht legitim' einzuschätzen ist: Reichtum hat (oft) einen „zutiefst unmoralischen und häufig illegalen Charakter" (Robeyns 2024: 82). Diesem Reichtum – und der damit verbundenen Ungleichheit – fehlt deshalb die moralische Legitimität (Robeyns 2024: 83). Robeyns schreibt dazu bewusst vom „schmutzigen Geld". Reichtum kann auf verschiedenen schmutzigen Wegen zu Stande kommen. Zu denken ist etwa an

1. das wirtschaftliche Engagement, das mit *systematischen Verbrechen gegen die Menschlichkeit* im Zusammenhang steht (NS-Verbrechen, Sklaverei usw.);
2. das Verhalten von ‚Kleptokraten' (einer Herrschaftselite, vor allem Staatsoberhäupter), die das eigene Land durch Korruption usw. ausplündern;
3. Geschäftspraktiken, die gezielt den Kundinnen und Kunden schaden (z. B. durch Geschäfte mit süchtig machenden Medikamenten);
4. die Vergesellschaftung/Sozialisierung der Kosten, die auf eigenes Fehlverhalten zurückgehen, z. B. die Folgen einer extrem unvorsichtigen Risikobereitschaft (so etwa im Rahmen der Banken und Finanzkrise 2008) oder aus einem fahrlässigen Umgang mit Sicherheitsrisiken (z. B. die Chemiekatastrophe im indischen Bhopal 1984);
5. die Missachtung von Arbeitsrechten (auch andernorts);
6. die legale Vermeidung von Steuern; und
7. die illegale Hinterziehung von Steuern.[101]

Bezogen auf diese schmutzigen Wege lässt sich präzisieren, gegen welche ethischen Grundsätze dabei konkret verstoßen wird. Zum Beispiel (je nach Weg) gegen die Achtung der Menschenwürde, das Gebot der Universalisierung, die Solidarität, das Verursacherprinzip (d. h. für selbst verursachte Schäden selbst aufzukommen) und Chancengerechtigkeit. Robeyns weist nun darauf hin, dass es

> „nahezu unmöglich ist, extremen Reichtum anzuhäufen und zu bewahren, ohne dass er einen gewissen Anteil schmutzigen Geldes enthält. […] [P]raktisch besteht selbst bei den moralisch einwandfreiesten Helden, die es vom Tellerwäscher zum Millionär gebracht haben und ihre Arbeitskräfte gut behandeln, das hohe Risiko, auf die dunkle Seite abzugleiten, sobald sie einen Finanzberater engagieren." (Robeyns 2024: 119)

---

101 Für diese genannten Punkte siehe ausführlich Robeyns (2024: 85–114).

„[J]eder extreme Reichtum wirft Fragen auf nach dem Schaden, der bei seiner Akkumulation angerichtet wurde, nach einer Buchführung in der Grauzone der Legalität und nach der ungerechten Verschiebung der Grenze zwischen dem, was legal, und dem, was illegal ist.“ (Robeyns 2024: 119–120)

Ein weiterer Problemkomplex, den Robeyns anführt, ist, dass die Ungleichheit die kollektiven Entscheidungsprozesse in der Gesellschaft beeinträchtigt (Robeyns 2024: 124) und damit demokratische Prozesse untergräbt. Sie greift damit das Sachargument auf, Reichtum bedeute Geld und Macht, womit einzelne Personen *mehr Einfluss* auf die politischen Prozesse nehmen können als andere. Zur ethischen Bewertung von Ungleichheit sucht Robeyns (2024: 121–122, 125) bewusst den Bezug zur *Menschenwürde* auf, von der sie über das *Recht auf politische Teilhabe* zum *Prinzip der politischen Gleichheit* als fundamentales Erfordernis liberaler Demokratien gelangt: Damit ist gemeint, dass

„jeder erwachsene Bürger eine Stimme hat, ungeachtet der Herkunft, der Klassenzugehörigkeit, des Geschlechts, der Religion und der politischen Überzeugungen; alle Bürger sollten gleiche Chancen haben, sich direkt oder indirekt an politischen Entscheidungen zu beteiligen.“ (Robeyns 2024: 122)

Ungleichheit in Form von Reichtum und extremen Reichtum stellt diese politische Gleichheit in Frage. Dazu thematisiert Robeyns (2024: 127–131) die Käuflichkeit von Staatsbürgerschaften bzw. Visa und Pässen. Politische Rechte werden damit zur Ware, die sich Superreiche leisten können, andere wiederum nicht. Besonders deutlich wird das damit verbundene moralische Problem an dem Gegensatz, der sich in der Behandlung mit Flüchtlingen auftut:

„Kurz, Flüchtlinge, die eine Aufenthaltsgenehmigung in einem Land des Globalen Nordens anstreben, weil ihre Menschenrechte schwerwiegend verletzt wurden, ihr Leben in ihrem Heimatland bedroht ist oder sie wegen extremer Armut oder den verheerenden Auswirkungen des Klimawandels flüchten mussten, stoßen auf eine Mauer des Widerstands. Unterdessen können sich Multimillionäre und Milliardäre den Zugang einfach erkaufen [...].“ (Robeyns 2024: 130)

Darin liegt ebenfalls ein Verstoß gegen das Prinzip der Chancengleichheit. Darüber hinaus werden die Chancengleichheit, das Prinzip der politischen Gleichheit und die demokratischen Prozesse auch dadurch beeinträchtigt, dass Reiche und Superreiche

- politische Parteien sowie Kandidatinnen und Kandidaten finanziell unterstützen
- Lobbyisten bezahlen, die ihre Interessen durchzusetzen versuchen
- Medienunternehmen kaufen sowie Think Tanks und Forschungseinrichtungen finanzieren, um auf diese Weise Einfluss auf die öffentliche Meinungsbildung und politische Entscheidungsträger zu nehmen (Robeyns 2024: 131–144).

Die *transnationale Kapitalistenklasse* (Robeyns 2024: 147) aus Reichen und Superreichen verfügt also über deutlich mehr Möglichkeiten der politischen Gestaltung der Gesellschaft(en) als der Rest der Menschheit. Damit verbindet sich nicht allein die Ungleichheit in der politischen Teilhabe. Nein, darin lassen sich insgesamt gesellschaftliche Verhältnisse sehen, denen es an der ethischen Legitimität mangelt. Das ist deshalb auch ein ethisches Problem, weil finanzielle Macht – um die es hier geht – mit *Max Weber* (1864–1920) bedeutet, die eigenen Interessen zum eigenen Vorteil auch *gegen* Widerstand durchzusetzen (Weber 1956: 28, §16). Damit stehen die Chancen gut, dass die gesellschaftlichen Verhältnisse nur wenigen Menschen dienen, nämlich den Reichen und Superreichen, während sie von anderen vermutlich als ‚ungerecht', ‚nicht zumutbar' etc. eingeschätzt und daher nur geduldet werden. Die eben genannten Einflussmöglichkeiten von Reichen und Superreichen lassen auch die Gefahr greifbar werden, mit der bestimmte Grundrechte beeinträchtigt sein können, etwa das Recht auf eine unabhängige Presse oder die freie und unabhängige Forschung und Lehre an den Universitäten. Robeyns (2024: 148) geht jedenfalls davon aus, „dass die Wirtschaftselite zu viel politische Macht hat und die Lage für gewöhnliche Leute verschlimmert". Diese Verschlimmerung kann sich im Arbeitsplatzverlust und in wirtschaftlicher Unsicherheit niederschlagen (Robeyns 2024: 148). Das wiederum sind sachliche Konsequenzen, die von vielen Menschen als ‚ungerecht' wahrgenommen werden können und sich entlang verschiedener Gerechtigkeitskriterien und Ethik-Konzepte als ‚ungerecht' dechiffrieren lassen.

Ein weiteres Problem resultiert aus der marktwirtschaftlichen Vorstellung darüber, dass es einen direkten Zusammenhang zwischen Leistung und Entlohnung gibt: Wer viel verdient, hat nach dieser Logik auch viel geleistet. Ein hohes Einkommen und ein großes Vermögen stehen für die individuelle Leistungsbereitschaft. Reichtum gilt dann als ‚verdient'. Die Ungleichheit in Einkommen und Vermögen scheint damit ethisch gerechtfertigt zu sein. Es dann herrscht der Glaube vor, sich durch eigene Leistung in der Gesellschaft emporarbeiten zu können. Robeyns (2024: 209) merkt hierzu kritisch an, dass „wir uns immer noch an den Mythos der Meritokratie" klammern.[102] Demgegenüber lässt sich das Ergebnis des Wirtschaftens nicht immer direkt der individuellen Leistung zurechnen. Nicht in jedem Falle wirtschaftet der Mensch alleine. Kein Mensch wird alleine reich (Robeyns 2024: 201–202). Außerdem sind die wirtschaftlichen Aktivitäten in gesellschaftliche Institutionen (Regeln, Gesetze) sowie in Sozialbeziehungen eingebettet. Deshalb wird in der Forschung teils davon ausgegangen, dass etwa 90 Prozent der Einkommen auf den Beitrag kollektiver Institutionen (Technik, staatliche Strukturen usw.) zurückgehen (Robeyns 2024: 206). Robeyns (2024: 180–209) lässt zwar keinen Zweifel daran, dass das, was als ‚Leistung' wahrgenommen und wirtschaftlich bewertet

102 Zum Narrativ einer meritokratischen Leistungsgesellschaft siehe auch Abschnitt 3.4.

wird, nicht nur auf Einzelne zurückgeht, sondern gesellschaftlich, kulturell, durch Institutionen (Regeln, Gesetze, Organisationen usw.) sowie Sozialbeziehungen bedingt ist. Aber sie geht nicht so weit, die einzelnen betriebswirtschaftlichen bzw. mikroökonomischen Prozesse diesbezüglich zu adressieren, einzuordnen und die ökonomische Produktivitäts- und Leistungsbegriffe auch von dieser Seite her *fundamental* zu kritisieren. Tatsächlich lässt sich aber fragen, was etwa eine Reinigungskraft, die Personalabteilung usw. zum betriebswirtschaftlichen Gesamtergebnis beiträgt. Es kann gut sein, dass sich das gar nicht so einfach in das Leistungsnarrativ einfassen lässt, weil die Leistungen nicht problemlos zurechenbar sind, aber ohne diese Leistungen (Personalabteilung, Reinigung usw.) das Gesamtergebnis gar nicht möglich wäre.

Genau das kritisiert der Wirtschaftsethiker Ulrich Thielemann am Mythos der Meritokratie. In diesem Zusammenhang schreibt er von der „Dschungeltheorie der Einkommenserzielung“:

> „Diese nimmt an, Einkommen würden solitär erwirtschaftet, im einsamen Kampf des Einzelnen im Dschungel des anonymen Marktes. Wer leistungsfähig und fleißig ist, kommt mit einer ‚fetten Beute‘ (sprich: einem hohen Einkommen) aus dem Dschungel in die Gesellschaft zurück, wer weniger leistungsfähig oder fauler ist, bringt halt weniger mit nach Hause.“ (Thielemann 2007: 20)

Dem hält Thielemann kritisch entgegen:

> „Die Dschungeltheorie ignoriert den schlichten Umstand, dass Einkommen stets arbeitsteilig erwirtschaftet werden und Anteile an einem Sozialprodukt bilden – sowohl betrieblich als auch volkswirtschaftlich gesehen.“ (Thielemann 2007: 20)

Übersehen wird ebenso, dass die Menschen in Konkurrenz-Verhältnissen zueinander stehen und sie in dieser Konkurrenz die Erfolgreichen zur erfolgreichen Leistung anspornen. Das heißt, dass auch jene, die als ‚Verlierer‘ aus ‚dem Markt‘ fallen, zur gesamtwirtschaftlichen Leistung beitrugen (in Anlehnung an Thielemann 2007: 20). Vor diesem Hintergrund geht es also immer um die *gemeinsam* zu Wege gebrachte reale Wertschöpfung. Für Thielemann stellt sich Verteilungsgerechtigkeit deshalb als Frage der Fairness dar, die er wie folgt spezifiziert:

> „Fairness bezieht sich [..] auf Verpflichtungen innerhalb bereits bestehender Interaktionsbeziehungen, insbesondere auf Austauschbeziehungen. Ihre Kernfrage lautet: Wie ist die gemeinsame Wertschöpfung auf all diejenigen, die zu ihr beigetragen haben, in fairer Weise zu verteilen? Ebenso lässt sich nach der Fairness der Verteilung der Lasten für eine gemeinsame Sache fragen.“ (Thielemann 2007: 20)

Wenn Vermögen und Reichtum nicht alleine auf der eigenen Leistung basieren, stellt sich die Frage nach der ‚gerechten‘ Verteilung der erwirtschafteten Ergebnisse. Wer hat welchen ‚gerechten‘ Anteil daran? Das wird sicher keine Ethikerin oder Ethiker einsam am Schreibtisch ausrechnen und verordnen (Thielemann 2007: 20). Das wäre im konkreten Diskurs – in Lohnverhandlungen, zum Mindestlohn usw. – zu klären. Von ethischer Seite her lässt sich aber mit Begrifflichkeiten, Überlegungen und Konzepten eine Orientierung geben, entlang der in solchen Diskursen zur Leistung und Verteilung erwogen werden kann. In diesem Zusammenhang wäre dann auch zu klären, welche Diskrepanz in den Einkommen und Vermögen und warum als ‚zumutbar' oder ‚gerecht' empfunden wird. Das bedeutet, dass sich Ungleichheit auch im Lohn bis zu einem gewissen Grade rechtfertigen lässt. Robeyns (2024: 199) jedenfalls hält „Lohndifferenzen bis zu einem Faktor von zehn" für gerechtfertigt, betont aber an gleicher Stelle mit Blick auf reale Verhältnisse: „Aber es kann die Kluft nicht rechtfertigen, die derzeit zwischen Beschäftigten in der Kinderbetreuung und den CEOs herrscht."

Über die drei erwähnten Kritikpunkte an der Ungleichheit hinaus – schmutziges Geld, die Unterminierung demokratischer Prozesse und den Leistungsmythos – greift Robeyns (2024: 152–158) auch den bereits erwähnen Umstand auf, dass Reiche und Superreiche im verhältnismäßig großen Maße Umwelt und Klima beeinträchtigen. Und das ist für sie auch mit ethischen Fragen verbunden:

> „Es gibt eindeutige, nachweisliche Zusammenhänge zwischen der Klimakatastrophe und extremen Reichtum, allerdings ist es wichtig, zu erkennen, dass dies im Kern eine zutiefst moralische Frage ist." (Robeyns 2024: 165)

Dieser Zusammenhang zwischen Ungleichheit und Umweltschäden war weiter oben bereits thematisiert worden und muss deshalb nicht noch einmal wiederholt werden (siehe Abschnitt 6.2 und Unterabschnitt 6.3.1). Es darf daher der Hinweis genügen, dass Robeyns mit der Ungleichheit auch Verstöße gegen das *Verursacherprinzip* sieht.

> „Weil Reiche und Superreiche so ungeheuer reich sind, können sie in allen Lebensbereichen überproportional großen Schaden für das Klima anrichten – und tun dies auch – und schaden damit denjenigen, die zu vulnerabel sind, um sich dagegen zu wehren. Auf diese Weise verstoßen sie dramatisch gegen ein Prinzip, dem alle moralphilosophischen Traditionen zustimmen würden: das Verursacherprinzip." (Robeyns 2024: 161)

Wenige Seiten später spezifiziert Robeyns diese Position und setzt sie wie folgt in einen praktischen Kontext:

> „Die Reichen und die Unternehmen, die im Laufe der Geschichte durchgängig für den größten Teil der Treibhausgasemissionen verantwortlich waren, haben für diese Umweltverschmutzung nicht bezahlt, was es ihnen ermöglicht hat, ihren großen Reichtum anzuhäufen. Dagegen tragen diejenigen, die den Preis bezahlen müssen, keine Verantwortung. Obwohl ihre Pro-Kopf-Emissionen sehr gering sind, droht den Einwohnern der kleinen Inselstaaten im Pazifik, zum Beispiel der Marshall-Inseln, Tuvalus und Kiribatis, der Verlust ihres Landes, ihrer Lebensgrundlagen, ihrer Habe und sogar der Möglichkeit, als Angehörige eines selbstverwalteten politischen Gemeinwesens zu leben." (Robeyns 2024: 165)

Davon sind unausgesprochen Verstöße gegen verschiedene andere Gerechtigkeitsprinzipien berührt (z.B. Chancengleichheit und Menschenwürde, siehe Unterabschnitt 6.3.1). Deutlich adressiert Robeyns die bereits angesprochene

Problematik der ungleich verteilten Lasten bzw. das *Prinzip der gleichen Achtung* (Unterabschnitt 6.3.1). Im Grunde handelt es sich dabei um Defizite in der Verteilungsgerechtigkeit, die Robeyns (2024: 165–166) aber noch einmal separat anführt und dabei auf die Verteilung von Natur als Ressource abstellt: „Die endliche Kapazität der Atmosphäre, Emissionen zu absorbieren, ist eine kostbare Ressource, die der gesamten Menschheit gehört" (Robeyns 2024: 166). Am Recht, Schadstoffe in die Erdatmosphäre zu emittieren, hätten aber „die Reichen und Superreichen mehr als ihren gerechten Anteil" (Robeyns 2024: 165–166) gehabt. Egal, auf welcher Höhe sich faire individuelle Emissionsbudgets bewegen, für Robeyns (2024: 167) ist klar: „[E]s wird erheblich unter dem liegen, was Reiche – und Angehörige der Mittelschicht in reichen Ländern – gegenwärtig emittieren".

In diesem Zusammenhang zeigt sich ein Wertkonflikt, der charakteristisch für marktwirtschaftliche Gesellschaften zu sein scheint und den Robeyns (2024: 177) in einem polemischen Vorwurf ausbuchstabiert: Die Unverletzlichkeit von Eigentumsrechten kostet ‚uns' eine bewohnbare Erde. Tatsächlich steht hier das Recht auf Privateigentum dem *Gemeinwohl* bzw. der *Sozialpflichtigkeit*, mithin aber auch der *Nachhaltigkeit* entgegen. Ein echter Konflikt scheint das aber nur dann zu sein, wenn das Privateigentum als unantastbar angesehen wird. In verschiedenen Ethik-Konzepten (z. B. in der Integrativen Wirtschaftsethik), in der gelebten Rechtspraxis (etwa im deutschen Grundgesetz) und in religiösen Ethiken (z. B. in der Katholischen Soziallehre) wird das Recht auf Privateigentum aber nie absolut und losgelöst von den gesellschaftlichen Verpflichtungen gesehen, sondern es gilt als *sozialpflichtig*. Der Wertekonflikt löst sich auf, wenn die Werte in Hierarchien bzw. Strukturen eingefasst werden und Privateigentum dann als dem Gemeinwohl untergeordnet und verpflichtet angesehen wird. Damit buchstabieren sich die durch Ungleichheit bedingten Schädigungen der Natur als Vergehen gegen das *Gemeinwohl* aus.

Die hier ausgewählten ethischen Gesichtspunkte zur Ungleichheit sollen genügen, um deutlich werden zu lassen, dass und wie sich Ungleichheit auch im praktischen Kontext – entlang Fragen der Lebenspraxis – ethisch erwägen lässt. Für viele Forschende führt offenbar auch kein Weg an einer ethischen Bewertung der Ungleichheit vorbei: Beiträge wie die von Neckel (2023) und Neef & Chancel (2022) illustrieren, wie Forschende in der sachlichen Auseinandersetzung mit Ungleichheit zwangsläufig und bewusst den Boden der Ethik betreten. Die normativen Momente sind dann häufig allgemein gehalten, wenig spezifisch, können aber – wie bei Neckel (2023) – direkt adressiert sein oder nebenbei mitgeliefert werden – Letzteres im Zusammenspiel aus Sachverhalten, beiläufig eingestreuten (Be-) Wertungen und politischen Forderungen. Trotz dieser Beiläufigkeit sind die ethischen Momente als solche deutlich. Sie lassen sich – das wurde hier gezeigt – ethisch vertiefen und fundieren. Mit Robeyns (2024) war hier ein Beispiel vorgestellt worden, dass einerseits Hinweise darauf gibt, wie eine solche Vertiefung aussehen kann. Andererseits bot

Robeyns Argumentation auch einen willkommenen Anlass, um zu illustrieren, dass und wie sich selbst solche stärker (wirtschafts-) ethisch fundierten Betrachtungen der Ungleichheit in einzelnen Punkten vertiefen und weiterdenken lassen. Damit es in den vielen Ausführungen zur Ungleichheit nicht untergeht, sei hier abschließend noch einmal klargestellt, dass die Ungleichheit in der Verteilung von Einkommen und Vermögen auf die Möglichkeiten zur Sicherung des Lebensunterhalts, zum Führen einer soziokulturellen Existenz in der Gesellschaft und zum guten Leben wirkt. Ungleichheit steht mit Wohlstand im Zusammenhang. Wird Wohlstand in den Kontext von Ungleichheit gestellt, dann führt das zu spezifischen ethischen Fragestellungen. Das betrifft zunächst vor allem die Klärung der Frage, wie Ungleichheit (ethisch) zu bewerten ist (‚gut', ‚schlecht' etc.) und welche Gründe sich dazu anführen lassen. Aber dazu zählen dann auch viele ethische Fragen zum Umgang mit Ungleichheit, die sich daran anschließen. Als Konsequenz einer als ‚problematisch' eingeschätzten Ungleichheit wird aktuell diskutiert, diese Ungleichheit zu *reduzieren*. Dies und die damit aufgeworfen ethischen Fragen sollen anschließend erörtert werden.

6.4 Ungleichheit reduzieren und begrenzen, Alternativen zum Privateigentum?

Wenn die Ungleichheit in der Verteilung von Einkommen und Vermögen ein Ausmaß annimmt, dass sachlich wie ethisch als problematisch eingeschätzt wird, liegt es aus wirtschafts- und gesellschaftspolitischer Sicht nahe, *erstens* das problematische Ausmaß an Ungleichheit zu reduzieren und *zweitens* Vorkehrungen dafür zu treffen, dass die Ungleichheit dann nicht wieder dieses problematische Ausmaß annimmt. Beides *kann* die Begrenzung der Ungleichheit umfassen und damit selbstredend auf eine Begrenzung von Einkommen und/oder Vermögen hinauslaufen. In diesem Sinne werden Obergrenzen für Vermögen oder auch Maximal-Einkommen diskutiert. Die Ungleichheit *könnte* aber ebenfalls reduziert werden dadurch, dass die Einkommen der als bislang benachteiligt geltenden Einkommensgruppen gefördert werden, etwa durch höhere Löhne und/oder Möglichkeiten zum Aufbau von Vermögen. Die Einkommen könnten im Detail erhöht werden durch

- höhere Lohnabschlüsse in Tarifverhandlungen,
- eine damit verbundene Allgemeinverbindlichkeitserklärung von Tarifabschlüssen,
- höhere Mindestlöhne und
- steuerliche Entlastungen für ‚vermögensarme' Menschen/Haushalte (Freibeträge, niedrige Tarife für Lohnsteuer usw.).

Damit wäre die Ungleichheit in den Einkommen direkt angegangen. Aber darüber hinaus ist die Vorstellung zu beachten, dass Vermögen aus Einkommen gebildet wird: In diesem Sinne kann mit Blick auf die Vermögensungleichheit die Idee zu Grunde liegen, dass sich mit der Förderung der Einkommen von benachteiligten Einkommensgruppen die Vermögensungleichheit ‚von unten' – von den Einkommen her – auswachsen *soll*. Das wäre aber nur dann realistisch, wenn sich die Ungleichheit der Vermögen durch den Zuwachs an Einkommen bei den ‚vermögensarmen' Haushalten tatsächlich auch auswachsen *kann*. Bei (sehr) großen Vermögensdiskrepanzen und einem ungebrochenen Wachstum der Vermögen muss das aber nicht der Fall sein. Deshalb wird die Reduzierung von Ungleichheit – falls sie ernst gemeint ist – in der Praxis auf einen Maßnahmen-Mix hinauslaufen. Das würde bedeuten, den Aufbau von Vermögen durch die Förderung benachteiligter Einkommensgruppen zu forcieren (siehe oben, z. B. höhere Lohnabschlüsse), aber *zugleich* durch hohe Steuern sowie Vermögens- und Einkommensobergrenzen zu verhindern, dass die Vermögen der Wohlhabenden weiterwachsen und der beabsichtigten Reduzierung davonlaufen.

Diese Perspektive ist nun aber weiterhin durch den Fokus auf Privateigentum geprägt. Die gesellschafts- und gemeinwohlförderliche Lösung zur problematischen Konzentration von Vermögen muss aber gar nicht im breiten Aufbau individuellen Privatvermögens liegen. Statt Privateigentum können auch Formen *kollektiven Eigentums*, *öffentliches Eigentum* bzw. *Gemeineigentum*, *öffentliche Infrastruktur* und *Daseinsvorsorge* gefördert werden. Der Unterschied zum Privateigentum liegt darin, dass diese Dinge nicht nur einzelnen Personen zur Verfügung stehen, sondern *allen*.[103] Das verbinde sich auch mit einem sachlichen – ökologischen – Anliegen: Denn mit Blick auf Klima und Umwelt stellt sich die Frage, wie ökologisch nachhaltig es ist, zum Abbau von Ungleichheit auf privates Eigentum zu setzen. Zum Beispiel kann Wohneigentum einen höheren CO_2-Ausstoß und Flächenversieglung sowie den Verlust von Biodiversität nach sich ziehen (siehe z. B. den Bericht von Heinhaus 2023). Das private Auto, selbst wenn es mit grünem Strom fährt, verbraucht in der Herstellung ebenfalls natürliche Ressourcen und schadet der Umwelt. Es scheint also, dass der Stellenwert, den das Privateigentum heute (2025) noch genießt, eigentlich nicht mehr wirklich in eine Welt passt, die den ökologischen Erfordernissen Rechnung tragen soll (z. B. Reduzierung des CO_2-Ausstoßes und des Materialverbrauchs). Daher lässt sich durchaus diskutieren, ob die Alternative zum Privatbesitz etwa beim Wohnen nicht im Gemeindebau und bei der Mobilität nicht im gut ausgebauten öffentlichen Nah- und Fernverkehr liegen kann.

Diese (sozial-) ökologische Wohlstandsperspektive ist aber mit der Dominanz einer marktwirtschaftlichen Perspektive konfrontiert, in der Wohlstand

103 Bei kollektiven Eigentumsformen wie Genossenschaften steht das Eigentum zumindest einem größeren Personenkreis zur Verfügung als beim reinen Privatbesitz.

nur ‚marktwirtschaftlich' verstanden wird (siehe dazu auch Abschnitt 3.3). Das marktwirtschaftliche Verständnis basiert auf der Vorstellung von „property rights", d. h. auf *Verfügungs- und Eigentumsrechten* – und damit auf Privateigentum (siehe z. B. Krugman & Wells 2017: 129). Diese Rechte bestimmen, was eine Person, in deren Eigentum sich ein Gut oder eine Ressource befindet, damit tun kann – und was den *Nicht-Eigentümerinnen* und *-Eigentümern* untersagt ist (Biesecker & Kesting 2003: 28). Eigentum ist exklusiv und schließt andere aus. Im Kern umfassen diese Rechte,

- das Recht zum Verkauf, zur Vermietung oder Verpachtung der Ressourcen oder Güter, die sich im Eigentum befinden,
- das Recht auf die Erträge aus dem Eigentum,
- das Recht zur Veränderung des Eigentums und
- das Recht zum Verbrauch des Eigentums (Biesecker & Kesting 2003: 28; Mankiw & Taylor 2024: 649).

Typischerweise werden Privatgüter in der (standard-) ökonomischen Theorie durch Rivalität im Konsum und durch Ausschließbarkeit charakterisiert. Die Ausschließbarkeit resultiert aus der eben erwähnten Exklusivität durch die Verfügungs- und Eigentumsrechte. Die Rivalität im Konsum bedeutet, dass es sich um Ressourcen oder Güter handelt, die von mehreren Personen begehrt werden, aber nicht von mehreren Personen gleichzeitig genutzt werden können – nur eine Person kann die Ressource oder das Gut gebrauchen oder (ver-) nutzen (Krugman & Wells 2017: 520).

Diese Verfügungsrechte sind es, die einen ‚Markt' ermöglichen, auf dem zum gegenseitigen Vorteil getauscht werden kann (Krugman & Wells 2017: 129). Die Eigentums- und Verfügungsrechte sind maßgeblich für die *marktwirtschaftlichen* Anreize und Entscheidungen (in Anlehnung an Mankiw & Taylor 2024: 649). Ohne solche Verfügungsrechte und das damit verbundene Privateigentum (Rivalität und Ausschließbarkeit) können ‚Märkte' *nicht* funktionieren und ‚effizient' sein (Krugman & Wells 2017: 521). Für die marktwirtschaftliche Perspektive auf Wohlstand bedeutet dies, Wohlstand und Gemeinwohl tendenziell vom Privateigentum aus zu denken. Marktwirtschaftliche Lösungen, zum Beispiel zur Regulierung von Umweltschäden (CO_2-Steuern, Zertifikate für Schadstoff-Ausstoß usw.), setzen daher beim ökonomischen Kalkül, beim ökonomischen Eigeninteresse und bei den ökonomischen Anreizen an, die um das Privateigentum kreisen. Eben weil auf marktwirtschaftliche Lösungen gesetzt wird, braucht es dann auch das Privateigentum.

Die dominante Denkhaltung, in der Wohlstand gedanklich mit der marktwirtschaftlichen Effizienz verbunden wird, die es nur mit Privateigentum gibt, führt aber auch zu einer grundsätzlich negativen Bewertung anderer – alternativer – Eigentumsformen und Güter. Damit sind vor allem öffentliche Güter (Nicht-Rivalität im Konsum, keine Exklusivität) und *Gemeingüter/Commons/ Allmende* gemeint. Allmende werden in ökonomischen Lehrbüchern teils als *unreine öffentliche Güter* (Engelkamp, Sell & Sauer 2020: 527) bezeichnet und typischerweise durch Rivalität und Nicht-Ausschließbarkeit im Konsum charakterisiert.[104] Damit sind Ressourcen wie Wälder, Fischgründe usw. gemeint, die von allen Menschen genutzt werden können, die aber miteinander um den Konsum dieser Ressourcen konkurrieren:

- Der Platz am öffentlichen Strand ist allen Menschen zugänglich, aber wenn jemand dort liegt, ist der Platz erst einmal ‚weg' (belegt).
- Die Pilze, die im Wald wachsen und von den einen gesammelt werden, stehen dann für andere nicht mehr zur Verfügung.
- Ähnliches gilt für Obstbäume und -sträucher im öffentlichen Raum (z. B. Obstgemeinden bzw. ‚essbare Städte' siehe Essbare Seestadt 2025), zu denen die Allgemeinheit Zugang hat, aber wenn das Obst einmal aufgesammelt ist, lässt es sich natürlich nicht noch einmal von anderen auflesen.
- Fischgründe können allen zur Verfügung stehen, aber ein gefangener Fisch wird nicht mehr von einer anderen Person gefangen werden können.

In der standardökonomischen Erzählung sind solche Allmende bzw. Gemeingüter durch die ‚Tragik der Allmende' charakterisiert: Sie werden übernutzt, dadurch vernutzt und damit irreparabel beschädigt und vernichtet. Zum Beispiel schreiben Apolte et al. (2019) in ihrem *Kompendium der Wirtschaftstheorie und Wirtschaftspolitik*:

> „Sobald eine Ressource unbeschränkt allen Menschen zur Verfügung stehe, versucht jeder Mensch diese für sich ertragsmaximierend zu nutzen. Die sich daraus ergebende Übernutzung führe zum Raubbau an diesen Ressourcen, wodurch sich die Nutzer selbst schädigen würden." (Apolte et al. 2019: 67)[105]

Dieses Zitat zeigt eindrücklich die *marktwirtschaftliche Sicht*, mit der auf diese Allmende geblickt wird: Viele Menschen konkurrieren um das öffentlich zugängliche Gut, zu dessen Nutzung es offenbar auch keine gesellschaftlichen Regeln zu geben scheint, und versuchen dabei ihren Nutzen zu *maximieren*. Es sind aber die damit verbundenen *marktwirtschaftlichen* Annahmen dieser Perspektive (Rivalität, Nutzenmaximierung usw.), die die Tragik der Allmende als unausweichlich erscheinen lassen. Die Tragik der Allmende, so ließe sich zugespitzt formulieren, liegt dann weniger in der Allmende an sich als in der marktwirtschaftlichen Perspektive, mit der auf die Allmende geblickt wird.

Tatsächlich ist das einer der wesentlichen Kritikpunkte an dieser in der modernen Ökonomik weit verbreiteten marktwirtschaftlichen Sicht auf die All-

---

104 Zum Beispiel bei Krugman & Wells (2017: 532), Engelkamp, Sell & Sauer (2020: 524) und Apolte et al. (2019: 66–67).

105 Ähnlich findet sich die Tragik der Allmende auch in den ökonomischen Lehrbüchern von Engelkamp, Sell & Sauer (2020: 527–529) und Krugman & Wells (2017: 532–533) beschrieben. Historisch wird dazu der Aufsatz „The Tragedy of the Commons" des Biologen *Garret Hardin* (1915–2003) herangezogen, der dazu das Beispiel einer Übernutzung einer Weidefläche – durch Schafe – beschrieb (siehe Helfrich & Stein 2011: 9–10).

mende. Insbesondere die Annahme der Nutzenmaximierung scheint dort so ‚natürlich' und plausibel, vor allem wenn sie mit praktischen Beispielen unterlegt ist, dass nicht mehr hinterfragt wird, ob sich Allmende auf diese Weise allgemeingültig und angemessen charakterisieren lassen. Wie folgenreich diese Annahme ist, das lässt sich bei Helfrich & Stein (2011: 10) nachlesen:

> „Die Metapher [der Tragik der Allmende; Anm.d.Verf.] vernachlässigt, dass Menschen über die Auswirkungen ihrer Handlungen reflektieren können und dies auch tun. Sie ignoriert, dass wir Probleme erkennen und miteinander kommunizieren. Dadurch wird [...] den Menschen von vornherein die Möglichkeit abgesprochen, eine Weide – und viele andere kollektiv zu nutzende Ressourcen – gemeinschaftlich und selbstbestimmt im langfristigen Interesse jener zu bewirtschaften, die direkt davon abhängen."

Hinzu kommt die Vorstellung, „die Allmende sei niemandem zugehörig, und in ihr könne sich jeder alles nehmen" (Helfrich & Stein 2011: 10). In der Auseinandersetzung „mit der historischen und modernen Allmende" zeigt sich aber, dass für sie „gemeinsam vereinbarte Zugangs- und Nutzungsregeln charakteristisch sind":

> „Die Allmende ist also an Nutzergruppen ‚gebunden', die ihrerseits Nutzungsregeln vereinbaren (eine dieser Regeln kann sein, dass das betreffende Gut auch allen anderen zugänglich ist)." (Helfrich & Stein 2011: 10)

Die marktwirtschaftliche Perspektive ignoriert das und unterstellt eine *nicht verwaltete Gemeinressource*. Dem setzen Helfrich und Stein konsequent ein anderes Verständnis von Allmende bzw. Gemeingut entgegen:

> „Da der Begriff an Gemeinschaften gebunden ist, bezeichnet er nicht die Ressourcen an sich - zunächst Wasser, Land, Wälder und dergleichen, zunehmend auch Software, Sprache und Kulturtechniken -, sondern vielmehr deren Verbund mit spezifischen Formen sozialer Übereinkünfte in der kollektiven Nutzung derselben. Gemeingüter entstehen überhaupt erst dann, wenn Nutzergemeinschaften Zugangs- und Nutzungsregeln aushandeln, die allen dienen." (Helfrich & Stein 2011: 11)

Als Beispiele für solche Allmende führen Helfrich & Stein (2011: 12–13) energieautonome Städte und Gemeinden und regionale, dezentrale Versorgungsstrukturen an, sogenannte DORV-Zentren (Dienstleistung und ortsnahe Rundumversorgung).

Mit den Ausführungen zur Allmende sollte deutlich geworden sein, *erstens* wie problematisch eine rein marktwirtschaftliche Sicht auf die Alternativen zur Verringerung von Vermögensungleichheit sein kann. *Zweitens* sollte dafür sensibilisiert werden, dass sich ‚Wirtschaften' nicht auf ‚Marktwirtschaft' reduzieren lässt, sondern auf ganz verschiedenen Wegen und mit verschiedenen Logiken ‚gewirtschaftet' werden kann. Ergänzend dazu lässt sich auf die Sphären des Wirtschaftens nach Biesecker & Kesting (2003: 13) verweisen (Versorgungsökonomie, Non-Profit-Ökonomie usw., siehe Abb. 2 in Abschnitt 3.5). Was wirtschaftlich vernünftig ist, das entscheidet sich also nicht allein an einer marktwirtschaftlichen Effizienz, die auf dem Ideal von Markt und Privateigentum basiert. Mehr noch, dieser marktwirtschaftliche Blick ist eben auch nicht geeignet, um andere Wirtschaftsformen angemessen zu erfassen und zu beurteilen. Mit der damit verbundenen anderen Sicht auf ‚das Wirtschaften' geht auch ein anderes Verständnis von Wohlstand einher: Wohlstand ist dann nicht mehr nur in der Sphäre der Marktökonomie und auf Basis von Privateigentum möglich, sondern Wohlstand kann auch in anderen Wirtschaftssphären und auf Basis anderer Eigentumsformen entstehen.

Das hat unmittelbare Konsequenzen für den Umgang mit der Vermögensungleichheit, die in den nachfolgenden Abschnitten im Fokus stehen soll: Denn wenn Wohlstand auch auf andere Art und Weise möglich ist als durch Marktprozesse und Privateigentum, dann bieten sich kollektive Eigentumsformen, gemeinschaftlich verwaltete Gemeingüter usw. als Möglichkeiten an, Wohlstand in der Breite – für alle – zu fördern. Dieser Hinweis sollte nicht zu dem Trugschluss verleiten, damit hätte sich die Reduzierung von als ‚problematisch' eingeschätzten Vermögensdiskrepanzen – etwa durch Vermögenssteuern – erledigt. Tatsächlich kann es weiterhin notwendig sein, die Konzentration von Vermögen sozusagen von ‚oben' durch Steuern abzubauen und sie zu deckeln. Es sollte hier lediglich der Denkraum aufgestoßen werden dafür, dass das gute Leben nicht zwangsläufig *nur* im Aufbau von Privateigentum liegen muss. Es gibt Alternativen dazu, Vermögensdiskrepanzen durch die Förderung von Privateigentum – in der Breite – ‚abzubauen'. Wohlstand für alle kann auch durch Formen kollektiven Eigentums möglich sein.

6.5 Exkurs: Untergrenzen

Nachfolgend soll es um *Obergrenzen* für Einkommen und Vermögen gehen. Aber weil diese auch die Frage nach Untergrenzen provozieren, sei der Vollständigkeit halber kurz auf die Untergrenzen eingegangen. Untergrenzen haben in diesem Kontext die Funktion eines sozialen Mindeststandards, der die Lebensgrundlagen, die Existenz in der Gesellschaft und ein Mindestmaß an Teilhabe an der gemeinsam erbrachten Wertschöpfung und am Wohlstand sichern soll. Dabei bezieht sich die Sicherung der Lebensgrundlagen und der Existenz in der Gesellschaft vor allem auf den Aspekt der *Bedarfsgerechtigkeit.* Um Wiederholungen zu vermeiden, sei für die Rechtfertigung der Bedarfsgerechtigkeit auf die hier vorgelagerten Ausführungen verwiesen: Im Wesentlichen geben dazu ethische Prinzipien wie die Menschenwürde, Subsidiarität (Hilfe zur Selbsthilfe) und das Gemeinwohl (im Sinne der vitalen Grundbedürfnisse aller Menschen) eine normative Orientierung (Kapitel 5).

Untergrenzen können ferner durch einen Aspekt der *Verteilungsgerechtigkeit* getragen sein, wobei sich beides (Bedarfs- und Verteilungsgerechtigkeit) z. B. beim Mindestlohn überlagern kann. Eine Untergrenze würde dann für ein

Mindestmaß an Verteilungsgerechtigkeit stehen. In marktwirtschaftlich organisierten Gesellschaften wird dazu üblicherweise die Orientierung an der Leistung im direkten Produktionsprozess gesucht: Eine Verteilung wäre in diesem Sinne dann gerecht, wenn sie der individuellen Leistung entspricht. Allerdings ist es nicht (immer) einfach, diese Leistung zu identifizieren. Dazu sei nochmals an die Frage erinnert, welchen Beitrag etwa die Reinigungskräfte oder die Personalabteilung in einem betrieblichen Produktionsprozess leisten (siehe die Ausführungen im Unterabschnitt 6.3.2). Darüber hinaus wird nichts ‚isoliert' für sich erwirtschaftet, sondern immer gemeinsam im gesellschaftlichen Kontext. Daher lässt sich analytisch zwischen der direkten und der indirekten Beteiligung an der gemeinsamen Wertschöpfung im volkswirtschaftlichen Produktionsprozess unterscheiden. Aus beiden Gesichtspunkten heraus rechtfertigt sich ein Mindestmaß an Teilhabe an der volkswirtschaftlichen Wertschöpfung. Abgesehen davon lässt sich hier aber auch auf die *Subsidiarität* als Rechtfertigung für Untergrenzen verweisen: Wird Subsidiarität als Hilfe zur Selbsthilfe verstanden, so kann eine Untergrenze für Einkommen und Vermögen die Möglichkeit sicherstellen, sich proaktiv selbst helfen zu können. Das ist ein weiterer Aspekt, der über die Existenzsicherung hinaus die Sicherung eines Mindestmaßes an Wohlstand rechtfertigt.

In der praktischen Umsetzung solcher Untergrenzen können wohlfahrtsstaatliche Instrumente wie Sozialtransfers bei Erwerbslosigkeit, aber auch Mindestlöhne zum Einsatz kommen. Vor allem mit Blick auf ein Mindestmaß an Wohlstand sind auch steuerliche Freibeträge und Freibeträge bei Erbschaften bekannte Instrumente, die im hier gemeinten Sinne eine Untergrenze darstellen (in diesem Falle: für Vermögen). Ein Vorschlag, der ebenfalls in die Richtung einer Untergrenze geht und in jüngerer Zeit diskutiert wird, ist das *Grunderbe*: Junge Menschen sollen ein Startkapital in Höhe von 20.000 Euro erhalten, das sie für die Aus- und Weiterbildung, den Erwerb von Wohneigentum, die Gründung eines Unternehmens, die Bildung von Finanzvermögen oder zur Altersvorsorge verwenden können (Bach 2024). Mit solchen Untergrenzen verbinden sich viele ethische Fragen (etwa zur Bedarfsgerechtigkeit), aber auch Fragen zur konkreten politischen Umsetzung. Nachfolgend sollen aber die Obergrenzen von Einkommen und Vermögen sowie die damit verbundenen ethischen Fragen sowie Schwierigkeiten im Vordergrund stehen.

6.6 Einkommensobergrenzen

In der Auseinandersetzung mit Ungleichheit werden für gewöhnlich die erwähnten Gini-Kenngrößen angeführt. Dabei fallen die Gini-Maße für die Einkommensverteilung kleiner aus als die für die Verteilung des Vermögens in der Gesellschaft (Unterabschnitt 6.1.1). Forschende wie Ingrid Robeyns, die zur Ungleichheit arbeiten, weisen deshalb darauf hin, dass „die größte Ungleichheit bei den Vermögen, nicht beim Einkommen besteht“ (Robeyns 2024: 63). In der Debatte über Ungleichheit wird das bisweilen für den rhetorischen Trick genutzt, mit dem Verweis auf die niedrigere Ungleichheit bei den Einkommen die Problematik der Ungleichheit *allgemein* zu relativieren und von der Vermögensungleichheit abzulenken. Davon abgesehen können die Gini-Maße zum Einkommen den Eindruck vermitteln, dass die Probleme der Ungleichheit nicht in erster Linie bei den Einkommen zu suchen sind.

Dem gegenüber steht aber *erstens* der systematische Zusammenhang, dass Vermögen – wenn es nicht aus Schenkung und Erbschaft resultiert – auf dem individuellen Einkommen basiert. Es handelt sich dabei auch um einen systematischen Zusammenhang auf der *ideologischen Ebene*: Denn zur Rechtfertigung von großen Vermögen und Vermögensungleichheit wird in kapitalistischen Gesellschaften üblicherweise ein Leistungsnarrativ in Anschlag gebracht, wonach das Vermögen aus der individuellen Leistung hervorgeht und damit auf der Einkommensebene entsteht. Dieser Erzählung folgt etwa der bekannte Mythos vom „Tellerwäscher zum Millionär“. Darauf basiert dann wiederum das wirtschaftsliberale Rechtfertigungsnarrativ, mit dem Vermögens- und Erbschaftssteuern abgelehnt werden: Es wäre Unrecht, wenn sich die Gesellschaft an diesem Vermögen vergeht, schließlich sei es durch individuelle Leistung – durch saure Arbeit, mit beträchtlicher Anstrengung, im Schweiße des Angesichts – zu Stande gekommen. Viele Fachleute ‚der‘ Ökonomik sehen es ähnlich und stehen daher der Besteuerung von Vermögen kritisch gegenüber. Sie schlagen deshalb für gewöhnlich vor, den Vermögensaufbau für weniger vermögende Einkommensschichten zu fördern, um die Vermögensungleichheit zu reduzieren. Kritisch wäre dazu aber einzuwenden, dass sich eine bestehende hohe Ungleichheit in den Vermögen sehr wahrscheinlich nur sehr langsam (wenn überhaupt) auf natürlichem Wege ‚auswachsen‘ wird.

Zweitens fallen aber auch die Diskrepanzen in den Einkommen auf, die selbst die eben zitierte Ingrid Robeyns thematisiert: „[D]er CEO von Disneyland verdient das 2000-Fache des Lohns eines ‚Parkwächters‘, während es 1967 lediglich das 78-Fache war“ (Robeyns 2024: 228). Das, was Robeyns in diesem Beispiel anführt, wird in der Forschung als *Wage Ratio* bezeichnet und im deutschsprachigen Bereich vor allem unter dem Begriff „Manger to Worker Pay Ratio“ thematisiert: Gemeint ist damit das Verhältnis der durchschnittlichen Bezahlung von leitenden Angestellten einer Unternehmung – Personen im Management und Top-Management – zu den durchschnittlichen Personalkosten bzw. zur durchschnittlichen Bezahlung der Angestellten im Unternehmen; das Verhältnis der Bezahlung der Unternehmensvorstände (CEOs) zur durchschnittlichen Bezahlung der Angestellten wir als *CEO to Worker Pay Ratio* bezeichnet (siehe Weckes & Berisha 2016: 3; Weckes 2018: 2). Teils findet sich auch der Bezug zur niedrigsten Bezahlung im Unternehmen.

In ihrer Studie zeigt Weckes (2018: 3–4) für die 30 größten Unternehmen, die am deutschen Aktienmarkt beteiligt sind (DAX 30), dass im Jahr 2017

- die durchschnittliche Worker-to-Pay-Ratio beim 71-Fachen lag
- der Median-Wert der Worker-to-Pay-Ratio im Vergleich zu 2014 zunahm und 2017 das 68-Fache betrug (2014 lag dieser Wert beim 48-Fachen) und
- die Vergütung zwischen dem 20-Fachen und dem 159-Fachen variierte.[106]

Die CEO-to-Worker-Pay-Ratio, also das Verhältnis der ‚normalen' Durchschnittsbezahlung in den DAX-30-Konzernen zu der Bezahlung ihrer Vorständen, variierte 2017 zwischen dem 25-Fachen und dem 232-Fachen; die durchschnittliche CEO-to-Worker-Pay-Ratio lag beim 97-Fachen, der Medianwert beim 85-Fachen (Weckes 2018: 4–5). Wird die Vergütung der Vorstandsvorsitzenden herausgerechnet, lag die CEO-to-Worker-Pay-Ratio der ordentlichen Vorstandsmitglieder der DAX-30-Konzerne 2017 im Durchschnitt beim 45-Fachen, im Mittel (Median) beim 43-Fachen und variierte zwischen dem 14-Fachen und 107-Fachen (Weckes 2018: 5).

Zum Vergleich: Die durchschnittliche Manager-to-Worker-Pay-Ratio der 20 Unternehmen, die 2023 im österreichischen Aktienmarkt tätig war (ATX), lag beim 62-Fachen und betrug durchschnittlich 2,4 Millionen Euro (Hudelist & Haager 2024). Der britische Guardian berichtete 2022 über eine Studie, die 300 Unternehmen in den USA untersuchte und zeigte, dass die durchschnittliche CEO-to-Worker-Pay-Ratio dort das 670-Fache betrug und die Bezahlung der CEOs in 49 Unternehmen über dem 1.000-Fachen lag (Rushe 2022). Eine Untersuchung zu Unternehmen in den USA, die der amerikanische Kongressabgeordnete Keith Ellison (2018) veröffentlichte, zeigte eine CEO-to-Worker-Pay-Ratio, die vom Zweifachen bis etwa zum 5.000-Fachen reichte.

Über die Kennzahlen und Diskrepanzen in der Bezahlung mag sich im Detail streiten lassen. Unstrittig dürfte aber sein, dass die Einkommen von leitenden Angestellten und Vorständen ganz deutlich ein Vielfaches dessen betragen, das normalen Angestellten im Unternehmen durchschnittlich zugestanden wird. Für gewöhnlich werden die hohen Gehälter mit einer höheren Leistung und/oder Verantwortung gerechtfertigt. Weckes & Berisha (2016: 3) betonen dagegen, dass das Ausmaß dieser hohen Gehälter „mit Sicherheit nicht das Resultat von [..] höherer Leistung" ist, sondern vielmehr in anderen Umständen begründet liegt. Zum rechtfertigenden Verweis auf die Leistung lassen sich folgende zwei Kritikpunkte ergänzen.

1. Auf der betrieblichen Ebene gestaltet es sich nicht immer als einfach, die ‚wahre' Leistung zuzurechnen. Wer leistet welchen Beitrag zum Gesamtergebnis? Wie ist das zu ermitteln? Welchen Beitrag leistet etwa die Reinigungskraft oder die Küchenhilfe in der Werkskantine zur realen Wert-

106 Mit dem Medianwert ist allgemein jener Wert gemeint, der genau in der Mitte bzw. der Hälfte der untersuchten Unternehmen auftaucht.

schöpfung? Reinigung wie Küchenhilfe mögen zwar nicht direkt bzw. unmittelbar an der Wertschöpfung beteiligt sein, aber wenn mangels Sauberkeit eine Havarie ausbricht und oder mangels Hygiene in der Kantine große Teile der Belegschaft ausfallen, dann wird sich das deutlich auf die Produktion der Unternehmung auswirken. Und zwar negativ. Wie ist dann also die Leistung solcher Tätigkeiten in *fairer* Weise zu ‚bewerten'? Dementsprechend lässt sich die Skepsis von Gerhard Bosch (2010: 216) vom *Institut Arbeit und Qualifikation* (IAQ) verstehen, wenn er in einem Artikel für den *Wirtschaftsdienst* festhält, „dass sich marktgerechte Löhne nicht berechnen lassen". Die Idee, dass Löhne durch individuelle Produktivität bestimmt werden, zieht er in Zweifel (Bosch 2010: 216).

2. Das Wirtschaften findet nicht im luftleeren Raum statt, sondern ist eingebettet in gesellschaftliche Institutionen (Regeln). Dazu sei noch einmal an den Hinweis von Robeyns (2024: 206) erinnert, dass die Einkommen zu etwa 90 Prozent das Resultat von kollektiven Institutionen (Technik, staatliche Strukturen usw.) sind. Wie ist *diese* ‚Leistung' zu berücksichtigen?

Darüber hinaus werfen die Diskrepanzen in den Einkommen, um die es hier geht, grundsätzlich die Frage auf, was diese Differenzen mit Leistung zu tun haben sollen. Ist es überhaupt möglich, dass eine Person im Management das 68-Fache, 71-Fache oder gar über 1.000-Fache einer anderen Person im Unternehmen *leistet*? Der Wirtschaftsethiker Ulrich Thielemann weist in diesem Zusammenhang darauf hin, dass der Tag eben nur 24 Stunden hat und sich daraus Grenzen für die Vergütung ergeben:

> „Schließlich hat der Tag nur 24 Stunden, und zwar für alle. Und selbst ein noch so hoher Ausbildungsaufwand oder auch ein noch so großes Talent [...] kann nichts daran ändern, dass den Vergütungsdifferenzen Grenzen gesetzt sind." (Thielemann 2007: 21)

Vor diesem Hintergrund lässt sich bezweifeln, dass die oben genannten Differenzen in den Gehältern etwas mit Leistung zu tun haben. In den Augen von Weckes & Berisha (2016: 3) läge das 10-, 20- oder 30-Fache beim Verdienst im Top-Management in einem Bereich, der sich „noch durch die Theorie rechtfertigen und billigen" ließe. *Diese* Diskrepanzen liegen auf jeden Fall deutlich unter dem, was etwa in den DAX-30-Unternehmen üblich ist (gemessen am Median oder Durchschnitt). Ähnliches gilt für Thomas Piketty, dem eine Lohndifferenz von eins zu fünf als *ausreichend* erscheint (Piketty & Sandel 2025: 104); und für Robeyns (2024: 199), die „Lohndifferenzen bis zu einem Faktor von zehn" für gerechtfertigt hält. Auch der amerikanische Ökonom Herman Daly (1938–2022), der sich u. a. mit Nachhaltigkeit befasste und in Arbeiten zum Postwachstum/Degrowth zitiert wird (etwa Adler 2022), hielt das Verhältnis 1:10 für gerechtfertigt und zumindest für allgemein üblich; allerdings sei dieses Verhältnis nicht in Stein gemeißelt, es könne auch bei 1:20 liegen:

> „There is nothing sacred about a factor often, but it does have some empirical basis in a number of large organizations such as the civil service, the military, and universities. If a

factor of ten is too egalitarian for our individualistic society, one could substitute a factor of twenty." (Daly 1996: 202–203)

Auch dabei wird die Ungleichheit in den Einkommen für gewöhnlich mit Leistung und Leistungsgerechtigkeit in Verbindung gebracht. Das Kriterium der Leistungsgerechtigkeit gilt dieser kritischen Perspektive offenbar ebenfalls als *normative Richtschnur*, selbst wenn es nicht immer deutlich ausbuchstabiert ist. Die Diskrepanzen in den Einkommen, die – je nach Literatur – das 10-Fache oder 30-Fache *überschreiten*, werden dann deshalb als nicht ethisch legitim angesehen, weil es für wenig plausibel gehalten wird, dass diese Verhältnisse etwas mit Leistung zu tun haben.

Jedoch sind auch die deutlich niedrigeren Differenzen, die etwa Robeyns (2024: 199) oder Weckes & Berisha (2016: 3) als ‚akzeptabel' in den Raum werfen, erklärungs- und rechtfertigungsbedürftig. Es erscheint zudem zweifelhaft, dass sich Einkommensdifferenzen zwischen dem 10- bis 30-Fachen „durch die Theorie rechtfertigen und billigen" (Weckes & Berisha 2016: 3) lassen.[107] Welche ‚Theorie' überhaupt? Rechtfertigung und Billigung erfordern eine *ethische Abwägung* – und nicht einfach eine Theorie.

Um die Differenzen in den Einkommen ethisch zu bewerten, sei hier vorgeschlagen, einen *retrospektiven Blick auf das hypothetische Lebenseinkommen* zu werfen: In Anlehnung an die Manager-to-Worker-Pay-Ratios und die CEO-to-Worker-Pay-Ratios sei angenommen, eine Person im Top-Management eines Unternehmen verdiene ein ganzes Erwerbsleben lang das 65-Fache, 68-Fache, 232-Fache oder gar das 1.000-Fache einer anderen – normal angestellten – Person im Unternehmen. Dann würde das am Ende dieses Erwerbslebens bedeuten, dass die andere – schlechter bezahlte – Person 65, 68, 232 oder 1.000 Mal ‚wiedergeboren' werden und eine entsprechende Zahl an Erwerbsleben führen müsste, um auf den Betrag zu kommen, der einer Person im (Top-) Management *in einem Erwerbsleben* zufällt. Da jeder Mensch aber nur ein Leben hat, ist es gar nicht möglich, mehrere Erwerbsleben zu leben. Daraus resultiert ein fundamentaler Gerechtigkeitskonflikt. Dieser lässt sich auch mit der Frage formulieren, ob eine Person in einem Leben tatsächlich 65, 68, 232 oder gar 1.000 Mal mehr als eine andere Person leistet. Doch selbst bei den von anderen Fachleuten als ‚akzeptabel' eingestuften Diskrepanzen um das 10- bis 30-Fache dürfen deshalb Zweifel aufkommen. Diese Zweifel können sich noch beim Vier- oder Achtfachen einstellen: Denn leistet ein Mensch in seinem Leben tatsächlich vier oder acht Mal mehr als ein anderer Mensch? Ist es

107 Ähnlich auch Bosch (2010: 215) zu den steigenden hohen Entlohnungen im Top-Management: „Um so unterschiedliche Entwicklungen bei den Löhnen zu erklären, braucht man schon eine außerordentlich leistungsfähige Theorie, wie sie in den Sozialwissenschaften, wozu auch die Wirtschaftswissenschaften zählen, kaum zu finden ist. Mit einfachen Annahmen über leistungsrechte Bezahlung aus der neoliberalen Wirtschaftstheorie, die oft mit dem Anspruch universeller Gültigkeit formuliert werden, wird man nicht sehr weit kommen. Man wird andere Erklärungsansätze hinzuziehen müssen."

wirklich zu rechtfertigen, dass ein Mensch vier oder acht Mal wiedergeboren werden müsste, um das zu leisten und an Einkommen zu erhalten, das anderen in einem Leben zugestanden wird?

Um Missverständnissen vorzubeugen, sei zunächst klargestellt, dass die *tägliche* Leistungsfähigkeit der Menschen im real erfahrbaren Erwerbsleben natürlich von verschiedenen Umständen abhängt. Die Tagesform bedingt die Leistung genauso wie etwa chronische oder vorübergehende Krankheiten, psychische Belastungen oder der Einfluss von Wetterereignissen. Es ist daher auch gar nicht zu bezweifeln, dass die individuelle Leistung und Leistungsfähigkeit in der kurzen und mittleren Frist variieren kann. Dem *retrospektiven Blick auf das hypothetische Lebenseinkommen* geht es aber nicht um einzelne Ausnahmen oder die Tagesform, sondern um eine langfristige (durchschnittliche) Perspektive – um einen Rückblick auf ein hypothetisches *Erwerbsleben*. Vor diesem Hintergrund sind sowohl die großen Einkommensdifferenzen wie das 65-Fache, 68-Fache, 232-Fache bis über 1.000-Fache als auch die dazu häufig nonchalant als ‚akzeptabel' genannten Differenzen (10-Fache, 20-Fache usw.) schwierig zu rechtfertigen. Welche Lohndifferenz ganz konkret als gerechtfertigt angesehen werden kann, das lässt sich nicht allgemeingültig über alle Tätigkeiten, Branchen und Zeiten hinweg diktieren – das muss im jeweils konkreten Kontext und bestenfalls im Diskurs bzw. Dialog erwogen werden. Aber auf Basis der hier präsentierten Überlegungen scheint es denkbar zu sein, dass ein ethisch fundierter und integrerer Austausch über Einkommensdifferenzen zu dem Ergebnis führen kann, diese Differenzen seien deutlich unterhalb des Zehnfachen anzusiedeln und sollten das Zweifache *nicht* übersteigen.

An dieser Stelle ist noch einmal auf die *Produktivität* zurückzukommen, mit der sich ökonomisch die Vorstellung von Leistung verbindet und oft die Einkommensdifferenzen begründet werden. Zwar gibt es – wie bereits dargelegt – ernste Zweifel daran, ob und wie sich eine Produktivität ermitteln lässt. Für die Praxis spielt das aber insoweit eine untergeordnete Rolle, als sich Produktivität auch als volkswirtschaftliche Statistik-Größe heranziehen lässt. *Diese* wird dann makroökonomisch aus dem BIP (Output) und dem volkswirtschaftlichen Arbeitsvolumen (Input) gebildet. Der Bezug darauf ist in praktischen und fachlichen Diskussionen zu Löhnen und in (gewerkschaftlichen) Lohnverhandlungen normalerweise der Fall. Für Österreich lässt sich dazu an die nach dem Gewerkschafter und Politiker *Anton Benya* (1912–2001) benannte Formel erinnern: Die Lohnsteigerung soll sich nach dieser Benya-Formel an der Preissteigerung (Inflation) und am mittelfristigen gesamtwirtschaftlichen Produktivitätszuwachs orientieren (Weiss 2022). Die Produktivität bzw. der Produktivitätsfortschritt zeigt dann den Verhandlungsspielraum bzw. Verteilungsspielraum für die Lohnhöhe an. Dementsprechend wird auch von produktivitätsorientierter Lohnpolitik gesprochen. Das ist z. B. auch in Deutschland so. Exemplarisch für andere zeigt sich das in den Äußerungen von *Gustav Horn*, dem ehemaligen Direktor des Instituts für Makroökonomie und Konjunkturforschung (der Hans-Böckler-Stiftung des Deutschen Gewerkschaftsbundes). Die Grundlage für den lohnpolitischen Spielraum, so betont er,

> „ist zweierlei: der Trend der gesamtwirtschaftlichen Produktivitätsentwicklung und die entsprechend dem Stabilitätsziel der Europäischen Zentralbank zulässigen Preissteigerungen." (zitiert nach Hans-Böckler-Stiftung 2006)

Eine solche Lohnformel mag dann eine Orientierung für den potenziellen *Zuwachs* an Einkommen bieten, der wiederum einen Einfluss auf die gesellschaftliche Ungleichheit in den Einkommen haben kann. Aber es geht dort um *relative* Zahlen (Prozentwerte). Die Formel sagt nichts über die die absolute Höhe der Einkommen, die Qualität dieser Höhe und die Einkommensdifferenzen aus – und sie kann auch keine ethische Rechtfertigung der Einkommensdifferenzen ersetzen. Mit der Qualität der Lohnhöhe ist dabei z. B. die Möglichkeit gemeint, von der Entlohnung die eigene Existenz fristen zu können.

Wie an anderer Stelle bereits erwähnt, überlagern sich in einer Arbeitsgesellschaft die Aspekte der Bedarfs- und Verteilungsgerechtigkeit.[108] Das heißt, wenn davon ausgegangen wird, dass die Menschen in einer Arbeits- und Marktgesellschaft ihre Existenz durch den Verkauf ihrer Arbeitskraft bestreiten *sollen*, dann hat ihre Entlohnung – und damit ihr Einkommen –existenzsichernd zu sein (Bedarfsgerechtigkeit) *und* ein gewisses Maß an Teilhabe an der Wertschöpfung zu garantieren (Verteilungsgerechtigkeit). Dabei handelt es sich um *Mindestvoraussetzungen* für eine gerechte (faire) Entlohnung. Streng genommen geht es dabei natürlich um eine Lohnuntergrenze.

Aber für die Einkommensdifferenzen und die Begrenzung der Einkommen sind diese Untergrenzen deshalb relevant, weil die ethische Legitimität der Erwerbsverhältnisse und Produktionsprozesse von diesen Mindeststandards der Entlohnungen abhängt. Davon ist auch die ethische Legitimität der hohen Einkommen berührt, wie sie im Top-Management gezahlt sein mögen. Damit sind – erstens – Produktionsprozesse, in denen nicht existenzsichernde Löhne gezahlt werden, ökonomisch, aber vor allem auch ethisch zweifelhaft. Zweitens erweist es sich dann auch als ethisch fragwürdig, anderen Personen im Unternehmen – etwa im Top-Management – ein Einkommen zu zahlen, das deutlich ein Mehrfaches über der notwendigen Existenzsicherung einer nicht existenzsichernd bezahlten Lohnarbeitskraft liegt. Damit steht zum Beispiel die Solidarität im Unternehmen in Zweifel.

Anders formuliert rechtfertigt sich *in einem solchen Kontext* auch eine Begrenzung der (hohen) Einkommen. Der Umstand, dass bei der Bezahlung vor allem im Top-Management ein ethisches Problem – konkret: ein Gerechtigkeitsproblem – vorliegen kann, ist durchaus anerkannt. Das lässt sich zum Beispiel am *Deutschen Corporate Governance Kodex* ablesen. Zur Vergütung von

108 Siehe dazu den Unterabschnitt 5.4.2 zum Mindestlohn.

Vorstand und Aufsichtsräten wird dort empfohlen, dass der Aufsichtsrat bei der Festlegung der Ziel-Gesamtvergütung für jedes Vorstandsmitglied

- die Bezahlung über die übliche Vergütung hinaus durch besondere Gründe *rechtfertigen* muss,
- mit *Bedacht* auf den Vergleich mit der Bezahlung in anderen Unternehmen zurückzugreifen hat (Peer Group-Vergleich), „damit es nicht zu einer automatischen Aufwärtsentwicklung kommt“, und
- „das Verhältnis der Vorstandsvergütung zur Vergütung des oberen Führungskreises und der Belegschaft insgesamt und dieses auch in der zeitlichen Entwicklung berücksichtigen“ soll (für die zitierten Stellen siehe Regierungskommission 2022: 18).

Inwiefern dies tatsächlich zu ethisch reflektierten, wünschenswerten und legitimen Entscheidungen über Gehälter im Top-Management führt, das wäre eine empirisch zu klärende Frage. Dieser lässt sich hier nicht nachgehen. Es kann aber festgehalten werden, dass offenbar ein breites Bewusstsein für die ethische Problematik von Einkommensdifferenzen existiert. Dieses Bewusstsein liefert zwar noch keine konkrete betragsmäßige Obergrenze für Einkommen. Nichtsdestotrotz vermittelt z. B. der *Deutsche Corporate Governance Kodex* eine deutliche Vorstellung davon, dass Einkommen an ein ethisch vertretbares Maximum, eine Grenze der ethischen Legitimität oder des Anstands stoßen können. Und damit existiert auch ein Bewusstsein für ethisch gerechtfertigte Einkommensobergrenzen.

Die Begrenzung von Einkommen ist insofern also nichts Exotisches. Es gab auch konkrete politische Versuche, Einkommen zu begrenzen. Ein bekanntes Beispiel aus der jüngeren Vergangenheit findet sich bei François Hollande, der 2012 als französischer Präsident die Gehälter der Chefs der französischen Staatsunternehmen auf 450.000 Euro pro Jahr deckelte und per Dekret festgelegen wollte, dass „das Chefgehalt höchstens das 20-fache des niedrigsten Lohns in dem jeweiligen Unternehmen“ ausmacht (dafür und für die zitierten Stellen siehe Welt 2012). Als Maximaleinkommen werden Einkommensobergrenzen auch im Kontext von Degrowth und Postwachstumsgesellschaften diskutiert.[109]

Ohne eine solide ethische Abwägung haben solche Maßnahmen zur Begrenzung von Einkommen aber eine gute Chance darauf, sich im Rückblick als Populismus und Aktionismus zu erweisen. Zumindest bleibt es ohne argumentative Substanz, wenn für ein Maximaleinkommen nur schlagwortartig auf Gleichheit (Egalität) und/oder ‚mehr Gerechtigkeit‘ verwiesen wird – und eine ethische Abwägung fehlt. Eine solche Oberflächlichkeit lässt sich – als ein Beispiel für andere – bei Herman Daly (1996: 202) beobachten, der argumentierte, dass ein Verhältnis der Einkommen von eins zu zehn (1:10) dem Bedürf-

109 Zum Beispiel bei Schmelzer & Vetter (2021: 203), Daly (1996: 202–203) und an verschiedenen Stellen bei Adler (2022).

nis nach legitimen Unterschieden in Belohnung und Anreizen entsprechen würde und dabei gleichzeitig der Mensch als Gesellschaftswesen – statt eines isolierten, atomistischen Individuums – respektiert sei. Denn was sind die Kriterien für die Legitimität? Auch hier lässt sich mit dem retrospektiven Blick auf die hypothetischen Lebenseinkommen fragen, wie sich Einkommensdifferenzen ab dem Doppelten oder Dreifachen ethisch rechtfertigen. Wie sind dann Differenzen bis zum Zehnfachen zu rechtfertigen?

Deshalb wirken die in die Diskussion geworfenen Differenzen der Einkommen vom Zehnfachen bis Dreißigfachen beliebig. Diese Beliebigkeit zeigt sich z. B. auch bei Daly (1996: 203), wenn er meinte, dass im Falle, das Verhältnis von 1:10 erscheine als ‚zu egalitär', es dann einfach mit dem Verhältnis von 1:20 versucht werden könnte. Im Übrigen mag der Verweis darauf, bestimmte Unterschiede in den Einkommen wären üblich (bzw. empirisch zu beobachten), zwar einen Hinweis darauf geben, welche Einkommensunterschiede in der Gesellschaft akzeptiert oder geduldet werden. Eine solcher empirischer Verweis ersetzt aber kein ethisches Argument und ist keine Rechtfertigung!

Damit lässt nun zum Schluss auf die Rechtfertigung der Begrenzung von Einkommen eingehen. Zunächst ist daran zu erinnern, dass sich zwar die Ungleichheit in den Einkommen – gemessen an den Gini-Größen – als niedriger erweist als die Ungleichheit in der Vermögensverteilung. Aber nichtsdestotrotz existiert eine Ungleichheit in den Einkommen und sie wird als ethisch und politisch relevant genug eingeschätzt, um über sie fachlich wie politisch zu diskutieren. Die Diskussion um die Obergrenzen von Einkommen rechtfertigt sich also üblicherweise daraus, dass

- die Ungleichheit *direkt* bei den Einkommen als problematisch beurteilt wird sowie eingegrenzt und abgebaut werden soll; und/oder
- ein Zusammenhang zwischen Einkommen und Vermögensungleichheit gesehen und diese Ungleichheit der Vermögen als problematisch eingeschätzt wird.

Im Falle der als problematisch eingeschätzten Vermögensungleichheit können Einkommensobergrenzen bei hohen Einkommen *ein* sachlich notwendiges Instrument sein, um die Vermögensungleichheit durch den Vermögensaufbau bei vermögensarmen Schichten auswachsen zu lassen. Ethisch rechtfertigen sich Obergrenzen für Einkommen vor allem aus Gerechtigkeitsüberlegungen. Dabei geht es um den fairen Anteil im Prozess der gemeinsam zu Wege gebrachten realen Wertschöpfung. In Arbeits- und Marktgesellschaften wird sich das aber auch mit der Bedarfsgerechtigkeit überschneiden, weil Einkommen dort ebenfalls der Existenzsicherung dienen. Beide Aspekte – Bedarfs- und Verteilungsgerechtigkeit – sind bezüglich ihrer ethischen Rechtfertigung zu unterscheiden (siehe Abschnitt 5.4 zum Mindestlohn). Die Bedarfsgerechtigkeit begründet zwar hauptsächlich eine Einkommensuntergrenze, sie stellt in Arbeits- und Marktgesellschaften – in denen Einkommen der Existenzsicherung dienen sollen – aber gleichzeitig die Eintrittsschwelle in die Verteilungsgerechtigkeit dar: Gesellschaftliche Verhältnisse, in denen die Einkommen nicht die Existenzsicherung sicherstellen, können damit auch nicht verteilungsgerecht sein.

Neben den Kriterien der Verteilungsgerechtigkeit und Bedarfsgerechtigkeit lassen sich für die Begrenzung von Einkommen weitere ethische Prinzipien, Überlegungen und Konzepte heranziehen. Dazu gehört der oben ins Spiel gebrachte *retrospektive Blick auf ein hypothetisches Lebenseinkommen.* Zu denken wäre aber auch wieder an die *Universalisierungsprinzipien* wie den Kategorischen Imperativ:

- Würde ich das Einkommen, das andere im Durchschnitt erhalten, als ‚gerecht', ‚zumutbar' usw. akzeptieren?
- Würde ich mein eigenes Einkommen an Stelle anderer Personen als ‚gerecht', ‚zumutbar' usw. akzeptieren?

Letztlich liefe es dann auf eine *Selbstbegrenzung* der Einkommen aus Vernunftgründen hinaus. Dazu ließe sich auch konkret der Bezug zum Konzept der Integrativen Wirtschaftsethik (Ulrich 2008) suchen, die genau diese Überlegung beinhaltet: Die Begrenzung der Einkommen könnte dort aus der Selbstgenügsamkeit, der Kultur des Genug-haben-Könnens und dem ethischen Legitimationsvorbehalt resultieren. Im täglichen Geschäftsleben ist deshalb nicht alles, was machbar ist, auch ethisch legitim und umzusetzen.[110] Darüber hinaus können zur Rechtfertigung von Einkommensobergrenzen auch die Kriterien aus der Katholischen Soziallehre (Schlagnitweit 2021) herangezogen werden, etwa die Solidarität, das Gemeinwohl oder die Nachhaltigkeit.

Diese Hinweise sollen genügen, um sich zu vergegenwärtigen, dass sich Obergrenzen für Einkommen ethisch rechtfertigen lassen. Es muss also nicht bei den in die Debatte geworfenen Verhältnissen (1:5, 1:10, 1:20, 1:30 usw.) bleiben. Nein, wer Einkommen begrenzen möchte, der oder die kann solche Grenzen – wie hier angedeutet – durch ethische Argumente fundieren. Aus Sicht moderner Ethik-Konzepte wäre es für die ethische Legitimität solcher Begrenzungen außerdem notwendig, einen offenen Diskurs bzw. Dialog über solche Einkommensgrenzen und das Niveau der ‚akzeptablen' Ungleichheit (in Einkommen und Vermögen) zu führen. Die ethische Abwägung über das ‚akzeptable', ‚zumutbare' oder ‚wünschenswerte' Maß an Ungleichheit von Einkommen und Vermögen stellt den ersten Schritt und damit die Voraussetzung dafür dar, Einkommensobergrenzen und entsprechende politische Maßnahmen *sinnvoll* diskutieren zu können. Ohne solch eine ethische Grundlagenreflexion und ohne einen grundlegenden Diskurs dazu hängen Forderungen nach Einkommensobergrenzen argumentativ in der Luft. Das gilt auch für

110 In der Integrativen Wirtschaftsethik läuft die Unterscheidung zwischen der ethisch fragwürdigen Gewinnmaximierung (um jeden Preis) und der ethisch legitimen Gewinnerzielung darauf hinaus.

die Obergrenzen von Vermögen. Auf dieses zentrale und folgenreiche Problem in den Debatten über Ungleichheit ist später noch einmal zurückzukommen (Abschnitt 6.8).

6.7 Vermögensobergrenzen

Die gesellschaftspolitischen Debatten zur Ungleichheit drehen sich sehr häufig um die Ungleichverteilung bei den *Vermögen*. Das liegt insofern nahe als dass die Gini-Maße für die Ungleichheit in der Verteilung der Vermögen stärker ausgeprägt sind als die bei den Einkommen (Unterabschnitt 6.1.1). Vergleichsweise hohe Gini-Indexe für die Verteilung von Vermögen zeigen sich z. B. für Österreich, wo er im Jahr 2024 bei 76,1 lag (Domke Seidel 2024); aber auch für Deutschland mit einem Wert im Jahr 2023 von 77 (Bundesministerium für Wirtschaft und Klimaschutz 2024: 20) und für die USA im gleichen Zeitraum mit einem Wert von 75 (UBS 2024: 21). Auch andere Maßzahlen und Messkonzepte belegen eine hohe Vermögensungleichheit (zum Überblick siehe die ausgewählten Befunde im Abschnitt 6.1): So zeigt sich zum Beispiel, dass die reichsten zehn Prozent der Haushalte in Österreich im Jahr 2021 rund 52 Prozent des Gesamtvermögens besaßen (Heck et al. 2024: 10); in Deutschland besaßen die obersten zehn Prozent der Haushalte zwischen 2009 bis 2021 mehr als 50 Prozent des gesamten Nettovermögens (Deutsche Bundesbank 2022: 22); und mit Blick auf die Weltbevölkerung lässt sich zeigen, dass 2021 die Top-10-Prozent der Weltbevölkerung 76 Prozent des Gesamtvermögens besaßen (Chancel et al. 2022: 27). Diese empirisch belegte Ungleichheit in der Verteilung der Vermögen und die Probleme, die in dieser Ungleichheit gesehen werden (siehe die Abschnitte 6.2 und 6.3), stellen den sozioökonomischen und gesellschaftspolitischen Hintergrund dar für die Forderung, diese Vermögen zu reduzieren und zu diesem Zwecke solche hohen Vermögen zu besteuern.

Solche Forderungen werden zum Beispiel von Nicht-Regierungs-Organisationen (wie Oxfam), politisch Verantwortlichen, aber auch Forschenden und Fachleuten der Ökonomik in die Öffentlichkeit getragen. Die Steuersätze zur Besteuerung von Vermögen (bzw. ‚Kapital'), die dazu genannt werden, können abhängig vom zu versteuernden Vermögen zwischen 0,1 bis 10 Prozent liegen (siehe nachfolgend Tab. 16). Seit dem G20-Gipfel 2024 in Brasilien hat vor allem Gabriel Zucmans Vorschlag einer globalen (Mindest-) Steuer von zwei Prozent auf Milliardenvermögen die Aufmerksamkeit auf sich gezogen.

Verschiedene Forschende machen darauf aufmerksam, dass das Vermögen zu einem nicht zu vernachlässigenden Teil aus Erbschaften und Schenkungen resultiert. Zum Beispiel schreibt Robeyns (2024: 39), dass über die Hälfte des Reichtums (heute) aus Erbschaften stammt: Von 1970 bis 1980 seien etwas weniger als 40 Prozent der Vermögen aus Erbschaften hervorgegangen, 2010 wären es dagegen 50 bis 60 Prozent gewesen (Robeyns 2024: 184). In ihrem *Billionaire Ambition Report 2023* berichtete die Schweizer Großbank UBS (2023a: 24–25), dass von 137 neuen Milliardärinnen und Milliardären 53 (also etwa 39 Prozent) durch Erbschaften zu ihrem Reichtum gelangten. Erbschaften würden zunehmend an Relevanz gewinnen, so lautete auch die Einschätzung von UBS. Für Österreich berechnete das Momentum-Institut 2023, dass das reichste Zehntel der österreichischen Bevölkerung etwa die Hälfte des gesamten Erbvolumens erbt; den obersten 20 Prozent der reichsten Haushalte fallen 70 Prozent des Erbvolumens zu (Hasdenteufel 2023). In einer nicht repräsentativen Umfrage, die das DIW Berlin 2014 unter wohlhabenden Haushalten in Deutschland durchführte (Haushalte mit einem frei verfügbaren Geldvermögen ab 1 Mio. Euro), gaben über zwei Drittel an, ihr Vermögen sei auf Erbschaften und Schenkungen zurückzuführen (Ströing, Grabka & Lauterbach 2016).

Tab. 16: Ausgewählte Vorschläge für Vermögenssteuern

Vorschlagende/Konzepte	*Steuersätze (pro Jahr) auf Vermögen*
Fight Inequality Alliance, Oxfam und Patriotic Millionaires (Oxfam et al. 2022)	2% auf Vermögen ab 5 Mio. bis 50 Mio. Dollar 3% auf Vermögen ab 50 Mio. bis 1 Mrd. Dollar 5% (10%) auf Vermögen ab 1 Mrd. Dollar*
Thomas Piketty (2014: 700)	0,1 % auf Vermögen bis 200.000 Euro 0,5 % auf Vermögen ab 200.000 bis 1 Mio. Euro 1,0 % auf Vermögen ab 1 Mio. bis 5. Mio. Euro 2,0 % auf Vermögen ab 5 Mio. bis 1 Mrd. Euro 5–10 % auf Vermögen ab 1 Mrd. Euro
Gabriel Zucman (2024): Globale Mindeststeuer für Milliarden-Vermögen	2 % für Vermögen ab 1 Mrd.
Clemens Fuest (in Kettenbach 2021)	0,1 %

Anmerkungen: * Es wurde auch ein zweites Modell mit Steuersätzen von 2, 3 und 10 Prozent gerechnet.

Quelle: Eigene Darstellung.

Vor dem Hintergrund der zunehmenden Bedeutung von Erbschaften ist es verständlich, wenn in der Debatte um die Ungleichheit auch die Besteuerung von Erbschaften thematisiert wird. Beide Maßnahmen können eine Möglichkeit darstellen, um Vermögensungleichheit zu reduzieren. Beide Maßnahmen sind auch mit den Sachproblemen konfrontiert, die sich aus der Frage ergeben, wie

Vermögen erfasst und bewertet werden soll.[111] Es existieren aber auch Unterschiede – sachliche Unterschiede sowie Unterschiede in der Rechtfertigung der jeweiligen Besteuerung.

Die Besteuerung von Vermögen bezieht sich auf einen Vermögensbestand (Bemessungsgrundlage) und erfolgt *wiederkehrend* (jährlich). Mit einer Erbschaftssteuer wird eine Erbschaft besteuert. Eine Erbschaft ist die Übertragung des Vermögens einer verstorbenen Person auf lebende Personen – sie stellt für diese Erben einen Einkommenszufluss dar. Wird Vermögen noch zu Lebzeiten übertragen, handelt es sich um eine Schenkung, die ähnlich behandelt wird (Schenkungssteuer). Da die Erbschaft aus einem Todesfall resultiert, fällt eine Erbschaftssteuer – im Unterschied zur Vermögenssteuer – nicht wiederholt, sondern nur einmalig an. Daher lässt sich das Vermögen mittels Erbschaftssteuer auch nur ein Mal reduzieren, während die Vermögenssteuer ein Instrument der permanenten Reduzierung von Vermögensungleichheit darstellt.

6.7.1 Zur Rechtfertigung einer Vermögensbesteuerung

Für die Rechtfertigung von Vermögenssteuern wird in der Debatte oft auf die negativen Konsequenzen der Vermögenskonzentration verwiesen.[112] Solch ein Verweis auf Sachgründe ersetzt aber keine ethische Beurteilung und Abwägung, aus denen heraus sich die Rechtfertigung einer Vermögenssteuer ableitet. Teils wird in den Debatten tatsächlich der Boden der Ethik betreten, aber dann bleibt die Argumentation für gewöhnlich schlagwortartig und an der Oberfläche (siehe auch die Einleitung zu Abschnitt 6.3 und vertiefend Unterabschnitt 6.3.2). Eine ernste und ethisch substanzreiche Rechtfertigung von Vermögenssteuern bleibt in der Debatte daher eher die Ausnahme. Zu diesen Ausnahmen lassen sich etwa Marterbauer & Schürz (2007: 36–39) zählen, die in ihrer Expertise zur Debatte über die Abschaffung der Erbschaftssteuer in Österreich auf verschiedene Wertprinzipien zumindest kurz eingehen (Gleichheitsprinzip, Gerechtigkeitsprinzip, Gemeinschaftsprinzip und Familienprinzip). Darauf wird nachfolgend zurückzukommen sein (Unterabschnitt 6.7.2).

Allgemein lassen sich für die Rechtfertigung der Besteuerung von Vermögen jene Argumente, Konzepte und Prinzipien anführen, die bereits in der ethischen Auseinandersetzung mit der Vermögensungleichheit thematisiert wurden, zum Beispiel

- die Prinzipien der Universalisierung (Goldene Regel, Kategorischer Imperativ, Dialog und Diskurs),

---

111 Die Erfassung von Vermögen und dessen Bewertung werfen viele empirische, methodologische, betriebswirtschaftliche und rechtliche Fragen auf, die hier aber weniger von Interesse sind und von denen deshalb hier bewusst abgesehen wird.

112 Damit sind Machtkonzentration, Umweltverschmutzung durch vermögensbedingten Konsum usw. gemeint; siehe dazu Abschnitt 6.2.

- Gerechtigkeitsprinzipien (Bedarfsgerechtigkeit, Leistungsgerechtigkeit, Prinzip gleicher Achtung usw.),
- die Prinzipien der Katholischen Soziallehre (Solidarität, Gemeinwohl usw.) oder
- wirtschaftsethische Konzepte wie die Integrative Wirtschafsethik (siehe dazu Abschnitt 6.3).

Auch der für die Einkommensobergrenzen ins Spiel gebrachte *retrospektive Blick auf ein hypothetisches Lebenseinkommen* lässt sich hier anwenden (Abschnitt 6.6), allerdings übertragen auf die Frage des Vermögens: Ist es wirklich ethisch zu rechtfertigen, dass ein Mensch mehrmals wiedergeboren werden müsste, um das an Vermögen aufzubauen, das anderen bereits in einem Leben zugestanden wird? Leistet ein Mensch mit einem Vermögen von mehreren Millionen oder Milliarden Euro wirklich so viel mehr als andere, die über weniger oder gar kein Vermögen verfügen? Oder konkret mit Blick auf die empirischen Befunde (hier Deutsche Bundesbank 2022: 22): Leisteten die obersten zehn Prozent der Vermögensverteilung in Deutschland von 2009 bis 2021 so viel mehr als andere, dass es sich rechtfertigt, wenn diese über 50 Prozent des gesamten Nettovermögens aller Haushalte in Deutschland hielten? Wie rechtfertigt es sich, dass im internationalen Vergleich fast überall auf der Welt die obersten zehn Prozent der Bevölkerung über 60 bis 80 Prozent des jeweiligen Gesamtvermögens verfügen (Chancel et al. 2022: 37)? Haben die restlichen 90 Prozent der Bevölkerung überhaupt eine realistische Chance darauf, *zu Lebzeiten* ein Vermögen in ähnlicher Höhe aufzubauen?

6.7.2 Zur Rechtfertigung der Besteuerung von Erbschaften

Diese ethischen Überlegungen, aus denen heraus sich eine Vermögenssteuer zur *Reduzierung von Vermögensungleichheit* rechtfertigt, gelten grundsätzlich auch für die Besteuerung von Erbschaften. Hier kommt aber noch eine *Besonderheit* hinzu. Im Kontext einer wirtschaftsliberalen oder meritokratischen Leistungsideologie, wonach Vermögen aus eigener Arbeit erwirtschaftet wird, soll das Privatvermögen bzw. Privateigentum einen besonderen Schutz genießen. Vermögenssteuern würden mit diesem Argument – auf Basis eines wirtschaftsliberalen Leistungsmythos – als unbotmäßiger Eingriff in die (wirtschaftliche) Freiheit gewertet. Ganz im Gegensatz dazu dürfte die Besteuerung von Erbschaften eigentlich unproblematisch sein: Denn Erbschaften gehen *nicht* aus eigener Leistung hervor, sie fallen den Erben zu und sind für sie praktisch *leistungslose Einkommen*. Truger & Scholz (2016: 379) weisen in diesem Zusammenhang auch auf die ethische Bedeutung der Erbschaftssteuer hin:

> „Sie erfasst leistungslose Vermögenszuwächse und ist damit unter dem Gesichtspunkt der Leistungsgerechtigkeit besonders legitimiert.“

Ingrid Robeyns (2024: 183) schreibt deshalb auch vom *unverdienten Reichtum*. Dazu führt sie weiter aus:

„Kann irgendjemand behaupten, er *verdiene* das ererbte Geld? Im Fall von Erbschaften ist offenkundig, dass allein das Glück darüber entscheidet, was wir bekommen: Wenn eine Person Millionen erbt, so geschieht dies, weil sie zufällig in eine superreiche Familie hineingeboren wurde; sie kann also auf keine plausible Weise behaupten, sie habe dieses Vermögen verdient. Schließlich kann sich niemand seine Eltern oder Zeit und Ort seiner Geburt aussuchen. Philosophen tendieren dazu, sich in vielen Dingen uneins zu sein, aber sie sind sich auffallend einig, dass ererbter Wohlstand unverdient ist. Erben haben keinerlei persönliche Anstrengungen unternommen oder Lebensentscheidungen getroffen, die diesen Wohlstand generiert hätten." (Robeyns 2024: 185)

Die Besteuerung von Erbschaften ist also selbst im Rahmen einer wirtschaftsliberalen Ideologie zu rechtfertigen: Erbschaften verstoßen gegen das wirtschaftsliberale Leistungsprinzip. Das wird auch von den beiden Ökonomen Marterbauer & Schürz (2007) in ihrer Expertise zur Erbschaftssteuer in Österreich deutlich ausbuchstabiert und in den Zusammenhang mit dem, was sie „Gleichheitsprinzip" nennen, gesetzt:

„Geerbtes Vermögen löst die Frage der sozialen Positionierung in der Gesellschaft von der Leistungserbringung. Vermögenstransfers (Erbschaften und Schenkungen) ermöglichen eine stabile soziale Positionierung über Generationen. Die Vererbung von Vermögen muss daher mit dem Selbstverständnis einer Leistungsgesellschaft in einem Spannungsverhältnis stehen. Denn geerbtes Vermögen wurde nicht durch eigene Leistung erwirtschaftet." (Marterbauer & Schürz 2007: 37)

Es gibt noch weitere Argumente, die *gegen* die Besteuerung von Erbschaften angeführt werden und mit denen sich Robeyns (2024) auseinandersetzt.

Das *Standardargument* gegen eine Erbschaftssteuer zielt darauf ab, dass die Erblasser „die Freiheit haben sollten, mit ihrem Geld zu machen, was sie wollen" (Robeyns 2024: 186). Dieses Argument weist Robeyns (2024: 186) mit Verweis auf mögliche negative Auswirkungen für andere und die Gesellschaft zurück: die Erbschaften untergraben die soziale Mobilität und – das ist ein ökonomisches Argument – reduzieren die Anreize, selbst zu arbeiten, was Talente verkümmern lässt. Robeyns (2024: 186) weist zudem darauf hin, dass etwa die Weitergabe einer Unternehmung an Erben nicht zwangsläufig bedeutet, damit auch die fachlich beste bzw. betriebswirtschaftlich erfolgreichste Führung dieses Unternehmens gesichert zu haben.[113] Die Vererbung ist deshalb eben „nicht die beste Möglichkeit, sicherzustellen, dass eine Volkswirtschaft möglichst effizient funktioniert" (Robeyns 2024: 186).

Bei diesem Argument, aber auch beim Argument der Anreize, handelt es sich um ökonomische Sachargumente. Natürlich kann es auch in der Freiheit der Erblassenden liegen, mit dem Erbe ganz bewusst ein volkswirtschaftlich

113 Siehe dazu den Hinweis von Kiziltepe & Scholz (2016: 5) auf die empirischen Befunde dafür, dass „sich Familienunternehmen, die vom/von Erben fortgeführt werden, signifikant schlechter entwickeln".

und betriebswirtschaftlich ineffizientes Verhalten zu begünstigen – dies in Kauf zu nehmen – und/oder den erbenden Nachkommen ein Leben zu ermöglichen, das ihnen nicht ‚die Last' auferlegt, ihre Arbeitskraft für Lohn zu verkaufen oder anderweitig ‚zu arbeiten'. Allerdings lässt sich dann *erstens* nicht mehr eine Erbschaftssteuer ablehnen mit dem Argument, dass damit das Wohl der Unternehmen und der Wohlstand (durch eine effiziente Wirtschaft) gesichert sei. *Zweitens* bliebe dann immer noch die *Sozialpflichtigkeit* des Privateigentums zu diskutieren. Darauf steuern die negativen Konsequenzen von Erbschaften, die Robeyns (2024: 186) anführt, zu. Die eben erwähnte betriebswirtschaftliche und volkswirtschaftliche Ineffizienz wäre dann im Lichte der Sozialpflichtigkeit abzuwägen. Das ist vor allem dann relevant, wenn ‚die Gesellschaft' bzw. ‚Dritte' von volks- und betriebswirtschaftlicher Ineffizienz in einem existenziell bedrohlichen Maß betroffen sind.[114] Die hier erwähnte *Sozialpflichtigkeit* lässt sich dann z. B. im Rahmen der Katholische Soziallehre abwägen (siehe Unterabschnitt 6.3.1; Schlagnitweit 2021: 128–129), aber auch im Sinne des Artikels 14 Abs. 2 im deutschen Grundgesetz verstehen, wonach Eigentum verpflichtet und dem Gemeinwohl dienen soll.[115] *Drittens* bleiben die anderen Probleme der Vermögensungleichheit bestehen (d. h. etwa Machtkonzentration, Gefährdung von Demokratie und Chancengleichheit). Deshalb steht die Freiheit des Vererbens, die aus wirtschaftsliberaler Sicht eingefordert wird, unter einem ethischen Legitimationsvorbehalt: Die Ansprüche auf die Freiheit des Vererbens müssten auf ihre ethische Legitimation hin geprüft werden, entlang entsprechender ethischer Kriterien und/oder im Rahmen von Ethik-Konzepten (wie etwa der Integrativen Wirtschaftsethik oder der Katholische Soziallehre). Die Freiheit des Vererbens wäre damit also einer ethischen Güterabwägung zuzuführen. Insofern ist daran zu erinnern, dass Freiheit immer als *Freiheit in einer Gesellschaft* zu verstehen ist und diese deshalb nicht absolut und isoliert sein kann. Freiheit bedeutet nicht *Freiheit von Verantwortung*.[116] Das gilt für Kapital, Vermögen wie auch für Erbschaften.

Ein zweites Argument *gegen* Erbschaftssteuern lautet, dass die Besteuerung von Erbschaften ungerecht sei, weil die Erblassenden „doch ihren Kindern so viel Gutes tun möchten, wie sie nur können" (Robeyns 2024: 187). Dieser Einwand hat eine Berechtigung, da es ein ethisch legitimes Anliegen ist, den eigenen Nachkommen etwas zu hinterlassen. Außerdem „sollte der Staat nicht diejenigen bestrafen, die bewusst weniger ausgeben, damit sie es

114 Zu denken wäre an Angestelle eines Unternehmens, die infolge inkompetenter – und damit erfolgloser – Unternehmensführung von Erwerbslosigkeit bedroht sind.

115 Art. 1 Abs. 2 GG im Wortlaut: „Eigentum verpflichtet. Sein Gebrauch soll zugleich dem Wohle der Allgemeinheit dienen." (Parlamentarischer Rat 1949)

116 Dieser Gedanke folgt den Überlegungen der Politikwissenschaftlerin und Journalistin Sabine Nuss (2019), die diese *Freiheit von Verantwortung* als ein Narrativ ‚kapitalistischer' – marktwirtschaftlich organisierter – Wirtschafts- und Gesellschaftssysteme identifiziert und problematisiert, welche Probleme damit einhergehen (Zerstörung von Natur, soziale Verwerfungen usw.; siehe Nuss 2019: 86, 96, 126).

vererben können“ (Robeyns 2024: 187). Dieses legitime Interesse sollte durchaus Beachtung finden. *Aber* das ist nicht die einzigen Gesichtspunkt, der bei der ethischen Bewertung von Erbschaften und der Rechtfertigung ihrer Besteuerung eine Rolle spielt: Denn das Erbe kann aus ‚schmutzigem‘ Geld resultieren oder so groß sein, dass es das Gemeinwohl gefährdet (Robeyns 2024: 187). Daher führt auch dieser Einwand gegen eine Erbschaftssteuer zu dem Argument zurück, dass Erbschaften *sozialpflichtig* sind und bezogen auf ihren Umfang, ihre Herkunft usw. eine Prüfung auf ethische Legitimität erfordern.

Ein bekanntes drittes Argument gegen die Erbschaftssteuer lautet, dass sie ungerecht und abzulehnen ist, weil es sich beim Erbe um Vermögen handelt, das bereits versteuert worden sei – mit einer Erbschaftssteuer läge eine Doppel- oder Mehrfachbesteuerung vor (Robeyns 2024: 187–188). Dieser Einwand taucht auch in der österreichischen Debatte auf, in der aber z. B. Marterbauer & Schürz (2007) darauf hinweisen, dass dieser Vorwurf *sachlich nicht gerechtfertigt* ist, „denn für den Erben stellt das gewonnene Vermögen einen unbesteuerten Zuwachs dar“ (Marterbauer & Schürz 2007: 40). Beim Erbe handelt es sich also um einen Einkommenszufluss, der – praktisch leistungslos – den Erben zufällt und natürlich – wie jedes Einkommen – zu versteuern ist (siehe dazu auch Robeyns 2024: 188). Der Umstand, dass die Erblasser einmal Steuern gezahlt haben, ist für diesen Einkommenszufluss und seine Besteuerung irrelevant.[117]

Wie sich beim Argument der Doppel- bzw. Mehrfachbesteuerung zeigte, kursieren in der Debatte um die Besteuerung der Erbschaften verschiedene Argumente, die sich bei näherer Betrachtung als sachlich nicht stichhaltig erweisen. Teils scheint es so, dass Zweifel *gegen* die (höhere) Besteuerung von Erbschaften gestreut zu werden, die bewusst auf Mythen oder Ängsten basieren. Zum Beispiel wird vereinzelt der Eindruck erweckt, das geerbte Haus oder die geerbte Wohnung könne durch eine Erbschaftssteuer verloren gehen. Das lässt aber die Freibeträge außer Acht, die verschiedene Konzepte der Erbschaftssteuer vorsehen (teils bis 1 Mio. Euro) und die auch den durchschnittlichen Wert von Wohneigentum abdecken werden. Zudem stellt das vererbte Wohneigentum in der Tendenz nicht den Erstwohnsitz dar, sondern liefert den Erben häufig eine zweite Immobilie. Die vereinzelt gegen eine Erbschaftssteu-

117 Der Vollständigkeit halber sei erwähnt, dass Robeyns (2024: 188) in diesem Zusammenhang auf den vertragsethischen Gesichtspunkt aufmerksam macht, jedes Eigentum, die Besteuerung und Markttransaktionen seien in einen Gesellschaftsvertrag eingebettet. „Der Staat – und die Steuern – machen Erbschaften überhaupt erst möglich“, heißt es dann bei Robeyns (2024: 188). Wie das aber den Vorwurf der Doppelbesteuerung entkräftet, das wird dort nicht wirklich klar. Die Argumentation hängt etwas in der Luft und wirkt nicht ganz durchdacht. Gleichwohl ließe sich vertragsethisch mit einem Gesellschaftsvertrag für eine Besteuerung von Erbschaften argumentieren sowie für Freibeträge, die auch Robeyns Hinweis berücksichtigen, dass es ein ethisch legitimes Interesse ist, den Nachkommen etwas hinterlassen zu wollen. Das würde zumindest teilweise auf die im Text erwähnten Abwägungen zur Sozialpflichtigkeit, zum Gemeinwohl und zur Universalisierung hinauslaufen.

er gestreute Angst, die Wohnung zu verlieren, scheint also in ihrer verallgemeinernden Form unbegründet zu sein (siehe für die österreichische Debatte dazu Mazohl 2023 sowie Marterbauer & Schürz 2007: 43).

In der Debatte um eine Erbschaftssteuer in Österreich wurde auch eingewendet, dass die Erhebung dieser Steuer einen hohen Verwaltungsaufwand bedeute und daher mehr koste als damit eingenommen würde. Aber auch dieser Einwand hält einer näheren Betrachtung nicht stand, das Gegenteil ist der Fall. So schreiben Marterbauer & Schürz (2007: 40–41) für die Situation in Österreich:

> „In den Gebührenabteilungen der Finanzämter [...] arbeiten insgesamt 300 Beamte, ihre Gehaltskosten betragen etwa 10 Millionen Euro pro Jahr, allein das Aufkommen an Erbschaftssteuer beträgt das Achtfache dieses Betrags."

Ein anderes Argument gegen eine Erbschaftssteuer lautet, dass die Erbschaftssteuer auf Betriebsvermögen Arbeitsplätze gefährde. Aber dazu stellt sich die Sachlage bei Lichte betrachtet ebenfalls oft anders dar. Exemplarisch dafür sei der Blick nach *Deutschland* gerichtet, für das etwa Kiziltepe & Scholz (2016) sowie Truger & Scholz (2016) auf die Privilegierung des Betriebsvermögens bei den Erbschaften hinweisen: Das Betriebsvermögen ist dort größtenteils von der Erbschaftssteuer freigestellt; es existieren bestimmte Schonungsregeln für Betriebsvermögen. Im Grunde besteht in Deutschland auch der Anreiz, „Privatvermögen in den Betrieb zu verlagern, um der Steuerpflicht zu entgehen" (Kiziltepe & Scholz 2016: 6). Ethisch betrachtet wäre hier sicher die Chancengerechtigkeit zu kritisieren. Darüber hinaus bleibt der Abbau von Arbeitsplätzen auch trotz Privilegierung des Betriebsvermögens möglich (Kiziltepe & Scholz 2016: 4). Die existenzielle Bedrohung von Unternehmen durch die Erbschaftssteuer (in Deutschland) wird seitens der Forschung als nicht sehr wahrscheinlich eingeschätzt (Bundesministerium der Finanzen 2012: 30). Dazu passt der Hinweis von Truger & Scholz (2016: 379), wonach in der Wissenschaft „weitgehend Einigkeit [besteht] darüber, dass eine sehr weitreichende Verschonung des Betriebsvermögens nicht notwendig ist, und dass den Unternehmenserben [...] durchaus eine spürbare Steuerlast auferlegt werden kann." Insofern scheinen sich die Befürchtungen vor negativen Konsequenzen für Unternehmen durch eine Erbschaftssteuer oder die Erhöhung derselben in einem überschaubaren Rahmen zu halten.

In ihrem Beitrag zur Debatte über die Abschaffung der Erbschaftssteuer in Österreich erwähnen Marterbauer & Schürz (2007) folgende *Wertprinzipien*:

- Das *Gleichheitsprinzip* zielt auf Chancengleichheit ab, die durch die Konzentration von Vermögen ausgehöhlt würde. In dem Zusammenhang wird darauf hingewiesen, dass die Vererbung die soziale Position von der Leistungserbringung abkoppelt und *in einer Leistungsgesellschaft* für Spannungen sorgt: „Denn geerbtes Vermögen wurde nicht durch eigene Leistung erwirtschaftet" (Marterbauer & Schürz 2007: 37). Darin kommt das weiter oben thematisierte Argument zum Ausdruck, dass Erbschaften leistungslose Einkommen darstellen. Deshalb gilt die Besteuerung der Weitergabe von Vermögen – das Vererben – auch als gerechtfertigt.

- Mit dem *Gerechtigkeitsprinzip* meinen Marterbauer & Schürz (2007: 37), dass die Erben finanziell leistungsfähiger sind und sich deshalb die Besteuerung von Erbschaften zum Zwecke der Umverteilung zu Ärmeren rechtfertigt. Finanziert werden sollen damit vor allem die Armutsbekämpfung und Bildung. Unausgesprochen steht hier das Argument im Raum, dass ‚starke Schultern' mehr tragen können, deshalb auch mehr tragen sollen und sich die Besteuerung dementsprechend nach der finanziellen Leistungsfähigkeit zu richten habe. Die Besteuerung von Erbschaften erweist sich daher als ‚gerecht' im Sinne des Leistungsfähigkeitsprinzips der Besteuerung.
- Das *Gemeinschaftsprinzip* stellt die Aktivitäten der Erblasser gegenüber der Gemeinschaft ins Zentrum. Dient das Erbe gemeinschaftlichen Zwecken (philanthropische Stiftungen usw.), so soll es nicht besteuert werden (Marterbauer & Schürz 2007: 37). Eine Erbschaftssteuer rechtfertigt sich dann dadurch, dass Erbschaften besteuert werden, die *keinen gemeinschaftlichen Zwecken* dienen.
- Das *Familienprinzip* geht davon aus, „dass das Eigentum des Erblassers kein individuelles Eigentum, sondern eigentlich Eigentum der Familie sei. Der Erblasser stirbt, sein Eigentum lebt in der Familie fort" (Marterbauer & Schürz 2007: 38). Vor diesem Hintergrund stellt eine Erbschaftssteuer einen illegitimen Eingriff in die Sphäre der Familie dar; die Familie sei vor Eingriffen des Staates zu schützen.

Im Vergleich zur Vermögenssteuer stellt das Familienprinzip ebenfalls ein Spezifikum der Erbschaftssteuer dar. Dieses lässt sich aber nur anführen, wenn akzeptiert wird und es als ethisch legitim gilt, dass das Eigentum der Erblassers eigentlich das Eigentum der Familie sei. Mit Marterbauer & Schürz (2007: 38) lässt sich dazu einwenden, dass es seit jeher unterschiedliche Positionen dazu gab und sich auch gut die Position vertreten lässt, dass das Eigentumsrecht auf die Lebenszeit beschränkt ist und das Eigentum mit dem Tod wieder an die Gesellschaft zurückfalle. Diesem Gedanken scheint auch die weit verbreitete Praxis zu folgen, Erbschaften und Schenkungen als Vermögenszuflüsse zu betrachten und sie als solche zu besteuern. Gleichwohl wird das Familienprinzip beim Erben oft insoweit berücksichtigt als der Steuertarif vom Verwandtschaftsgrad abhängt: „Je näher das Verwandtschaftsverhältnis, desto geringer die Steuerbelastung" (Marterbauer & Schürz 2007: 44). Dessen ungeachtet steht das Familienprinzip der Kritik entgegen, dass Erbschaften „einer dynastischen Vermögenskonzentration" (Marterbauer & Schürz 2007: 37) zuarbeiten. Deshalb provoziert das Familienprinzip eine ethische Güterabwägung: Falls negative Konsequenzen aus solchen Vermögenskonzentrationen resultieren, steht ihre ethische Legitimität und damit die des Familienprinzips in Frage.

Schwierig ist auch die Besteuerung des Erbes nach dem von Marterbauer & Schürz (2007: 37) erwähnten Gemeinschaftsprinzip: Denn was sind die gemeinschaftlichen Interessen, die ein Erbe steuerfrei stellen, wenn diese Interessen mit dem Erbe verfolgt werden? Wer legt das fest? Marterbauer & Schürz (2007: 37) verweisen auf ‚philanthropische Aktivitäten' und wohltätige Stiftungen. Aber auch dort liegt es an den Erblassern, zu bestimmen, wozu ihr Erbe verwendet wird. Dazu lässt sich mit Robeyns (2024: 79) kritisch anmerken, dass Philanthropen sich zwar in der Bekämpfung von Armut engagieren können, dann aber z. B. das Thema „Ungleichheit" vermeiden, weil sie offenbar eine ernsthafte Auseinandersetzung mit dem Thema und den Verlust ihrer Privilegien befürchten. Robeyns (2024: 251) erwähnt an einer anderen Stelle ihres Buchs, dass das philanthropische Engagement von Superreichen auch der Vermeidung von Steuern dienen kann. Aber abgesehen davon ist selbst das philanthropische Engagement der „tatsächlich Wohlmeinenden" (Robeyns 2024: 252) „zu tiefst undemokratisch". Robeyns geht es dabei nicht um kleine Geldbeträge, sondern sie hat größere Vermögen im Blick. Dazu führt sie aus:

> „Das Problem ist, dass manche philanthropischen Spenden aus riesigen Beträgen bestehen und daher mit enormer Macht verbunden sind. Und Menschen, die diese Macht besitzen, sind niemandem Rechenschaft schuldig. Philanthropen müssen sich niemandem gegenüber verantworten. Und wir Übrigen haben keinerlei Mitspracherecht darüber, wofür sie diese enormen Geldmengen ausgeben." (Robeyns 2024: 252)

Damit könne auch ein *Verdrängungseffekt* einhergehen: Wenn „Philanthropen Aufgaben übernehmen, die eigentlich der Staat erfüllen sollte" (Robeyns 2024: 253). Das philanthropische Engagement kann damit staatliche Aufgaben wie die Bekämpfung der Armut oder die Finanzierung von Kunst, Bibliotheken und Sport unterminieren (Robeyns 2024: 253). Hier taucht wieder das Problem auf, dass das philanthropische Engagement dazu dienen kann, die Diskussion über Ungleichheit zu entschärfen, um die eigenen Privilegien zu schützen: Denn „ein großer philanthropischer Sektor" reduziert die Dringlichkeit, „dass der Staat Steuerschlupflöcher schließt und anfängt, seine Verantwortung ernst zu nehmen" (Robeyns 2024: 253). Anders formuliert kann sich die Privilegierung philanthropischen Vermögens im Sinne des Gemeinschaftsprinzips zur Gefahr einer systemischen und selbstverstärkenden Verfestigung von Ungleichheitsproblemen auswachsen: Steuerliche Privilegien schützen große Eigentumsinteressen, senken die Dringlichkeit staatlichen Engagements (etwa zur Armutsbekämpfung) – wenn das staatliche Engagement nicht sogar gänzlich in Frage gestellt wird – und rechtfertigen damit die steuerlichen Privilegien großer Vermögen, die wiederum die Dringlichkeit staatlicher Aktivitäten senken usw. Ethisch problematisch ist das bezogen auf einen Gesellschaftsvertrag, in dem das Gemeinwesen (Staat) – und kein ökonomisches Privatinteresse – für bestimmte Dinge sorgen *soll*; aber Philanthropie ist auch bedenklich hinsichtlich der Vorstellung politischer Gleichheit, die sich mit dem Verweis auf die Infragestellung der Demokratie durch philanthropisches Engagement verbindet. Wer in der Konzentration von Vermögen die Konzentration von Macht sieht und dies als ‚ethisch bedenklich' einschätzt, der oder die wird dann sicher auch zu dem Schluss kommen, dass das philanthropisches Engagement – und die steuerliche Bevorzugung von Erbschaften mit philanthropischer Zielsetzung – an dieser ethisch kritikwürdigen Situation nicht viel ändert.

Zur Rechtfertigung der Erbschaftssteuer lässt sich nun zusammenfassen, dass dafür auf ähnliche ethische Argumente, Konzepte usw. zurückgegriffen werden kann wie sie sich zur Rechtfertigung einer Vermögenssteuer eignen. Darüber hinaus lässt sie sich aber auch im Rahmen eines marktaffinen, wirtschaftsliberalen Leistungsnarratives rechtfertigen: Denn Erbschaften sind leistungslose (unverdiente) Einkommen. Die Auseinandersetzung mit der Erbschaftssteuer dreht sich aber nicht alleine um ethische Argumente. Teilweise werden auch sachliche Einwände angeführt wie etwa, dass die Vererbung eines Unternehmens nicht die erfolgreiche Weiterführung eines Unternehmens sicherstellt. Teils werden aber auch Einwände gegen eine Erbschaftssteuer bedient, die sich bei einem näheren Blick als sachlich falsch bzw. nicht stichhaltig erweisen (Doppelbesteuerung, Erbschaftssteuer als Existenzbedrohung von Unternehmen usw.). Marterbauer & Schürz (2007: 47–48) erinnern mit Blick auf die österreichische Debatte zur Abschaffung der Erbschaftssteuer daran, dass in diesen Debatten Wertprinzipien wie das Gleichheitsprinzip und Gerechtigkeitsprinzip (siehe oben) verdreht und verengt wurden. Wie aus der Analyse von Marterbauer & Schürz (2007) hervorgeht, scheint die Debatte um Erbschafts- und Vermögenssteuern teils unter dem Eindruck einer problematischen Darstellung in den Medien zu stehen. Das bestätigen jüngere Studien zur medialen Berichterstattung im deutschsprachigen Bereich. Zum Beispiel zeigen Theine & Grisold (2020) in ihrer Studie, dass in deutschsprachigen Medien nicht sehr häufig über die Vermögens- und Erbschaftssteuer berichtet wird, aber *wenn* das der Fall ist

- selten die Einbettung in den Kontext von Gleichheit, Demokratie oder Gerechtigkeit stattfindet,
- die Bedeutung von Vermögen für Macht und Einfluss sowie für die soziale Gerechtigkeit wenig thematisiert wird und
- Bedenken und Ablehnung von Vermögens- und Erbschaftssteuern stärker vertreten sind, obwohl es andere wissenschaftliche Perspektiven (z. B. aus der heterodoxen Ökonomik) dazu gibt (Theine & Grisold 2020: 60–61).

In den deutschsprachigen Medien, so das Fazit von Theine & Grisold (2020: 60), werden „Zweifel an der Sinnhaftigkeit von Vermögens- und (erhöhten) Erbschaftssteuern […] überproportional verbreitet". Für eine ernsthafte Auseinandersetzung mit Ungleichheit und einer Erbschaftssteuer ist das sicher als Hürde einzustufen. Auch die Auseinandersetzung mit der Rechtfertigung einer Erbschaftssteuer wird damit unter einer ideologischen Schlagseite stehen. Aber davon abgesehen zeigt sich im internationalen Vergleich kein einheitliches

Bild *im Umgang* mit Erbschaften: Während Länder wie etwa Norwegen, Österreich oder die Tschechische Republik keine Erbschaftssteuer (mehr) erheben (siehe Steinbrenner, Weck & Zental 2024), scheinen andere Länder der Erde – wie z. B. Belgien, Bulgarien, Ungarn, Großbritannien oder die USA – offenbar kein Problem mit einer Erbschaftssteuer zu haben (siehe Mazohl 2023).

6.7.3 Von der Besteuerung zur Begrenzung von Vermögen

Die bisherigen Ausführungen konzentrierten sich auf die Besteuerung von Vermögen und Erbschaften. Was hat das aber mit den Obergrenzen für Vermögen zu tun, um die es hier doch gehen sollte? Die naheliegende Antwort ist, dass die Besteuerung von Vermögen *eigentlich* bereits gedanklich einen Deckel für Vermögen – die Idee einer Vermögensobergrenze – beinhaltet, zumindest dann, wenn sie im Kontext der Vermögensungleichheit steht. Das sollte unmittelbar einleuchten, wenn an die Möglichkeit gedacht wird, ein Vermögen ab einem bestimmten Betrag mit eine Steuer von 100 Prozent zu belegen: Denn eine solche Steuer bewirkt eine sehr deutlich Grenze, weil ab dem Betrag dann das zusätzlich hinzukommende Vermögen ‚wegbesteuert' wird. Die hier aufgeworfene Frage nach der Vermögensobergrenze zielt aber auf einen anderen, grundsätzlichen Gedanken ab. Es lässt sich nämlich schlechterdings nicht sinnvoll über eine Besteuerung zur Reduzierung von Vermögensungleichheit sprechen, wenn es keine Vorstellung darüber gibt, wie ein akzeptables Niveau an Vermögensungleichheit und damit eine Grenze der Vermögenskonzentration aussehen soll. Genau das stellt ein zentrales Problem dar, das sich in den Debatten um die Reduzierung der Vermögensungleichheit regelmäßig beobachten lässt: Denn üblicherweise wird über Steuersätze für eine Vermögens- oder Erbschaftssteuer diskutiert, ohne das Maß an ‚akzeptabler' oder ‚wünschenswerter' Ungleichheit zu thematisieren (oder dies gar abzuwägen). Die Philosophin und Wirtschaftswissenschaftlerin Ingrid Robeyns (2024) stellt dazu insofern eine Ausnahme dar als sie mit ihrem *Limitarismus* für eine Begrenzung der Vermögen plädiert, Rechtfertigungen für diese Begrenzung aufzeigt und *drei* Grenzen nennt, die sie auch beziffert.

Als erste Grenze nennt Robeyns die *Wohlstandsobergrenze*: Diese liegt auf dem „Niveau, ab dem zusätzliches Geld den Lebensstandard nicht mehr verbessern kann" (Robeyns 2024: 48). Robeyns führt dazu eigene Studien – Befragungen von Menschen aus London und Utrecht – an. Diese zeigen, dass Menschen diese Wohlstandsobergrenzen ohne Probleme identifizieren können (Robeyns 2024: 49). Dazu lässt sich an das *Easterlin-Paradox* erinnern, wonach das Wachstum des BIP nur bis zu einer bestimmten Grenze positiv auf das Wohlbefinden wirkt (siehe Thieme 2024c: 188). Die von Robeyns angeführten Studien bestätigen diese Tendenz auf der *individuellen* Ebene: Dort zeigt sich, dass Menschen ab einem bestimmten Einkommen keine Verbesserung ihres Wohlstands erfahren. Robeyns betont, bei der dort identifizierten Grenze handle es sich um eine *deskriptive* Obergrenze, die kein moralisches Urteil enthalten würde: „Sie basiert auf dem Zusammenhang zwischen Geld und Lebensstil, den wir alle beobachten können“ (Robeyns 2024: 49). Bezogen *rein darauf*, dass die Studien eine solche Grenzziehung beobachtet und dokumentiert haben, ist Robeyns sicher Recht zu geben. Doch fließen in diese Grenzsetzungen an sich selbstverständlich ethische Urteile ein. Sie finden sich

1. im Verständnis vom ‚Lebensstil‘ (was als ‚lebenswert‘ erachtet wird),
2. in der Vorstellung darüber, was den Lebensstandard *nicht* mehr ‚verbessert‘, und
3. in dem Umstand, diesen Lebensstil zur Maßgabe einer ethischen Beurteilung heranzuziehen.

Aber von diesen kritischen Anmerkungen abgesehen bestätigt Robeyns mit ihren Studien die Lebenserfahrung, dass es Sättigungsgrenzen gibt, und präzisiert, dass die Menschen sehr wohl in der Lage sind, Grenzen für ihren Wohlstand anzugeben. In ihren Studien ermittelte Robeyns (2024: 49), dass sich die Wohlstandsobergrenze bei 1 Million Euro pro Person ziehen lässt.

Die zweite Grenze ist die *ethische Obergrenze* und diese ergibt sich aus moralischen Gründen. Ab dieser Grenze „können wir es nicht mit gutem Gewissen rechtfertigen, das überschüssige Geld zu behalten“ (Robeyns 2024: 49). Die ethische Obergrenze kann identisch sein mit der Wohlstandsobergrenze und läge dann bei 1 Million Euro pro Person. Laut Robeyns gab es aber auch Befragte in ihren Studien, die 1 Million als zu viel empfanden und meinten, dass „die ethische limitaristische Schwelle unter der Wohlstandsobergrenze liegen“ (Robeyns 2024: 49) soll.

Die dritte Grenze ist die *politische Obergrenze*, die vom Staat als sozialpolitisches und fiskalisches Ziel gesetzt wird (Robeyns 2024: 49). Vermögen oberhalb dessen ist für Robeyns *unmoralisch*. Da Robeyns (2024: 49) für eine ‚realistische‘ Grenze plädiert, die *möglichst hart* sein soll, liegt zunächst der Eindruck nahe, dass es sich gleichzeitig um eine Grenze der Legalität handelt: Vermögen oberhalb dieser Grenze wäre dann nicht nur unmoralisch, sondern auch illegal. Aber dieser Eindruck wird deutlich relativiert, wenn Robeyns zu verstehen gibt, es müsse nicht zwangsläufig auf einen Steuersatz von 100 Prozent ab der Obergrenze hinauslaufen; der Staat solle vielmehr „die Konzentration extremen Reichtums verwässern“ (Robeyns 2024: 49). Das klingt dann eher danach, dass ein Vermögen oberhalb der politischen Grenze zwar als unmoralisch gilt, aber angesichts der realistischen Möglichkeiten, solch eine Grenze durchzusetzen, extremer Reichtum oberhalb dessen *möglich* sein kann. Robeyns geht es damit nicht um die Abschaffung der Konzentration extremen Reichtums, sondern um die Verwässerung dieser Konzentration. Sie schlägt jedenfalls eine politische Obergrenze für das Vermögen von etwa 10 Millionen Euro pro Person vor und rechtfertigt sie in Kurzform wie folgt:

„Dieser Betrag entspricht einem ausgewogenen Verhältnis zwischen dem Niveau, das moralische und politische Erwägungen als Maximum vorgeben. Es gibt eine Obergrenze, oberhalb derer ein Vermögen zur reinsten Verschwendung wird, weil es sich besser nutzen ließe, um klimabedingte Ungerechtigkeit auszugleichen und dringende menschliche Bedürfnisse zu befriedigen. Es gibt die Obergrenze, die politische Gleichheit erfordert. Es gibt die Obergrenze, die widerspiegelt, was wir über die Anreize wissen, die äußert produktive Menschen anspornen, weiterhin einen wirtschaftlichen Beitrag zu leisten. Es gibt die Obergrenze, die das Wohl der Superreichen selbst schützen würde – die ihnen helfen würde, ihre schädliche Sucht nach Kapitalakkumulation zu überwinden, und die ihren Kindern eine Chance geben würde, ohne die durch das übermäßige Vermögen ihrer Eltern verursachten Schäden aufzuwachsen. Wenn wir aufgrund der Obergrenzen, die diese Überlegungen nahelegen, einen Durchschnittswert ermitteln, kommen wir auf zehn Millionen." (Robeyns 2024: 50–51)

Diese Vermögensobergrenzen, so betont Robeyns (2024: 49–50), hängen vom lokalen und globalen Kontext ab. Anders formuliert ist sich Robeyns (2024) sehr wohl bewusst, dass bei der Bestimmung der genauen – betragsmäßigen – Lage einer Obergrenze für Vermögen soziokulturelle Aspekte – und damit unterschiedliche sachliche und ethisch-kulturelle Gesichtspunkte – eine Rolle spielen. Die Vorschläge von Robeyns (2024) sollen eine Orientierung bieten und Größenordnungen vermitteln. Deshalb plädiert Robeyns (2024: 50) „für eine politische Obergrenze von etwa zehn Millionen pro Person" und betont gleichzeitig:

„[D]a ich ‚etwa' sage, spielt es keine Rolle, ob es Euro, Pfund oder Dollar sind; wir sollten uns auf das allgemeine Prinzip konzentrieren und daran denken, dass es hier um die Größenordnung, nicht um die genaue Zahl geht" (Robeyns 2024: 50).

Dabei ist zu berücksichtigen, dass Robeyns ihren *Limitarismus* als ein „regulatives Ideal" (Robeyns 2024: 301) versteht: Der Limitarismus und entsprechenden Vermögensgrenzen sollen angestrebt werden, aber im Bewusstsein um die Schwierigkeiten ihrer Realisierung. Sie selbst sieht ihre Rolle nicht darin, Antworten auf die Ungleichheit zu geben, sondern eine Orientierung.

„Meine Rolle besteht nicht darin, darauf [Unterstützung des Limitarismus und wenn ja, wie; Anm.d.Verf.] eine Antwort zu geben, sondern eine Reihe allgemeiner Prinzipien darzulegen, die in dieser Debatte hoffentlich Orientierung geben können und zu weiteren, sicher besseren Ideen führen." (Robeyns 2024: 302)

Daher ist es nur konsequent, wenn Robeyns darauf verweist, dass die Entscheidung über die Vermögensgrenzen letztlich der Öffentlichkeit obliegen soll:

„Es gibt keine Einzelperson, die behaupten könnte, genau zu wissen, was notwendig ist. Daher brauchen wir eine breite öffentliche Debatte darüber, ob wir den Limitarismus unterstützen sollen, und wenn ja, wie er sich umsetzen ließe." (Robeyns 2024: 302)

Vermögensobergrenzen sind also einem öffentlichen politischen Diskurs zuzuführen und darüber politisch wie ethisch zu legitimieren. Dies zeigt sich auch deutlich bei der von ihr diskutierten der *Obergrenze für Erbschaften*. Dazu schreibt Robeyns allgemein, die Obergrenze für Erbschaften „sollte nicht höher sein als das, was man in einer gerechten Gesellschaft bei einem genügsamen Leben für zukünftige Generationen ansparen kann" (Robeyns 2024: 318). Das ließe sich nur schwer in Zahlen fassen. Aber: „Wie bei der politischen Obergrenze für das Gesamtvermögen ist es letztlich Sache des Volkes, dies gemeinsam zu diskutieren und zu entscheiden" (Robeyns 2024: 319).

Es wäre ein arges Missverständnis, dies als rhetorischen Trick zu verstehen, um sich vor konkreten Antworten zu drücken. Dieser Vorwurf wäre gegenüber Robeyns (2024) schon deshalb absurd, weil sie konkrete Vermögensobergrenzen nennt und die Begrenzung von Vermögen auch rechtfertigt. Es geht hier um einen ganz anderen Punkt, nämlich die Frage, wer mit welcher ethischen Legitimität über die Fragen des guten Lebens befindet, die sich mit der Vorstellung von Vermögensobergrenzen verbinden. Schließlich sollen solche Vermögensobergrenzen nicht diktatorisch vorgeschrieben werden, sondern aus einer ethischen Abwägung – aus Einsicht in vernünftige Gründe – hervorgehen. Das gilt es vor allem mit Blick auf die Dominanz wirtschaftsliberaler Denkhaltungen zu betonen, die sich in der Debatte um die Begrenzung von Vermögen dann schnell zu polemischen Schlagworten wie „Kommunismus", „Diktatur" oder „Planwirtschaft" hinreißen lassen und dann nicht minder laut vor der Einschränkung ‚der Freiheit' warnen. Dessen ungeachtet schlagen die Hinweise von Robeyns (2024) auf die Notwendigkeit, Vermögensobergrenzen demokratisch festzulegen, eine Brücke zu Ethik-Konzepten, die auf einen Dialog oder Diskurs setzen, um Handlungsabsichten ethisch zu legitimieren. Dazu lässt sich an den *Dialog* im Rahmen der *Katholischen Soziallehre* (Schlagnitweit 2021), den *Diskurs* der *Integrativen Wirtschaftsethik* (Ulrich 2008) oder die *Soziale Irenik* im Rahmen der *Sozialen Marktwirtschaft* von Müller-Armack (1981) denken.

Dem Limitarismus und den Vermögensobergrenzen von Robeyns mag der Vorwurf gemacht werden, dass die konkreten Obergrenzen aus empirischen Untersuchungen – aus Befragungen – abgeleitet sind (Robeyns 2024: 48–50). Als direkte Maßgabe für ethisch legitime Vermögensobergrenzen wären solche empirisch abgeleiteten Obergrenzen abzulehnen, weil bekanntlich nicht so einfach aus einem Sein auf ein Sollen zu schließen ist. Denn dann läge ein naturalistischer Fehlschluss vor. Nur, weil die Mehrheit in einer Umfrage eine bestimmte Grenze angab oder sich aus den Antworten ein bestimmter Durchschnitt errechnen lässt, müssen diese Angaben nicht universalisierbar sein und damit auch nicht ethisch legitime Obergrenzen für Vermögen darstellen. Dazu fehlt dann schlicht die ethische Abwägung und Rechtfertigung. Dieser Vorwurf wäre gerechtfertigt, wenn Robeyns es bei ihren empirischen Studien belassen hätte. Aber das ist bei Robeyns (2024) nicht der Fall. Robeyns versteht ihren Limitarismus als *regulative Idee*, die in ihrer konkreten Umsetzung durch demokratische Prozesse zu vertiefen, zu präzisieren und zu legitimieren ist. Dabei dienen die empirisch abgeleiteten Obergrenzen lediglich der Orientierung für einen Diskurs, den Robeyns (2024) über ihre empirischen Erkenntnisse hinaus in entsprechende Argumente für Obergrenzen einbettet. Der Anspruch dieser konkreten Vermögensobergrenzen liegt eben auch nur darin, eine Orientierung zu geben und Teil eines ausführlich begründeten Diskussionsvorschlags zur Begrenzung für Vermögen zu sein. Robeyns möchte damit eine Debatte über die Vermögensobergrenzen anregen.

Abschließend lässt sich nun festhalten, dass die Besteuerung von Vermögen *unter der Zielsetzung*, eine bestimmte Vermögensungleichheit zu reduzieren, die Idee einer Vermögensobergrenze erfordert. Ohne die Vorstellung von einer Vermögensobergrenze fehlt den diskutierten Steuern auf Vermögen das Ziel. Ganz im Gegensatz dazu scheint der gesellschaftspolitische Diskurs über die Vermögensbesteuerung überwiegend ohne solche Obergrenzen auszukommen. Der *Limitarismus* von Robeyns (2024) bietet dazu eine erfrischende Ausnahme. Robeyns thematisiert nicht nur *konkrete* Grenzen für Vermögen, sondern bettet sie in sachliche und ethische Argumente ein. Die damit verbundenen Rechtfertigungen stellen – bei aller Kritik, die sich im Detail dazu ergeben mag – ebenfalls eine Ausnahme in der Debatte um Ungleichheit dar, weil Robeyns damit eben nicht einfach oberflächlich beim schlagwortartigen Verweis auf ‚Gerechtigkeit' o. Ä. verharren bleibt.[118] Grundsätzlich lassen sich mehrere Gründe zur Rechtfertigung der Begrenzung für Vermögen anführen. Um unnötige Wiederholungen zu vermeiden sei an dieser Stelle auf die Prinzipien, Ethik-Konzepte usw. verwiesen, die hier im Vorfeld zur Ungleichheit der Einkommen und Vermögen mehrfach genannt wurden (etwa die Universalisierung, Menschenwürde, Verteilungsgerechtigkeit, Chancengerechtigkeit, Integrative Wirtschaftsethik und Katholische Soziallehre).[119]

6.8 Anmerkungen zur Besteuerung von Vermögen

Die Auseinandersetzung mit der Besteuerung von Vermögen und Erbschaften sowie Vermögensobergrenzen stand im Kontext der Vermögensungleichheit und der Frage, wie sich diese reduzieren lässt. An mehreren Stellen wurde bereits betont, dass es dafür notwendig ist, sich eine Vorstellung zu verschaffen

118 Eine weitere Ausnahmen in der Debatte soll hier nicht unterschlagen werden: Marterbauer & Schürz (2007) befassen sich zwar nicht mit Vermögensobergrenzen wie Robeyns (2024), entwickeln aber ihre Argumentation zur Erbschaftssteuer entlang von vier Wertprinzipien (Gleichheitsprinzip, Gerechtigkeitsprinzip, Gemeinschaftsprinzip und Familienprinzip) und berücksichtigen – wie Robeyns – auch sachliche Argumente (etwa zur Doppelbesteuerung, zum Verwaltungsaufwand einer Erbschaftssteuer oder zur Gefährdung der Weiterführung von Unternehmungen). Mit der Berücksichtigung der normativen Dimension (Wertprinzipien) stellen auch sie eine Ausnahme dar in einer Debatte zur Ungleichheit, in der häufig nur – wenn überhaupt – der oberflächliche Bezug zum Schlagwort „Gerechtigkeit" auftaucht.

119 Siehe dazu ausführlich die ethischen Gründe für die Beschäftigung mit Ungleichheit (Abschnitt 6.3) und die Rechtfertigung der Besteuerung von Vermögen (Unterabschnitt 6.7.1).

darüber, welches Niveau an Vermögenskonzentration überhaupt *gewünscht* wird – oder ab welchem Niveau der Vermögenskonzentration diese als problematisch einzuschätzen ist. Zum Problem wird die Konzentration von Vermögen vor allem dann, wenn sie den (individuellen) Wohlstand von vielen Menschen – insbesondere aber ihre Existenz – gefährdet. Die verschiedenen sachlichen Gründe, aus denen heraus sich die Konzentration von Vermögen als problematisch erweisen kann (Abschnitt 6.2), liefern Hinweise bzw. Indikatoren für diese Gefahren (etwa der Umfang von Beteiligungen an Unternehmen, die geringe Lebenserwartung von ‚vermögensarmen' Menschen oder der CO_2-Verbrauch von Reichen und Superreichen). Wenn also die Konzentration von Vermögen als ein Problem erachtet wird und diese Konzentration verringert werden soll, dann erfordert dies, festzulegen, auf welches Niveau die Vermögenskonzentration zu reduzieren ist. Nun werden es die Zusammenhänge zwischen einer Vermögenskonzentration und ihren negativen Konsequenzen es vermutlich nicht erlauben, diese Zusammenhänge in einer Genauigkeit zu bestimmen, die auch gleich einen konkreten Zahlenwert für das Niveau der Vermögensungleichheit liefert. Ein so verstandener ‚Korrekturwert' der Vermögenskonzentration hätte aber ohnehin nur einen technischen Charakter: Die Frage nach dem ‚gerechten', ‚wünschenswerten', ‚akzeptablen' oder ‚zumutbaren' Maß an Ungleichheit wäre auf rein technisch-sachliche Aspekte reduziert. Aber wie mit der Frage nach dem ‚wünschenswerten' Maß an Vermögensungleichheit bereits angedeutet ist, hat sie eine ethische Qualität. Selbst auf einer technischen Ebene müsste gerechtfertigt und entschieden werden, wo die Referenzwerte und dann die ‚Korrekturwerte' zur Regulierung der Vermögensungleichheit liegen *sollen.* Wer sich mit Ungleichheit und ihrer Reduzierung befasst, kommt also nicht daran vorbei, dass gerechtfertigt und entschieden werden muss, was ‚wünschenswert', ‚gerecht', ‚akzeptabel' oder ‚zumutbar' sein soll.

Dieser Umstand erlaubt es, sich der Frage nach dem Niveau der Ungleichheit und nach Vermögensobergrenzen von einer anderen Seite her zu nähern: Es ließe sich allgemein fragen, welches Niveau an Ungleichheit als ‚gerecht' empfunden wird und dazu müssen dann ganz bewusst ethische Überlegungen einfließen, etwa zur Verteilungsgerechtigkeit (retrospektiver Blick auf ein hypothetisches Lebenseinkommen usw.). In diesem Zusammenhang wären selbstverständlich auch die eben angeführten ‚technischen' Zusammenhänge zwischen Ungleichheit und bestimmten anderen Indikatoren einzubeziehen (wie z. B. die Lebenserwartung oder der CO_2-Verbrauch beim Luxuskonsum). Die verbundenen Kennziffern sind dann aber nicht so zu verstehen, dass sie an sich bereits eine bestimmte Vermögensungleichheit – sozusagen: auf natürliche Weise – ‚legitimieren', sondern sie liefern Orientierungswerte (etwa hinsichtlich der Größenordnungen der zu reduzierenden Ungleichheit).

Für die empirische *Orientierung* in der Abwägung des ‚gewünschten' Niveaus an Ungleichheit lassen sich jene statistischen Kennziffern heranziehen, mit denen in der Forschung die Ungleichheit üblicherweise dokumentiert wird, zum Beispiel der Medianwert und das durchschnittliche Vermögen, die Gini-Maße oder der Vergleich, welcher Anteil am Gesamtvermögen auf verschiedene Bevölkerungsanteile – oberstes Prozent, unterste 50 Prozent – entfällt (siehe Abschnitt 6.1). Allerdings muss auch hier erwogen, entschieden und gerechtfertigt werden, welche Relevanz diesen Kennziffern bei der ethischen Abwägung beigemessen wird. Damit ist gemeint, zu entscheiden, ob etwa der Gini-Wert als Orientierung genutzt wird und welcher konkrete Referenzwert dann als ‚wünschenswert' zu erachten ist.

Die ethische Abwägung des ‚gewünschten' Niveaus an Ungleichheit selbst basiert auf ethischen Kriterien (Gerechtigkeitsprinzipien, Universalisierung, Menschenwürde usw.) und erfordert dementsprechend ein ethisches Erwägen, worin das ‚gerechte', ‚zumutbare' usw. Maß an Einkommen oder Vermögen bestehen soll. Damit verbindet sich dann auch eine Vorstellung über ‚ethisch legitime' Grenzen für Einkommen und Vermögen. Die ethische Abwägung zum ‚wünschenswerten' Niveau an Ungleichheit, den Einkommens- und Vermögensobergrenzen sowie zur jeweils praktischen Konkretisierung kann auf verschiedenen Wegen erfolgen. Bestenfalls werden dazu partizipative Prozesse – offene Diskurse – angestrebt (Bürgerräte usw.), die einen breiten Austausch darüber ermöglichen, was die angemessenen Kriterien und Kennziffern zur Bestimmung eines ‚gerechten' Maßes an Ungleichheit sein können. Das, was als ein ‚gerechtes', ‚zumutbares', ‚wünschenswertes' usw. Niveau an Ungleichheit gelten soll und wo die ‚gerechten' Grenzen für Einkommen und Vermögen liegen, das ist dann letztlich über einen offenen Diskurs im demokratischen Prozess *politisch* festzulegen (und zu legitimieren).

Diese politischen Festlegungen sind *notwendig* für die konkrete Umsetzung des wünschenswerten Niveaus an Ungleichheit sowie für dessen systematische Beobachtung, Kontrolle und Regulierung. Das könnte dann in der konkreten politischen Praxis bedeuten, sich für eine geringere Ungleichverteilung der Vermögen in der Gesellschaft zu entscheiden, dazu die Orientierung am Gini-Koeffizienten für Vermögen festzulegen und einen Wert von 0,5 anzustreben. Wann immer dann der Gini-Koeffizient vom Richtwert 0,5 abweicht, ist dann politischer Handlungsbedarf angezeigt, der sich je nachdem etwa in Maßnahmen zum Aufbau von Vermögen für ‚vermögensarme' Haushalte oder in Maßnahmen zum Abbau von Vermögensspitzen bei vermögenden Haushalten niederschlagen kann. Es könnte übrigens auch festgelegt werden, dass es ‚gerecht' sei, wenn die Verteilung der Vermögen in etwa der Verteilung der Einkommen entspricht – und zur Orientierung die jeweiligen Gini-Kennziffern herangezogen werden sollen. Diese (hypothetischen) Beispiele illustrieren noch einmal, dass solche Kennziffern für bestimmte *gesellschaftliche Gerechtigkeitsvorstellungen* stehen können. Seitens ‚der' Politik lässt sich auf diese Weise also das *gesellschaftliche Gerechtigkeitsempfinden* berücksichtigen und damit der *Soziale Frieden* wahren.

Der springende Punkt ist nun aber, dass wenn eine bestimmte Ungleichheit als Problem eingeschätzt wird und reduziert werden soll, dann doch zuvorderst der Frage nachzugehen ist, was als ‚wünschenswertes', ‚zumutbares', ‚angemessenes' usw. Maß an Ungleichheit gelten kann. Denn die Ungleichheit lässt sich – wie mehrmals erwähnt – nicht ernsthaft und effektiv reduzieren, wenn es keine Vorstellungen darüber gibt, auf welches Niveau die Ungleichheit reduziert werden soll. Die Forderung nach der Besteuerung von Vermögen und Erbschaften *braucht Referenzpunkte*, sonst hängt sie regelrecht in der Luft. Genau an diesem Punkt entlarven sich dann die Debatten um Vermögens- und Erbschaftssteuern, in denen kein Gedanke an ein ‚gerechtes' Maß der Ungleichheit verschwendet wird, als Populismus und Aktionismus. Das ist der unangenehme Beigeschmack, den öffentliche und politische Debatten hinterlassen, wenn dort bestimmte Steuersätze für die Besteuerung von Vermögen oder Erbschaften in den Raum geworfen werden, ohne *grundsätzlich* die Richtung des Niveaus an Ungleichheit angeben zu wollen, in die solch eine Besteuerung weisen soll.[120]

Vor diesem Hintergrund fällt auf, dass viele der öffentlich diskutierten Vorschläge für die Besteuerung von Vermögen die jeweiligen Steuersätze im einstelligen oder niedrigen zweistelligen Bereich belassen: Je nach Vermögen ist von 0,1 Prozent, zwei Prozent bis zehn Prozent die Rede, Gabriel Zucmans viel zitierter Vorschlag für eine globale Mindeststeuer auf Vermögen sieht zwei Prozent vor (siehe Abschnitt 6.7, speziell Tab. 16).[121] Aber angesichts der Zustände, wie sie etwa NGOs wie Oxfam kritisieren, sind Zweifel angebracht, ob sich mit solchen Steuersätzen die Ungleichheit in der Verteilung der Vermögen effektiv abbauen lässt. Zum Beispiel berichtet Oxfam 2024 darüber, dass die fünf reichsten Personen seit 2020 ihr Vermögen verdoppelt hätten (Riddell et al. 2024: 4). Oxfam Deutschland schreibt in einem Bericht 2025:

> „Weltweit ist im Jahr 2024 das Gesamtvermögen der Milliardär*innen um zwei Billionen US-Dollar gestiegen. Ihr Vermögen wuchs damit 2024 dreimal schneller als 2023. Das Vermögen eines*einer Milliardär*in vergrößerte sich im Durchschnitt um zwei Millionen US-Dollar pro Tag. Bei den reichsten zehn Milliardären waren es sogar 100 Millionen US-Dollar pro Tag. Selbst wenn diese zehn Milliardäre über Nacht 99 Prozent ihres Vermögens verlieren würden, blieben sie Milliardäre. Im Jahr 2024 kamen insgesamt 204 neue Milliardär*innen hinzu. Dies entspricht durchschnittlich fast vier neuen Milliardär*innen pro Woche." (Schmitt et al. 2025: 3)

Es scheint befremdlich, diesen Vermögensdiskrepanzen mit einer Steuer auf Vermögen in Höhe von zwei oder fünf Prozent beikommen zu wollen. Solche

---

120 So ähnlich lässt sich Michael Sandel verstehen, wenn er mit Blick auf die Besteuerung meint: „Ich halte das philosophisch für einen Fehler, aber ich denke zugleich, dass es politisch ein Fehler von Progressiven und Sozialdemokraten ist, für progressive Besteuerung zu plädieren, ohne sich um die moralischen Grundlagen der Gemeinschaftlichkeit oder Identität zu kümmern." (Piketty & Sandel 2025: 109)

121 Selbst Oxfam Deutschland plädiert für die von Gabriel Zucman vorgeschlagene globale Mindeststeuer auf Milliarden-Vermögen in Höhe von zwei Prozent (Schmitt et al. 2025: 8).

niedrigen Steuersätze wirken wie Symbolpolitik. In diesem Sinne lässt es sich verstehen, wenn Ertl & Mokre (2022: 36) zur Vermögenssteuer schreiben:

> „Eine moderate Vermögensteuer, die weniger abschöpft als das Vermögen jährlich einbringt, kann die zunehmende Vermögenskonzentration verlangsamen und das soziale Auseinanderdriften verzögern. Für eine aktive Vermögensdekonzentration, also eine Reduktion der Ungleichheit, ist sie aber nicht geeignet."

Wie anders könnte dagegen die Diskussion über die Besteuerung von Vermögen aussehen, wenn sie einen ernsthaften Austausch darüber beinhalten würde, wo das gesellschaftlich als ‚wünschenswert' erachtete Niveau der Ungleichheit anzusiedeln wäre und wo ‚akzeptable' Grenzen für Einkommen und Vermögen liegen sollen? Im Grunde wäre damit die Debatte über Vermögenssteuern vom Kopf auf die Füße gestellt:

1. Es würde *zuerst* geklärt werden, welches Maß an Vermögensungleichheit als ‚gewünscht', ‚akzeptabel', ‚zumutbar' usw. gelten *soll*;
2. danach wäre zu überlegen, über welchem Zeitraum hinweg das aktuelle Niveau an Ungleichheit auf dieses ‚wünschenswerte' Niveau zu bringen ist, um *dann*
3. dementsprechend die konkreten Steuersätze festlegen zu können.

Die gesellschaftspolitischen Debatten zur Ungleichheit scheinen aber anders zu verlaufen. In aller Regel fehlen die hier angemahnten Grundsatzüberlegungen zur Ungleichheit, Vermögensgrenzen sind praktisch kein Thema – im Grunde wirkt der Gedanke daran schon fast als Tabu – und noch viel seltener ist eine *echte* ethische Abwägung der vorgeschlagenen Steuersätze zu finden. Es hat geradezu den Anschein, als ob in den Debatten um die Reduzierung der Vermögensungleichheit ganz bewusst ein Bogen um diese sicher nicht einfach zu klärenden – ethischen – Grundsatzfragen geschlagen wird.

6.8.1 Besteuerung von Vermögen als konservative Anpassung

Die niedrigen Steuersätze auf Vermögen, die öffentlichkeitswirksam diskutiert werden, werfen die Frage auf, wie ernst es tatsächlich gemeint ist damit, die Vermögensungleichheit reduzieren zu wollen. Denn möglicherweise bieten diese niedrigen Steuersätze den Wohlhabenden einen Weg, um die *bestehende* Eigentums- und Vermögensordnung halbwegs zu schützen. Diese Steuersätze wären dann eine Maßnahme zur Stabilisierung einer bestehenden Eigentumsordnung. Kulturanthropologisch lässt sich das als *konservativen Anpassung* verstehen: Es wird nur so viel geändert, wie sich *damit* eine Änderung im

Ganzen (in den Eigentums- und Vermögensverhältnissen) vermeiden lässt.[122] Es könnte also gut sein, dass die Diskrepanzen in der Vermögensverteilung ein Ausmaß angenommen haben, das sich selbst von denen, die eine Vermögenssteuer aus ideologischen oder eigennützigen Gründen heraus ablehnen, nicht mehr ignorieren lässt. Jene, die von dieser Ungleichheit profitieren oder eine entsprechende Weltanschauung vertreten, mögen dann die Forderung nach einer Vermögenssteuer zwangsläufig und zähneknirschend akzeptieren, sie womöglich sogar *proaktiv* unterstützen, um dann aber im gesellschaftspolitischen Diskurs für Steuersätze auf einem derartig niedrigen Niveau einzutreten, das keine ernste Gefahr für die eigenen wirtschaftlichen Interessen und/oder die vertretene wirtschaftsliberale Weltanschauung besteht. Die niedrige Vermögenssteuer mag für Vermögende dann zwar auch unangenehm sein, aber sie tastet die bestehenden Vermögensverhältnisse nicht substanziell an.

Insofern können (zu) niedrige Steuern auf Vermögen für vermögende Menschen und Vertreter wirtschaftsliberaler Ideologien eine ‚second best'-Lösung sein, mit der das für sie ‚Schlimmste' – eine effektive Reduzierung der Vermögensungleichheit – vermieden wäre. Gleichzeitig ist das eine politökonomische und rhetorische Strategie, um *im Diskurs* alle weiteren Versuche, die Vermögensungleichheit effektiv zu reduzieren, argumentativ in die Defensive zu bringen: Die einmal akzeptierte Vermögenssteuer (auf niedrigem Niveau) wäre ein Akt guten Willens. Damit wäre der kleine Finger gereicht worden, nun solle doch bitte nicht der Gier nachgegeben werden, auch gleich noch die ganze Hand an sich reißen wollen!

Vor dem Hintergrund der öffentlichen Debatten, wie sie tatsächlich geführt werden, ergibt sich aber noch ein weiteres Problem. Wie an verschiedenen Stellen immer wieder kritisch angemerkt wird, sind die Vorhaben zur Einführung oder Erhöhung von Vermögenssteuern mit Halbwissen, Mythen und starken – gut organisierten – Widerständen durch Lobbyarbeit (von Unternehmensverbänden) konfrontiert. In der Debatte um die Reform der deutschen Erbschaftssteuer werten zum Beispiel Truger & Scholz (2016) diesen Lobby-Einfluss als „Demontage der Erbschaftssteuer" und halten fest:

> „Der gesamte Reformprozess krankt daran, dass die Politik sich von den Schreckensszenarien der Lobbyisten hat einschüchtern lassen. Deshalb wurde die Frage nach dem ökonomisch sinnvollen Ausmaß einer Privilegierung des Betriebsvermögens gar nicht erst rational diskutiert." (Truger & Scholz 2016: 379)

Ähnlich blickt auch Julia Jirmann (2025) vom „Netzwerk Steuergerechtigkeit" auf die Debatten um eine gerechte Vermögens- und Erbschaftssteuer:

> „Höhere Erbschaftsteuern werden oft abgelehnt – aus Sorge, selbst betroffen zu sein, obwohl hohe Freibeträge dies bei der großen Mehrheit ausschließen. Vermögensteuern finden mehr

122 Diese Überlegungen greifen die Ausführungen von Sahlins & Service (1991: 56) auf, die diesen Aspekt im ethnologischen Kontext thematisierten und diese Anpassung kurz und bündig wie folgt auf den Punkt brachten: „there is change and yet there is no change."

Zustimmung, doch Ängste vor Arbeitsplatzverlust oder Kapitalflucht dämpfen bei vielen den Reformwillen. Lobbyorganisationen von Vermögenden befeuern diese Ängste gezielt. Zudem säen sie Misstrauen gegenüber dem Staat und verknüpfen das gezielt mit ihren Forderungen nach Steuersenkungen." (Jirmann 2025: 12)

Hinzu kommt, dass auch die mediale Berichterstattung zu diesem Thema durch eine staatsskeptische Sicht und die Position der Unternehmen geprägt ist; sie verbreitet damit *überproportional* „Zweifel an der Sinnhaftigkeit von Vermögens- und (erhöhten) Erbschaftssteuern" (Theine & Grisold 2020: 60).

Angesichts dieser Hürden (Halbwissen, Mythen) und starken Widerstände lesen sich die niedrigen Steuersätze und die Idee einer globalen Mindeststeuer für Milliardenvermögen in Höhe von zwei Prozent als ein *erster Schritt*, um in die Reduzierung der Vermögensungleichheit *einzusteigen*. Das ist verständlich und mag vielleicht auch ‚klug' klingen. Aber ein solcher *Einstieg* in die Vermögensbesteuerung kann sich ebenso als Eigentor – als ein fataler Fehlgriff – erweisen, wenn die niedrigen Steuersätze im Sinne einer *konservativen (wirtschaftsliberalen) Anpassung* erfolgreich genutzt werden, um die steuerliche Belastung von Vermögen auf einem niedrigen Niveau zu zementieren. Das Vorhaben, mit niedrigen Steuersätzen auf das Vermögen *einzusteigen*, kommt also auf die konservative Anpassung zu und kann auf diese Weise der Stabilisierung genau der *bestehenden* Einkommens- und Vermögensverhältnisse dienen, die mit den Vermögenssteuern eigentlich geändert werden sollen. Die Ungleichheit würde dann vielleicht etwas, aber nicht wesentlich reduziert; zudem ist dann das Potenzial erheblich eingeschränkt, die Vermögensungleichheit zu einem *späteren Zeitpunkt* weiter und effektiv zu verkleinern. Schwer wiegt zudem die Gefahr, die Debatte zur Reduzierung der Vermögensungleichheit nur um Steuersätze kreisen zu lassen: Die Diskussion entzündet sich dann an den Zahlen (Steuersätze) und bleibt nur auf sie konzentriert, ohne zu vertiefen, was diese Zahlen im ethischen und sachlichen Sinne bedeuten. Die eigentlich notwendige Auseinandersetzung mit der zentralen Frage nach dem ‚gerechten' Niveau an Ungleichheit wäre dann auch wieder aus dem Sichtfeld gerückt. Das ist aus den oben genannten Gründen (Abschnitt 6.8) heraus fatal für das Vorhaben, die Vermögensungleichheit auf ein ‚gerechtes' Maß zu reduzieren.

Damit lässt sich zusammenfassen, dass die konservative Anpassung das Vorhaben, die Ungleichheit in der Verteilung der Vermögen zu verkleinern, mit ernst zu nehmenden Schwierigkeiten konfrontiert. Die Möglichkeit der konservativen Anpassung stellt insbesondere die aktuell zu beobachtende Strategie, mit niedrigen Steuersätzen in die Vermögensbesteuerung *einzusteigen*, in Frage. Insofern existieren gute Gründe dafür, um für die konservative Anpassung zu sensibilisieren und sich im Diskurs über die Vermögensbesteuerung stärker als bisher damit auseinanderzusetzen.

6.8.2 *Einnahmen erzielen oder Ungleichheit reduzieren?*

In der Debatte um Vermögens- und Erbschaftssteuern steht vereinzelt der Eindruck im Raum, sie durch die Einnahmen zu rechtfertigen, die mit derartigen Steuern erzielt werden mögen. Teils wird dazu angeführt, sie für sozialstaatliche Zwecke verwenden zu wollen. Angesichts einer als ‚ungerecht' empfundenen Vermögensungleichheit klingt das plausibel, würde eine Vermögenssteuer in diesem Sinne doch eine Umverteilung zu Gunsten von ‚vermögensarmen' Menschen bewirken. Die Finanzierung des Sozialstaats durch Vermögenssteuern deutet sich etwa an, wenn im Kontext der Vermögensungleichheit und der Forderung nach einer Vermögenssteuer die Frage gestellt wird, wer den Sozialstaat finanziert (so z. B. bei Riahi 2024). Deutlicher zeigt sich das, wenn zum Beispiel die Arbeiterkammer Wien (2025) argumentiert, dass „[d]as Aufkommen einer Vermögenssteuer in Österreich […] auf mehrere Milliarden Euro pro Jahr geschätzt" wird und diese Einnahmen „für eine Pflegereform, Lohnsteuersenkungen oder für Sozialleistungen, die Armut abschaffen [..], verwendet werden" können. Ähnlich deutlich sind die beiden Ökonomen Ertl & Mokre (2022) von der Arbeiterkammer Wien, wenn sie in einem Fachbeitrag schreiben:

> „Vermögensteuern können eine Absicherung in Form eines gut ausgebauten Sozialsystems finanzieren. […] Vermögensteuern könnten durch direkte Umverteilung eine soziale Absicherung für die ärmsten Haushalte garantieren […]. Eine kräftige Anhebung des Arbeitslosengeldes könnte durch Vermögensteuern subventioniert werden und verhindern, dass Erwerbslosigkeit zur Armutsfalle wird." (Ertl & Mokre 2022: 36)

Allerdings ist solch eine Argumentation (d. h. Vermögenssteuern für sozialstaatliche Ausgaben verwenden zu wollen) vor mehrere Schwierigkeiten gestellt. Zunächst fällt formal ins Gewicht, dass die Vermögenssteuern üblicherweise nicht als Zwecksteuern gedacht sind, d. h. sie werden nicht zu einem bestimmten Zweck erhoben, an den dann die Verwendung der Einnahmen *gebunden* ist. Es wird davon auszugehen sein, dass die Einnahmen aus solchen Steuern erst einmal in einen Steuerpool fließen und ein Parlament *dann* über etwa die Verabschiedung eines Landes- oder Staatshaushalts darüber befindet, wofür die Einnahmen aus diesen Steuern konkret verwendet werden sollen.[123] Dieser Punkt zielt auf ein demokratietheoretisches Problem ab, weil mit der Verwendung der Steuereinnahmen eine Entscheidung vorweggenommen wird, die eigentlich erst im demokratischen Prozess – im Parlament – zu treffen und politisch zu legitimieren ist. Dieses Problem ist kein besonderes Charakteristikum der Vermögenssteuer, sondern es zeigt sich auch in vielen anderen politi-

123 Eine Vermögenssteuer könnte gesetzlich unterschiedlich ausgestaltet sein und den Gemeinden, Ländern oder dem Bund zufließen. Der wesentliche Punkt an dieser Stelle ist, dass solche Steuern auf Vermögen wahrscheinlich keine Zwecksteuern sein werden, sondern über die Verwendung dieser Einnahmen im demokratischen Prozess politisch entschieden wird.

schen Diskussionen zu anderen Vorhaben (etwa, wenn argumentiert wird, bestimmte Steuern erhöhen zu wollen, um sie für Umwelt- und Klimaschutz zu verwenden). Das Sprechen im öffentlichen politischen Diskurs mag vielleicht zu einer gewissen Bequemlichkeit und Nachlässigkeit neigen. Das heißt, dass einfach vom beabsichtigten Verwendungszweck der Steuereinnahmen gesprochen wird, ohne jedes Mal darauf hinweisen zu wollen, dass dies erst noch der politischen Legitimierung durch ein Parlament bedarf. Im Grunde handelt es sich bei in dieser Form geäußerten Zwecken um die *Absicht*, sich im demokratischen Prozess für die Umsetzung dieser Zwecke einzusetzen.

Darüber hinaus fällt in den oben zitierten Passagen auf, dass mit den sozialstaatlichen Ausgaben auch *laufende Ausgaben* gemeint sind. Sozialleistungen zur Reduktion von Armut, die allgemeine Absicherung eines Sozialsystems oder die Anhebung des Arbeitslosengeldes deuten zumindest an, dass es sich um Ausgaben handelt, die in einer gewissen Regelmäßigkeit anfallen.[124] *Die Absicht*, regelmäßig anfallende Sozialausgaben zu finanzieren, benötigt aber ein fiskalisch nachhaltiges Fundament. Die *fiskalische Nachhaltigkeit* zielt hier auf steuerliche Einnahmen ab, die wiederkehrend – regelmäßig oder auf Dauer gestellt – und in einem verlässlichen und angemessenen Umfang auftreten.

Prinzipielle Zweifel an der fiskalischen Nachhaltigkeit einer Vermögenssteuer dürfen aufkommen, wenn sie tatsächlich darauf abstellt, die Vermögensungleichheit *effektiv* zu reduzieren. Es mag paradox klingen, aber die Vermögenssteuer zielt *dann* auf ihre eigene Abschaffung ab: Schließlich soll die Verteilung des Vermögens *im Idealfall* auf ein Niveau reduziert werden, das als ‚gerecht', ‚zumutbar' usw. empfunden wird und keinen Regulierungsbedarf (mehr) erfordert. Jedenfalls hätte eine solche Vermögenssteuer zur Folge, dass ihre Bemessungsgrundlage systematisch verkleinert wird. Damit fallen dann auch weniger Steuern an und die staatlichen Einnahmen sinken. Für die Absicht, laufende sozialstaatliche Ausgaben zu finanzieren, wäre das dann keine solide – nachhaltige – Basis.

Es gibt aber auch Stimmen in der Debatte um die Vermögenssteuer, die im Gegensatz dazu anführen, dass sie sehr wohl für stabile Einnahmen sorgt. Zum Beispiel war in der österreichischen Debatte zu lesen, dass „Vermögenssteuern üblicherweise stabile und ergiebige Aufkommen aufweisen" (Meichenitsch 2006: 74–75). Allerdings werden sich solche Aussagen auf Situationen beziehen, in denen noch eine Vermögensungleichheit herrscht. Das provoziert die

124 Das gilt auch unter dem Gesichtspunkt, dass die regulative Idee des Sozialstaats zum Beispiel darauf abzielt, Armut abzuschaffen und die Situation der breiten Bevölkerung derartig zu verbessern, dass sie nicht (mehr) auf Sozialleistungen angewiesen ist. Das ändert wenig daran, dass die Sozialausgaben in aller Regel einen Posten darstellen, der in einer gewissen Regelmäßigkeit anfällt. Für Deutschland zeigt sich das zum Beispiel daran, dass der Anteil aller Sozialleistungen am BIP (Sozialleistungsquote) seit seiner Messung (ab den 1960er Jahren) positiv war und auch eine gewisse ‚stabile Tendenz' aufweist: 1996 lag dieser Anteil bei 28,7 Prozent, 2009 bei 30 Prozent, ging dann auf 28,9 Prozent zurück und entwickelte schwankend auf 30,3 Prozent im Jahr 2023 (sozialpolitik-aktuell.de 2024).

Frage, wie regelmäßig das Steueraufkommen aus einer Vermögenssteuer in einer Situation ausfällt, in der die Konzentration von Vermögen erfolgreich auf ein ‚gewünschtes' Niveau abgebaut *ist*. Aber selbst wenn kein grundsätzliches Problem darin besteht, dass die Steueraufkommen regelmäßig fließen, bleibt die Frage im Raum stehen, wie hoch das Volumen aus der Vermögenssteuer *nach* einem erfolgreichen Abbau der Vermögenskonzentration sein wird. Es scheint jedenfalls verständlich zu sein, zu erwarten, dass das Volumen aus einer Vermögenssteuer kleiner ausfällt in einer Situation, in der die Vermögensungleichheit bereits reduziert wurde. Vor diesem Hintergrund bleibt es immer noch fraglich, in welchem Umfang Vermögenssteuern tatsächlich dazu geeignet sind, regelmäßig auftretende Sozialausgaben zu finanzieren.

Weit weniger problematisch wirkt die Argumentation für eine Vermögenssteuer, wenn ihre steuerlichen Einnahmen der *Absicht* dienen sollen, sie für Investitionen zu verwenden. Diese Investitionen können sich selbstverständlich auch auf den sozialstaatlichen Bereich auswirken (Ausbau des Schienennetzes der Bahn, Modernisierung und Instandhaltung der Fahrzeuge im öffentlichen Personennahverkehr usw.). Weniger problematisch wäre auch, wenn beabsichtigt wird, mit diesen Einnahmen Grundstücke (Wald, Wiesen, Seen) zu *rekommunalisieren*. Auch die Absicht, in einer gesellschaftlichen Krisen- oder Notlage bestimmten Menschengruppen schnell zu helfen, wäre anders zu bewerten (zu denken wäre etwa an die finanzielle Unterstützung im Rahmen der Corona-Pandemie). Denn die staatlichen Ausgaben, die sich mit solchen Vorhaben und Situationen verbinden, würden in einem überschaubaren Zeitraum anfallen und nicht die Regelmäßigkeit aufweisen, in der die Ausgaben für Sozialleistungen auftreten. Dagegen sollten staatliche Daueraufgaben durch regelmäßig sprudelnde Steuerquellen finanziert werden. Das wäre fiskalisch nachhaltig. Vermögens- und Erbschaftssteuern, sofern sie *tatsächlich* der Absicht dienen sollen, die Vermögensungleichheit zu reduzieren, scheinen dafür tendenziell *nicht* geeignet zu sein.

Damit lässt sich auf einen grundlegenden Aspekt hinweisen. Der Einsatz von Vermögenssteuern zur Reduzierung von Vermögensungleichheit wird zwangsläufig zu steuerlichen Einnahmen führen. Das mag vor allem von Regierungen, die unter einem angespannten Haushalt leiden, als ‚netter Nebeneffekt' geschätzt werden. Schließlich entspannt sich damit die finanzielle Lage eines solchen Staatshaushalts. Aber wenn aus dem ‚netten Nebeneffekt' die *konkrete Absicht* wird, staatliche Einnahmen zu realisieren, dann handelt es sich ganz klar um *ein anderes Ziel* als die Reduktion der Vermögenskonzentration. Beide Ziele können im Konflikt stehen, d. h., dass das Ziel, mit Vermögenssteuern Einnahmen zu erwirtschaften, dann der Absicht entgegensteht, die Vermögenskonzentration zu reduzieren. Denn wie ernst ist dann die Reduzierung der Vermögenskonzentration tatsächlich gemeint, wenn die Vermögensungleichheit gleichzeitig als Quelle beträchtlicher staatlicher Einnahmen angesehen wird? Zwischen beiden *Zielen* besteht also ein Spannungsverhältnis. Das schließt nicht aus, in der praktischen Umsetzung die beiden Ziele so auszurichten, dass sie *ein Stück weit* als kompatibel miteinander erscheinen. Zum Beispiel wäre es denkbar, eine Vermögenssteuer so zu konzipieren, dass sie die Vermögen wachsen lässt, um daran teilzuhaben, das Wachstum der Vermögen aber dämpft. Mit der Vermögenssteuer würden dann Einnahmen erzielt, die der Absicht dienen können, die Vermögensungleichheit durch Umverteilung zu reduzieren; zugleich würde damit das Wachstum der Vermögensspitzen geschwächt werden. Das Spannungsverhältnis zwischen beiden Zielen wird damit aber nicht gelöst, es bleibt weiter bestehen: Es muss über den Stellenwert des Ziels der Reduktion von Vermögensungleichheit nachgedacht werden, wenn es gleichzeitig gilt, Einnahmen aus dieser Vermögensungleichheit zu erzielen. Herrscht kein Bewusstsein für dieses Spannungsverhältnis vor und wird von Fachleuten aus der Politik und Forschung nicht geklärt, wie sie sich dazu verhalten und welchen politischen Stellenwert sie beiden Zielen beimessen, dann ist zu erwarten, dass ihre Überlegungen zu einer Vermögenssteuer Missverständnisse, Irritationen und/oder Widersprüche provozieren.

6.8.3 Aspekte der Steuergerechtigkeit

Die Besteuerung von Vermögen und Erbschaften wird auch unter dem Aspekt der Steuergerechtigkeit diskutiert. Diese konzentriert sich im Verständnis der *vorherrschenden Ökonomik* auf zwei Konzepte, das *Äquivalenzprinzip* und das *Leistungsfähigkeitsprinzip*.[125] Das Äquivalenzprinzip besagt, dass zur Finanzierung staatlicher Leistungen diejenigen beitragen sollen, die diese Leistungen in Anspruch nehmen. Im Grunde läuft dies auf eine Entgeltfinanzierung hinaus, die typischerweise über Gebühren realisiert wird. Gebühren steht also eine konkrete Leistung gegenüber (z. B. die Beantragung eines Personalausweises). Sie sind keine *Steuern*, denn Steuern zeichnen sich definitionsgemäß u. a. dadurch aus, eine in Geld zu leistende Zwangsabgabe zu sein, aus der kein Anspruch auf eine *direkte* Gegenleistung entspringt (Lenk & Sesselmeier 2017: 427). Unter dem Leistungsfähigkeitsprinzip wird wiederum verstanden,

> „dass jeder Bürger entsprechend seiner individuellen Fähigkeit, Lasten tragen zu können, an der Aufbringung des Steueraufkommens beteiligt werden soll." (Mankiw & Taylor 2024: 320)

Das Leistungsfähigkeitsprinzip orientiert sich an der finanziellen, wirtschaftlichen Leistungsfähigkeit. Dazu werden zwei Teil-Prinzipien der Steuergerechtigkeit unterschieden.

125 Zur Vertiefung siehe z. B. Krugman & Wells (2017: 213), Mankiw & Taylor (2024: 320–322), Engelkamp, Sell & Sauer (2020: 549–550) oder Lenk & Sesselmeier (2017: 427–440).

1. Das Prinzip der *horizontalen Steuergerechtigkeit* besagt, dass Personen mit gleicher wirtschaftlicher Leistungsfähigkeit gleich zu besteuern sind (Lenk & Sesselmeier 2017: 431).
2. Das Prinzip der *vertikalen Steuergerechtigkeit* bedeutet, dass Menschen mit unterschiedlicher wirtschaftlicher Leistungsfähigkeit auch unterschiedliche Finanzierungsbeiträge zu leisten haben (Lenk & Sesselmeier 2017: 432).

Das Leistungsfähigkeitsprinzip wird bei den Vorschlägen zur Vermögens- und Erbschaftssteuer insoweit bereits berücksichtigt als die angeregten Steuersätze in der Regel mit Zunahme des Vermögens auch höher ausfallen (siehe die Vorschläge oben in Abschnitt 6.7, Tab. 16). Wer also über viel Vermögen besitzt – was sich aus der standard-ökonomischen Sicht heraus mit ‚Leistungsfähigkeit' übersetzt –, muss höhere Steuersätze zahlen. Vor diesem Hintergrund ließe sich diskutieren, wie ‚gerecht' der Vorschlag einer Mindeststeuer in Höhe von zwei Prozent auf Milliarden-Vermögen ist. Denn beim Vorschlag der Mindestbesteuerung wird nicht weiter nach der Leistungsfähigkeit gefragt, die dann unterschiedliche Steuersätze auf unterschiedlich hohe Milliarden-Vermögen rechtfertigten würde. Dies kritisch zu hinterfragen, das könnte Anlass geben dazu, es nicht bei zwei Prozent Mindeststeuer zu belassen.

Doch wenn es in der Debatte über Ungleichheit und das Erfordernis einer Vermögenssteuer um Steuergerechtigkeit geht, steht oft ein anderes Argument im Mittelpunkt. Im Kontext der Vermögensungleichheit entzündet sich der Ruf nach Steuergerechtigkeit nicht selten an der Beobachtung, dass die Besteuerung der Vermögen *im Allgemeinen* gering auszufallen scheint *und* vermögende Haushalte vergleichsweise wenig zum Steueraufkommen beitragen.

Tab. 17: Anteil ausgewählter Steuern am gesamten Steueraufkommen in Deutschland, Österreich und der Schweiz (2022)

Steuern	*Deutschland*	*Österreich*	*Schweiz*
Erbschaftssteuern	1%	0%	1%
Vermögenssteuern	0%	0%	7%
Konsumsteuern	43%	41%	26%
Unternehmenssteuern	10%	12%	15%

Anmerkungen: Datenbasis waren Angaben der OECD für das Jahr 2022.

Quelle: Eigene Darstellung auf Basis von Grafik 4 in Jirmann & Schuster (2024: 10).

Diesen geringen Beitrag der Vermögenssteuern am gesamten Steueraufkommen zeigt zum Beispiel die Analyse zum effektiven Steuerbeitrag von Superreichen in Deutschland, Österreich und der Schweiz für das Jahr 2022, die

Jirmann & Schuster (2024) für Oxfam durchführten: Der Anteil des Aufkommens aus Erbschaftssteuer (0 Prozent bis max. 1 Prozent) und Vermögenssteuern (0 Prozent und max. 7 Prozent) lag deutlich unter dem Anteil des Einnahmen aus Konsum- und Unternehmenssteuern (siehe oben Tab. 17).

Abb. 4: Steuerspirale 2020 in Deutschland

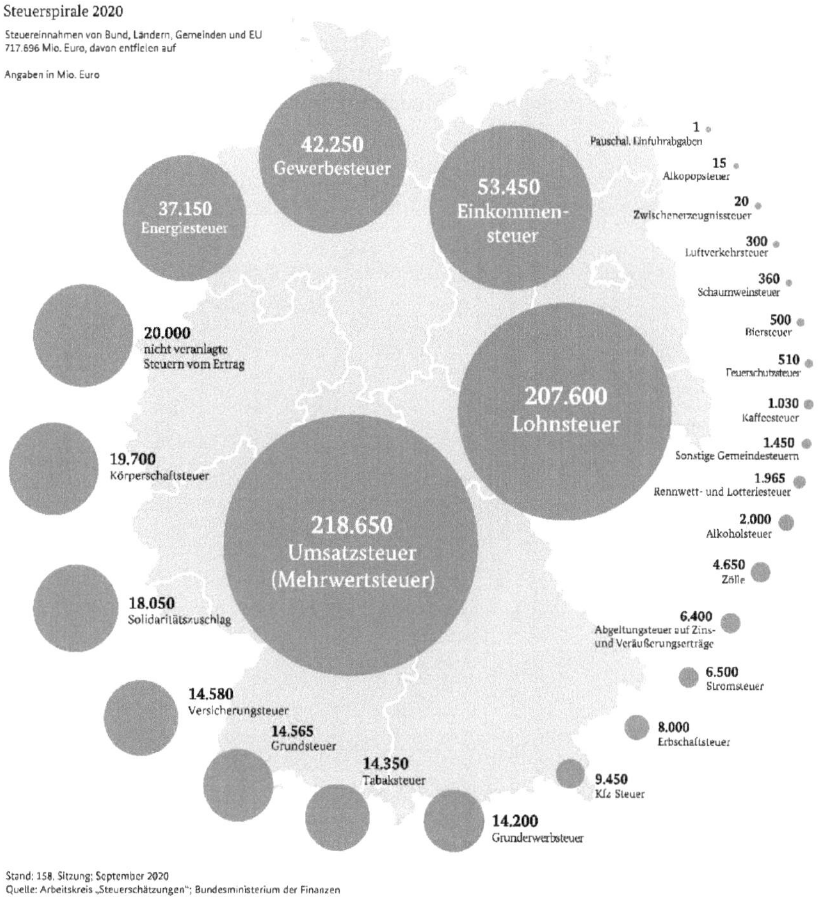

Quelle: Infografik, Bundesministerium der Finanzen (2020), hier in Grauton umgewandelt.

Der hier eben thematisierte geringe Umfang des Steueraufkommens durch Steuern auf Vermögen und Erbschaften zeigt sich auch in den sogenannten *Steuerspiralen*: So weist die Steuerspirale für Deutschland im Jahr 2020 ein Steueraufkommen von 717.696 Mio. Euro aus; davon resultierten 218.650

Mio. Euro (d. h. 30,5 Prozent der gesamten Steuereinnahmen) aus der Umsatz- bzw. Mehrwertsteuer, gefolgt von 207.600 Mio. Euro (28,9 Prozent) aus der Lohnsteuer, während sich der Beitrag aus der Abgeltungssteuer auf Zins- und Veräußerungserträge auf 6.400 Mio. Euro (0,9 Prozent) und der Beitrag aus der Erbschaftssteuer auf 8.000 Mio. Euro (1 Prozent) belief (Abb. 4 oben).

Ein ähnlich anschauliches Bild zu den Steueraufkommen liefert der sogenannte *Steuerkuchen*: Zum Beispiel zeigt der Steuerkuchen für Österreich im Jahre 2023, dass sich die staatlichen Einnahmen aus Steuern zu 55,5 Prozent aus Lohnabgaben und zu 22 Prozent aus Steuern auf Konsum speisten, während Abgaben auf Gewinne und Kapitalerträge zu 14,5 Prozent und Steuern auf Vermögen zu 1,1 Prozent zum Steueraufkommen beitrugen (Abb. 5).

Abb. 5: Steuerkuchen 2023 (Österreich) – Zusammensetzung der Steuern und Abgaben in Österreich 2023 (Anteile in Prozent)

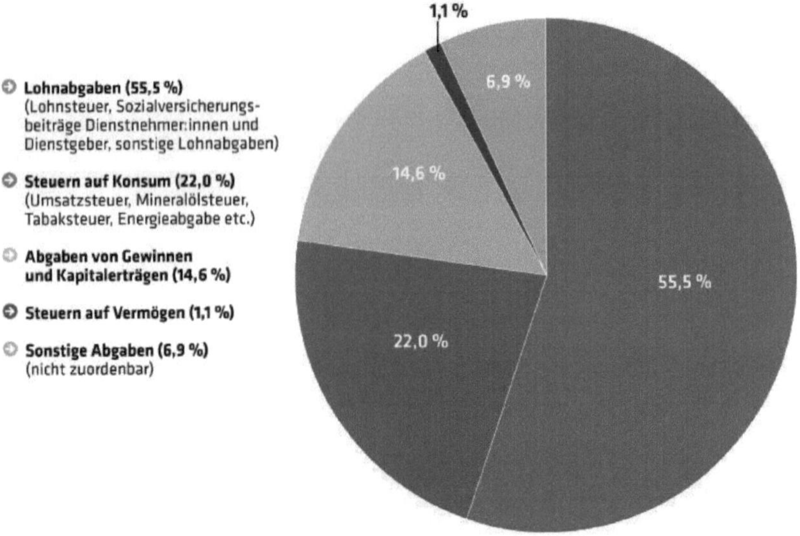

Anmerkungen: Die Angaben basieren auf Daten der Statistik Austria (März 2024) und wurden von der AK Oberösterreich berechnet; Lohnabgaben umfassen hier auch Sozialversicherungsbeiträge.

Quelle: Steuerkuchen 2023 (Kammer für Arbeiter und Angestellte für Oberösterreich 2024), hier in Grauton umgewandelt.

Allerdings erweist sich das Thema Steuergerechtigkeit komplizierter als es ein erster Blick auf das Steueraufkommen nahelegt: Dieser Blick auf das Steueraufkommen kann zu kurz greifen und zu Fehlschlüssen führen.

Denn zunächst wäre zu berücksichtigen, dass die eben genannten niedrigen Aufkommen von Steuern auf Vermögen vor dem Hintergrund

1. einer vergleichsweise hohen Ungleichheit in der Verteilung der Vermögen (gemessen an den Gini-Maßen, s. Unterabschnitt 6.1.1) *und*
2. einer niedrigen Besteuerung von Vermögen (z. B. Erbschaften)

beobachtet wurden. Angesichts der Ungleichheit in der Vermögensverteilung und den niedrigen Steuersätzen auf Vermögen ist auch kaum anderes zu erwarten als dass die Besteuerung von Vermögen wenig zum gesamten Steueraufkommen beiträgt. Jedoch würde die Besteuerung von Vermögen *ebenfalls* wenig zum gesamten Steueraufkommen beitragen, fiele der Steuersatz für Vermögen sehr hoch aus *und* die Vermögensungleichheit wäre drastisch verringert oder sogar abgeschafft worden. Das niedrige Steueraufkommen wäre *dann* kein Ausweis von Steuerungerechtigkeit, sondern – im Gegenteil – Ergebnis einer Steuerpolitik, die darauf abstellt, die Ungleichheit auf ein ‚gerechtes' Niveau zu reduzieren.[126] Vermutlich würde dieses niedrige Steueraufkommen auch weit weniger als Problem wahrgenommen werden, weil die Vermögensungleichheit *dann* auf einem geringen Niveau läge. Die Frage, ob ‚Reiche' nicht stärker zur Finanzierung des Gemeinwesens beitragen sollten, würde sich *in diesem Falle* unter Umständen nicht in der Dringlichkeit stellen wie es heute – unter gänzlich anderen Voraussetzungen – der Fall ist.

Die Situation, in der die Debatte um die Steuergerechtigkeit beim Vermögen *heute* stattfindet, sieht aber anders aus: Vor dem Hintergrund einer hohen Vermögensungleichheit provoziert es verschiedene Gerechtigkeitskonflikte, wenn Menschen mit hohem Einkommen und viel Vermögen in deutlich geringerem Umfang für die Finanzierung des Gemeinwesens zur Verantwortung gezogen werden; wenn ihr Reichtum es sogar ermöglicht, sich dieser Verantwortung zu entziehen.[127] Gerechtigkeitskonflikte drohen hier z. B. bezogen auf

- den Grundsatz der *politischen Gleichheit* bzw. *gleicher Achtung*, da Menschen mit hohen Vermögen und Erbschaften anders behandelt werden als vermögensarme Menschen mit niedrigem Einkommen;
- das Prinzip der *Leistungsgerechtigkeit* innerhalb einer wirtschaftsliberalen Weltanschauung, da Vermögen und Erbschaften in diesem Sinne zwar Zeugnis von Leistungsfähigkeit sind, aber offenbar unterproportional zur steuerlichen Verantwortung herangezogen werden;
- die *Solidarität*, weil das vergleichsweise geringere Maß, in dem Erbschaften und Vermögen steuerlich zur Verantwortung gezogen werden, auch ein Stück weit die Solidarität zurückhält, die eigentlich einzufordern wäre

126 Hier wären natürlich die Größenordnungen zu beachten. Gedacht ist in diesem Fall an eine Situation, in der die Vermögensungleichheit soweit abgeschafft ist, dass selbst sehr hohe Steuern auf Vermögen kein großes Steueraufkommen erzielen.

127 Zum Beispiel dank Freibeträgen, der Möglichkeiten zur Verlagerung und Umschichtung ihres Kapitals oder der Nutzung von Steuerschlupflöchern.

(auch unter dem Grundsatz der Leistungsfähigkeit, d. h., dass starke Schultern auch mehr tragen sollen); und

- das Prinzip des *Gemeinwohls*, weil die vergleichsweise geringe Besteuerung von Vermögen und Erbschaften die *Sozialpflichtigkeit* von Privatbesitz und Vermögen in Frage stellen kann.

Generell wäre zu klären, ob und wie sich die geringe Besteuerung von Vermögen und Erbschaften im ethischen Sinne universalisieren lässt (Kategorischer Imperativ, Goldene Regel usw.). Aus diskursethischer Sicht bedarf es dazu eines redlich geführten und offenen Diskurses. Die Hinweise auf eine starke Lobbytätigkeit und verzerrte Darstellungen im deutschen Diskurs um Vermögens- und Erbschaftssteuern (siehe Truger & Scholz 2016 und Jirmann 2025) lassen aber Zweifel daran aufkommen, dass es einen solchen Diskurs – zumindest im deutschsprachigen Raum – überhaupt (schon) gibt.

Grundsätzlich sind zur Besteuerung auch sachliche Aspekte abzuwägen.[128] Wenn etwa der Idee gefolgt wird, mit Steuern staatliche Einnahmen zu generieren, dann stellt sich die mehrfach erwähnte Frage nach der *fiskalischen Nachhaltigkeit*: Was sind die Quellen für verlässliche Steuereinnahmen? Unter dem Eindruck einer als ‚problematisch' eingeschätzten Vermögensungleichheit mögen Steuern auf Vermögen und Erbschaften einem strapazierten Staatshaushalt *für einen Moment* finanziell etwas Luft verschaffen. Aber mit Blick auf die fiskalische Nachhaltigkeit stellt sich die Frage nach der langfristigen Perspektive: Es gibt berechtigte Zweifel daran, dass eine Vermögens- und Erbschaftssteuer zur Reduzierung der Vermögensungleichheit eine langfristig stabile Einnahmequelle darstellt, die zudem auch noch in einem vergleichsweise großen Umfang für Steuereinnahmen sorgt (Unterabschnitt 6.8.2). Vor diesem Hintergrund können der Produktionsfaktor ‚Arbeit' (Lohnarbeit) und der *Konsum* als regelmäßig sprudelnde Quellen der Besteuerung in den Blick rücken: Denn es findet immer irgendwie ‚(Lohn-) Arbeit' statt, die Arbeitskraft erneuert sich und konsumiert werden muss auch immer irgendetwas. Es ist also verständlich, wenn die Suche nach verlässlichen Steuerquellen bei der Lohnarbeit und beim Konsum landet. Es ist dann ebenso verständlich, auf die Besteuerung dieser Quellen nicht verzichten zu wollen. Vor dem Hintergrund fiskalischer Nachhaltigkeit scheint also kein Weg an der Besteuerung von ‚Arbeit' und/oder ‚Konsum' vorbeizuführen.

Damit wird die Frage nach der Steuergerechtigkeit in den Kontext spezifischer Gerechtigkeitsfragen gestellt. Dazu gehört vor allem der Umstand, dass jene Haushalte besonders von Konsumsteuern betroffen sind, die den großen

---

128 Das lässt sich nicht in Gänze behandeln. Deshalb konzentrieren sich die Ausführungen im Text auf ausgewählte Aspekte. Der Vollständigkeit halber sei aber auf die Steuerinzidenz hingewiesen, d. h. ob Unternehmen oder die Kundschaft eine Steuer letztlich tragen (zahlen); ebenso wäre zu klären, ob eine Steuer Einnahmen generieren *oder* ein Verhalten steuern soll (z. B. weniger Rauchen durch eine Tabaksteuer), wie stark auf eine Steuer reagiert wird (Elastizitäten) und wie diese Steuern dann zum entsprechenden Zweck auszugestalten sind.

Teil ihres Einkommens konsumieren *müssen* (siehe z. B. den Hinweis von Jirmann & Schuster 2024: 10), während Menschen mit großem Einkommen und Vermögen vergleichsweise wenig konsumieren und stattdessen sparen (also ihr nicht verkonsumiertes Geld in Vermögenstiteln – Aktien usw. – anlegen). Diese Einsicht ist ein Allgemeinplatz in der Wirtschaftstheorie: Konsumsteuern gelten dort als *regressiv*, d. h., dass unter einem hohen Einkommen weniger für Konsum ausgegeben und damit auch weniger vom Einkommen mit entsprechenden Konsumsteuern belegt wird. Das heißt, dass mit Höhe des Einkommens die steuerliche Belastung durch Konsumsteuern abnimmt, so dass durch diesen Effekt vor allem Geringverdiener prozentual mehr Steuern abführen (Lenk & Sesselmeier 2017: 435–436). Wird der Faktor ‚Arbeit' ebenfalls zur Besteuerung herangezogen, ist er damit doppelt in Beschlag genommen: Denn dann sind nicht nur Steuern auf die Lohnarbeit zu entrichten, sondern das übrig gebliebene Netto der Lohnarbeit stellt das verfügbare Einkommen dar, das in der Tendenz dem Konsum dient und mit Konsumsteuern belegt wird. Im Kontext einer hohen Vermögensungleichheit ist es dann durchaus zu verstehen, wenn es als ‚ungerecht' empfunden wird, dass ‚Arbeit' und ‚Konsum' vergleichsweise stärker mit Steuern belegt sind als Vermögen – und somit die für Lohn arbeitende und ‚vermögensarme' Mehrheit der Bevölkerung deutlich mehr zur Finanzierung des Gemeinwesens beiträgt als die vergleichsweise wenigen Haushalte mit hohem Vermögen. Allerdings ist dazu noch einmal daran zu erinnern, dass die Ungerechtigkeit in diesem Fall von zwei Aspekten herrührt: nämlich von

- der vorherrschenden Ungleichheit in der Vermögensverteilung *und*
- der niedrigen Besteuerung der Vermögen (inklusive Erbschaften).

Würde die bestehende Ungleichheit geringer ausfallen und die Steuern auf Vermögen wären sehr hoch, dann würde sich die Finanzierung des Gemeinwesens sicher immer noch zu wesentlichen Teilen aus der Besteuerung von ‚Konsum' und ‚Arbeit' speisen. Aber das fiele dann für das Gerechtigkeitsempfinden vermutlich weniger ins Gewicht, weil *in dieser Situation* die Ungleichheit der Vermögensverteilung eben nicht so stark ausgeprägt wäre.

Für die Einschätzung der Steuergerechtigkeit insgesamt ist deshalb nicht nur die Höhe der Vermögenssteuern relevant, sondern auch die *vorherrschende Situation der Vermögenskonzentration*. Deshalb reicht es nicht aus, sich beim Thema der Steuergerechtigkeit – im Kontext der Vermögensungleichheit – auf die Steuereinnahmen zu konzentrieren. Aus den hier genannten Gründen heraus greift es deshalb zu kurz, mit dem Vorwurf zu argumentieren, dass ‚Arbeit' stärker steuerlich zur Verantwortung gezogen wird als Vermögen. Auch angesichts dieser Problemlage zeigt sich die vordringliche Bedeutung der Klärung, welches Niveau an Vermögenskonzentration als ‚gewünscht' angesehen wird und wo dementsprechend Vermögensobergrenzen liegen sollen. Es ergibt wenig Sinn, von Steuergerechtigkeit sprechen zu wollen, wenn keine

Vorstellung über das ‚gerechte' Niveau an Ungleichheit und Vermögensobergrenzen vorliegt. Die regulative Idee einer ‚gerechten' Verteilung und Vermögensobergrenzen sind zudem sachlich notwendig, um sich eine Vorstellung über das Volumen an Steuereinnahmen zu verschaffen, das durch Vermögenssteuern erzielt werden kann; das umfasst übrigens auch die Frage, welches Maß an Vermögenswachstum als ‚legitim' gelten soll und welches Vermögenswachstum zu erwarten sein wird. Davon wird letztlich abhängen, ob sich eine Vermögenssteuer als verlässliche Quelle von steuerlichen Einnahmen eignet. Dessen ungeachtet überlagern sich dann aber zwei Funktionen der Vermögenssteuern: a) die der Reduzierung von Vermögensungleichheit und b) die der Generierung von staatlichen Einnahmen. Beide Funktionen stehen in einem Spannungsverhältnis, das der Klärung bedarf (siehe Unterabschnitt 6.8.2).

Hinsichtlich der ‚gerechten' Vermögensverteilung ist außerdem zu klären, a) auf welchem Wege und b) wie schnell eine gegenwärtige Ungleichheit auf ein ‚gewünschtes' Niveau zu reduzieren ist. Die Besteuerung von Vermögen und Erbschaften kann zum Beispiel *progressiv* gestaltet sein, d. h. mit Höhe des Vermögens/der Erbschaft zunehmen und ab einem bestimmten Betrag (der die Vermögensobergrenze darstellt) jeden *Zuwachs* an Vermögen mit 100 Prozent wegbesteuern. Das wäre geeignet, um eine als ‚gesellschaftlich erwünscht' geltende Vermögenskonzentration auf *diesem* Niveau zu *halten*. Wenn die gegenwärtige Vermögensungleichheit jedoch stark vom regulativen Ideal einer ‚gerechten' Verteilung abweicht, dann können darüber hinaus reichende Maßnahmen notwendig werden, um zunächst die als ‚ungerecht' eingeschätzte vorherrschende Vermögensungleichheit zu reduzieren (etwa Vermögensabgaben oder die Vergesellschaftung von Eigentum). Insofern lassen sich auch im Rahmen der Reduzierung von Vermögensungleichheit zwei Funktionen unterscheiden:

1. die konkrete Reduzierung einer bestehenden Ungleichheit auf das ‚gewünschte' Maß *und*
2. das regelmäßige Abschöpfen von Vermögensbeständen, die über dieses ‚gewünschte' Maß hinausgehen, um eben diesen ‚gewünschten' Grad an Vermögensungleichheit zu wahren.

Beide Funktionen können sich in einer Maßnahme überlagern, wenn z. B. (wie eben erwähnt) eine Vermögenssteuer progressiv gestaffelt ist und das zusätzliche Vermögen ab einem bestimmten Volumen mit 100 Prozent wegbesteuert wird. Es wäre auch denkbar, mit einem Maßnahmen-Mix zu arbeiten. Dann könnten z. B. situationsbedingt (diskretionär) zeitlich beschränkte Maßnahmen wie eine einmalige Vermögensabgabe zum Einsatz gebracht werden, um die Vermögensungleichheit direkt zu reduzieren, während gleichzeitig eine Vermögenssteuer mit zunehmenden Steuersätzen die Vermögenszuwächse abschöpft und das Vermögenswachstum bremst.

Damit lässt sich zusammenfassen, dass das Nachdenken über die Steuergerechtigkeit im Kontext der Debatte um Vermögensungleichheit eine vielschichtige Problemlage umfasst. Das betrifft zum Beispiel

- unterschiedliche Zielsetzungen und Funktionen einer Vermögens- und Erbschaftssteuer und mögliche Zielkonflikte (z. B. Reduzierung von Ungleichheit und die Generierung von Steuereinnahmen; Reduktion von Ungleichheit und Bremsen von Vermögenswachstum)
- *generelle ethische Gerechtigkeitsaspekte* der Besteuerung (vertikale und horizontale Gerechtigkeit, Leistungsgerechtigkeit, Solidarität, Gemeinwohl usw.) und
- *spezifische Gerechtigkeitsaspekte* in der Ausgestaltung von Steuern und dem Gewicht, das ihnen bei der Generierung von Staatseinnahmen zufällt (siehe die Gerechtigkeitsprobleme bei der Besteuerung des Konsums).

Die Auseinandersetzung mit dem Steueraufkommen führte vor Augen, wie wichtig die Berücksichtigung der *gegenwärtigen* Vermögensungleichheit für die Einschätzung der Steuergerechtigkeit ist. Das stellt den zentralen *Kontext* dar, in dem die Debatte zur Steuergerechtigkeit normalerweise steht. Praktisch müssen in der Diskussion aber auch zwei Situationen unterschieden werden: a) die der gegenwärtigen als ‚ungerecht' beurteilten Vermögenskonzentration und b) die der als ‚gerecht' angestrebten Vermögensverteilung. Deshalb greifen viele Debatten darüber, dass ‚Arbeit' heutzutage stärker besteuert wird und in einem größeren Umfang zum Steueraufkommen beiträgt, zu kurz. Für die Herstellung von ‚Steuergerechtigkeit' kommt es in diesem Kontext zuvorderst darauf an, die als ‚ungerecht' empfundenen Vermögensdiskrepanzen abzubauen. Dazu zeigte sich abermals, für wie fundamental es sich darstellt, zu klären, welches Niveau an Vermögenskonzentration als ‚wünschenswert' gelten *soll* und wo damit dann die Vermögensobergrenzen liegen. Ohne eine solche Klärung fehlt der Steuergerechtigkeit der normative Boden und der Steuerpolitik fehlt der normative Referenzpunkt, an dem sich die praktische Ausgestaltung der Besteuerung orientieren kann.

6.9 Zusammenfassung: Wohlstand und Ungleichheit

Was hat Ungleichheit eigentlich mit Wohlstand zu tun? Diese Frage mag in der Auseinandersetzung mit Ungleichheit etwas an den Rand gedrängt worden sein. Dabei ist die Ungleichheit in der Verteilung der Einkommen und Vermögen bereits deshalb ein Wohlstandsthema, weil Einkommen und Vermögen *materielle* Ressourcen darstellen, die dem *guten Leben* dienen. Die materielle

Ungleichheit zeigt sich damit in den unterschiedlichen materiellen Möglichkeiten zum Führen eines guten Lebens, in unterschiedliche Lebensentwürfen und damit auch in unterschiedlichen *materiellen* Wohlstandsniveaus. Damit verbinden sich in arbeitsteilig organisierten Gesellschaften Verteilungsfragen, also wem wie viel von der gemeinsam erbrachten realen Wertschöpfung zusteht und dann auch tatsächlich zukommt. Verteilungsfragen sind deshalb erstens auch Wohlstandsfragen: Sie beziehen sich auf die Ausstattung mit materiellen Ressourcen zum Führen eines guten Lebens. Zweitens stellen sie *zugleich* ethische Fragen dar, die sich zum Beispiel um die *Verteilungsgerechtigkeit* drehen. Materielle Ungleichheit ist aber auch deshalb mit ethischen Fragen verbunden, weil diese Ungleichheit bedeutet, dass sich die zur Verfügung stehenden materiellen Wohlstandsressourcen auf vergleichsweise wenige Menschen konzentrieren und sich diese Situation für diese Wohlhabenden in *Macht* übersetzt. Diese besonders Wohlhabenden sehen sich damit in der Lage, ihre eigenen Wohlstandsinteressen *gegen* die Wohlstandsinteressen anderer und zu deren Lasten *durchzusetzen*. Eine solche Durchsetzung einzelner Wohlstandsinteressen *zu Lasten Dritter* bedeutet, dass dann die Wohlstandssituation dieser Dritten eingetrübt wird. Eine solche Durchsetzung ist auch kein demokratischer Akt, der sich in einem aufgeklärten Sinne an der ethischen Legitimität der eigenen Interessen orientiert. In diesem Sinne erfolgt die Problematisierung der Situation ungleich verteilter Einkommen und Vermögen vor allem dann, wenn der Wohlstand oder das Wohlstandsstreben von einzelnen wohlständigen Personen (oder Gruppen) den Wohlstand der restlichen Menschen zu beeinträchtigen droht. Das kann bewusst – also mit Vorsatz – geschehen, es kann aber auch als nicht beabsichtigte Nebenwirkung auftreten (etwa durch den Statuskonsum wohlständiger Eliten).

Die sachlichen Gründe, aus denen heraus sich die Ungleichheit in der Verteilung von Einkommen und Vermögen als problematisch erweist (Abschnitt 6.2), zeigen, wie breit das Feld solcher Beeinträchtigungen ist. Die materielle Ungleichheit kann sich *direkt* auf die Ausstattung mit Ressourcen zum Führen eines guten Lebens auswirken. Die Ungleichheit kann aber auch das *soziokulturelle Lebensumfeld* betreffen, das ebenfalls zum guten Leben beiträgt: dazu gehört zum Beispiel die Norm-Arbeitszeit (Erwerbsarbeit), die soziale Infrastruktur (Gesundheitssystem, Möglichkeiten zur Nachbarschaftshilfe usw.), aber auch der freie Zugang zur Natur und der öffentliche Raum, der für politische Willensbekundungen genutzt werden kann (zum Beispiel für Proteste). Hinzu kommen die Auswirkungen der Ungleichheit auf die demokratischen Meinungs- und Willensbildungsprozesse sowie auf Aspekte wie die Lebenserwartung, die Kriminalitätsrate oder das Vertrauen bzw. Misstrauen in der Gesellschaft.

Die eben erwähnten sachlichen Probleme der Ungleichheit können wiederum ethische Konflikte provozieren. Um diese zu identifizieren, zu erwägen und zu beurteilen, lassen sich zum Beispiel

- intrapersonelle Universalisierungsprinzipien (Goldene Regel, Kategorischer Imperativ, Adam Smiths „sympathy“ usw.);
- interpersonelle Universalisierungsprinzipien (Dialog, Diskurs);
- Grundrechte und ethische Grundprinzipien wie z. B. die Menschenwürde, die politische Gleichheit aller Menschen, die Solidarität oder die Sozialpflichtigkeit des Eigentums;
- verschiedene Gerechtigkeitskonzepte (Bedarfsgerechtigkeit, Leistungsgerechtigkeit, Lohngerechtigkeit, Chancengerechtigkeit, Verteilungsgerechtigkeit usw.); aber auch
- konkrete Ethik-Konzepte wie die der Katholischen Soziallehre oder der Integrativen Wirtschaftsethik

heranziehen (siehe Abschnitt 6.3). Im Grunde läuft dies auf eine Prüfung der *ethischen Legitimität* von Interessen und Handlungsabsichten im Wohlstandskontext hinaus: Problematisch sind Wohlstandsinteressen, die zu Ungleichheit führen, wenn damit z. B. gegen Grundrechte, ethische Grundprinzipien oder Gerechtigkeitsprinzipien verstoßen wird und wenn sie sich schwer oder nicht universalisieren lassen.

Damit existieren also *erstens* verschiedene sachliche Gründe, die Anlass geben, um im Wohlstandskontext über die Reduzierung der Ungleichheit in der Verteilung von Einkommen und Vermögen nachzudenken; und *zweitens* lässt sich eine solche Reduzierung auch ethisch rechtfertigen (Unterabschnitte 6.7.2 und 6.7.3). Dazu wäre aber zunächst grundlegend zu klären:

- was zum Beispiel ein ‚angemessenes‘ oder ‚gerechtes‘ Maß an *Wohlstand* ist (und an welchen Kriterien sich das festmacht),
- welches *Niveau der Konzentration* von materieller Ungleichheit noch zum Beispiel als ‚zumutbar‘ gelten kann, und
- wo dann *Obergrenzen* für Vermögen (bzw. Einkommen) liegen sollen.

Die Obergrenzen sind hier gleichbedeutet mit dem *Maß an Wohlstand*, ab dem der individuelle Wohlstand ‚unmoralisch‘, ‚ethisch fragwürdig‘ bzw. ‚ethisch nicht legitim‘ wird.

Ohne die Klärung des gewünschten Niveaus an Ungleichheit und der damit verbunden Obergrenze für Vermögen und Einkommen lässt es sich *nicht* sinnvoll über die Reduzierung von Ungleichheit nachdenken und diskutieren. Das ist unerlässlich für eine *seriöse* Politik. Denn daraus leiten sich die Zielgrößen für die Gestaltung und Überprüfung der entsprechenden politischen Maßnahmen ab. Das gilt für politische Maßnahmen wie zum Beispiel die regelmäßige Besteuerung von Vermögen und Erbschaften, aber auch für einmalige Vermögensabgaben und die Förderung des Vermögensaufbaus bei ‚vermögensarmen‘ Haushalten:

1. Erst muss bestimmt werden, welches *Niveau* an materieller Ungleichheit als politischer Zielwert gelten soll.

2. Daraus leiten sich dann *Grenzen* für Einkommen und Vermögen ab.
3. Dann ist festzulegen, in welchem *Zeitraum* die Ungleichheit reduziert werden soll.
4. Erst *danach* lässt sich ableiten, welche konkreten Maßnahmen und in welcher konkreten Ausgestaltung (d. h. betragsmäßigen Höhe) als *sinnvoll* erscheinen. Das heißt, dass sich aus der Klärung dieser Fragen (1 bis 3) ergibt, ab welchem Vermögen zum Beispiel eine Erbschaftssteuer greifen und auf welcher Höhe der Steuersatz liegen soll.

Ohne die Klärung dieser Fragen hängt das Vorhaben, die materielle Ungleichheit zu reduzieren, sprichwörtlich in der Luft. Die entsprechenden Debatten und politischen Absichtsbekundungen steuern ohne diese Grundsatzklärung auf die Gefahr zu, im Aktionismus und Populismus zu landen. Viel mehr Substanz ist dann nämlich nicht vorhanden.

Ohne die eben erwähnte Grundsatzklärung fehlt der Debatte um die Besteuerung von Vermögen nicht nur die nötige Substanz und Ernsthaftigkeit. Nein, damit ginge eine Oberflächlichkeit einher, die den Boden für eine *konservative (wirtschaftsliberale) Anpassung* bereitet: Jene privilegierten Personen, die in einem hohen materiellen Wohlstand leben und viele Vorteile aus der gegenwärtigen Eigentums- und Vermögensverteilung genießen, mögen dann dem diffus geäußerten Gerechtigkeitsgefühl nachgegeben und der Besteuerung von Vermögen zustimmen, aber nur auf einem derartig niedrigen Niveau, das gerade dafür ausreicht, um den guten Willen zu signalisieren, während es gleichzeitig die Vermögensverhältnisse an sich nicht substanziell angreift (Unterabschnitt 6.8.1). Die Nachlässigkeit in der Klärung ethischer Grundsatzfragen zur materiellen Ungleichheit erweist sich so als Bärendienst für das Vorhaben, diese Ungleichheit reduzieren zu wollen.

Das Beispiel der konservativen Anpassung führt die enorme gesellschaftspolitische Bedeutung vor Augen, die der Beschäftigung mit ethischen Fragen im Kontext von Wohlstand und Ungleichheit zukommt. Zu diesen Fragen gehören im Besonderen jene, die das Thema der ‚gerechten' Besteuerung betreffen. Unter Steuern sind gemeinhin *Zwangsabgaben* zu verstehen, die in Geld geleistet werden und denen kein Anspruch auf eine *direkte* Gegenleistung gegenübersteht (Lenk & Sesselmeier 2017: 426).[129] Sachlich einzuschätzen wie ethisch zu beurteilen und zu rechtfertigen ist dann zum Beispiel,

- was besteuert werden soll (Lohnarbeit, Einkommen, Konsum, Boden, Kapital usw.),

129 Steuern stellen eine Form von Abgaben dar. Weitere Abgaben sind: *Beiträge* wie die für die Sozialversicherungen (Kranken- und Arbeitslosenversicherung), die zwar auch einen Zwangscharakter – wie die Steuer – besitzen, aber einen Anspruch auf eine Gegenleistung begründen (Arbeitslosengeld usw.); und *Gebühren*, die Beiträge für staatliche Dienstleistungen wie die Ausstellung eines Passes darstellen (Lenk & Sesselmeier 2017: 426–427).

- der Verlauf des Steuertarifs (alle zahlen den gleichen Prozentsatz, der Steuersatz steigt mit Höhe der Bemessungsgrundlagen etc.) und
- die Höhe der jeweiligen Steuersätze.[130]

Im Zusammenhang mit den beobachtbaren Steuereinnahmen wird häufig kritisch gefragt, wer wie viel zum Steueraufkommen und damit zur Finanzierung des Gemeinwesens beiträgt: Wie ‚gerecht' ist die Steuerverantwortung auf die Bevölkerung verteilt? Angesichts einer Situation, in der sich das gesamte Steueraufkommen überwiegend aus der Besteuerung von ‚Arbeit' und ‚Konsum' speist, während die Besteuerung von Vermögen nur einen kleinen Teil dazu beiträgt, mag es zunächst plausibel erscheinen, hier ein Gerechtigkeitsproblem zu verorten. Aber wie die Auseinandersetzung mit der Steuergerechtigkeit zeigt (Unterabschnitt 6.8.3), kann die Frage nach dem ‚gerechten' Maß an Steuerverantwortung auch zu etwas kurzgriffigen Antworten verleiten. Denn es lässt sich leicht übersehen, dass es zur Herstellung von Steuergerechtigkeit vor allem darauf ankommt, die gegenwärtig als ‚problematisch' eingestufte Vermögensungleichheit *tatsächlich* zu reduzieren. Darüber hinaus können sich in der Besteuerung auch Zielkonflikte abzeichnen, wenn zum Beispiel eine Vermögenssteuer die materielle Ungleichheit reduzieren soll, aber gleichzeitig argumentiert wird, damit Einnahmen erzielen zu wollen. Dazu zeigt sich ein Differenzierungsbedarf, der auch berücksichtigt, dass die Reduzierung von Ungleichheit und die Wahrung eines ‚gerechten' Niveaus an Ungleichheit zwei unterschiedliche Funktionen sein können, die unterschiedliche Zeithorizonte betreffen (einmalig, mehrmals, ständig) und die sich auch mit unterschiedlichen politischen Maßnahmen realisieren lassen.

Die Frage der Besteuerung fächert einen breiten Themenkomplex auf, der zur Vertiefung einlädt. Die Beschäftigung damit mag dann in den Hintergrund treten lassen, dass es sich natürlich auch um Fragen des Wohlstands handelt. Schließlich zielen Steuern als Zwangsabgaben auf die direkten finanziellen Ressourcen zum Führen eines guten Lebens ab. Diese finanziellen Ressourcen werden durch die Besteuerung *zunächst* reduziert. Deshalb bieten Steuern eine Möglichkeit, um Vermögensdiskrepanzen abzubauen und das Wachstum von großen Vermögen zu bremsen. Steuern ermöglichen nach gängigem Verständnis aber auch die Finanzierung des Gemeinwesens und wirken somit auf das kulturelle Lebensumfeld, das einen Beitrag zum Wohlstand vieler Menschen leistet; sie bieten dann die finanzielle Basis für einen Wohlfahrtsstaat, dessen Leistungen sich teils als ‚Ressource' des guten Lebens begreifen lassen (etwa in Form von Sozialbeiträgen für die Krankenkasse). Steuerfragen sind daher Wohlstandsfragen. Und die ethischen Fragen zur Besteuerung – allen

130 Bei den Fragen in der Aufzählung spielen verschiedene ethische Aspekte eine Rolle, z .B. die der horizontalen und vertikalen Gerechtigkeit; oder die der degressiven Wirkung von Konsumsteuern, die ‚vermögensarme' Haushalte mit niedrigem Einkommen im besonderen Maße betrifft (siehe Unterabschnitt 6.8.3).

voran zur Steuergerechtigkeit – betreffen deshalb selbstredend ethische Aspekte des Wohlstands. Damit lässt sich abschließend festhalten, dass der Kontext von materieller Ungleichheit – d. h. von Ungleichheit in der Verteilung von Einkommen und Vermögen – nicht nur auf vielfältige Weise die ethische Dimension vor Augen führt, die sich mit Wohlstandsfragen verbinden. Darüber hinaus wird in diesem Kontext erneut erfahrbar, dass das Verständnis von Wohlstand unvollständig bleibt, wenn die damit verbundenen ethischen Fragen keine Beachtung finden.

Ausblick

Wer von Wohlstand sprechen möchte, sollte über dessen ethische Dimension nicht schweigen. Schließlich sind Wohlstandsfragen immer auch mit ethischen Fragen verbunden. Zwar bildete das bereits den Ausgangspunkt dieses Buchs. Aber hier am Schluss sollte deutlich geworden sein, wie unterschiedlich die ethischen Fragen zum Wohlstand – zum guten Leben – sind. Dazu wurde Wohlstand in ausgewählte Kontexte gestellt, d. h. in den Kontext

- der verschiedenen Verständnisse zum Wohlstand (Kapitel 1),
- der Vermessung von Wohlstand (Kapitel 2),
- der Wohlstandsideologien und Wohlstandsnarrative (Kapitel 3),
- von Wachstum (Kapitel 4),
- der wohlfahrtsstaatlichen Existenzsicherung (Kapitel 5) und
- der Ungleichheit (Kapitel 6).

Sicher sind weitere Kontexte denkbar. Aber die hier getroffene Auswahl genügt, um vor Augen zu führen, wie sich Wohlstand mit ethischen Fragen verbindet und wie relevant die Berücksichtigung dieser Fragen für das Verständnis von Wohlstand ist. Darüber hinaus sollte eine Vorstellung davon vermittelt werden, dass eine systematische und ersthafte ethische Auseinandersetzung möglich ist und worin diese bestehen kann.

Wie bereits auf den ersten Seiten – in der Einleitung – festgehalten, stellt solch ein Anspruch den bislang *gewohnten* Umgang mit Wohlstand vor große Herausforderungen. Denn die ethische Perspektive auf Wohlstand spielt in ‚den' Medien, ‚der' Politik, aber auch in akademischen Disziplinen wie ‚der' Ökonomik häufig keine Rolle. Es mangelt an der Sensibilität, am Interesse und der Expertise dafür. Die Situation scheint reichlich verfahren. Tatsächlich ist diese Situation aber nicht so trostlos und ernüchternd, wie es zunächst scheint.

Denn die Notwendigkeit zur Berücksichtigung der ethischen Perspektive drängt sich immer und immer wieder auf. Das verdankt sich schlicht dem hier breit dargelegten Umstand, dass Wohlstandsfragen eben stets mit ethischen Fragen im Zusammenhang stehen. Damit sind Spannungen vorprogrammiert, die immer wieder aufs Neue die Beschäftigung mit normativen Fragen des Wohlstands aufdrängen. Die ethischen Fragen zum Wohlstand und die damit verbundenen Spannungen bleiben aktuell. Vor diesem Hintergrund sollte auch der etwas ernüchternde Zustand der vorherrschenden Ökonomik nicht darüber hinsehen lassen, dass es oft genug auch Fachleute der Ökonomik sind, die versuchen, den in der Ökonomik vorherrschenden Mangel an ethischer Expertise zur Sprache zu bringen und/oder zu beheben. Exemplarisch dafür lässt sich an

Ian Malcolm David Little (1918–2012) denken, der in der Auseinandersetzung mit der Neuen Wohlfahrtsökonomik darauf hinwies, dass die Wohlfahrtsökonomik nicht getrennt von Ethik betrachtet werden kann, weil Wohlfahrtsbegrifflichkeiten wertende Begriffe darstellen (Little 1950: 81–82). Zu denken ist aber auch an *Amartya Sen* (*1933), der mit seinem *Capability-Approach* (Fähigkeiten-Ansatz) wesentlich zu einer alternativen Wohlstandsperspektive beitrug und sich auch mit *Gerechtigkeit* befasste (Sen 2017). Diese zwei Beispiele verdeutlichen, dass selbst in ‚der' Ökonomik immer wieder wahrgenommen wird, mit ethischen Fragen konfrontiert zu sein und sich damit befassen zu müssen.

Deshalb ist es nicht verwunderlich, dass bereits verschiedene Perspektiven und Konzepte existieren, die die Möglichkeit bieten, historische, natürliche und soziokulturelle Aspekte des Wirtschaftens und Wohlstands – teils auch die damit verbundenen ethischen Fragestellungen – zu berücksichtigen. Auf Basis solcher alternativer Perspektiven lassen sich bestimmte blinde Flecken, die der gewöhnliche Umgang mit Wohlstand zeigt, mit Inhalt zu füllen. Wohlstand kann also anders gedacht werden. Dazu ist es keineswegs erforderlich, das Rad neu zu erfinden. Jedoch müsste sich der Blick dann schon auf die Bereiche abseits der etablierten Ökonomik richten. Zu denken ist etwa an:

- die mehrfach erwähnte sozial-ökologische Perspektive von Biesecker & Kesting (2003);
- das Konzept der *Alltagsökonomie* bzw. der *Foundational Economy* (Foundational Economy Collective 2019) und in diesem Zusammenhang die Perspektive, die Heimerl, Bärnthaler & Novy (2023) zum *zukunftsfähigen Wirtschaften* einnehmen;
- die unterschiedlichen Perspektiven aus der *Feministischen Ökonomik* (z. B. Hoppe 2002; Haidinger & Knittler 2016);
- die Forschung zu Care (Meier-Gräwe, Praetorius & Tecklenburg 2023; Praetorius 2021) und Sorge (Berger 2021);
- die Idee der Wirtschaftsstile (z. B. Schefold 1994; Thieme 2015b, 2024c: 291–294); sowie
- ethische Konzepte wie die *Katholischen Soziallehre* (Schlagnitweit 2021) oder aus dem Bereich *Wirtschaftsethik*, z. B. die Integrative Wirtschaftsethik (Ulrich 2008) und die moderne Subsistenzperspektive (Thieme 2012, 2018, 2017b).

Die Existenz dieser verschiedenen Ansätze bedeutet freilich nicht, mit ihnen bereits ein sorgfältig ausgearbeitetes und ethisch aufgeklärtes Verständnis von Wohlstand in den Händen zu halten. Nein, es handelt sich dabei um Konzepte, die teils auf bestimmte Aspekte – wie Care und Sorge – konzentriert sind. Andere Konzepte liefern ein Grundgerüst – oder stecken, wie die Wirtschaftsstilidee, noch in den Kinderschuhen – und müssen daher an die für relevant erachteten Fragestellungen zum Wohlstand und die soziale Praxis angepasst werden. Insofern sind die eben genannten Ansätze als ausbaufähige oder integrierbare Möglichkeiten, als Anregung und Orientierung zu verstehen. Wer sich ihnen gegenüber öffnet, mit ihnen arbeitet und sie weiterentwickelt, hat dann die Möglichkeit, zu einem angemessenen – weil ethisch aufgeklärten – Verständnis von Wohlstand zu gelangen. Dafür das Interesse zu wecken und dazu zu ermuntern, Wohlstand in diesem Sinne weiter zu denken, das ist das Anliegen, mit dem dieses Buch nun enden soll.

Literatur

Ächtler, Norman (2014): Was ist ein Narrativ? Begriffsgeschichtliche Überlegungen anlässlich der aktuellen Europa-Debatte. In: KulturPoetik 14, 2, S. 244–268.

Ackermann, Ulrike (2024): Erzählen. In: Forschungsgruppe Diskursmonitor und Diskursintervention (Hrsg.): Glossar zur strategischen Kommunikation. Siegen: universi - Universitätsverlag Siegen, S. 88–93.

Adler, Frank (2022): Wachstumskritik, Postwachstum, Degrowth. Wegweiser aus der (kapitalistischen) Zivilisationskrise. München: oekom Verlag.

Albers, Thilo N. H; Bartels, Charlotte & Schularick, Moritz (2022): Wealth and its distribution in Germany, 1895-2018, https://wid.world/document/wealth-and-its-distribution-in-germany-1895-2018/ [06.05.2025].

Albert, Hans (1991): Traktat über kritische Vernunft. UTB, Band 1609. Tübingen: Mohr. 5. Aufl. (stiller Nachdruck 2010).

Alestig, Mira; Dabi, Nafkote; Jeurkar, Abha & Maitland, Alex (2024): Carbon Inequality Kills. Why curbing the excessive emissions of an elite few can create a sustainable planet for all, https://oxfamilibrary.openrepository.com/bitstream/handle/10546/621656/bp-carbon-inequality-kills-281024-en.pdf;jsessionid=432633D236369F79CF82BEECABEFB203?sequence=12 [25.03.2025].

Alexy, Lennart; Fisahn, Andreas; Hähnchen, Susanne; Mushoff, Tobias & Trepte, Uwe (2023): Das Rechtslexikon. Begriffe, Grundlagen, Zusammenhänge. (Lizenzausgabe: Bundeszentrale für politische Bildung). Bonn: Dietz. 2. Aufl., https://www.bpb.de/kurz-knapp/lexika/recht-a-z/ [06.02.2025].

Amrhein, Valentin; Greenland, Sander & McShane, Blake (2019): Scientists rise up against statistical significance. In: Nature 567, 7748, S. 305–307.

Apolte, Thomas; Erlei, Mathias; Göcke, Matthias; Menges, Roland; Ott, Notburga & Schmidt, André (Hrsg.) (2019): Kompendium der Wirtschaftstheorie und Wirtschaftspolitik. Wiesbaden, Germany: Springer Gabler.

Arbeiterkammer Wien (2020): Vermögensverteilung, https://www.arbeiterkammer.at/interessenvertretung/wirtschaft/verteilungsgerechtigkeit/Vermoegensverteilung.pdf [19.03.2025].

Arbeiterkammer Wien (2025): Fakten & Mythen zur Vermögenssteuer, https://wien.arbeiterkammer.at/interessenvertretung/steuergerechtigkeit/Fakten_und_Mythen_zur_Vermoegenssteuer.html [15.05.2025].

ASB Schuldnerberatungen (2024): Referenzbudgets (Budgetbeispiele) für Ein-Personen-Haushalte und Paare, https://referenzbudgets.at/wp-content/uploads/2024/08/Referenzbudgets_2024_EinPersonenHaushalt_Paar_EndV.pdf [19.02.2025].

ASB Schuldnerberatungen (2025): Methode, https://referenzbudgets.at/methode/ [20.02.2025].

Aßländer, Michael Stefan (Hrsg.) (2011): Handbuch Wirtschaftsethik. Stuttgart, Wiemar: Metzler.

Aust, Andreas & Schabram, Greta (2018): Expertise. Regelbedarfe 2018, https://www.paritaetischer.de/uploads/media/Expertise_Regelbedarfe-2018.pdf [21.02.2025].

Aust, Andreas & Schabram, Greta (2023): Regelbedarfe 2024, https://www.der-paritaetische.de/fileadmin/user_upload/Publikationen/doc/expertise_regelsatzberechnung-2023.pdf [19.02.2025].

Bach, Stefan (2024): Ein Grunderbe könnte Wohlstand für alle schaffen: Kommentar. DIW - Deutsches Institut für Wirtschaftsforschung, https://www.diw.de/documents/publikationen/73/diw_01.c.890500.de/24-4-3.pdf [30.07.2025].

Balmer, Hans Peter (1994): Condicio humana. In: Historisches Wörterbuch der Rhetorik. Tübingen: Niemeyer, S. 337–348.

Bartels, Charlotte & Neef, Theresa (2024): Einkommens- und Vermögensverteilung in Deutschland. In: Wirtschaftsdienst 104, 7, S. 441–447.

Bauhardt, Christine (2012): Feministische Ökonomie, Ökofeminismus und Queer Ecologies – feministisch-materialistische Perspektiven auf gesellschaftliche Naturverhältnisse, https://www.fu-berlin.de/sites/gpo/pol_theorie/Zeitgenoessische_ansaetze/Bauhardtfemoekonomie/Bauhardt.pdf [10.01.2025].

Bauhardt, Christine (2018): Ökofeminismus und Queer Ecologies: feministische Analyse gesellschaftlicher Naturverhältnisse. In: Kortendiek, Beate; Riegraf, Birgit & Sabisch, Katja (Hrsg.): Handbuch Interdisziplinäre Geschlechterforschung. Wiesbaden: Springer Fachmedien Wiesbaden, S. 1–10.

Bauhardt, Christine (2024): Die Geschlechterordnung der Arbeit – Machtverhältnisse in Wissenschaft und Gesellschaft. In: inter- und transdisziplinäre Bildung (itdb), 1, https://doi.org/10.5281/zenodo.13943664 [10.01.2025], S. 53–62.

Baur, Nina & Blasius, Jörg (2014): Methoden der empirischen Sozialforschung. Ein Überblick. In: Baur, Nina & Blasius, Jörg (Hrsg.): Handbuch Methoden der empirischen Sozialforschung. Wiesbaden: Springer VS, S. 41–62.

Becker, Irene (2011): Bewertung der Neuregelungen des SGB II. In: Soziale Sicherheit, S. 7–62.

Bennholdt-Thomsen, Veronika (2006): Subsistenzwirtschaft, Globalwirtschaft, Regionalwirtschaft. In: Jochimsen, Maren A. & Knobloch, Ulrike (Hrsg.): Lebensweltökonomie in Zeiten wirtschaftlicher Globalisierung. Bielefeld: Kleine, S. 65–89.

Berger, Christian (2021): Sorge. Übermorgen. Wien: Kremayr & Scheriau.

Biesecker, Adelheid (2009): Vorsorgendes Wirtschaften als Alternative. In: Friedrich-Ebert-Stiftung (Hrsg.): Antworten aus der feministischen Ökonomie auf die globale Wirtschafts- und Finanzkrise. Bonn: Friedrich-Ebert-Stiftung, http://library.fes.de/pdf-files/wiso/06753-20091109.pdf [14.10.2018], S. 32–48.

Biesecker, Adelheid & Hofmeister, Sabine (2006): Die Neuerfindung des Ökonomischen. Ein (re)produktionstheoretischer Beitrag zur sozial-ökologischen Forschung. München: oekom Verlag.

Biesecker, Adelheid & Kesting, Stefan (2003): Mikroökonomik. Eine Einführung aus sozial-ökologischer Perspektive. Berlin/Boston: De Gruyter; De Gruyter Oldenbourg. Reprint 2014.

Blanchard, Olivier & Illing, Gerhard (2017): Makroökonomie. Hallbergmoos: Pearson. 7. Aufl.

Blanck, Bettina (2002): Erwägungsorientierung, Entscheidung und Didaktik. Erwägungskultur in Forschung, Lehre und Praxis. Stuttgart: Lucius und Lucius.

Blanck, Bettina (2024): Auch Konsens ist nicht alternativlos! Frag-würdig machen und Frag-würdig halten als Grundorientierung politischer Bildung und demokratieförderlicher Bildungsgänge. In: Becher, Andrea; Gläser, Eva & Kallweit, Nina (Hrsg.): Politische Bildung im Sachunterricht. Potenziale – Positionen – Perspektiven. Bad Heilbrunn: Verlag Julius Klinkhardt, S. 60–68.

Blaschke, Ronald (Hrsg.) (2012): Grundeinkommen. Von der Idee zu einer europäischen politischen Bewegung. Hamburg: VSA Verlag.

Blumers, Miriam & Kaufmanns, Sven C. (2017): Neuauflage der deutschen Nachhaltigkeitsstrategie, https://www.destatis.de/DE/Methoden/WISTA-Wirtschaft-und-Statistik/2017/01/neuauflage-nachhaltigkeitsstrategie-012017.pdf [26.09.2024].

Bofinger, Peter; Horn, Gustav; Schmid, Kai D. & van Treeck, Till (Hrsg.) (2015): Thomas Piketty und die Verteilungsfrage. Analysen, Bewertungen und wirtschaftspolitische Implikationen für Deutschland. SE Publishing.

Boltanski, Luc & Thévenot, Laurent (2014): Über die Rechtfertigung. Eine Soziologie der kritischen Urteilskraft. Hamburg: Hamburger Edition HIS.

Bontrup, Heinz-Josef & Marquardt, Ralf-Michael (2021): Volkswirtschaftslehre aus orthodoxer und heterodoxer Sicht. Berlin/München/Boston: De Gruyter; De Gruyter Oldenbourg.

Bosch, Gerhard (2010): Einkommenspolarisierung – Ausdruck von Arbeitgebermacht. In: Wirtschaftsdienst 90, 4, S. 215–219.

Brand, Ulrich & Wissen, Markus (2024): Imperiale Lebensweise. Zur Ausbeutung von Mensch und Natur im globalen Kapitalismus. München: oekom Verlag. 8.

Brülle, Jan & Spannagel, Dorothee (2024): WSI-Verteilungsbericht 2024. Ungleiche Teilhabe: Marginalisierte Arme - Verunsicherte Mitte, https://www.wsi.de/fpdf/HBS-008981/p_wsi_report_98_2024.pdf [13.03.2025].

Budgetdienst (2023): Einkommensentwicklung seit Beginn der COVID -19-Krise und Verteilungswirkungen der Unterstützungsmaßnahmen, https://www.parlament.gv.at/dokument/budgetdienst/analysen-auf-anfrage/BD-Einkommensentwicklung-seit-Beginn-der-COVID-19-Krise.pdf [04.02.2025].

Bundesagentur für Arbeit (2024): Merkblatt. Bürgergeld. Grundsicherung für Arbeitssuchende. SGB II, https://www.arbeitsagentur.de/datei/merkblatt-buergergeld_ba043375.pdf [19.02.2025].

Bundesagentur für Arbeit (2025a): Aufstocker, https://www.arbeitsagentur.de/lexikon/aufstocker [21.02.2025].

Bundesagentur für Arbeit (2025b): Einkommen mit Bürgergeld ergänzen, https://www.arbeitsagentur.de/arbeitslos-arbeit-finden/buergergeld/finanziell-absichern/einkommen-ergaenzen [21.02.2025].

Bundeskanzleramt (2024): Österreich und die Agenda 2030. 2. Freiwilliger Nationaler Bericht zur Umsetzung der Agenda 2030 und der Nachhaltigen Entwicklungsziele/SDGs in und durch Österreich (FNU), https://www.bundeskanzleramt.gv.at/dam/jcr:2622dbec-f1bc-45c7-8788-a3d67036e145/Agenda-20230--2-FNU-Oesterreichs--2024.pdf [03.10.2024].

Bundesministerium der Finanzen (2012): Die Begünstigung des Unternehmensvermögens in der Erbschaftssteuer. Gutachten des Wissenschaftlichen Beirats beim Bundesministerium für Finanzen, https://www.bundesfinanzministerium.de/Content/DE/Standardartikel/Ministerium/Geschaeftsbereich/Wissenschaftlicher_Beirat/Gutachten_und_Stellungnahmen/Ausgewaehlte_Texte/02-03-2012-ErbSt-anl.pdf [08.05.2025].

Bundesministerium der Finanzen (2020): Infografik: Steuerspirale 2020, https://www.bundesfinanzministerium.de/Datenportal/Daten/frei-nutzbare-produkte/Bilder/Infografiken/Steuerspirale.html [20.05.2025].

Bundesministerium für Arbeit & Soziales (2021): Sechster Armuts- und Reichtumsbericht, https://www.armuts-und-reichtumsbericht.de/SharedDocs/Downloads/Berichte/sechster-armuts-reichtumsbericht.pdf?__blob=publicationFile&v=2 [20.11.2024].

Bundesministerium für Bildung und Forschung (2024): Stark-Watzinger: Investitionen in Forschung und Innovation sind zentral für Wachstum und Wohlstand. 31/2024, https://www.bmbf.de/bmbf/shareddocs/pressemitteilungen/de/2024/05/220524-BuFi.html [18.10.2024].

Bundesministerium für Soziales, Gesundheit, Pflege und Konsumentenschutz (2024): Allgemeines zur Sozialhilfe/Mindestsicherung, https://www.oesterreich.gv.at/themen/hilfe_und_finanzielle_unterstuetzung_erhalten/4/Seite.1693914.html [19.02.2025].

Bundesministerium für Soziales, Gesundheit, Pflege und Konsumentenschutz (2025): Leistungen, https://www.sozialministerium.at/Themen/Soziales/Sozialhilfe-und-Mindestsicherung/Leistungen.html [19.02.2025].

Bundesministerium für Wirtschaft und Klimaschutz (2024): Vermögensungleichheit in Deutschland und Europa, https://www.bmwk.de/Redaktion/DE/Infografiken/Schlaglichter-der-Wirtschaftspolitik/2024/03/05-vermoegensungleichheit-download.pdf?__blob=publicationFile&v=4 [14.03.2025].

Bundesregierung (2024): Nullrunde für Regelsätze im Jahr 2025, https://www.bundesregierung.de/breg-de/aktuelles/nullrunde-buergergeld-2309118 [19.02.2025].

Bundestag (2020): Gesetz zur Revision der Europäischen Sozialcharta vom 3. Mai 1996. ESC (revidiert), http://www.bgbl.de/xaver/bgbl/start.xav?startbk=Bundesanzeiger_BGBl&jumpTo=bgbl220s0900.pdf [06.02.2025].

Bundesverfassungsgericht (2010): Leitsätze zum Urteil des Ersten Senats vom 9. Februar 2010, https://www.bundesverfassungsgericht.de/SharedDocs/Downloads/DE/2010/02/ls20100209_1bvl000109.pdf?__blob=publicationFile&v=1 [21.02.2025].

Butterwegge, Christoph (2020): Wachsende Ungleichheit lässt Ökonomen kalt. In: Wirtschaftsdienst 100, 2, https://www.wirtschaftsdienst.eu/inhalt/jahr/2020/heft/2/beitrag/wachsende-ungleichheit-laesst-oekonomen-kalt.html [25.03.2025], S. 106–111.

Carrier, Martin (2019): Wissenschaftstheorie zur Einführung. zur Einführung. Hamburg: Junius Verlag.

Caspari, Volker (2019): Ökonomik und Wirtschaft. Eine Geschichte des ökonomischen Denkens. Berlin, Heidelberg: Springer.

Centre For Bhutan Studies (2011): Gross National Happiness Index Explained in Detail, https://www.researchgate.net/file.PostFileLoader.html?id=57030c7edc332dde4e14dc51&assetKey=AS%3A347314335043584%401459817598289 [27.06.2024].
Chancel, Lucas; Piketty, Thomas; Saez, Emmanuel & Zucman, Gabriel (2022): World Inequality Report 2022, https://wir2022.wid.world/www-site/uploads/2023/03/D_FINAL_WIL_RIM_RAPPORT_2303.pdf [19.03.2025].
Daly, Herman E. (1996): Beyond growth. The economics of sustainable development. Boston, Mass.: Beacon Press.
Desrosières, Alain (2005): Die Politik der großen Zahlen. Eine Geschichte der statistischen Denkweise. Berlin, Heidelberg, New York: Springer.
Destatis (2023): Nachhaltige Entwicklung in Deutschland. Indikatorenbericht 2022, https://dns-indikatoren.de/assets/Publikationen/Indikatorenberichte/2022.pdf [26.09.2024].
Destatis (2024): Volkswirtschaftliche Gesamtrechnungen. Bruttoinlandsprodukt (BIP), https://www.destatis.de/DE/Themen/Wirtschaft/Volkswirtschaftliche-Gesamtrechnungen-Inlandsprodukt/Methoden/bip.html [14.08.2025].
Deutsche Bundesbank (2022): Monatsbericht Juli 2022, https://www.bundesbank.de/resource/blob/894880/958edb67dec48f1dbdeccaf0efd36768/mL/2022-07-vermoegensbilanz-data.pdf [19.11.2024].
Deutscher Ethikrat, Geschäftsstelle (2020): Solidarität und Verantwortung in der Corona-Krise. Ad-hoc-Empfehlung Berlin, 27.3.2020. In: Medizinrecht 38, 6, S. 466–471.
DFG (2019): Leitlinien zur Sicherung guter wissenschaftlicher Praxis, https://zenodo.org/records/6472827/files/kodex_leitlinien_gwp_dfg.1.1.pdf?download=1 [03.09.2024].
Dirksen, Jakob & Miranda, Katharina Lima de (2023): Wohlstand neu denken und messen. In: Wirtschaftsdienst 103, 7, S. 454–459.
Dixson-Declève, Sandrine; Gaffney, Owen; Ghosh, Jayati; Randers, Jørgen; Rockström, Johan & Stoknes, Per Espen (2022): Earth for all. Ein Survivalguide für unseren Planeten; der neue Bericht an den Club of Rome, 50 Jahre nach „Die Grenzen des Wachstums“. München: oekom.
Domke Seidel, Christian (2024): Vermögensungleichheit in Österreich nimmt weiter zu – alles Wissenswerte, https://www.arbeit-wirtschaft.at/vermoegensungleichheit-in-oesterreich-einkommen-vermoegen-reichtum/ [14.08.2025].
Duden online (2024a): Postulat, https://www.duden.de/node/113767/revision/1342471 [24.10.2024].
Duden online (2024b): Wohlstand, https://www.duden.de/rechtschreibung/Wohlstand [21.08.2024].
Dullien, Sebastian; Goodwin, Neva R; Harris, Jonathan M; Nelson, Julie A; Roach, Brian A. & Torras, Mariano (2018): Macroeconomics in context. A European perspective. New York, London: Routledge.
Eagleton, Terry (2000): Ideologie. Eine Einführung. Metzler Reprint. Stuttgart, Wiemar: Metzler.
Ekins, Paul W. (2023): Green Growth. In: Haddad, Brent M. & Solomon, Barry D. (Hrsg.): Dictionary of ecological economics. Terms for the new millennium. Cheltenham, UK, Northampton, MA, USA: Edward Elgar Publishing, S. 251–252.

Ellison, Keith (2018): Rewarding or Hoarding? An Examination of Pay Ratios Revealed by Dodd-Frank, https://inequality.org/wp-content/uploads/2019/01/Ellison-Rewarding-Or-Hoarding-Full-Report.pdf [25.04.2025].

Engelkamp, Paul; Sell, Friedrich L. & Sauer, Beate (2020): Einführung in die Volkswirtschaftslehre. Berlin, Germany: Springer. 8. Aufl.

Erhard, Ludwig (1964): Wohlstand für alle. Bearbeitet von Wolfram Langer. Düsseldorf. 8. Aufl.

Ertl, Michael & Mokre, Patrick (2022): Vermögenssteuern gegen Überreichtum: Potenziale und Grenzen. In: Kurswechsel, 3, https://www.momentum-kongress.org/system/files/congress_files/2023/ertlmokre2022.pdf [15.05.2025], S. 33–46.

Essbare Seestadt (2025): Öffentliches Obst, https://essbareseestadt.at/b-oeffentliches-obst/ [05.05.2025].

Eurostat (2025): Gini-Koeffizient des verfügbaren Äquivalenzeinkommens vor Sozialleistungen (Renten von den Sozialleistungen ausgeschlossen) - EU-SILC Erhebung, https://ec.europa.eu/eurostat/databrowser/view/ILC_DI12C/default/table?lang=de&category=livcon.ilc.ilc_ie.ilc_iei [13.03.2025].

Fauser, Hannes & Kaskel, Myriam (2016): Pluralism in economics teaching in Germany – evidence from a new dataset, https://www.boeckler.de/pdf/v_2016_10_21_fauser.pdf [22.03.2023].

Ferschli, Benjamin; Kapeller, Jakob; Schütz, Bernhard & Wildauer, Rafael (2017): Bestände und Konzentration privater Vermögen in Österreich. Working Paper-Reihe der AK Wien, Nr. 167. Wien: Kammer für Arbeiter und Angestellte für Wien.

Foundational Economy Collective, Foundational Economy (2019): Die Ökonomie des Alltagslebens. Für eine neue Infrastrukturpolitik. Berlin: Suhrkamp Verlag.

Generalversammlung der Vereinten Nationen (1948): Allgemeine Erklärung der Menschenrechte. (10.12.1948), https://www.un.org/depts/german/menschenrechte/aemr.pdf [12.02.2025].

Glaeser, Johannes (2014): Der Werturteilsstreit in der deutschen Nationalökonomie. Marburg: Metropolis.

Gloe, Markus & Oeftering, Tonio (2020): Didaktik der politischen Bildung. Ein Überblick über Ziele und Grundlagen inklusiver politischer Bildung. In: Meyer, Dorothee; Hilpert, Wolfram & Lindmeier, Bettina (Hrsg.): Grundlagen und Praxis inklusiver politischer Bildung. Schriftenreihe/Bundeszentrale für Politische Bildung, Band 10230. Bonn: Bundeszentrale für Politische Bildung, S. 87–132.

Goppel, Anna; Mieth, Corinna & Neuhäuser, Christian (Hrsg.) (2016): Handbuch Gerechtigkeit. Stuttgart: J.B. Metzler Verlag.

Grabka, Markus & Halbmeier, Christoph (2019): Vermögensungleichheit in Deutschland bleibt trotz deutlich steigender Nettovermögen anhaltend hoch, https://www.diw.de/documents/publikationen/73/diw_01.c.679972.de/19-40-1.pdf [19.11.2024].

Graupe, Silja (2016): Eine erkenntnistheoretische Kritik der Standardlehrbücher der Volkswirtschaftslehre. In: van Treeck, Till & Urban, Janina (Hrsg.): Wirtschaft neu denken. Blinde Flecken in der Lehrbuchökonomie. Berlin: iRights Media, S. 18–29.

Haddad, Brent M. & Solomon, Barry D. (Hrsg.) (2023): Dictionary of ecological economics. Terms for the new millennium. Cheltenham, UK, Northampton, MA, USA: Edward Elgar Publishing.
Haidinger, Bettina & Knittler, Käthe (2016): Feministische Ökonomie. Intro - eine Einführung. Kritik & Utopie. Wien: Mandelbaum. 2. Aufl.
Hans-Böckler-Stiftung (2006): Verteilungsspielraum: Gesamtwirtschaftliche Entwicklung zählt. Interview mit Gustav Horn (Direktor des Instituts für Makroökonomie und Konjunkturforschung), https://www.boeckler.de/pdf/impuls_2006_02_3.pdf [29.04.2025].
Happy Planet Index (2024a): The 2024 Happy Planet Index, https://happyplanetindex.org/HPI_2024_report.pdf [27.09.2024].
Happy Planet Index (2024b): The 2024 Happy Planet Index. Methodology Paper, https://happyplanetindex.org/HPI_2024_methodology.pdf [27.09.2024].
Hasdenteufel, Marie (2023): Erbschaften: 50 Prozent des Erbvolumens gehen steuerfrei an reichstes Zehntel, https://www.momentum-institut.at/news/erbschaften-50-prozent-des-erbvolumens-gehen-steuerfrei-reichstes-zehntel/ [06.05.2025].
Hauser, Richard (2018): Das Maß der Armut: Armutsgrenzen im sozialstaatlichen Kontext. Der sozialstatistische Diskurs. In: Huster, Ernst-Ulrich; Boeckh, Jürgen & Mogge-Grotjahn, Hildegard (Hrsg.): Handbuch Armut und soziale Ausgrenzung. Springer VS Handbuch. Wiesbaden: Springer VS. 3. Aufl., S. 149–178.
Heck, Ines; Hornykewycz, Anna; Kapeller, Jakob & Wildauer, Rafael (2024): Vermögensverteilung in Österreich. Eine Analyse auf Basis des HFCS 2021/22. Materialien zu Wirtschaft und Gesellschaft, Nr. 255. Wien: Kammer für Arbeiter und Angestellte für Wien, https://emedien.arbeiterkammer.at/viewer/api/v1/records/AC17296950/files/source/AC17296950.pdf [30.07.2025].
Heimbach-Steins, Marianne (Hrsg.) (2004): Christliche Sozialethik. Regensburg: Pustet.
Heimerl, Veronika; Bärnthaler, Richard & Novy, Andreas (2023): Zukunftsfähiges Wirtschaften. Herausforderungen der sozialökologischen Transformation. Arbeitsgesellschaft im Wandel. Weinheim: Juventa Verlag. 2. Aufl.
Heinhaus, Anke (2023): Platzt der Traum vom Eigenheim?, https://www.tagesschau.de/wirtschaft/verbraucher/bauen-klimaschutz-100.html [05.05.2025].
Heitmeyer, Wilhelm (Hrsg.) (2008a): Deutsche Zustände. Folge 6. Berlin: Suhrkamp.
Heitmeyer, Wilhelm (2008b): Die Ideologie der Ungleichwertigkeit. In: Heitmeyer, Wilhelm (Hrsg.): Deutsche Zustände. Folge 6. Berlin: Suhrkamp, S. 36–44.
Heitmeyer, Wilhelm (Hrsg.) (2011): Deutsche Zustände. Folge 10. Berlin: Suhrkamp.
Heitmeyer, Wilhelm (2018): Autoritäre Versuchungen. Signaturen der Bedrohung I. Berlin: Suhrkamp.
Heitmeyer, Wilhelm & Endrikat, Kirsten (2008): Die Ökonomisierung des Sozialen Folgen für „Überflüssige“ und „Nutzlose“. In: Heitmeyer, Wilhelm (Hrsg.): Deutsche Zustände. Folge 6. Berlin: Suhrkamp, S. 55–72.
Heitmeyer, Wilhelm & Mansel, Jürgen (2008): Gesellschaftliche Entwicklung und Gruppenbezogene Menschenfeindlichkeit. In: Heitmeyer, Wilhelm (Hrsg.): Deutsche Zustände. Folge 6. Berlin: Suhrkamp, S. 13–35.

Held, Benjamin; Rodenhäuser, Dorothee & Diefenbacher, Hans (2022): NWI 3.0. Methodenbericht Nationaler Wohlfahrtsindex 3.0, https://www.boeckler.de/fpdf/HBS-008250/p_imk_study_78_2022.pdf [27.09.2024].

Helfrich, Silke & Stein, Felix (2011): Was sind Gemeingüter? In: Aus Politik und Zeitgeschichte, 28-30, S. 9–15.

Hinsch, Wilfried (2016): Distributive Gerechtigkeit. In: Goppel, Anna; Mieth, Corinna & Neuhäuser, Christian (Hrsg.): Handbuch Gerechtigkeit. Stuttgart: J.B. Metzler Verlag, S. 77–86.

Hoffmann, Thomas Sören (2009): Wirtschaftsphilosophie. Ansätze und Perspektiven von der Antike bis heute. Wiesbaden: Marixverl.

Hollstein, Bettina (2011): Lohngerechtigkeit. In: Aßländer, Michael Stefan (Hrsg.): Handbuch Wirtschaftsethik. Stuttgart, Weimar: Metzler, S. 432–434.

Holtemöller, Oliver (2023): Markt, Umwelt und Wirtschaftswachstum – ein Trilemma? In: Wirtschaftsdienst 103, 7, S. 437–440.

Holzmann, Robert (2019): Wirtschaftsethik. Wiesbaden, Germany: Springer. 2. Aufl.

Hoppe, Hella (2002): Feministische Ökonomik. Zugl.: Aachen, Techn. Hochsch., Diss., 2001. Berlin: Ed. Sigma.

Hudelist, Simone & Haager, Theresa (2024): Vorstandsvergütung in den ATX-Unternehmen 2023. Gehälter-Ranking, Vergütungspolitik und Vergütungsberichte, https://wien.arbeiterkammer.at/service/betriebsrat/ifam/dividendenpolitik_und_vorstandsverguetung/Vorstandsverguetung_2023.pdf [25.04.2025].

Huster, Ernst-Ulrich; Boeckh, Jürgen & Mogge-Grotjahn, Hildegard (Hrsg.) (2018): Handbuch Armut und soziale Ausgrenzung. Springer VS Handbuch. Wiesbaden: Springer VS. 3. Aufl.

Jirmann, Julia (2025): »Weiter so« statt Gerechtigkeit: Die Steuerpläne der GroKo. In: Blätter für deutsche und internationale Politik, 5, https://www.blaetter.de/ausgabe/2025/mai/weiter-so-statt-gerechtigkeit-die-steuerplaene-der-groko [13.05.2025], S. 9–12.

Jirmann, Julia & Schuster, Barbara (2024): Superreiche (wieder) gerecht besteuern. Eine Analyse des effektiven Steuerbeitrags von Superreichen in der Schweiz, Österreich und Deutschland, https://www.oxfam.de/system/files/documents/oxfam_u.a._2024_superreiche_wieder_gerecht_besteuern_online.pdf [20.05.2025].

Kallis, Georgos (2023): Degrwoth. In: Haddad, Brent M. & Solomon, Barry D. (Hrsg.): Dictionary of ecological economics. Terms for the new millennium. Cheltenham, UK, Northampton, MA, USA: Edward Elgar Publishing, S. 113–114.

Kallis, Giorgos; Kerschner, Christian & Martinez-Alier, Joan (2012): The economics of degrowth. In: Ecological Economics 84, S. 172–180.

Kammer für Arbeiter und Angestellte für Oberösterreich (2024): Steuerkuchen 2023, https://ooe.arbeiterkammer.at/service/presse/grafiken/Grafik-_Steuern_und_Abgaben_in_Oesterreich_2023.html [20.05.2025].

Kant, Immanuel (1797): Grundlegung zur Metaphysik der Sitten. (Reprint 1870). Berlin: Kirchmann.

Kaufmann, Matthias (26.05.20208): „Die USA sind kein Vorbild“. (Interview mit Paul Krugman). In: Manager Magazin, https://www.manager-magazin.de/unternehmen/artikel/a-554651.html [03.01.2024].

Kaufmann, Stephan & Müller, Tadzio (2009): Grüner Kapitalismus. Krise, Klimawandel und kein Ende des Wachstums. Einundzwanzig/Rosa-Luxemburg-Stiftung, Band 2. Berlin: Dietz.

Kettenbach, Maximilian (2021): Vermögenssteuer: Fuest kritisiert Grüne, SPD und Linke scharf - „Am Ende sind alle ärmer - auch der Staat". In: Merkur, https://www.merkur.de/wirtschaft/vermoegenssteuer-ifo-fuest-rueckkehr-gruene-spd-linke-interview-bundestagswahl-muenchen-90661501.html [06.05.2025].

Keul, Hans-Klaus & Schumann, Olaf J. (2011): Grundpositionen philosophischer Ethik. In: Aßländer, Michael Stefan (Hrsg.): Handbuch Wirtschaftsethik. Stuttgart, Weimar: Metzler, S. 11–19.

Khalfan, Ashfaq; Nilsson Lewis, Astrid; Aguilar, Carlos; Persson, Jaqueline; Lawson, Max; Dabi, Nafkote; Jayoussi, Safa & Acharya, Sunil (2023): Climate Equality: A planet for the 99%. Oxfam International.

Kiziltepe, Cansel & Scholz, Birger (2016): „Die Erbschaftsteuer auf Betriebsvermögen gefährdet Arbeitsplätze", https://steuermythen.de/wp-content/uploads/Mythos161.pdf [07.05.2025].

Knobloch, Clemens (2024): Framing. In: Forschungsgruppe Diskursmonitor und Diskursintervention (Hrsg.): Glossar zur strategischen Kommunikation. Siegen: universi - Universitätsverlag Siegen, S. 112–114.

Koch, Sabine (2020): Eine andere Art des Wirtschaftens – Wirtschaftswachstum bei Bündnis 90/Die Grünen zwischen 1994 und 2017. In: Roos, Ulrich (Hrsg.): Nachhaltigkeit, Postwachstum, Transformation. Eine Rekonstruktion wesentlicher Arenen und Narrative des globalen Nachhaltigkeits- und Transformationsdiskurses. Wiesbaden, Heidelberg: Springer VS, S. 211–239.

Kolb, Gerhard (2015 [2004]): Geschichte der Volkswirtschaftslehre. Dogmenhistorische Positionen des ökonomischen Denkens. München: Vahlen. 2. Aufl.

Koller, Peter (2016): Soziale Gerechtigkeit. In: Goppel, Anna; Mieth, Corinna & Neuhäuser, Christian (Hrsg.): Handbuch Gerechtigkeit. Stuttgart: J.B. Metzler Verlag, S. 118–124.

Krämer, Hagen (2015): Make No Mistake, Thomas! Verteilungstheorie und Ungleichheitsdynamik bei Piketty. In: Bofinger, Peter; Horn, Gustav; Schmid, Kai D. & van Treeck, Till (Hrsg.): Thomas Piketty und die Verteilungsfrage. Analysen, Bewertungen und wirtschaftspolitische Implikationen für Deutschland. SE Publishing, S. 37–71.

Krämer, Hagen (2018a): Leistungsgerechtigkeit, https://wirtschaftslexikon.gabler.de/definition/leistungsgerechtigkeit-41170/version-264540 [01.04.2025].

Krämer, Hagen (2018b): Leistungsgesellschaft, https://wirtschaftslexikon.gabler.de/definition/leistungsgesellschaft-38941/version-262362 [14.10.2024].

Krämer, Hagen & Werding, Martin (2018): Bedarfsgerechtigkeit, https://wirtschaftslexikon.gabler.de/definition/bedarfsgerechtigkeit-28385/version-252017 [01.04.2025].

Krebs, Tom (2024): Fehldiagnose. Wie Ökonomen die Wirtschaft ruinieren und die Gesellschaft spalten. Neu-Isenburg: Westend.

Krugman, Paul & Wells, Robin (2017): Volkswirtschaftslehre. Stuttgart: Schäffer Poeschel. 2. Aufl.

Kurz, Heinz D. (2013): Geschichte des ökonomischen Denkens. München: C.H.Beck.

Kurz, Rudi (2023): Wachstumsunabhängigkeit: Transformation und Wohlstand erneuern – ohne Wachstum. In: Wirtschaftsdienst 103, 7, S. 445–449.

Kuttner, Antje (2015): Ökonomisches Denken und ethisches Handeln. Wiesbaden: Springer VS.

Lenk, Thomas & Sesselmeier, Werner (2017): Öffentliche Einnahmen. In: Neubäumer, Renate; Hewel, Brigitte & Lenk, Thomas (Hrsg.): Volkswirtschaftslehre. Wiesbaden: Springer Fachmedien Wiesbaden, S. 423–449.

Lichtenberger, Hanna & Staudinger, Jeremias (2024): Sozialhilfe. Zahlen, Fakten und Antworten, https://www.volkshilfe.at/wp-content/uploads/2024/09/MINDESTSICHERUNG_2024.pdf [19.02.2025].

Lindberg, Staffan I. & Lundstedt, Martin (2022): Ungleichheit, Demokratie und Autokratisierung. In: Aus Politik und Zeitgeschichte 72, 27-28, https://www.bpb.de/shop/zeitschriften/apuz/ungleichheit-2022/512777/ungleichheit-demokratie-und-autokratisierung/ [25.03.2025], S. 23–28.

Little, Ian Malcolm David (1950): A Critique of Welfare Economics. Oxford: Clarendon Press.

Loh, Werner (Hrsg.) (2001): Erwägungsorientierung in Philosophie und Sozialwissenschaften. Stuttgart: Lucius und Lucius.

Lukács, Georg (1977): Geschichte und Klassenbewußtsein. Werke/Georg Lukács Bd. 2, Frühschriften, Band 2. Neuwied: Luchterhand. 2. Aufl.

Mankiw, Nicholas Gregory (2012): Principles of economics. Mason, Ohio: South-Western Cengage Learning. 6. Aufl.

Mankiw, Nicholas Gregory & Taylor, Mark P. (2024): Grundzüge der Volkswirtschaftslehre. Stuttgart: Schäffer-Poeschel Verlag. 9. Aufl.

Marterbauer, Markus & Schürz, Martin (2007): Der Streit um die Abschaffung der Erbschaftssteuer in Österreich. In: Wirtschafts- und Sozialpolitische Zeitschrift 30, 2, https://www.zeitschriftwiso.at/index.php?eID=dumpFile&t=f&f=1095&token=47aad3f4bcafc707eb0e822b5ccfa90f626ec98a [07.05.2025], S. 35–52.

Marx, Karl (1962): Das Kapital. Kritik der politischen Ökonomie, Band 23. Berlin: Dietz.

Matiaske, Wenzel & Nienhüser, Werner (Hrsg.) (2021): Ökonomie und Ideologie. Weimar (Lahn): Metropolis.

Mazohl, Michael (2023): Propaganda gegen die Erbschaftssteuer: Alle Märchen der ÖVP widerlegt. In: Kontrast, https://kontrast.at/michael-mazohl-erbschaftssteuer-argumente-pro-contra/ [07.05.2025].

Meichenitsch, Josef (2006): Realisierung einer Vermögenssteuer in Österreich. In: Kurswechsel, 1, http://www.beigewum.at/wordpress/wp-content/uploads/074_josef_meichenitsch.pdf [15.05.2025], S. 74–86.

Meier-Gräwe, Uta; Praetorius, Ina & Tecklenburg, Feline (Hrsg.) (2023): Wirtschaft neu ausrichten. Care-Initiativen in Deutschland, Österreich und der Schweiz. Opladen, Berlin: Verlag Barbara Budrich.

Meyer, Kirsten (2016): Chancengleichheit. In: Goppel, Anna; Mieth, Corinna & Neuhäuser, Christian (Hrsg.): Handbuch Gerechtigkeit. Stuttgart: J.B. Metzler Verlag, S. 164–167.

Mies, Maria (2002): Globalisierung von unten. Der Kampf gegen die Herrschaft der Konzerne. Hamburg: Europäische Verlagsanstalt.

Milanović, Branko (2023): Visions of Inequality. From French Revolution to the end of the Cold War. Cambridge/Massachusetts, London/England: Belknap Press of Harvard University Press.

Moser, Michaela (2020): Referenzbudgets für soziale Inklusion. Wie viel Geld braucht man für ein Leben, das soziale Teilhabe mit einbezieht? In: 32 Jahre ifs Schuldenberatung, https://www.ifs.at/fileadmin/user_upload/Dokumente/Zeitungen/ifs_zeitschrift_sb_20/index.html [20.02.2025], S. 38–40.

Moser, Michaela; Kemmetmüller, Maria; Leitner, Christa & Auer Bakk, Cornelia (2010): Referenzbudget zur Stärkung sozialer Teilhabe, https://www.dowas.at/media/filer_public/43/6a/436a8377-aae6-4ae3-98d7-1ce3d62cae61/2011-02-02_finanzen_referenzbudgets-und-warenkorb_2010.pdf [20.02.2025].

Müller-Armack, Alfred (1981): Soziale Irenik (1950). In: Dürr, Ernst (Hrsg.): Religion und Wirtschaft: Geistesgeschichtliche Hintergründe unserer europäischen Lebensform. Bern, Stuttgart: Haupt. 3. Auflage, S. 559–578.

Münder, Johannes (2011): Verfassungsrechtliche Bewertung. des Gesetzes zur Ermittlung von Regelbedarfen und zur Änderung des Zweiten und Zwölften Buches Sozialgesetzbuch vom 24.03. 2011 - BGBl. I S. 453. In: Soziale Sicherheit, S. 63–95.

Nawothnig, Lotte; Best, Benjamin; Sachs, Wolfgang & Fischedick, Manfred (2023): Suffizienzpolitik als Booster zum Erreichen der Klimaschutzziele. Zukunftsimpuls. Wuppertal: Wuppertal Institut für Klima, Umwelt, Energie, https://epub.wupperinst.org/frontdoor/deliver/index/docId/8475/file/ZI27_Suffizienzpolitik.pdf [14.01.2025].

Neckel, Sighard (2023): Zerstörerischer Reichtum. Wie eine globale Verschmutzerelite das Klima ruiniert. In: Blätter für deutsche und internationale Politik, 4, https://www.blaetter.de/ausgabe/2023/april/zerstoererischer-reichtum [25.03.2024], S. 47–56.

Neef, Theresa & Chancel, Lucas (2022): Wie ungleich ist die Welt? Ergebnisse des World Inequality Report 2022. In: Aus Politik und Zeitgeschichte 72, 37-38, S. 29–39.

Noweck, Anna (2023): Sozialethische Sondierung zum bedingungslosen Grundeinkommen ausgehend vom Konzept der Beteiligungsgerechtigkeit. In: Meireis, Torsten & Wustmans, Clemens (Hrsg.): Bedingungsloses Grundeinkommen – Utopie, Ideologie, ethisch begründbares Ziel? XXIX. Werner-Reihlen-Vorlesungen. Beihefte zur Berliner Theologischen Zeitschrift, Band 2023. Berlin, Boston: De Gruyter, S. 77–87.

Nuss, Sabine (2019): Keine Enteignung ist auch keine Lösung. Die große Wiederaneignung und das vergiftete Versprechen des Privateigentums. Analysen. Berlin: Dietz.

Nusser, Karl-Heinz (1992): Vertragsethik. In: Pieper, Annemarie (Hrsg.): Geschichte der neueren Ethik. Tübingen: Francke, S. 47–65.

OECD (2011): How's Life? Measuring Well-Being, https://www.oecd.org/content/dam/oecd/en/publications/reports/2011/10/how-s-life_g1g14dc9/9789264121164-en.pdf [30.07.2025].

Ökumenischer Rat der Kirchen in Österreich (2003): Sozialwort des Ökumenischen Rates der Kirchen in Österreich. Wien: Ökumenischer Rat dcr Kirchen in Österreich.

Oppermann, Matthias (2024): Das meritokratische Prinzip. In: Die Politische Meinung 69, 585, 24/II, https://www.kas.de/de/web/geschichtsbewusst/essay/-/content/liberale-demokratie-leistung-anerkennung-das-meritokratische-prinzip [25.10.2024].
Ötsch, Walter (2019): Mythos Markt, Mythos Neoklassik. Das Elend des Marktfundamentalismus. Marburg: Metropolis.
Oxfam; Patriotic Millionaires; Institute for Policy Studies & Fight Inequality (2022): Taxing Extreme Wealth. An annual tax on the world's multi-millionaires and billionaires: What it would raise and what it could pay for, https://www.fightinequality.org/sites/default/files/2022-01/Taxing-Extreme-Wealth-What-It-Would-Raise-What-It-Could-Pay-For.pdf [21.11.2024].
Parlamentarischer Rat (1949): Grundgesetz für die Bundesrepublik Deutschland. GG, https://www.gesetze-im-internet.de/gg/GG.pdf [08.05.2025].
Petersen, Thieß (2023): Wachstum oder Schrumpfung? Eine Frage der Entkopplung. In: Wirtschaftsdienst 103, 7, S. 441–444.
Peyker, Katrin (2020): Vom Bruttonationalprodukt zum Bruttonationalglück. Denken und Handeln im Umbruch: Gesellschaftlicher Wandel durch Transformation des Geistes. Hochschulschriften zur Nachhaltigkeit. München: oekom Verlag.
Pieper, Annemarie (2017): Einführung in die Ethik. UTB. Tübingen: Francke. 7. Aufl.
Piétron, Dominik; Porak, Laura & Thieme, Sebastian (2022): Gastbeitrag: Plurale Ökonomik – eine kurze Einführung. In: Thielscher, Christian (Hrsg.): Wirtschaftswissenschaften verstehen. Eine Einführung in ökonomisches Denken. Wiesbaden: Springer Fachmedien Wiesbaden. 3. Aufl., S. 199–215.
Piketty, Thomas (2014): Das Kapital im 21. Jahrhundert. München: Beck. 2. Aufl.
Piketty, Thomas (2022): Kapital und Ideologie. München: C.H.Beck.
Piketty, Thomas & Sandel, Michael J. (2025): Die Kämpfe der Zukunft. Gleichheit und Gerechtigkeit im 21. Jahrhundert. München: C.H. Beck. 3. Aufl.
Piketty, Thomas & Zucman, Gabriel (2014): Capital is Back: Wealth-Income Ratios in Rich Countries 1700–2010. In: The Quarterly Journal of Economics 129, 3, S. 1255–1310.
Polanyi, Karl (1977|1944): The Great Transformation. Wien: Europaverlag.
Praetorius, Ina (2015): Wirtschaft ist Care. Oder: Die Wiederentdeckung des Selbstverständlichen ; ein Essay. Schriften zu Wirtschaft und Soziales, Band 16. Berlin: Heinrich-Böll-Stiftung.
Praetorius, Ina (2021): Wirtschaft ist Care. Was sonst? In: Fehle, Hans Jörg & Langenbacher, Andrea (Hrsg.): Dass die Welt wohnlich für alle wird. Klartexte, Anfragen, Perspektiven. Ina Praetorius zum 65. Geburtstag. Ostfildern: Matthias-Grünewald, S. 198–208.
Premrov, Tamara; Schöggl, Astrid; Schultheiss, Jana & Soukup, Nikolai (Hrsg.) (2023): AK-Wohlstandsbericht 2023. Analyse des gesellschaftlichen Fortschritts in Österreich 2019–2024. Materialien zu Wirtschaft und Gesellschaft, Nr. 245. Wien: Kammer für Arbeiter und Angestellte für Wien, https://resolver.obvsg.at/urn:nbn:at:at-akw:g-6536109 [05.01.2024].
Pribram, Karl (1992): Geschichte des ökonomischen Denkens. Frankfurt am Main: Suhrkamp.

Rätz, Werner; Egan-Krieger, Tanja von; Muraca, Barbara; Passadakis, Alexis; Schmelzer, Matthias & Vetter, Andrea (2011): Ausgewachsen! Nachdenken über eine solidarische Postwachstumsökonomie. In: Rätz, Werner; Egan-Krieger, Tanja von; Muraca, Barbara; Passadakis, Alexis; Schmelzer, Matthias & Vetter, Andrea (Hrsg.): Ausgewachsen! Ökologische Gerechtigkeit, soziale Rechte, gutes Leben. Ein Projekt von Attac. Hamburg: VSA-Verl., S. 7–17.

Regierungskommission (2022): Deutscher Corporate Governance Kodex, https://www.dcgk.de//files/dcgk/usercontent/de/download/kodex/220627_Deutscher_Corporate_Governance_Kodex_2022.pdf [25.04.2025].

Rehm, Miriam & Schnetzer, Matthias (2015): Vermögenskonzentration und Macht. Der blinde Fleck der Mainstream-Ökonomie. In: Kurswechsel, 2, http://www.beigewum.at/wp-content/uploads/KW_2_2015_07_Verm%C3%B6genskonzentration-und-Macht.pdf [19.11.2024], S. 69–79.

Rheinberger, Hans-Jörg (2018): Historische Epistemologie zur Einführung. Hamburg: Junius Verlag. 3. Aufl.

Riahi, Nadja (2024): Sozialbericht 2024: Mehrheit der Österreicher:innen für Vermögenssteuer. In: Arbeit&Wirtschaft, https://www.arbeit-wirtschaft.at/sozialbericht-2024-mehrheit-der-oesterreicherinnen-fuer-vermoegenssteuer/ [15.05.2025].

Riddell, Rebecca; Ahmed, Nabil; Maitland, Alex; Lawson, Max & Taneja, Anjela (2024): Inequality Inc. How corporate power divides our world and the need for a new era of public action. Oxfam International, https://www.oxfam.de/system/files/documents/bp-inequality-inc-150124-eng.pdf [14.05.2025].

Robeyns, Ingrid (2024): Limitarismus. Warum Reichtum begrenzt werden muss. Frankfurt am Main: S. Fischer.

Rommerskirchen, Jan (2019): Das Gute und das Gerechte. Eine Einführung in die praktische Philosophie. Wiesbaden, Germany: Springer. 2. Aufl.

Rosa, Hartmut (2016): Resonanz. Eine Soziologie der Weltbeziehung. Berlin: Suhrkamp. 2. Aufl.

Rürup, Bert (2024): Wachsender Wohlstand hält unsere Gesellschaft zusammen. In: Handelsblatt, https://www.handelsblatt.com/meinung/kommentare/kommentar-der-chefoekonom-wachsender-wohlstand-haelt-unsere-gesellschaft-zusammen/100013456.html [18.10.2024].

Rushe, Dominic (2022): Wage gap between CEOs and US workers jumped to 670 to 1 last year, study finds. In: The Guardian, https://www.theguardian.com/us-news/2022/jun/07/us-wage-gap-ceos-workers-institute-for-policy-studies-report [25.04.2025].

Sahlins, Marshall David & Service, Elman Rogers (Hrsg.) (1991): Evolution and culture. Ann Arbor: Univ. of Michigan Press. 4. Aufl.

Schasching, Johannes (2003): Christliche Soziallehre. In: Politik und Zeitgeschichte (PZG), 3.

Schefold, Bertram (1994): Wirtschaftsstile. Frankfurt am Main: Fischer.

Schinzinger, Francesca (2014 [2001]): Vorläufer der Nationalökonomie. In: Issing, Otmar (Hrsg.): Geschichte der Nationalökonomie. München: Vahlen. 4. Aufl., S. 15–35.

Schlagnitweit, Markus (2021): Einführung in die katholische Soziallehre. Kompass für Wirtschaft, Politik und Gesellschaft. Freiburg, Basel, Wien: Herder.

Schlaudt, Oliver (2018): Die politischen Zahlen. Über Quantifizierung im Neoliberalismus. Frankfurt am Main: Vittorio Klostermann GmbH.

Schlothfeldt, Stephan (2016): Ergebnisgerechtigkeit. In: Goppel, Anna; Mieth, Corinna & Neuhäuser, Christian (Hrsg.): Handbuch Gerechtigkeit. Stuttgart: J.B. Metzler Verlag, S. 143–146.

Schmelzer, Matthias (2017): Die Vermessung ‚der Wirtschaft'. Konstruktionen und Kontroversen in der internationalen Standardisierung der volkswirtschaftlichen Gesamtrechnung, 1940er- und 50er-Jahre. In: Maeße, Jens; Pahl, Hanno & Sparsam, Jan (Hrsg.): Die Innenwelt der Ökonomie. Wissen, Macht und Performativität in der Wirtschaftswissenschaft. Wiesbaden: Springer VS, S. 287–310.

Schmelzer, Matthias & Passadakis, Alexis (2011): Postwachstum. Krise, ökologische Grenzen und soziale Rechte. AttacBasisTexte, Band 36. Hamburg: VSA-Verl.

Schmelzer, Matthias & Vetter, Andrea (2021): Degrowth/Postwachstum zur Einführung. Hamburg: Junius. 3. Aufl.

Schmitt, Manuel; Hauschild, Tobias; Vogel, Steffen & Petersen, Leonie (2025): Milliardärsmacht beschränken, Demokratie schützen, https://www.oxfam.de/system/files/documents/oxfam-factsheet-davos-2025-milliardaersmacht-beschraenken-demokratie-schuetzen.pdf [14.05.2025].

Schröder, Carsten; Bartels, Charlotte; Göbler, Konstantin; Grabka, Markus & König, Johannes (2020): MillionärInnen unter dem Mikroskop: Datenlücke bei sehr hohen Vermögen geschlossen – Konzentration höher als bisher ausgewiesen, https://www.diw.de/documents/publikationen/73/diw_01.c.793783.de/20-29.pdf [19.11.2024].

Schultheiss, Jana & Theurl, Simon (2021): Viele Gründe für eine Jobgarantie. Vom Recht auf gute Arbeit bis zur Erhöhung der Lebensqualität für Alle. In: Kurswechsel, 2, http://www.beigewum.at/wp-content/uploads/Kurswechsel-2.21-Kern_Fahne-Debatte_korrigiert-95-101_Theurl_Schultheiss.pdf [25.02.2025], S. 95–101.

Scott, James C. (1976): The moral economy of the peasant. Rebellion and subsistence in Southeast Asia. New Haven: Yale University Press.

Sekretariat der Österreichischen Bischofskonferenz (1990): Sozialhirtenbrief der katholischen Bischöfe Österreichs. Wien: Sekretariat der Österreichischen Bischofskonferenz. 2. Aufl.

Sen, Amartya (2017): Die Idee der Gerechtigkeit. dtv. München: dtv.

Sers, Martin R. (2023): Post-growth. In: Haddad, Brent M. & Solomon, Barry D. (Hrsg.): Dictionary of ecological economics. Terms for the new millennium. Cheltenham, UK, Northampton, MA, USA: Edward Elgar Publishing, S. 418–419.

Shue, Henry (1996): Basic Rights. Subsistence, Affluence, and the U.S. Foreign Policy. Princeton/New Jersey, USA: Princeton University Press. 2. Aufl.

Söllner, Fritz (2012): Die Geschichte des ökonomischen Denkens. Berlin, Heidelberg: Springer. 3. Aufl.

sozialpolitik-aktuell.de (2024): Sozialleistungsquote 1960-2023, https://www.sozialpolitik-aktuell.de/files/sozialpolitik-aktuell/_Politikfelder/Finanzierung/Datensammlung/PDF-Dateien/abbII1a.pdf [16.05.2025].

Statistik Austria (2023): Volkswirtschaftliche Gesamtrechnungen. Wien: Verl. Österreich, https://www.statistik.at/fileadmin/user_upload/VGR-1995-2022_Hauptergebnisse_barr.pdf [01.10.2024].

Statistik Austria (2024): Jährliche Personeneinkommen, https://www.statistik.at/statistiken/bevoelkerung-und-soziales/einkommen-und-soziale-lage/jaehrliche-personeneinkommen [01.10.2024].
Steffen, Johannes (2013): 630 Millionen Euro zu Lasten des Lebensunterhalts, https://www.portal-sozialpolitik.de/uploads/sopo/pdf/2013/2013-07-22-KdU_Tabellenanhang_PS.pdf [19.02.2025].
Steinbrenner, Daniela; Weck, Stefan & Zental, Jan (2024): Erbschaftssteuer im internationalen Vergleich. Sonderstudie zum Länderindex Familienunternehmen, https://www.familienunternehmen.de/media/pages/publikationen/erbschaftsteuer-im-internationalen-vergleich/f1b9e70af7-1725365404/erbschaftsteuer-im-internationalen-vergleich_studie_stiftung-familienunternehmen.pdf [08.05.2025].
Steinmann, Horst & Löhr, Albert (2015): Grundlegung einer republikanischen Unternehmensethik. In: van Aaken, Dominik & Schreck, Philipp (Hrsg.): Theorien der Wirtschafts- und Unternehmensethik. Berlin: Suhrkamp Verlag, S. 269–314.
Stiglitz, Joseph E. (2012): Der Preis der Ungleichheit. In: Blätter für deutsche und internationale Politik, 8, https://www.blaetter.de/ausgabe/2012/august/der-preis-der-ungleichheit [03.01.2024], S. 31–32.
Ströing, Miriam; Grabka, Markus & Lauterbach, Wolfgang (2016): Hochvermögende in Deutschland unterscheiden sich nicht nur anhand ihres Vermögens von anderen Bevölkerungsgruppen. (S. 999-1006), https://www.diw.de/documents/publikationen/73/diw_01.c.545204.de/16-42.pdf [06.05.2025].
SVR (2010): Chancen für einen stabilen Aufschwung. Jahresgutachten/Sachverständigenrat zur Begutachtung der Gesamtwirtschaftlichen Entwicklung. Wiesbaden: Sachverständigenrat zur Begutachtung der Gesamtwirtschaftlichen Entwicklung.
SVR (2019): Ganzheitliche Wohlfahrtsberichterstattung. Die Entwicklung Deutschlands seit dem Mauerfall. Wiesbaden: Sachverständigenrat zur Begutachtung der Gesamtwirtschaftlichen Entwicklung, https://www.sachverstaendigenrat-wirtschaft.de/fileadmin/dateiablage/Pressemitteilungen/190923_Ganzheitliche Wohlfahrtsberichterstattung.pdf [26.09.2024].
Tafel Deutschland (2023): Gesicht zeigen für soziale Gerechtigkeit. In: bei uns, https://www.tafel.de/fileadmin/import/bei_uns_2023_DS.pdf [20.02.2025], S. 36–41.
Tepe, Peter (2012): Ideologie. Grundthemen Philosophie. Berlin: De Gruyter.
Theine, Hendrik & Grisold, Andrea (2020): Streitfall Vermögenssteuer. Defizite in der Medienberichterstattung, https://www.otto-brenner-stiftung.de/fileadmin/user_data/stiftung/02_Wissenschaftsportal/03_Publikationen/AP43_Vermoegenssteuer_Korrektur.pdf [08.05.2025].
Thielemann, Ulrich (2007): Zwischen Neidargument und Dschungeltheorie. Millionenbezüge für Manager. Was ist fair und fördert die gute Unternehmensentwicklung? In: Personalführung, 7, S. 18–25.
Thielemann, Ulrich (2010): Wettbewerb als Gerechtigkeitskonzept. Kritik des Neoliberalismus. Marburg: Metropolis.
Thieme, Sebastian (2012): Das Subsistenzrecht. Marburg: Metropolis.
Thieme, Sebastian (2013): Der Ökonom als Menschenfeind? Über die misanthropischen Grundmuster der Ökonomik. Opladen, Berlin, Toronto: Budrich.

Thieme, Sebastian (2015a): Erwägungskultur in der Ökonomik? Essay zur jüngeren Pluralismusbewegung in der Ökonomik, Erwägungsorientierung und Dogmatismus. In: Erwägen Wissen Ethik 26, 2, S. 313–324.
Thieme, Sebastian (2015b): Integratives Wirtschaftsstildenken. Über den sozialökonomischen Charakter und das integrative Potenzial des Wirtschaftsstilkonzepts von Arthur Spiethoff. In: Heise, Arne & Deumelandt, Kathrin (Hrsg.): Sozialökonomie - ein Zukunftsprojekt. Marburg: Metropolis, S. 139–165.
Thieme, Sebastian (2017a): Die Frage der Normativität einer transformativen Wirtschaftswissenschaft. In: Pfriem, Reinhard; Schneidewind, Uwe; Barth, Jonathan; Graupe, Silja & Korbun, Thomas (Hrsg.): Transformative Wirtschaftswissenschaft im Kontext nachhaltiger Entwicklung. Marburg: Metropolis, S. 323–353.
Thieme, Sebastian (2017b): Menschengerechtes Wirtschaften? Subsistenzethische Perspektiven auf die katholische Sozialethik, feministische Ökonomik und Gesellschaftspolitik. Opladen, Berlin, Toronto: Budrich.
Thieme, Sebastian (2018): Selbsterhaltung und Standardökonomik. In: Baatz, Ursula & Czaika, Mathias (Hrsg.): Tagungsband zum Symposion Dürnstein 2018. Wer nicht arbeiten will, soll auch nicht essen. Auf dem Weg zu einer globalen Gesellschaft der Überflüssigen? Hamburg: tredition, S. 53–59.
Thieme, Sebastian (2019): Kontroversität und Deliberation. In: Graupe, Silja; Ötsch, Walter Otto & Rommel, Florian (Hrsg.): Spiel-Räume des Denkens. Festschrift zu Ehren von Karl-Heinz Brodbeck. Marburg: Metropolis, S. 467–496.
Thieme, Sebastian (2020): Eine bessere Gesellschaft ausrechnen? Zum Umgang mit Werten in der Ökonomik. In: Hochmann, Lars (Hrsg.): Verantwortung übernehmen für eine bessere Welt. Hamburg: Murmann, S. 223–235.
Thieme, Sebastian (2021): Ungleichwertigkeit und Ökonomik? In: Matiaske, Wenzel & Nienhüser, Werner (Hrsg.): Ökonomie und Ideologie. Weimar (Lahn): Metropolis, S. 203–233.
Thieme, Sebastian (2022): 12 Euro Mindestlohn schützen nicht vor Armut. In: Jacobin, https://jacobin.de/artikel/12-mindestlohn-schutzen-nicht-vor-armut-gesetzesentwurf-referentenentwurf-living-wage-existenzminimum-arbeitsschutz [25.02.2025].
Thieme, Sebastian (2024a): Mindestlohnanhebung: Und ewig grüßt der Mindestlohn. In: Wirtschaftsdienst 104, 6, S. 365.
Thieme, Sebastian (2024b): Rückblick und Ausblick: Die sozial-ökologische Perspektive und der Diskurs der Integrativen Wirtschaftsethik Zum Diskurs als Methode und Initial eines fundamentalen Kulturwandels in ›der‹ Ökonomik. In: Zeitschrift für Wirtschafts- und Unternehmensethik 25, 3, S. 383–401.
Thieme, Sebastian (2024c): Wohlstand. Ideengeschichtliche Positionen von der Frühgeschichte bis heute. Opladen, Leverkusen: Verlag Barbara Budrich; UTB.
Thompson, Edward P. (1980): Die ›moralische Ökonomie‹ der englischen Unterschichten im 18. Jahrhundert. In: Thompson, Edward P. (Hrsg.): Plebeische Kultur und moralische Ökonomie. Aufsätze zur engl. Sozialgeschichte d. 18. u. 19. Jh. Frankfurt/M, Berlin, Wien: Ullstein, S. 66–130.
Truger, Achim & Scholz, Birger (2016): Die Demontage der Erbschaftsteuer. In: Wirtschaftsdienst 96, 6, S. 378–379.

Tsara, Iliana K; Vortelinos, Dimitrios I. & Menegaki, Angeliki N. (2024): The Index of Sustainable Economic Welfare (ISEW) as a proxy for sustainable GDP: revisited and recapitulated. In: Discover Sustainability 5, 1.

UBS (2023a): Billionaire Ambitions Report 2023, https://www.ubs.com/content/dam/static/noindex/wealth-management/emea/ubs-billionaire-ambitions-report-2023.pdf [06.05.2025].

UBS (2023b): Global Wealth Report 2023, https://rev01ution.red/wp-content/uploads/2024/03/global-wealth-databook-2023-ubs.pdf [14.03.2025].

UBS (2024): Global Wealth Report 2024, https://www.ubs.com/us/en/wealth-management/contact-us/global-wealth-report-download-form/success/_jcr_content/mainpar/toplevelgrid_copy/col1/actionbutton.0289956476.file/PS9jb250ZW50L2RhbS9hc3NldHMvd21hL3VzL3B3bS9kb2N1bWVudHMvZ2xvYmFsLXdlYWx0aC1yZXBvcnQtMjAyNC5wZGY=/global-wealth-report-2024.pdf [14.03.2025].

Ulrich, Peter (2000): Integrative Wirtschaftsethik: Grundlagenreflexion der ökonomischen Vernunft. In: Erwägen Wissen Ethik 11, 4, S. 555–567.

Ulrich, Peter (2008): Integrative Wirtschaftsethik. Grundlagen einer lebensdienlichen Ökonomie. Bern, Stuttgart, Wien: Haupt. 4. Aufl.

Ulrich, Peter (2015): Auf der Suche nach der ganzen ökonomischen Vernunft. Der Ansatz der integrativen Wirtschaftsethik. In: van Aaken, Dominik & Schreck, Philipp (Hrsg.): Theorien der Wirtschafts- und Unternehmensethik. Berlin: Suhrkamp Verlag, S. 213–236.

Ulrich, Peter (2024): Was ist integrativ an der integrativen Wirtschaftsethik? Rekapitulation von vier integrativen Grundideen und Replik zu sieben kritischen Würdigungen. In: Zeitschrift für Wirtschafts- und Unternehmensethik 25, 3, S. 514–535.

United Nations (2023): Ziele für nachhaltige Entwicklung Bericht 2023, https://www.un.org/Depts/german/millennium/SDG%20Bericht%202023.pdf [26.09.2024].

United Nations (2024): Ziele für Nachhaltige Entwicklung, https://unis.unvienna.org/unis/de/topics/sustainable_development_goals.html [26.09.2024].

United Nations Development Programme (2024): Human Develoment Report 2023/2024 technical notes. Calculating the human development indices—graphical presentation, https://hdr.undp.org/sites/default/files/2023-24_HDR/HDRO_data_api_manual.pdf [20.09.2024].

van Aaken, Dominik & Schreck, Philipp (Hrsg.) (2015): Theorien der Wirtschafts- und Unternehmensethik. Berlin: Suhrkamp Verlag.

van Bergh, Jeroen den (2023): Agrowth. In: Haddad, Brent M. & Solomon, Barry D. (Hrsg.): Dictionary of ecological economics. Terms for the new millennium. Cheltenham, UK, Northampton, MA, USA: Edward Elgar Publishing, S. 12–13.

Veith, Werner (2004): Gerechtigkeit. In: Heimbach-Steins, Marianne (Hrsg.): Christliche Sozialethik. Regensburg: Pustet, S. 315–326.

Verein für Socialpolitik (2021): Ethikkodex des Vereins für Socialpolitik, Ethikkodex des Vereins für Socialpolitik [05.09.2024].

Vereinte Nationen (1966): Internationaler Pakt über wirtschaftliche, soziale und kulturelle Rechte. ICESCR, https://www.ris.bka.gv.at/Dokumente/BgblPdf/1978_590_0/1978_590_0.pdf [06.02.2025].

Wagner-Egelhaaf, Martina; Basu, Helene & Quast, Bruno (Hrsg.) (2020): Mythen und Narrative des Entscheidens. Göttingen: Vandenhoeck & Ruprecht.
Weber, Max (1956): Wirtschaft und Gesellschaft. Tübingen: Mohr (Siebeck).
Weckes, Marion (2018): Manager to worker pay ratio 2017 - Das Verhältnis der Vorstandsvergütung zur Mitarbeitervergütung im DAX 30, https://www.boeckler.de/fpdf/HBS-006932/p_mbf_report_2018_44.pdf [20.03.2025].
Weckes, Marion & Berisha, Quendresa (2016): Manager to Worker Pay Ratio, https://www.imu-boeckler.de/fpdf/HBS-006451/p_mbf_report_2016_25.pdf [20.03.2025].
Wehrmann, Anne-Kathrin (2022): Wenn Arbeit moralisch verletzt. In: BAM (Das Magazin der Arbeiterkammer Bremen), https://www.arbeitnehmerkammer.de/service/magazin-der-arbeitnehmerkammer/bam/ausgabe-juli-august/moralische-verletzungen.html#:~:text=anderen%20gewaschen%20haben.-,%E2%80%9C,diese%20Bezeichnung%20aus%20der%20Milit%C3%A4rgeschichte. [07.01.2025].
Weiss, Alexia (2022): Die Benya-Formel sorgt für Gerechtigkeit, https://www.arbeit-wirtschaft.at/benya-formel-kv-verhandlungen-herbstlohnrunde/ [29.04.2025].
Welt (2012): Frankreich deckelt Chef-Gehälter bei 450.000 Euro, https://www.welt.de/wirtschaft/article106583393/Frankreich-deckelt-Chef-Gehaelter-bei-450-000-Euro.html [24.04.2025].
Wilkinson, Richard (2010): Gleichheit ist Glück: Warum gerechte Gesellschaften für alle besser sind. (Übersetzung von Michaela Moser.). In: Die Armutskonferenz (Hrsg.): Geld. Macht. Glücklich. Verteilungskämpfe, Verwirklichungschancen und Lebensqualität in Zeiten der Krise; Dokumentation [der] 8. Armutskonferenz 23. + 24. Februar 2010. Wien: Die Armutskonferenz, S. 14–19.
Woll, Artur (2014): Volkswirtschaftslehre. München: Vahlen. 16. Aufl.
World Bank Group (2025): World Development Indicators: Distribution of Income or consumption, https://wdi.worldbank.org/table/1.3# [13.03.2025].
WUG-Redaktion (2021): Editorial: Wie Ungleichheit der Demokratie schadet. In: Wirtschaft und Gesellschaft 47, 3, 297-307.
Zink, Lina (2023): Wohnort als Hemmnis: Mit regionalen Kosten der Unterkunft variieren auch die Grundsicherungsschwellen deutlich, https://www.sozialpolitik-aktuell.de/files/sozialpolitik-aktuell/_Politikfelder/Sozialstaat/Datensammlung/PDF-Dateien/abbIII64_Thema_Monat_11_2023.pdf [19.02.2025].
Zucman, Gabriel (2024): A blueprint for a coordinated minimum effective taxation standard for ultra-high-net-worth individuals, https://www.taxobservatory.eu//www-site/uploads/2024/06/report-g20.pdf [06.05.2025].